语文教育与文学

王富仁——著

宫 立——增订

中国出版集团 东方出版中心

图书在版编目（CIP）数据

语文教育与文学 / 王富仁著；宫立增订. －上海：
东方出版中心, 2024.4

ISBN 978-7-5473-1993-2

Ⅰ.①语… Ⅱ.①王… ②宫… Ⅲ.①语文课－教学
研究－中小学 Ⅳ.①G633.302

中国国家版本馆CIP数据核字（2024）第069965号

语文教育与文学

著　　者　王富仁
增 订 者　宫　立
责任编辑　陈明晓
装帧设计　钟　颖

出 版 人　陈义望
出版发行　东方出版中心
地　　址　上海市仙霞路345号
邮政编码　200336
电　　话　021-62417400
印 刷 者　昆山市亭林印刷有限责任公司

开　　本　890mm×1240mm 1/32
印　　张　14.75
字　　数　306 千字
版　　次　2024年5月第1版
印　　次　2024年5月第1次印刷
定　　价　68.00 元

序

钱理群

一、历史性的感动

今年是富仁兄逝世五周年，东方出版中心准备出版他 16 年前的《语文教学与文学》一书的增订本。此书的修订者、富仁的学生宫立找到我，希望写篇序言。我欣然从命，也因此有机会比较全面地研读了富仁的教育论著，并作整体性的思考和历史性、现实性的总结，引发了许多回忆，就有了一种我称之为"历史性的感动"。

我和富仁在 1998—1999 年间，同时介入当时方兴未艾的中小学语文教育改革，并受命为教育部基础教育司主办的九年制义务教育语文课程改革工作小组的顾问。富仁在本书的《后记》里说，他作为一个大学教师介入中学语文教育改革，完全是因为"我这个人太好说话，懂得的也说，不懂得的也说"；而我的介入又何尝不是因为自己本来就是"一个不安分守己的'好事之徒'"，喜欢管本不该管，而且会给自己惹来麻烦的事。

而且我们的介入，都是因为王丽女士的采访而引发的。本书收入了当年采访的记录《只有真实的表达，才有健康的人格》。富仁直言不讳：他愿意讨论中小学语文教育问题，是因为在他看来，我们现在的语文课，"是大人教小孩说话：我教你说什么话，你就说什么话，而不考虑学生在这个年龄段要说什么话"。由此引发了富仁更大更根本的忧虑：我们的孩子，以及长大了的中国成年人，"自己真正想说的话找不到语言来表达，不想说的他却能说得出来，甚至可能说得头头是道，但往往是空话、套话、假话"。这样，语言功能就变了质："不是作为负载自己真实思想情感的载体，而成了蒙蔽自己、覆盖自己的一层帷幕，把真实的自己挡在里头，使别人看到的不是自己。"富仁尖锐指出，这样"使得孩子从小学会迎合别人，不会依照自己真实的感情来说话"，"这样的语文教育就会加强中国人总体的虚伪程度"。可以说，富仁是出于对民族语言、思想危机的忧虑与责任感而自动介入中小学语文教育改革的。

　　我翻出了当年接受王丽采访时说的话。我也是大谈"危机感"：我担忧学生、学校的"个性、创造力正在萎缩"，"别的东西可以弥补，但人耽误了就没法弥补"。我因此提出，"我们今天进行教育改革，首先要回到原点上来"，"追问到前提性的问题上来：我们办教育是干什么？大学是干什么，中学是干什么，小学是干什么？如果这些问题不解决，其他枝节问题就没法讲清楚"。

　　这段经历让我们留下了自己的理论思考。我先后出版了《语文教育门外谈》（广西师范大学出版社，2003年出版）、《钱理群语文教育新论》（华东师范大学出版社，2010年出版）。富仁也出版了他的《语文教学与文学》（广东教育出版社，2006年出版）。2005年由福建人民出版社出版的《对话语文》一书，同时收入富仁、我和孙绍振先生关于语文教育改革的文章，留下了永久的纪念。

于是，就有了今天的历史性的感动与现实性的观照。

二、王富仁的中小学语文教育观

1. 倡导"立人"为中心的教育思想

我们首先注意的，是富仁在《当前中国中小学教学改革的历史根据》一文中的论述。他指出，中国古代历史上的传统教育是"将个人道德的教育、社会智能的教育和国家政治的教育集于一身"的。但是，"一旦国家有了一个现代经济、政治、文化的基本规模"，国家走向全面现代化的道路，教育就要适应"文化思想社会化"的要求，成为"社会化的教育"。而所谓"社会化"是一种"由不同职业，不同才能，不同个性的人构成的整体机制"；"社会化教育"的核心，就是培育"每个人的独立自主的能力和创造力"，"教育成了'人'的培养，而不再仅仅是'人才'的培养"。"'人'的培养的基础"是"受教育者的本身"，他的一生长远、自由发展的需要。而这样的社会化的人的教育，就必须具有更大的独立性。

具体到语文教育，富仁明确指出，中小学语文教育改革的关键，就是要"回归到人与语文的关系中来思考，回到语文教学对人的成长和发展的作用中来思考"。富仁还专门写了一篇《人与语文》，指出"人一生下来便是纯个体的"，"就是一个独立自主的系统"，"人要在学习语言中完善自己、发展自己"，"要用能表现自己思想感情的语言说话、写文章"。我们的语文教育绝不能教学生"自欺欺人","要教他说真话，写自己的真实的思想感情"，"否则，你就等于扼杀了他的思想感情的发展，同时也是扼杀了一个人"。

2."大语文"和"小语文"，文学教育在语文教育中的主体地位

这里要讨论的是传统语文教育与现代语文教育的区分。富仁指出，"中国古代的教育，实质上就是'语文教育'"，是"一个'大语文'的概念"："实际包括了当时几乎所有用文字进行表述的东西"，"我们现在所说的文学、语言学、文艺学、哲学、政治学、伦理学、道德学、宗教学、社会学、民俗学、历史学、地理学乃至经济学、生物学、天文学、物理学等等方面的知识都是通过语文学习进行传授的"；"所谓'大语文'，实际上是一个民族文字语言的总汇，它体现的是一个民族文化的全体。"这也就决定了其知识性、逻辑性、科学性和整体性、"无所不包"的涵盖性的特质。

这固然与现代的分科教育不相容，而且也会模糊了现代语文教育的特质。富仁因此提出了"小语文"的概念："它是一个民族语言总汇中的一部分，而不是它的全体。它体现的也不再是一个民族文化的全部，而是它的一种表现形态。""中小学语文教育中的人文素质的培养指的不是整体的人文素质的培养"，而有着自己的独特的领域、范围和目标。在富仁看来，"小语文"的"主要任务是人的情感素质的培养和直观的、直感的、情感的、审美的语言的掌握和运用"，正是"情感—审美—语言"构成了"小语文"即现代语文教育的三大要素。在富仁看来，越来越强化"知识性、科学性和逻辑性的教学内容，从而大大削弱了中小学语文教学的情感培养的内容"，

"把大量的理性的语言当作情感的语言"，用僵化的理性的说教，来代替"对学生心灵的美化和情感的陶冶"，正是当下中小学语文教学的"最大的误区"。其结果有二，一是将本来是语文教育的重要组成部分的语言知识（修辞、语法知识等）教育，变成语文教育的全部，成了纯知识教育；而离开人的基本素质，特别是情感、审美素质的教育，将语言工具化所导致的就必然是"高调的语言、浮华的语言、粉饰的语言、矫揉造作的语言、虚与委蛇的语言"，麻痹了学生的"语言神经"，学生"运用语言的能力提高了"却陷入"语言的崇拜"，"卷入谎言的海洋之中"：这就成了真正的"语言危机"，教育的危机。（以上讨论参看《情感培养：语文教育的核心——兼谈"大语文"与"小语文"》）

于是，就有了富仁在《语文教学与文学》一文里提出的中小学语文教育改革之道：重新确立"文学教学在中国语文教学中的主体地位"，"以心灵世界的和谐为基础实现语言世界、物质世界、心灵世界的有机统一"，实现"以'心'、'性'为主导的教育"。其要点有四。一是前文中提到的在语文教学中突出"情感—审美—语言"三要素。二是通过文学作品的阅读，进入"古今中外的各种生活之中"，打通"学生同整个社会、整个民族、整个人类间的思想和情感的联系渠道"，使肉体"生活在一个很狭小的空间中"的学生，"精神却有了一个更广袤的空间"：这里体现的是语文教育的"超越性"功能。其三，是语文教育中的"精神类型和语言形式类型的丰富性和完整性"："不但有文言文，还有白话文；不但有格律诗，还有自由诗；不但有古代戏曲，还有现代话剧；不但有古代文言小说和白话小说，还有现代白话小说；不但有创作，还有翻译", 形成"多样化的精神感动和多样化的语言形式"的"完整结构"。而"精神世界的丰富化, 正是学生成长的主要标志"。其四, 是语文教育的"长时段性", 它主要不是服务于学生的"当下需要", 而是着眼于"学生一生的成长和发展"。这就决定了中小学语文教育的"经典性": "经典文本是构成学生文化心理的主要因素。"学校教育与家庭教育、社会教育, 学生的课堂阅读与课外阅读的根本区别, 就在于学校教育是一种"经典文化"的教育, 语文课堂上的阅读的中心, 必须是"代代相传"的经典作品的阅读。"我们的任务, 就是培养学生心生高雅, 心生真善美", "在教学中必须强调经典性"。(参看《我的语文教学观》)

富仁因此写有《最是鲁迅应该读》, 理由就是鲁迅的作品达到了"经典性"与"可感觉性、可感受性"的完美统一。学生在中小学阶段对鲁迅作品有了基本的感觉、感受, 尽管一时还不能完全"懂", 但随着学生自身的不断成长, "随着学生人生观察和体验的不断增加", "社会知识和历史知识的逐渐丰富", 就自然会不断唤起童年、青少年时期对鲁迅的感觉、感受, 并"深化"到鲁迅内在精神的层面, 而对已经成人的自己的精神发展起到启示、引领的作用: 这才是中小学语文课的文学教育(包括鲁迅作品教育)的最终收获。

3. 坚持三个主体性, 而教师更是"永久性的主体"

在语文教学实践中, 所遇到的一个最大难题, 就是如何处理"作者—教师—学生"之间的关系, 这也是 1980 年代的语文教育改革重点探索的问题, 并引发了激烈争论。富仁在他的《在语文教学中必须同时坚持三个主体性》一文里集中论述了他的观念。首先强调要"尊重文本作者的创作主体性", 指出

"教师不能脱离开文本本身仅仅向学生灌输自己的思想和感情以及自己希望学生具有的思想和感情"。教育以及教师的主体性必须"有一个限度","必须接受作者的主体性为他所设定的这个特定的空间",教师对文本的讲授,"必须建立在对作者所要表达的思想感情的充分理解的基础之上",即使提出批评以至于批判也必须先有理解。"尊重文本作者的创作主体性,对于学生而言就是把自己首先设定在'倾听者'的地位上而不是'评判者'","努力感受和理解文本所要表达的思想感情,并在这种感受和理解的基础上发现文本本身的美,进而从美感感受中感到趣味"。

富仁强调,语文教师的教学主体性,就是"任课教师有根据自己对文本独立的感受、体验和理解解读文本,独立地组织语文教学的权利"。这里有两个要点。一是"必须通过教师自己的感受和理解这个无法逾越的中介才能具体地进入教学过程",而绝对不能要求教师"照本宣科"地把教学参考书、高考指导书的结论"传达给学生,并让学生准确无误地死记住这些结论"。另一个不可忽视的方面,是语文教师"组织教学的主动性和自由性","不论是社会还是学校的领导",都不能"用任何固定的教学模式"将主讲教师的"手脚捆死"。

学生学习的主体性,也包括两个层面:一切教学活动"都必须落实到学生的'学'上";"在整个语文教学活动中,学生都是一个积极主动的参与者,而不是一个被动的服从者",最后形成的学生对文本的感受与理解,"既不完全等同于文本和文本作者的自身,也不等同于教师和教师对文本的感受和理解",而是有自己的主动的再阐释,显示出鲜明的"个性",以及"批判意识和批判精神"。

富仁最为看重并自觉追求的，是"作者—教师—学生"三种主体性的"相互制约而又相互促进"，"承认别人的个性，发展自己的个性；承认别人的自由，争取自己的自由"。

值得注意的，是富仁在写《我的语文教学观》的总结文章时，又特意强调，教师是中小学语文教学的"永久性的主体"，并且宣称："不承认这一观点，就是对中小学语文教学的根本性的颠覆。"在富仁看来，1980 年代的语文教育改革的一个重要缺憾，就是"没有把教师的主体性当作首要的问题"，"教师的解放"就始终是一个没有完成的历史任务。

4."文本分析是中小学教育的主要内容"

这是富仁的《我的语文教学观》的最后一个要点。富仁还写了《文本分析略谈》作专门的讨论。他指出，"文本分析实际是读者在自己头脑中重建文本的过程"。本来，读者与作者处于不同的文化时空，读者与作者的心灵是"若即若离"的，读者对作者的文本也是"似懂非懂"。读者对文本的阅读，也就必然有两个过程。先是"读进去"，实现"读者从自己的文化时空向作者写作文本时的文化时空的转移"，这是一个尽可能"站在作者的立场"设身处地感受、感悟、理解、吸取的过程。然后还要"走出来"，"回到（读者）自己的文化时空中来"，把自己从文本里感悟到的外部世界与自我的内心世界融为一体，让其"永久地驻留在我们心中"，并成为自己的文化时空的"一个构成部分"。

这里的关键是"进入"，而且还有一个"从什么角度、途径进入"的问题。这就需要抓住文本的"基本要素"。富仁分析说，文本世界是"自有生命"的，既包括外部文本世界的文字的"音、形、义"，又包含作者内心世界的"情、意、理"。读者的阅读，实际上就是通过文字的音、形、义，进入情感、思想、心灵的情、意、理，既有"由外而内的反映"，也有"由内而外的投射"。最后就形成"一个浑然一体的时空结构"。

不难看出，富仁对文本分析确实情有独钟，下足了功夫。不仅写有《文本分析略谈》作理论分析，还专门写了《小说的阅读和赏析》、《散文的阅读和赏析》、《戏剧作品的阅读与赏析》、《诗歌的阅读与赏析》四篇大作，对四大文学体裁的文本分析作深入讨论，更亲自动笔，写了一系列赏析文章，如《主题的重建——〈孔雀东南飞〉赏析》、《从音、形、义话杜甫诗〈白帝〉》、《精神的形象与物质的形象——李商隐〈无题〉诗赏析》、《自然·社会·教育·人——鲁迅回忆散文〈从百草园到三味书屋〉赏析》、《触摸语言——徐志摩〈沙扬娜拉——赠日本女郎〉赏析》、《怎样感受人？怎样感受人与人之间的关系？——简说莫泊桑的短篇小说〈我的叔叔于勒〉》等等，真的是洋洋洒洒，精彩纷呈。而其所展现的，富仁作为语文教育理论家的思维的阔大、深刻，作为语文老师的文学与语言的感悟力，或许是更为迷人的。

三、王富仁对"未来的文学与教育"的构想与呼唤

富仁的两篇文章《呼唤儿童文学》、《谈科幻小说》，或许是更应该引起注意的，因为它揭示了富仁的深层次的思考与探索。

富仁在《呼唤儿童文学》一开头就说到，自己在对中小学语文教学有了较为细致的、更深层次的思考之后，才感到自己

"原来的一些想法是不太切合实际的"：过于浪漫、理想化，而遮蔽了包括语文教学在内的教育自身的内在矛盾。

首先是中小学教育里的儿童世界与成人世界、儿童标准与成人标准的矛盾。按照我们的教育理想主义、浪漫主义，儿童教育自然应以儿童为中心，强调儿童世界的纯净，强调天真、想象的儿童标准。富仁则提醒我们要正视教育的现实："作为一个完整教育过程的学校教育，它永远不是也不可能是以儿童为目的的。它首先考虑的是现实社会的存在和发展，是一代代的儿童成长为什么样的成年人的问题。也就是说，它的标准是成人的标准，而不是也不应该是儿童的标准。""当然它应当尽量考虑到不同年龄阶段的受教育者的接受程度和接受趣味，但它又绝对不可能仅仅考虑受教育者自身的兴趣"，因为"现代的社会是一个充分文化化了的社会，一个社会成员必须在青少年时期尽快地具备在现代社会生存与发展必须具备的知识技能，才能成为一个于现代社会有用的人，才能在现代社会找到自己生存与发展的相对大的空间，以实现个人的存在价值和意义"。这就决定了，儿童时期的教育，无论是家庭教育还是学校教育、社会教育，主要出于"对儿童未来命运的关心"，着眼点在儿童长大以后能不能适应社会对成年人的要求，也就必然用成年人的标准来要求、培养孩子。

这就决定了"教育必须具有一定的强制性"，"这种强制性是为了把儿童自身尚无法产生兴趣但对他在现代社会求得实际生存和发展所必需的知识技能灌输给儿童"，强制他接受。而且现代的学校教育是一种"集体性的教育"，把不同的儿童编入同一个班级，就不可能完全照顾到每一个学生的兴趣和个性化要求，这样的统一化的教育也必然带有一定程度的强迫性。因此，"学校教育永远是建立在纪律基础之上的，它的自由是在纪律之上的自由，自由不是学校教育的基础"，学校教育"注定不会也不能达到使儿童在身心上完全自由发展的程度"。

以上学校教育的成人标准，及其强制性、纪律性，就决定了中小学学生在学校教育里，实际处于两个世界之中。一方面，他必须在学校教育培育的成人的世界中，接受多少有些强迫性的教育，获得更快的成长；另一方面，他也要在自己的世界中获得自己的自由，感受生活的乐趣，体验世界之美和人生之美。"正是在他自己的世界中，他才能形成和发展他自己接受成年人教育的独立的心理基础，并在这样一个虽稚弱但却独立的心理基础上，自然地而非被迫地接受成年人的教育，并不断充实和完善自己的内部世界，使自己渐渐成长起来，并不失或尽量不失童年美好的心灵状态。"

然而，既接受成年世界的教育，又不失儿童世界的心灵状态，这也只是一种理想状态。在教育实践里，就必然出现富仁最为担忧的学生精神发展上的"畸形化"："我们现代的儿童不是懂事懂得太晚了，而是懂得太早了；他们幼年、童年和少年的心灵状态不是被破坏得太晚了，而是被破坏得太早了。""他们在距离性成熟的年龄很早很早以前就知道了性，就知道了性交；他们在距离独立生活还很远很远的时候就知道了金钱和权力的重要；他们在还没有感受到实际的社会矛盾，甚至不是知道社会是什么的时候就知道了战争、暴力和犯罪……所有这一切都造成了他们精神发展上的畸形化。"这正是我们必须面对的人生悲剧：今天，我们许多儿童"几乎没有做过幼年梦、童年梦和少年梦"，我们许多成年人也没有过，或者不懂得珍惜真正的童年！

于是，就有了王富仁式的呼唤："少年儿童需要成年人的教育，需要由成年人灌输给他们在社会上独立生存和发展的必需的知识和技能。但在精神境界上，任何时代的少年儿童都优越于成年人。人类是在不断追寻少年儿童时的梦想中实现自己的精神的净化的。我们不是不需要儿童的世界，而是极其需要儿童的世界；我们不是不需要儿童的梦想，而是极其需要儿童的梦想。""儿童的梦想在整个人类的发展中都是有着巨大的历史作用的。哪一个时代的人淡漠了儿童的梦想，哪个时代的人就一定会堕落，会丧失自己的精神家园；哪个时代的人更多地保留着儿童的梦想，哪个时代的人就是更为崇高的、真诚的、纯洁的，即使在比较艰苦的条件下也能够充满生命的活力和生活的情趣。"

　　于是，就有了王富仁式的对"未来的文学和教育"的理想主义、浪漫主义的呼唤与构建。

　　如富仁所说，真正能够成为"儿童的梦想"的土壤的，"几乎只剩下了儿童游戏和儿童文学"。在人类文化离开人的自然状态有了几千年的发展之后，在社会飞速进步的同时，也暴露了种种弊端。文学中的特殊类型——儿童文学就"变得愈益重要"，它成了人类社会健全发展的"不可或缺的一个文化领域，成了人类健康发展的基础"，人类急需唤回的更加自由、纯净的"儿童心灵"在儿童文学这里"找到了自己的表现形式"。未来的理想社会的人的世界应该是"成人的世界"与"儿童的世界"的有机融合，它是通过两个途径来实现的：家庭教育和学校教育使儿童尽快接受人类文明所积累的知识、文化、精神，进入成熟的成人世界；而儿童文学则使"儿童的纯洁、真诚和旺盛的生命力尽量多地保留到成年"。富仁正是据此提出了他的现当代社会未来发展的理想：在"教育"和"儿童文学""这两种力的合力中，建立起一个相对完美的成年人的社会"。——这样，富仁就赋予儿童文学与教育以未来人的培育、社会的发展的核心地位，大声疾呼"我们现当代的世界不能没有儿童文学"与相应的文学教育。人们可以对此提出不同意见，却不能不感佩富仁见解的独特不凡！

富仁同时赋予"科幻小说"以特殊的重要地位，这也是显示他对高科技新时代的文学（包括文学教育）和人类社会的超前性的想象力。在富仁看来，"科学，是人类理性发展的最高表现形式；幻想，是人类想象力的最初的也是最充分的表现形式"，而"科幻小说集中体现了人类（最终与动物分离）的两大特征（幻想力和理性精神）的在本原意义上的统一性，是人类思维的最本质的特征"。他据此而断定，"在未来的世界文学的发展中，科学幻想将扮演一个越来越重要的角色。甚至可以断定，未来的时代，将有一个科学幻想占统治地位的文学时代"，科学精神和幻想力的培育，两者的有机融合，也将成为未来教育的发展方向。而在富仁看来，这正是中国传统文化的两大弱点："儒家文化否定幻想，使中国知识分子的幻想力逐渐萎缩下来"；"中国古代科学研究不受社会重视，科学的理性精神没有同幻想精神结为伉俪，一切的幻想形式都独立存在着，并与迷信形式融为一体。"富仁因此提出，"今后一个世纪"的中国的发展，必须进行根本性、基础性的补课，在促成"科学与幻想"的发展与结合上，下足功夫，必须促成"科幻小说"在中国文学与相应的文学教育中，"有一个较大的发展"。这些话都语重心长，击中要害。

四、从历史到现实的思考

这是富仁的这本《语文教学与文学》，对我触动最大的一句话："想到中国的儿童，我总有点悲哀的感觉。"（《呼唤儿童文学》）这种悲哀、焦虑来自两个方面。

从 1998 年我和富仁同时接受王丽女士的采访，开始介入中小学语文教育改革，到 2006 年富仁出版《语文教学与文学》，再到 2022 年我为增订本写序，其间经历了整整 24 年。这段历史时间里，中国的中小学教育不能说没有变化，毕竟在发展和前进中；但在重温当年的讨论时，又不能不强烈感觉到，许多思考和言说，今天依然保留了不同程度的"新鲜感"，似乎 2022 年的中国儿童还没有完全走出 1980 年代初中国儿童的困境。

这些我也只是感慨而已，不想多说。我更愿意思考与讨论的，是富仁关于"未来的中国教育"的想象与呼唤。因为当时的"未来"已经变成了今天的"现实"，而且现实中的中国教育所面临的问题，已经远远超过了当年我们所遇到和讨论的问题。我有个想法不知道对不对：1980 年代的中国中小学语文教育改革，是中国社会由农业文明向工业文明转变的时代变革在教育领域的反映；因此，当年富仁呼唤高科技时代的文学和教育，自然是超前的。但今天的中国，正在逐渐走向高科技的知识经济的新时代，面临由工业文明向知识文明的大转变，导致全新的思维模式和知识创造模式，由此而引发社会、经济、政治、文化、教育结构的大变革。今天的教育改革，所要构建的是"知识文明时代的教育"，也就有了新的目标与方向：必须以培养"创新人才"为核心。而所需要的创新，绝不是在现有知识、技术基础上，作一些改进的"增量创新"，而是高科技的人工智能时代的"原始创新"，要求质疑、否定与超越，创造"超世界的存在，超自然的存在"，并在这一过程中，使人成为机器人所不能替代的人自身。所谓"创新人才"，就是"机器人不能替代的人"。其基本素质有二。一是批判性思维，既不被既有的定论、公意、共识所束缚，也不轻信别人的思想、言论，更不盲从别人而行动：这都是创新的前提与基础。另一方面，就是把人的想象力（也就是富仁所呼唤的"幻想力"）、创造力发挥到极致。从历史到现实，在中国一直存在着两种教育："培养机器人"的教育，"培养机器人不能替代的具有独立思维与创新力的'人'"的教育。这两种教育较量的结果，真正决定中国的未来。我和富仁始终关注中国的教育，特别是中小学教育，原因也就在这里。还是我 1998 年开始介入时说的那句话：我对中国的问题的忧虑，"就在教育"，"别的东西可以弥补，但人耽误了没法弥补"。

2022 年 4 月 1 日—6 日

语文教学与文学（代序）

王富仁

  语文教学与文学的关系问题，一直是中国语文教育界有争议的问题。我是更重视文学教学在中国语文教学中的主体地位的。在这里，我就这个问题谈一点自己的粗浅想法，以供中国语文教育界的同仁共同讨论、研究。

  中国现代语文教学重"文章"而不重"文学"，与中国古代教育传统有直接关系。中国古代也有诗歌教学，但那不是学校教育的基础，其基础是经、史、子、集的教学，特别是"经"的教学。这些教学的教材，属于更加宽泛的"文章"，而不是"文学"。但必须看到，那时的经、史、子、集的教学，既不等同于现在的文学教学，也不等同于现在的语文教学，而是当时教育的全部内容。从教育阶段的角度，相当于现在从小学到大学教育全过程的教学内容；从具体内容的角度，相当于现在包括哲学、政治学、社会学、伦理学、法律学、历史学、地理学、军事学、经济学、国际关系学、礼仪学甚至自然科学知识在内的全部知识内容；从人的培养而言，又包括知（智慧）、仁（精神）、勇（意志）等多层面的素质的培养。从十九世纪末到二十世纪初，中国的教育制度进行了根本性的改革，这个改革是以当时的西方学校教育制度为基本模式的。从教育过程而言，将学校教育分割为小学、中学、大学三个主要阶段，这三个阶段的教育实际是有不同的教育目的的。例如，当时的大学教育主要培养国家急需的各种专门人才，是专家学者的摇篮；小学教育主要培养适应现代社会生活的一般民众；中学教育则培养介于二者之间的一些从事实际工作的官员、职员、教员等。三个阶段既有其连续性，也有其本质性的差别。从教育内容而言，学校教育分为文、理、工三个大的门类，每个门类中又有多种学科。越是到高等教育阶段，这种划分越是细密。小学生是"全才"；中学生就有了爱好的不同，成了知识"瘸子"；大学生则是"独脚大仙"。从人的素质培养的角度，政治课从知识类课程中独立出来，而其他的课程则是知识教育课程。在这时，语文课在自觉与不自觉中就成了一门知识教育课程，是中国历代文体形式阅读、写作的知识系统。文学作品也包括在中国语文课程之内，但严格说来，它们仍然不是作为"文学"，而是作为"范文"（写得好的"文章"）被看待的。是"文学知识"，而不是"文学作品"。既然是"知识"，就是能认识的，就有"知"与"不知"的差别。所以，语文教学的内容，始终是以"知"与"不知"为标准的。在小学阶段，重点是识字教学，读、写、听、说，讲的都是一个"会"与"不会"。到了中学，就有了篇章结构的问题，有了不同的文体形式及其特点的问题，有了段落大意、主题思想的问题，也是一个"知"和"不知"的问题。到了大学，有大学语文，有写作课，虽然复杂了许多，但重点仍在知识的多与少，运用技巧的高与低。这样，语文与物理、化学、代数、几何等课程一样，成了一门知识课程，是传授语文知识的。

仅从语文教学理论的角度，这样理解语文教学原本是没有多大问题的。一门课程有一门课程的教学任务，按照这样的任务检查一门课程教学的效果，从课程论的角度就是自我完满的。但在这里，却存在着一个严重的问题：除了在极少数的情况下，语文教材本身仍然是所有教材中最有趣味的，是学生最愿意主动阅读的，但具体到语文的课堂教学，则又往往是各门课程中最枯燥无味的。在每学期发下新课本之后，过不了几天，学习较好的学生已经将新的语文课本中的课文读了大半，这是其他教材所不可能有的，但到了课堂上，一个较好的数学教师仅仅依靠课堂教学就能够将学生的注意力集中起来，而即使一个优秀的中学语文教师，也必须依靠课堂教学内容之外的一些辅助手段，才能有效地维系学生的注意力。越是严格按照语文课堂教学的要求组织教学，语文课堂教学就越是枯燥无味。可以认为，在中国现代教育中，学生对语文课的厌倦情绪绝对不是极少数学习不好的学生的情绪，而是带有普遍性的，并且越是语文水平较高的学生，越是感到在语文课堂上学不到东西。

为什么数学、自然科学等课程的课堂教学仅仅依靠教学内容就能将学生的注意力集中起来而语文课却不能呢？这里的原因是非常明显的，即数学、自然科学类的课程，其自身就具有严密的逻辑结构，是不断从已知走向未知的过程。学生只要较为牢固地掌握了以前学过的知识，只要在教师的引导下主动思考，就能在已有的知识基础上获得新的知识。必须看到，人，在本能上就是有求知的欲望的，这种由不知到知的过程本身对学生就是有吸引力的，就是有趣味的。绝对的"不知"与绝对的"知"都不会令人感到自身的成长，感到成长的乐趣，只有这个由"不知"到"知"的动态过程才会满足人的求知欲望，才会令人感到自身成长的乐趣。这实际也是一个思维过程，一个人的知识的提高过程。像走路一样，走过了这段路，人生的境界就不同了。过去无法解决的一些问题，现在就能解决了。获得的新的知识像个路标，明确地告诉学生：你在这个知识的领域里，又向前跨出了一步，已经达到了一个更高的水平。但是，语文知识却是没有这样一个严密的逻辑结构的。每一位中学语文教师都会感到，我们过去所重视的语文知识本身就是十分零碎的，没有脉络可循的，彼此并没有必然的联系。在所有课程的教学大纲中，恐怕最没有层次感的就是语文教学大纲了。例如，我们在初中的语文教学大纲中，就会要求学生的作文要做到"文通字顺"。但是，怎样才算"文通字顺"？恐怕没有一个人能够说得清楚。一个人穷其一生之力能不能达到"文通字顺"的要求？也是说不清的。在这里，牵涉到的是我们如何理解语文课中的"语文"这个概念的问题，以及它的有机性到底何在的问题。

语文课的"语文"，在过去也叫"国语"，用现在的话说就是"民族语言"。中国是一个多民族的国家，汉民族语言（"汉语"）在中国是流传最久远、使用最广泛的一种民族语言，所以也被作为中华民族的共同语言。但我认为，语文课中的"语文"与"国语"、"汉语"，还是有细微的差别的，那就是"国语"、"汉语"应当包括汉民族口头语言和书面文字语言两个大的类别，而语文课中的"语文"则主要指汉民族书面文字语言。口头语言是在日常生活中实际运用的语言，也是学生在日常生活中逐渐习得的语言，在学校教育中，学习的则是在跨时空的社会交流中所使用的书面文字语言。这种语言的学习对于丰富学生的口头语言以及提高学生口头语言的表达能力当然是有很大帮助的，但却不能将二者简单等同起来。例如，广州、香港本地学生在日常生活中使用的是粤语，潮汕地区的本地学生使用的是潮汕语，而语文课的教学目的则不是提高运用这些语言的能力。在流行的观念中，在语文课的教学中，对学生口头表达能力的培养与书面语言表达能力的培养是并重的，有的甚至将口头表达能力放在更重要的位置。实际上，有很多伟大的语言艺术家，在日常生活中是不善于言谈的，而孔子早就注意到，有一些能说会道的人，实际是一些品格低下的人（"巧言令色鲜矣仁"），而那些德行高尚的人，在日常生活中倒常常难以表达自己的思想（"刚毅木讷近仁"）。我认为，一个语文教师必须注意到，正是因为有很多思想或感受是无法用口头语言直接表达的，所以书面文字语言对于人类的社会生活就是异常重要的了，就是为口头语言所无法代替的了。总之，我们语文课中的"语文"，主要是指汉民族书面文字语言；提高学生的语文水平，也主要指提高学生运用汉民族书面文字语言的水平。

但是，我们语文课中的"语文"指的是汉民族书面文字语言，却不是汉民族语言文字。它是以书写的文字表现出来的，但却不是这些文字本身。仅就文字，它可以用字典的形式编纂出来，构成一个汉文字的整体系统，但"语言"却不行。为什么？因为"语言"的有机性并不是文字的有机性，文字的有机性存在于文字与文字之间，而"语言"的有机性则首先表现在"文字符号"、"心"、"物"的三位一体的关系中。在这里，"文字符号"是以音、形为标志的符号（在平时我们也称其为"语言"），但仅仅有这些符号，还不成其为"语言"，它还必须有一个指代的对象，而且这个指代的对象又同时存在于人（语言主体）的身体之外和心灵之内。"太阳"在汉语中是一个词，这个词有其读音，有其形体，但这还不是作为"语言"中一个单词的"太阳"，它还必须有一个存在于语言主体之外的"对象"、"物"，并且这个"对象"、"物"也同时存在于语言主体的心灵中，在语言主体的心灵中产生一种温暖或炙热的感觉，产生一种光明或耀眼的感觉。"太阳"与"月亮"的区别不仅仅是音和形的区别，而是所有这三个方面的区别。也就是说，完整意义上的"语言"是语言文字（平时我们也称之为"语言"）、心、物三者的有机统一体。在这里，有三个世界，一个是语言文字的世界（我们平时也称之为"语言世界"）、外部的物质世界、内部的心灵世界。当我们将"语言"理解为这三个世界的有机统一体的时候，我们就会看到，"语言"实际就是"人"，就是"人"之所以为"人"的基本构成要素。人的成长除躯体的成长之外，就是这三个世界的逐步丰富化及其协调发展。

中国古代的儒家教育，是以"心"、"性"的培养为主导的，亦即是以构成一个"物""我"一体、"天""人"合一的心灵世界为主要目的。用现在的话来说，就是以心灵世界的和谐为基础实现语言世界、物质世界、心灵世界的有机统一。中国古代的教育家教学生读书写字，教学生阅读儒家经典，其中也包括学习一定的社会人生知识和自然科学知识，都是为了这个心灵世界的美化。但是，心灵世界也是有各种不同的境界的，也是有各种不同的层次的，人的成长表现为心灵世界由简单到复杂、由较低层次向较高层次的不断攀升。"吾十有五而志于学，三十而立，四十而不惑，五十而知天命，六十而耳顺，七十而从心所欲，不逾矩"（《论语·为政》），讲的就是通过学习不断提高自己的精神境界的问题。否则，人的心灵就将只停留在儿童阶段那种和谐但却幼稚、单薄、脆弱的状态，而这是很容易被异质的因素破坏的，从此一发而不可收，使人陷入不可解脱的矛盾困境之中，造成心理变态，变得虚伪巧滑。这样的心灵状态，也构不成抗拒并改造外部世界的强大的主体力量，使人类处在自然灾害或者社会灾难的威胁之中而无力自拔，没有安全感，而安全感的缺乏也是导致心理变态的重要因素。特别是当儒家教育成为读书做官的登龙术之后，这种以"心"、"性"为主导的教育就更难得到实际的贯彻了。鸦片战争之后迅速发展起来的现代学校教育，则是以"知识"为主导的。所谓以"知识"为主导，就是让学生首先扩大对外部世界的认知范围。这就产生了大量知识类课程，不但自然科学门类的课程是知识性的，政治、哲学、法律、历史、文学史、文学理论等大量社会科学、文学门类的课程也是知识性的。这些课程的特点是：大量的知识是通过书面文字语言直接接受过来的，不是学生直感、直觉的事物，更无法融入学生的心灵感受之中去。在学生的头脑中，它们是语言文字符号与"对象"、"物"的直接结合体，与学生心灵的对应关系则是模糊不清、若明若暗的。从"知识"的角度，学生好像已经牢固地掌握了它们，但从精神的意义上，这些"语言"却只是学生心灵中的堆积物，不但不利于学生精神上的成长，而且束缚学生的思想，阻碍学生精神的成长和发展。必须看到，这类的"知识语言"尽管是人类或一个民族、一个人的"语言"中所不可或缺的，在一定条件下也有可能将人的心灵提高到一个新的精神境界，但就其自身，却不是人类或一个民族、一个人语言的主体架构。人类或一个民族、一个人语言的基础部分不是这种语言，人类或一个民族、一个人语言的最高级的表现形式也不是这种语言。特别是在开设了大量知识类课程（这类课程的学习，实际也是一种语言的学习。学习数学就掌握了数学的语言，学习中国历史就掌握了中国历史的语言）之后的中国现代学校教育中，语文课中的"语文"就不应当主要指这种知识性的语言了。

人类或一个民族、一个人语言的基础部分是什么样的语言呢？是文学性的语言。人类最原始的语言绝对不是脱离心灵感知内容、仅仅指代外部世界事物的纯知识性的语言。外部世界的事物是纷繁多样的，他们为什么首先赋予了这些事物或行为以名称而将其他大量事物或行为仍然留在无所见、无所闻的虚空状态中？一定是他们的心灵对这些事物或行为产生了特别的感触，而这些事物或行为本身对他们的心灵感受也有了象征、暗示的意义。在这里，心、物、语言符号是同时得到呈现的。直至当代，心、物、语言符号三位一体的"月亮"这个词，较之语言符号与外物直接结合而成的"月球"这个词，仍然更早地出现在儿童的语言世界中。人类或一个民族的最早的文化产品，不论是西方古希腊的神话传说、荷马史诗，还是中国古代神话传说、《诗经》中的诗，都是广义的文学作品。就其整体而言，一个儿童的语言较之一个成人的语言虽然简单，但却更有美感，也是因为儿童的语言无不是其心灵的语言，"物"从"心"变，"言"从"心"变，其"语言"是其心灵的窗子，是透明的，而成人的语言中则有大量的空话、套话或假话，即使传达的是真实的知识，也因与自己的喜怒哀乐毫不相关，像一个厚重的帷幕，遮蔽了自己的心灵。人类或一个民族、一个人语言的基础架构都是文学性的，不是知识性的，所以不论哪一个民族，在其语言艺术上达到了登峰造极的高度的，都是其文学作品。这些作品，不但使人感到语言自身的魅力，同时也是人类精神航程上的灯塔。也就是说，只有广义的文学作品，才是完整、完美意义上的"语文"。语文课教学的主体内容是广义的文学作品的教学，而不是知识性文章的教学。文学教学当然也包括知识性的内容，但传授知识却不是它的主要任务。它的主要任务是不断扩大学生心灵感受的范围并在此基础上不断提高学生心灵感受的能力。

我们经常说，我们的时代是一个知识爆炸的时代。也正因为如此，我们的世界被这种知识的爆炸炸成了碎片。人的分工越来越细密，人的知识越来越专一，在不同专业知识范围内形成的世界观念、人生观念也越来越不同，人与人之间的隔膜越来越严重，人与人越来越难以沟通。这是为什么呢？因为"知识"本身就是建立在"心""物"相分、"物""物"相分的基础之上的。"知"的对象是从主体心灵中抽象出来的一个"它者"，这个"它者"已经与自我不处在一个有机整体之中，已经没有相互连带的关系。它不但与主体处在绝对分离的状态中，也与其他的事物不处在一个整体之中，没有了彼此连带的关系。不论是在古代社会，还是在现代社会，"整体"（老子所说的"道"）都不是人认识世界的结果，而是人用心灵感受世界的结果。在人的认识过程中，"山"就是"山"，"水"就是"水"，这是两种截然不同的物质，即使说出来的联系，也是无关宏旨的，但在人的心灵感受中，山水则是一个和谐完美的整体，这个整体的意义既不是"山"的意义，也不是"水"

的意义，甚至也不是"山"的意义加"水"的意义。它是有自己独立的生命的。在崇拜"知识"的时代，我们往往认为，只有依靠知识，才能了解过去，认识现在，预见未来。实际上，"知识"，向来是零碎的，驻足于一时一地的，而不会具有真正的预见性。"现在"是什么？"现在"是一个整体，是在人的心灵感受中的整体，它不是由任何单一的因素决定的，也不是所有因素的相加之和。"过去"与"未来"也是这样。只有能够感受到整体的心灵，才能从"现在"中发现"过去"、感受"未来"，才有了解过去、认识现在、预见未来的能力。不难看出，这也与学生的成长有关。学生，都是追求幸福的；他们来到学校学习，都是为了幸福地成长、有一个幸福的未来。但是，"幸福"在哪里？"幸福"并不在外部的世界中，而在自我的心灵感受中。"幸福"不是一种"知识"，不是一种外部的"标准"，而是一种心灵的感觉、心灵的体验。在很多人看来，有钱就有幸福，有权就有幸福，人缘好就是幸福，从知识论的角度，我们无法推翻这类观念，这里的问题仅仅在于，"幸福"是"认识"到的还是用心灵"感受"到、"体验"到的？显而易见，正是因为当代青年更重视这种"认识"到的"幸福"，所以他们反而更严重地丧失了幸福的感觉，更严重地迷失在外部物质世界中而找不到通往自己的"幸福"的道路。不幸福的感觉几乎成了当代青年的流行病。每一个人都认为别人是幸福的，而唯独自己的生活是不幸的。对他人无同情，对自己无信心，在外部世界越来越社会化的同时，在精神上却日趋颗粒化、沙漠化。这种现象，是不可能通过大量削减乃至完全取消知识类课程而解决的，因为这是人类提高自己的主体地位、提高驾驭自然世界和人类社会的能力的需要，但若仅有这种日趋频繁的"知识大爆炸"，人类社会也将面临自我解体的危险。在这时，文学教育就变得愈加重要起来。人类社会要有两条腿，不能只有"知识"一条腿。我们的学校教育也是这样。语文课就是学校教育的另外一条腿。这一条腿，不是知识性的，而是文学性的，是建立在逐步提高学生的心灵感受能力的基础之上的。

二十世纪五十年代，中国大陆也曾有过将"语文课"改为"文学课"的尝试。在当时，编了一套以《文学》命名的中学语文教材，从先秦文学作品编起，以朝代先后为顺序，一直编到现当代文学作品。但我认为，它仍然不是文学性的，而是知识性的；是为了丰富学生的文学史知识，而不是为了提高学生的心灵感受的能力。必须看到，学生心灵感受能力的提高，不是以文学史发展为脉络的，也不是以艺术水平的高低为脉络的，而是以学生自身的精神成长为脉络的。如果按照小学、中学、大学三个学习阶段划分开来，我认为，学生心灵感受能力的提高也可以分为三个大的阶段。

其一是以虚幻的外部世界展开学生内部心灵结构的阶段。在这个时期，神话、传说、童话、寓言、民间故事、具有传奇色彩的小说作品、科学幻想小说、具有浪漫主义色彩的抒情诗或叙事诗等，都是儿童的心灵乐意接受的广义的文学作品，并且能够不断扩大他们的感受范围，提高他们的心灵感受能力。所有这些作品，都有一个总体的特点：以明显区分于认识对象的描写方式适应儿童心灵感受的需要，幻想的、想象的、夸张的、色彩鲜明对比强烈的外部图景都有利于将混沌朦胧的儿童心灵逐渐展开，成为一种单纯明了的心灵结构。这种结构是内外应和的整体结构，是一个外宇宙与内宇宙的结合体，它们都不是仅仅建立在童年零碎的、狭小的生活常识和科学常识之上的，因而对物质性的自我和物质性的日常生活都是一种超越。在这个超越性的世界里，儿童一些朦胧的心灵感受以夸大的形式被展示出来，他们的心灵所感受到的"爱"和在"爱"的保护下所感到的安全感、幸福感是通过"神"和一切具有神性的事物呈现出来的，他们在一些事物面前所感到的恐惧不安的心情是通过"魔"和一切具有魔性的事物呈现出来的；对"神"和一切具有神性的事物的亲近感和对"魔"及一切具有魔性事物的反抗心，是一个人在一生中追求神圣、追求崇高、反抗魔性、反抗邪恶的精神基础，一个完全知识化、实利化、物质化的童年"心灵"，对学生一生的精神发展都将造成无可挽回的破坏性影响。

其二是以第一个阶段形成的精神结构逐渐扩大实际的人生感受和社会感受并形成自己朦胧的社会人生理想的阶段。在这个阶段，中外历史上对各种不同生活领域、对各种不同人以及人的关系的具体生动的艺术描写，对各种不同的具有人生理想、社会理想的情感和意志的抒发，都有助于学生将自己内在的精神结构逐渐复杂化、具体化、现实化，并融化在学生的思维习惯和生活习惯中。在这个阶段，学生内在的精神结构是相当强大的，他们是以自我在童年阶段就逐渐形成的善恶分明的精神标准感受和评价逐渐丰富起来的现实生活知识和人生经验的，我们成年人视为"幼稚"、"不现实"、"好高骛远"、"标新立异"的一切表现，实际都是其内在精神结构异常强大的表现。对于这样的精神结构，具有最大消解力的是假大空的作品，它使这样的精神结构陷入虚空中，找不到发挥实际社会作用的途径和方式。在这个精神发展阶段，对于现实世界的复杂性的感受和了解，对于他们逐渐从童年时期的"被爱"、"被关心"的单一幸福期待中超脱出来，而同时在"爱他人"、"关心他人"中感到幸福是十分必要的。这是一种对成人的现实世界的超越，对世俗物质世界的超越。像《孔乙己》、《我的叔叔于勒》这类描写"小人物"苦难的文学作品，之所以能够为这个阶段的学生所爱读，正是因为这样一些作品，使他们能够感到自我对他人的同情和怜悯，对他人的关爱。而正是因为有了这种爱，一个人才有了对他人、对现实社会的责任心，从其主体内部产生出一种主动向善的努力。这个阶段，也是学生将自己所学的大量自然科学知识和社会人生经验纳入自己的内在精神结构中进行重新编码的时期。所谓热爱科学、热爱真理，实际是将科学、真理作为一种人生现象、社会现象加以感受和理解的。有的人将知识有意识地用于实现损人利己的目的，有的人可以为真理牺牲自己的生命，二者之间的差别不在于知识本身，而在于一个人怎样感受自己，感受自我和他人、自我和社会的关系。在学校教育范围内，几乎只有文学教育才具有将学生的心灵同他人、同社会有机联系在一起的作用。

其三是自我与宇宙、与人类、与人类历史，一句话，与老子所说的"道"同其心的阶段。必须看到，直至高中毕业，绝大多数学生还是无法真正感受到像屈原的《离骚》、《天问》，鲁迅的《狂人日记》、《野草》、《故事新编》，但丁的《神曲》，歌德的《浮士德》，列夫·托尔斯泰的《复活》，陀思妥耶夫斯基的《罪与罚》，卡夫卡的《变形记》，马尔克斯的《百年孤独》等等这样一类作品的精神震撼力的。它们实际体现着人类心灵感受力的最高阶段的特征。这类作品的一个显著特征是，作者已经不是从一个人或一些人的人生命运的角度感受人生或评价人生了，而是从人类或一个民族、人类或一个民族的历史整体的角度感受人的精神发展及其局限性的，它们实际将人类的精神发展推进到一个"高处不胜寒"的模糊朦胧的高度。但是，也只有感受到这样一个高度的存在，才在完整的意义上将人的精神发展从物质世界中独立出来。上一个阶段的精神追求还是可见的、明了的，也可以同现实社会极力倡导的精神品质混淆在一起，因而也容易成为一些人沽名钓誉的手段和工具，只有在这个层面上，一个人的精神追求才与各种功利主义的考虑脱离干系，成为一个人内在的精神动力。

以上这三个层次的精神境界，与人类文学艺术的境界是相互应和的，这就为通过文学教育为学生的精神发展开辟道路提供了可能。当学生进入社会之后，在现实的物质世界上还会遇到各种不同的困难，向现实物质世界的沉沦几乎是不可避免的，但所有这些精神的因素也会以各种不同的形式发挥自己的作用，使一个人、一个民族直至整个人类停留在一个较高的精神水平线上。在学校教育中牢固地培养起对人类历史上那些伟大的文学成果的阅读趣味和阅读习惯，并且将其维持到生命的终点，也是提高一个人、一个民族乃至整个人类生活素质和精神素质的重要的一环。必须看到，仅就目前的情况看，我们民族的这种阅读习惯基本上还没有建立起来，这与我们学校的语文教育是有莫大关系的。

如果我的这些想法不是没有道理的，我们就会看到由知识教学向文学教学的转变绝不是一朝一夕就可以实现的，这将是中国语文教育又一次根本性的革命。而如何在当前的教学体制之下首先探索出文学作品课堂教学的一条行之有效的道路，则是这个革命首先要解决的问题。"千里之行，始于足下"，教育革命不是政治革命，不能靠大规模的兵团作战，必须循序渐进，并且从教师入手，从教师的课堂教学入手，当绝大多数教师在教学实践中感觉到了文学教学的价值和意义，并且感觉到了文学教学的乐趣，当越来越多的学生喜欢上了语文教师的文学教学而再也不能忍受那种枯燥无味的知识教学的陈旧模式时，语文课从知识教学向文学教学的全面转变就将开始了。

目　录

第一辑
语文教学改革

　　中国现代教育与中国古代教育的差别就是自然科学、社会科学等"科学"类的课程被大量地充实到了中国现代的教育之中，这样，就把情感培养的任务主要落在了"语文"这门课程中，情感培养的内容理应在现在的"小语文"课程中得到进一步的加强。但事实恰恰相反，当我们仍然以"大语文"的观念理解现代中小学语文教学的时候，不但没有随着"科学"课程的增多加强中小学语文教学的情感培养的比重，反而同整个中小学教育一样，逐步强化了知识性、科学性和逻辑性的教学内容，从而大大削弱了中小学语文教学的情感培养的内容。我认为，假若说当前中小学语文教学中还存在着误区，这才是一个最大的误区。

当前中国中小学语文教学改革的历史根据

　　像平地一声惊雷，中国在全国范围内猛然响起了一片中小学语文教学改革的呼声。在前几年还秩序井然地进行着的中小学语文教学，刹那间就受到了从各个不同方面来的集体性的攻击。在很多人的笔下，中小学语文教学好像成了中国社会所有不如意事情的总根源，好像中国的语文教师成了应当为中国社会多舛命运负责的罪魁祸首，这在中小学语文教学界也引起了巨大的震动：有的愤而反抗，有的困惑莫解，有的则惶急应战，各种改革的方案纷纷出台。似乎一个声势浩大的中小学语文教学改革的热潮就要从中国大地沛然兴起。

　　我也是曾对中小学语文教学说过一些批评意见的人。但我认为，从1949年以来，我们的中小学教育连同整个中国的教育已经有过多次临产的阵痛，但是，在这多次的阵痛之后却没有产下为我们所满意的婴儿。在这样一片全国性的中小学语文教学改革的呼声之中，我们这一次有必要首先冷静地思考一下：这片呼声是怎样响起来的？它来自哪些方面？它有没有一定的历史根据？这种根据是什么？我认为，只有把这个问题思考清楚，我们才能确定，我们当前的中小学语文教学到底应该不应该改革？假若应当改革，应当怎样改革？

较之西方各国的教育，我们中国古代的教育是非常发达的。它是由我国伟大的教育家孔子创立的，直到鸦片战争以前，我们基本遵循着孔子为我们开创的教育方针和教育路线，并且没有感到对这种教育制度的不满，没有产生过对这种教育制度进行根本改革的不可泯灭的愿望。实际上，那时的中国教育，就是中国语文的教育。这种教育将个人道德的教育、社会智能的教育和国家政治的教育集于一身，与中国古代那种特定的社会形态构成了十分和谐的关系，也为中国文化的不断发展培养出了众多的人才。中国古代的文化主要就是由这些人才创造出来的。

中国教育发生重大的性质变化是在鸦片战争之后，那时我们面临着帝国主义的侵略，面临着西方文化的冲撞，并且这两种力量是交互发生作用的：由于帝国主义的侵略我们急需学习西方的科学技术；我们学习西方的科学技术是为了抵御帝国主义的侵略。这时开始的中国教育改革是由当时的洋务派官僚主持进行的，这种改革形成的教育模式的特点是：它是为国家的强盛服务的，是根据国家的需要开设课程，确定教学内容、教学方法和教学目标的，是依照国家的需要评价教育的效果的。在那时，绝大多数社会成员还在中国固有的传统生活方式下生活，他们的需要仍然依照传统的方式获得满足，不需要现代科学技术，也不需要这类的知识分子。需要他们的是国家，这些人才是由国家选取而又为国家所录用的。他们体现着国家的前途和命运，是国家"未来"的栋梁之材。实际上，也正是这样一些人才，把我们的民族从传统的社会带入了现代社会，把我们从封闭的状态中唤醒过来，使我们逐渐看到了整个世界。但是，仅就中国教育的教学内容来说，中国近代的教育改革却是对中国语文教学的一次排挤和压迫。如上所述，在古代，中国的教育在整体上就是中国语文的教育。那时所有的教学内容除了少得可怜的一点算学知识之外几乎都是属于语文学科的，并且属于汉语言文学学科。而中国近代教育改革的结果却是汉语言文学学科内容的减少和外语、数学、物理、生物、化学等新学科内容的增加。在那时，这些新增加的内容还是刚刚从西方引进的，所以统称"西学"，而中国语文学科仍然保留了原有的内容，统称为"中学"。"中学"属于中国语言文学学科的教学，但同时又作为个人的道德教育和国家的政治教育的内容，被洋务派教育家视为中国文化也是中国教育的"道"或"体"，外语和自然科学学科则被视为中国文化也是中国教育的新的"器"或"用"。这是一个"中体西用"的文化结构，也是一个"中体西用"的教育结构。但不论是"道"、"体"和"器"、"用"，都是就国家的需要而言的。"道"、"体"是当时维护清王朝政治统治的思想命脉，"器"、"用"是它应付帝国主义侵略的现实需要。而二者又是一个统一体，没有"器"、"用"的发展，清王朝的思想命脉也是无法延续的，而没有"道"、"体"，即使有了"器"、"用"的发展，对于清王朝来说，也是毫无意义的。也正是由于这种统一性，所以部分地削弱中国语言文学学科在新教育体制中的地位而增加外语和自然科学学科的内容，并不意味着当时整个教育质量的下降，而是标志着中国教育的整体发展。它的发展并不表现在汉语教学这样一个单科教学的发展中，而表现在这个教学体制的综合效应上。

中国教育的更大变化是在"五四"新文化运动之后，这是中国语文学科发生自身变化的时期。它的变化突出表现在下列两个方面。（1）现代语言与古代语言的分化。对于"五四"白话文革新，我们至今还有各种不同的观点，但我认为，只要我们现在的语文教学改革的目的不是反对白话文、提倡文言文、重新恢复文言文在中国当代语言中的统治地位，我们就应当看到，从"五四"以后，中国语文教学的主要目标已经不是为了提高学生掌握和运用文言文的能力，而是为了提高学生掌握和运用白话文的能力。在这里，不存在一个文言文要不要学的问题，而是一个当代语文教学目标的问题。一个以什么样的语言作为我们当代中华民族语言的标志的问题。这是一个语文观念的巨大变化，也是一个历史观念的巨大变化。对于我们，文言文是为了了解和研究我们民族的历史的，是为了掌握我们中国古代的文化的。但我们掌握古代的文化，是为了发展我们现当代的文化，而不是为了复古。我们现当代的文化是以现代白话文为载体的，也就是说，我们学习和掌握文言文是为了更好地掌握和发展现代的白话文，而不是相反。文言文教学和现代白话文教学的关系问题我想留待以后再做专门的研究，在这里，我想说的是，从"五四"以后，中国语文学科的教学就分化成了两种中国语言形式的教学：文言文的教学和现代白话文的教学。不论我们怎样有效地处理二者的关系，现代白话文的教学对中国古代文言文的教学具有一种排斥力和压迫力则是毫无疑义的。如果说中国古代的教育从整体上就是中国语文的教育，并且是中国文言文的教育，如果说中国古代文言文的教育在自然科学学科出现之后受到了第一次的排挤和压迫，那么，在"五四"新文化运动之后，它则受到了第二次的排挤和压迫。但这两次的排挤和压迫都是为了发展我们民族的文化，而不是为了毁灭它。它不是西方帝国主义迫使我们实行的，而是我们的先进知识分子从我们民族的现实命运出发主动做出的新的文化抉择。在这里，也就有了一个如何确定我们现当代语文教学质量的标准问题：我们再也不能仅仅以掌握和运用中国古代文言文的水平作为衡量我们语文教学质量的标准，而应当主要以掌握和运用中国现代白话文的水平作为这样的标准。

（2）中国语文教学内容自身的分化。在古代，中国教育本质上就是中国语文的教育，但中国古代语文的教学在现代教育中却发生了学科的分化。在现代教育中的历史、地理、哲学、政治乃至经济、军事、植物、动物在中国古代教育中都内含于中国语文教学之中，而现在则是以不同学科的形式进行的，并且它们在学科的意义上与语文教学有平等的地位。即使在语文教学的内部，仅就语文知识而言，中国古代的语文教学让学生掌握的只有中国古代的语文知识，而"五四"以后的语文教学中则同时包含了外国作家的作品。在这里提出的问题也是一个如何评价我们现在的语文教学的水平问题：我们是以当代整个文科教学的综合效应与中国古代的语文教学的效果相比较呢？还是仅仅以语文单科的教学与中国古代的语文教育相比较呢？在思考我们现在的中小学语文教学的改革时，我们也有必要首先解决这个问题。

　　"五四"新文化运动之后中国的教育内容发生了巨大的变化，但在整体的教育模式上却处于混乱的状态。首先，教育事业的兴办上，特别是当时的中小学教育，还保留着中国古代社会化的办学方针。在这一点上，我们不能不说，我们古代的教育传统有着天然的合理性。孔子的教育是社会化的教育。他像西方的苏格拉底、柏拉图、亚里士多德一样，不是按照当时政治统治者的意愿兴办教育的，而是以自己的学问和人格吸引了部分社会的青年，使他们产生了求知的愿望，从而有了师与生的结合，有了中国最早的学校教育。他的教育目标是培养当时社会上需要的人才，使学生在个人道德修养、知识技能上能够适应社会的要求，为他们在社会上的进一步发展打下良好的基础。仅仅因为当时的社会主要是一个政治的社会，所以他的思想才被后来的政治统治者所利用，而且使其教育内容政治化、国家化了。但从学校教育的存在方式上，在漫长的中国古代的历史上，基本承续着孔子社会办学的方针。即教育不是国家统一兴办的，不是首先建立在政治统治者的意志和愿望之上的，而是在社会成员希望自己的子弟得到更好教育的基础上由民间自行兴办的。"五四"新文化对孔子思想的批判，不是对孔子社会化教育倾向的批判，而是对他在当时的农业化、政治化的社会上形成的一整套伦理道德观念的批判。他的社会化的教育思想实际上是在像鲁迅、叶圣陶、朱自清、丰子恺、陶行知这样一些现代知识分子的思想中传承下来的，并与西方的自由主义教育传统相结合，形成了中国现代社会化的教育思想。但是，从鸦片战争以来，中华民族的民族危机始终是十分严重的，正是这种严重的民族危机迫使我们必须利用国家的力量兴办教育，以期尽快改变我们民族贫穷落后的状态，实现中华民族的自主和独立。那时更多的学校，特别是条件比较好的学校，是用政府的力量兴办的，是在为国家培养高级的建设人才的思想指引下设置的，其受教育者也是为了把自己培养成离开一般社会成员所从事的社会职业而成为国家高级建设人才而接受学校教育的。

1949 年中华人民共和国的成立，我们向苏联的教育模式学习。苏联是一个经济文化落后的国家，它要尽快实现国家的工业化，以改变自己贫穷落后的面貌。因此，它的教育模式的特点是把国家的现实需要转化为一种教育过程，并在这种过程中一步一步把学生培养成国家所急需的人才。

但是，现在的变化，不仅是教育的变化，而且是整个中国社会的变化，我认为，把它作为中国经济现代化的过程来理解更能说明问题的实质。西方的现代化，其动力是从社会内部产生的，从一开始就表现为一种社会的性质，而不是国家自上而下的有目的的行为。哥白尼、伽利略这些自然科学家不是由国家政权从国家发展的利益出发自觉培养出来的，佛罗伦萨商人们的商业活动也不是国家为整体的经济发展有意组织进行的，直到后来的工业革命，直到现在发达资本主义国家的经济活动，都是一种社会化的事业，它的发展靠的主要是自身内部的动力机制，国家起的只是一种宏观调控的作用。但像俄国、日本、中国这样一些国家，是在西方资本主义发展起来之后，受到西方资本主义政治、经济、文化的压迫而产生现代化的要求的。这类国家的现代化只有通过国家的努力，才能把较少的财力和才力用于国家的现代化发展，迅速实现国家经济基础的变更，实现国家在经济、政治和文化上的独立自主。它从上层变起，是在国家统一领导下进行的。一个国家的经济是不可能仅仅停留在少数国家急需的工业企业之上的，它需要自己的发展基础，需要与更具有社会性的现代化经济部门构成一个完整的经济体系。国家的经济越发展，这个经济的体系也越庞大，其中与一般社会需要相联系的成分就越大，其社会化的成分也就越高。这些社会化的成分不是与国家经济力的强盛直接发生关系的，而是与广大社会成员的生活需要相联系的，是在社会成员个人生存和发展的过程中起作用的，与整个国家的目标形成的是既对立又统一的关系。与此同时，经济规模的庞大化，使它的管理和组织变得极其困难。在这时，仅仅有国家统一的领导，就难以带动起它的庞大的机体了。它需要的是从其内部找到自身发展的动力，需要加强各个企业自身的自动力和主动性，需要的是经济规律自身的作用。也就是说，"文化大革命"结束后我们进行的经济改革，实际上就是向社会化经济转变的过程。与此同时，整个社会文化的发展也在向着社会化的方向发展。在一个民族受到帝国主义的政治、经济、军事的侵略而处于绝对劣势的条件下，这个民族为了摆脱自己的民族危机，必须强化自身的凝聚力。而在这种对民族凝聚力的要求中，产生的必然是思想统一的要求。在这时，不论它以什么形式存在，但其内质上属于爱国主义的思想就成为一个民族统一的思想标准，所有的思想都是纳入这个总体的思想标准之下得到自己的价值评定的，但是，一旦在爱国主义的思想旗帜下把自己民族成员的思想活力焕发出来，只有这样一个思想标准就远远不够了。在这时，政治学、经济学、法律学、哲学、社会学、文学、艺术、历史学这诸种学科都要有自己独立的思想文化体系，都要有自己的价值评判标准，并且同一学科内部也会有不同的学派、不同的观点，这些是不可能仅仅用爱国主义一种思想就可以完全概括的，它们之间的分歧也无法用爱国主义一个思想标准得以解决。也就是说，"文化大革命"结束后的思想文化运动，不论其表现形式多么复杂，但其实质却是中国文化思想社会化的过程。我认为，正是中国经济体制的社会化发展和中国文化思想的社会化发展，激发出了当前中小学语文教学改革的呼声。它不是对哪一个语文教师的批评，也不是对现在语文教师的成绩的否定，而是源于对固有教育模式的不满。

在这时，我们需要有一个更细致的观察和了解。如上所述，"五四"新文化运动之后的教育模式在近现代社会是从那些受到西方帝国主义国家的政治、经济、文化的侵略因而产生了现代化要求的国家中产生的，是在国家迅速发展以取得与发达资本主义国家平等的世界地位的愿望下实行的。在这时，国家急需一批足以体现整个国家发展最高水平的政治、经济、文化的人才，但这些人才在这样一些国家是不可能仅仅从下而上自然地产生、自然地发展的，发展的紧迫感使国家把自己强盛的愿望转化为对教育的重视，并把国家的需要直接当成整个教育的目标。教育是在国家的统一领导下进行的，教育执行的是国家为自己制定的教育方针和教育目标，它必须把国家的需要当成自己的需要，不能离开国家的教育目标而另有自己的教育目标，不能分散了原本单薄的教育力量。这决定了国家和教育的关系：越是在一个政治、经济、文化落后的国家，国家所急需的越是那些能直接为国家的现实发展目标服务的高级的建设人才。既然这种教育首先是为了培养国家急需的高级建设人才的，所以全部教育的过程就是以有目的、有计划地培养这样的人才进行设计的，它把实现这个最终目标所需要的思想品德、知识技能，按照由浅入深的原则设计成一个过程，并且分别由小学、中学、大学这些不同的教育阶段来完成。不同教育阶段的作用和意义是从全部教育过程完成之后的教育目标中获得的，它们自身没有更大的独立性。对于小学、中学、大学各个教育阶段而言，它们只处在按照国家整体需要设计出来的整个教育过程的一个环节上，这个环节不能自行设计自己，它必须按照国家的指令性计划完成自己的教学任务，脱离开这个统一的指令性计划，就破坏了这个教育过程的完整性，影响整个国家教育目标的实现。这决定了其教学内容和教学计划的统一性：统一的教学计划和教学内容是由国家统一制定、由上而下地推行的，所以每一级学校的每一个教师必须按照国家统一颁发的教材和教学计划进行教学，而不能随意改变教学内容和教学计划。由于整个教育过程都是以培养国家建设的高级人才为最终的目标的，所以各级教师，特别是中小学教师，不能按照自己的思想和理解培养自己的学生。他们要求于学生的，是一个自己也未曾达到只在观念上才存在的目标，一个与自己不同的有更高思想觉悟和更高知识水平的高级的人才。他们在国家规定的统一的教学内容和教学计划面前是被动的，他不能按照自己的感受和理解确定教学内容和教学方法。这决定了教材、教学大纲等与教师之间的基本关系：在教师与学生之间，首先掌握和理解国家的教育目标和教学计划的是教师，学生只有在教师的引导下才能逐步成为国家所希望他们成为的人、具备国家所需要他们具备的知识，所以学生在教师和所学内容面前是被动的。这决定了学生与教材、学生与教师的基本关系。这样的教育模式，是以培养国家高级的建设人才为最终的目标的，所以很自然地以能否升上更高一级的学校为衡量教育质量的有形标准，一个学生的优良与否也主要看其能否升上高一级的学校。考试，特别是升学考试就具有了关键性的意义，它成了对一个学校、一个教师、一个学生教学质量的最终裁判。这决定了其教学质量的基本评估方式。

必须指出，这种教育模式在整个二十世纪的中国教育中是发挥了巨大的历史作用的。它起到的是把整个社会吸引到教育的过程中来，并为国家培养了一批批建设人才，使我们走上了现代化发展的轨道。我甚至认为，时至今日，它的作用仍然没有完全消失，我们在今后的一个相当长的历史时期内，还会感到它的必要性。但是，这种教育模式之所以成为我们的主要教育模式，是由于国家政治、经济、文化上的落后，是由于教育的不发达。一旦国家有了一个现代经济、政治、文化的基本规模，一旦每一个社会成员都希望自己和自己的子女成为国家的高级建设人才，这种模式就不再仅仅是为国家分忧解难的，同时也成了整个国家的沉重负担。当同文馆的那几个贵族子弟有了一点现代科学知识的时候，国家是可以为他们提供一切可以提供的方便条件，让他们在国家的发展中发挥自己的全部才干的，但当每年几百万的中学生都要通过高考的渠道挤入大学的校门，每年几十万的大学生都希望涌入少数的国家最高领导机构、最高研究机构、最先进的国有企业并获得与过往同等学力的人的政治、经济、文化的待遇的时候，教育对于国家就不是那么轻松的东西了。国家还是需要"高级"建设人才的，但他们已经不必在国家统一的领导和严格控制下进行培养，现代教育的体制自自然然地会涌现出这样一些人才来。国家主要成了人才的接受者，而不是教育的干预者。在这时，教育的独立性加强了，外部干预已经没有太大必要，教育要按照教育自身的规律设计自己，而设计自己的方式则是在社会和受教育者这二者之间的关系上进行的。社会的需要是多方面的，它不仅仅是由少数高级建设人才组成的，而是由全体公民组成的。在这时，也只有在这时，国家才更清楚地感到，决定一个国家命运和前途的不仅仅是少数最高级的建设人才，全民的素质也是或更是重要的因素。全民的素质是个层次问题，不是一个目标的问题。目标是相对统一的，而层次是由各种不同职业、不同才能、不同个性的人构成的整体机制。如果说严峻的冬天需要松柏，温馨的春天则是由包括松柏在内的更大量的大大小小各不相同的花草树木构成的。对于这些花草树木，任何统一的意志都会成为破坏的力量，它们自身的生命力才是最最重要的。这在人则是每个人的独立自主的能力和创造力。教育成了"人"的培养，而不再仅仅是"人才"的培养。"人"的培养的基础不是国家具体的现实需要，而是受教育者的本身。受教育者需要尽快地生长，所以教育还是重要的，但这种生长却必须是自然的、有序的，不能"揠苗助长"，不能用外力去扭曲它、生硬地去改变它。它越是自然的，越是具有自生能力、具有蓬勃的生命力。教与学，要以学的需要为基础，教师与学生，教师只是辅助者，而不是领导者，他要根据学生的情况选用教材和教法，而不仅仅是根据国家指令性的计划完成国家交给的教学任务。教材和教法是由他根据自己学生的具体情况确定的，他有更大的自主权。正像一个植物的生长，它的完整性不是由它最终长成的样子为标准的，而是在任何一个生长阶段都有自己的完整性。嫩芽有嫩芽的完整性，小树有小树的完整性，大树有大树的完整性，老树有老树的完整性；用老树的标准衡量小树的质量不但是不合理的，而且是有害的。也就是说，每一个教育环节都是独立的，不能用一个固定的教育目标限制它。与此同时，当现代化的发展波及社会的每一个领域，当社会不再由受教育的程度简单地区分为贫穷和富裕两个阶层，每个社会成员对自己子女的关心就不再仅仅是升学的关心，而是对子女生活幸福的关心，而幸福的感受与地位的感受并不一定是统一的，一个人的独立自主能力和创造力才更与个人的幸福有着直接的关系。在这时，社会对教育的要求不再仅仅是升学率的要求，还会对整个教育过程中的东西产生更敏锐的感受，对自己子女的精神状态和生活能力有更多的关心。所有这一切，都使教育向着社会化的方向发展。固有的教育模式，已经不能完全满足包括国家在内的整个社会的愿望与要求。

既然现在的矛盾是固有的教育模式与社会化程度提高了的整个社会的矛盾，为什么独独中小学教育并且是中小学语文教学受到了社会各界的关注呢？显而易见，这是一个阶段性的现象和学科性的现象。固有的教育模式是以培养国家高级建设人才为目的的教育，但它与社会的矛盾也恰恰是先从国家与高等教育的矛盾开始的。国家依照自己的需要重点培养高级的文化人才，但一旦这成了国家和社会有意识追求的目标，教育的发展很快就会超过社会所能容受的程度。这种以尖端为目标的教育，总是使更多的人才从其尖端滑向社会的中下层，而停留在传统生活方式之中的中下层社会则是不需要这些人才的。实际上，这种矛盾早在"五四"时期就已经表现了出来。1949年之后，国家采取了统一分配工作的方式，但没有几年，大学毕业生的分配就成了国家的一个沉重负担。学生的思想观念和知识技能也与他们实际的生存空间存在着一个相当大的距离，要适应社会的需要常常要经过一个漫长的痛苦过程，而在这个过程结束之后又常常丧失自己的理想和追求，丧失自己的主动性和创造性。"文化大革命"结束之后的大学教育，首先发生的变化就是分配形式的变化，经济体制的社会化发展使大学生自谋生路的主动性成为可能。恰恰在他们独立地面对社会、独立地承担自己的能力提高之后，他们开始不满于中学教育。有些中学教师问：中学语文教学的质量不高，大学教育的质量就高了吗？是的，近些年的大学中文系的教学质量也有严重下滑的趋向，但它的社会化的发展趋向掩盖了这种下滑的局面，这就把中小学教育突出了出来。

中学教育不仅仅是语文教育，但像数学、物理、化学等自然科学学科的教学，是从西方社会化的教育体制中接受过来的。这些学科有一个相对明确的知识系统，它是无法折叠的。它必须按照少年儿童可接受的程序由浅入深地进行，必须从人认识自然、改造自然、保护自然的愿望中获取力量。但语文教学则不同。语文知识是可以折叠的，是没有一个明确的先后顺序的。至少在我们现在的语文概念中是这样。它可以把国家需要的最高层面的思想、品德、知识直接纳入中小学语文教学中来，让那些尚没有接受它们的主动性的青少年不得不接受下来，从而把语文教育变成纯粹从外向内灌输的东西。教材按照一个充分发展了的成年人的需要编制，规定目标，甚至为每一篇课文确定主题思想、段落大意，规定学生每一个作文题应当怎样写、不应当怎样写。在这样一个统一的教学目标下，语文教师失去了对每一篇课文进行自由解读的可能性，他被迫做照本宣科式的教学，他的最大才能是把别人给预先规定好的内容讲得"生动活泼"，使其语言的灵活性在离开自己的亲身感受和思想愿望的情况下仍能色彩斑斓、五光十色，而学生只能是一个被动的接受者。他们的头脑至多只是被作为一台性能良好的电脑，你输入什么，它就有了什么功能。所有的变化都是在一个固定程序内的变化。但它不能由自我进行操纵，而必须在别人的操纵下才会做出各种不同的事情。我认为，恰恰是中小学语文教学的这种性质与当前中国社会发展要求的矛盾，激发了人们改革中小学语文教学的热情。这个改革应当回归到人与语文的关系中来思考，回到语文教学对人的成长和发展的作用中来思考，而不能仅仅从国家已有明确认识的现实需要中来思考。它不是要教育背离国家的需要，而是要教育变成主动推动国家发展的力量。它不是否认语文的工具性，而是要把这个工具交到能自由使用它并为人的精神发展服务的"人"的手里。

1999 年 5 月 18 日

情感培养：语文教育的核心

——兼谈"大语文"与"小语文"

在当前中小学语文教学改革的讨论中，出现了很多的分歧。我认为，其中有很多分歧是由于"语文"这个概念不清造成的。这关涉到我们中小学语文教学及其改革的诸多根本问题，所以我想就这个问题谈一谈自己的一些看法。

中国古代的教育，实质上就是"语文教育"，但是，这个"语文"的概念，实际上是一个"大语文"概念。这个语文概念实际包括了当时几乎所有用文字进行表述的东西。我们现在所说的文学、语言学、文艺学、哲学、政治学、伦理学、道德学、宗教学、社会学、民俗学、历史学、地理学乃至经济学、生物学、天文学、物理学等等方面的知识都是通过语文学习进行传授的，它的任务是为当时的社会培养一切非直接从事体力劳动的人才。由于当时自然科学、社会科学的不发达，其主体内容则是文学、伦理学和道德学，但作为一个概念，却是一个"大语文"的概念。所谓"大语文"，实际上是一个民族文字语言的总汇，它体现的是一个民族文化的全体，而不是它的一部分。这个概念，到了中国近现代教育中，发生了很大的变化。中国现代教育体制是在西方教育体制的影响下发生变化的，西方近现代教育的根本特征是各文化门类分工的细密化。自然科学和社会科学逐渐从中国固有的"大语文"教育中分化出去，并且它们自身也分裂成了各个不同的学科。我们现在这个"语文"的概念，实际上已经不是原来的那种"大语文"的概念，而是在排除了几乎所有知识性内容之后的一个"小语文"的概念。它是一个民族语言总汇中的一部分，而不是它的全体，它体现的也不再是一个民族文化的全部，而是它的一种表现形态。在中国古代的教育中，学生从入学起学的实际就是语文课，直到考上进士，学的仍然只是语文课。但在我们的现代教育中，从小学起，"语文"就是与"数学"、"音体美"并列的三大课程之一，到了中学，它则成了与外语、数学、理化、政史、音体等诸多课程几乎相并列的一门课程。这种并列的性质我们从高等学校入学考试中的分数比例也可以清楚地感受到。在中国古代，学好了语文就等于学好了一切，而在中国现代中小学教育中，学好了语文只是学好了一门功课。我们的学生及其家长实际已经不再把语文当作一种无所不包的"大语文"，而是把它理解为与其他课程并列的一门课程，理解为有着特定内容的"小语文"概念。但是，由于我们中国古代的教育使用的曾是"大语文"的概念，所以到讨论中小学语文教学问题的时候，这两种不同的语文概念就发生了各种不同形式的混淆。

在这里，我们首先要解决的一个问题是：这种"大语文"概念向"小语文"概念的转化有没有必要性？它的价值和意义何在？在这种"小语文"教学中我们应当树立一种什么样的"语文"观念？因为假若这个转化根本没有必要性，没有独立的意义和价值，我们的教育就应当重新回到中国古代的教育中去，重新恢复原有的"大语文"概念，从而用"语文"教育代替一切教育。假若我们不能这样，我们也就不能简单地把中国古代的语文教育同我们现代的语文教学进行直接的比较，不能把"大语文"观念中的"语文"等同于"小语文"观念中的"语文"。实际上，从"大语文"观念向"小语文"观念的转化，是中国传统教育向中国现代教育转化的结果。中国现代教育与中国传统教育的一个根本的差别是：中国现代教育是建立在全社会"人"的培养的基础之上的，是为了全社会的"人"能够在社会中担负一定的职责并为自己的生存和发展创造尽量大的空间，同时也在自己生存和发展的过程中为整个社会的进步和发展做出自己的贡献。中国传统的教育是单纯培养非生产性的人才的，并且主要是培养专门从事社会管理的政治人才的。这种从事社会管理的政治人才同现代的政治人才也不一样，因为那时的政治人才并不把社会生产的发展和社会历史的进步作为自己的基本目标，而只是起到稳定社会、维持安定的社会局面的作用。这样，文学和伦理道德的教育就成了最重要的教育内容，并且可以全部包括在语文教学中。中国现代教育自然是全社会"人"的培养，就不能只有非生产性的才能的培养。假若全社会的人受了教育，都只是去作诗、写文，谁也不再去从事物质生产类的工作，全社会的人就没有饭吃，没有衣穿，没有房子住了。所以自然科学必须成为现代教育的一个组成部分，有关自然科学教育的各门课程我们是不能重新排斥到学校教育之外的。与此同时，现代的生产成了社会化的生产，社会变得更庞大、更复杂了。在中国古代，生产是在家庭内进行的，是以家庭为基本生产单位的，这种生产单位的组织工作存在的只是一个伦理道德问题，而在经济生产实现了社会化的现代社会，社会变得更复杂了，所以各种对社会问题的了解、思考、研究和处理也成了一个人以及全社会必须关注的问题，围绕社会问题设置的各种不同的教学内容，也成了现代教育的基本课程。伴随着中国与世界各国联系的加强，外语也成了中国学校教育必不可少的内容。甚至现代的文学家、艺术家，也必须在这样一个现代的社会中生活和创作，也必须面对具有这样一些基本知识和才能的人。这样，现代教育就把语文课挤压在一个有限的空间和时间中，一个自认为无所不包的语文教学不存在了，"大语文"概念在语文课的教学中变成了一个"小语文"的概念。这种转化反映着现代教育的进步，反映着全民文化水平的普遍提高，反映着现代教育性质的根本变化。我们在讨论中小学语文教学及其改革的时候，必须面对这个"小语文"的概念，而不能用中国古代那种"大语文"的概念看待和思考当前的中小学语文教学及其改革的问题。

中小学语文教学中的"语文"已经成了一个"小语文"的概念，但我们讨论中小学语文教学及其改革的时候却用的大都是"大语文"的概念。因为既然是"语文"教学，参加讨论的也大都是专门从事语文教学研究、文学研究、语言学研究的专家和学者，少部分是关心学生语文水平提高的家长或一般社会成员。他们是从现实社会的语文实践看待问题的，是在整个社会的语言实践中直接获得对中学语文教学的观感的，并且往往是以中国古代语文教育为参照系的。这样，他们就自觉不自觉地回到"大语文"概念上去了。实际上，当我们不是从中小学语文教学实践的角度，而是从一般的社会语言实践状况的角度考虑问题的时候，我们考察的已经不仅仅是中小学的语文教学了，而是包括社会教育在内的全部教育，是中国现实社会的文化。因为从"大语文"这个概念出发，包括社会教育在内的全部教育、全部社会文化，归根到底都是一种语言表现，都是通过语言，并且大都是通过民族语言进行传达交流的。自然科学各个学科也是各种不同的语言形式，社会科学的各个学科也是各种不同的语言形式，在现代教育中，这些语言形式的掌握和运用已经不主要是中小学语文教育的任务，而是其他课程的任务。它们也是"语文"，也是民族语言，但却不是"小语文"概念范围的内容。突厥、契丹、匈奴、倭寇、墨翟、赵匡胤、秦桧、康熙、乾隆、汕头、深圳、海豚、牦牛、鳄鱼、鲨鱼、函数、负数、杠杆、蒸汽机、氢、氧、氮、钾、胃、肾、肝、肺、唯物主义、辩证法、贷款、储蓄、缅甸、老挝等等等等，不但所有这些词汇的内涵主要不是从中小学语文教学中习得的，甚至连它们的读法、写法也是在学习其他课程的时候掌握的。这样的"语文"，属于"大语文"的范围，而不属于中小学语文教学的"小语文"的范围。假若把整个社会语言实践中存在的问题全都放在中小学语文教学及其改革中来考虑，势必会造成中小学语文教学观念的混乱，也无助于中小学语文教学及其改革。与此同时，当我们自觉不自觉地以中国古代语文教育为参照系看待并要求我们当前的中小学语文教学的时候，实际是用过去的"大语文"看待并要求我们现在的"小语文"。在中国古代，诗文几乎是中国书面文化的唯一的载体，它从一开始就是培养超于普通社会群众的文学家的，语文的教学占了它几乎全部的教学时间，而现在的中国文化却是通过自然科学、社会科学、文学艺术、哲学这些所有语言载体共同承载的。现在的中学语文每周只有 12 个左右的课时，在这12 个左右的课时里，中国古代文学作品的教学也只占有百分之四十左右的时间，可我们的专家和学者往往把现代中学生的语文水平同中国古代的著名学者进行比较，这样一比，当前的中小学语文教学就被比下去了，就产生了今不如昔之感，甚至对"五四"新文化革命的意义和价值也从根本上产生了怀疑。必须看到，文学是一个民族文化的重要组成部分，但却不是民族文化的全部；文学是语言的艺术，但不是一个民族语言的整体。一个民族语言水平的提高并不仅仅表现为一个民族文学语言水平的提高，同时还包括自然科学、社会科学、哲学乃至外语水平的提高。即使文学水平，也要看实际运用中国现代白话语言的能力，不能仅仅从对中国古代文学典籍的掌握程度进行单方面的判断。要比，也得用"大语文"与"大语文"相比。假若严格用"大语文"的观念将古代中国和现代中国相比，不论我们现代的教育还存在着多少问题，但中国社会文化、社会语言的整体水平还是大大提高了，而不是降低了。所谓九年制义务教育，就是每一个中国公民都要接受九年的学校教育，这在中国古代指的是那些根本没有进过学校的文盲。我们要说这些人运用民族语言的能力反不如中国古代那些没有文化的社会群众，这无论如何也是说不过去的。即使从社会文化、社会语言的整体发展水平的角度，我们也要在自然科学、社会科学、哲学、文学乃至外语的综合能力中与中国古代的教育进行比较，而不能用中国古代的"大语文"同中国现代的"小语文"进行比较。这样，我们才能分清中国古代教育与中国现代教育的差别，实事求是地看到进步，看到发展，以发展的姿态认真地、切实地思考中小学语文教学改革的问题，而不是简单地复古，用怀古的情绪代替对当前中小学语文教学的认真的、切实的考察和研究。有的私立学校以改革为名，又叫学生从《三字经》、《百家姓》念起，又叫学生背诵《论语》、《孟子》，并用这些中国古代教育的教材完全取代现代语文教材。我认为，这是死路一条，走不得的。

那么，我们当前的中小学语文教学是不是就不存在任何问题了呢？也不是！我认为，恰恰是因为我们没有分清"大语文"和"小语文"的区别，我们当前的中小学语文教学才陷入了一个很大的误区。什么是"大语文"？"大语文"观念是在什么样的基础上产生出来的？"大语文"的观念是在人类一般的、普遍的语文观念的基础上产生出来的。它的直接的指向就是人类的或一个民族的语言的整体，这个整体理应是包括一切的语言形式、一切的语言现象的。当我们把中小学语文教学中的"语文"界定为人类的交际工具，界定为人类文化的载体的时候，我们已经把中小学语文教学中的"语文"观念当成"大语文"的观念了。实际上，我们中小学语文教学中的语文观念，只是一个"小语文"的观念。这个"小语文"的观念不是在"语文"与"非语文"的区别中被界定的，而是在与中小学其他课程的区别中被界定的。如上所述，自然科学、社会科学、哲学也是一种语言形式，这种语言形式也是人类交际的工具，也是人类文化的载体，也有人文性的内容，它们同中小学语文课是并列的课程，因而作为语言也是与中小学语文教授的语言相并列的。既然中小学语文教学中的"语言"只是与其他课程并列的一种"语言"，这种"语言"应当是与其他各门课程相区别的"语言"，假若没有区别，中小学语文就可以被其他课程所代替了，我们就不用专门设置一门语文课了。这种区别在哪里呢？我们看到，除了"音体美"这些可以不借助文字语言进行表达的语言之外，自然科学、社会科学各门课程的语言都有一个共同的特点，就是它们都主要是知识性、科学性、逻辑性的。它们都可以包括在"科学"这个大概念之中。这些学科的增设，反映着人类科学文化的发展，反映着人类生活的科学化，同时也反映着人类理性思维能力的提高。人类需要理性，需要理性的语言，但只有理性，只有理性思维的能力，只有理性的语言行不行呢？也是不行的！必须看到，理性是在主体与客体严格区别的意义上建立起来的，是主体对客体的有距离的观照或思考，人类需要有这种能力，但假若仅仅有这种能力，人与周围的世界就建立不起情感的联系来了。从理论上讲，这个问题有些复杂。在这里，我们举一个例子就足以说明问题了。我们都读过鲁迅的《祝福》，假若我们仅仅从理性上认识祥林嫂，祥林嫂是一个什么样的人呢？祥林嫂与"我"的关系是一个什么样的关系呢？仅仅从理性的思考中，祥林嫂只是一个愚昧的农村妇女，"我"则是一个觉醒的知识分子，这两个人物不论在社会地位、经济地位上，还是在思想上，都是有严格的区别的，是愚昧者和觉醒者的对立关系。用句我们常说的话，就是"他们不是一类的人"。但我们能不能仅仅这样看待问题呢？不能！因为人不但有理性，有与别人或他物相区别的能力，同时还应该有感情，有能与别人或他物联系在一起的能力。人的感情不是在严格的科学思考的基础上产生的，而是在直观的、直觉的、审美的实际生活的联系中不自觉地建立起来的。《祝福》中的"我"，时时刻刻都存在着一种"逃避"的心理，因为"理性"告诉他，他是无法拯救祥林嫂的，祥林嫂本身就是愚昧的，她生活在鲁镇这个具体的环境中，这些人都不同情她，都把她当作一个"不洁"的女人，只有他这样一个"外来人"同情她，是没有任何的用处的，他的痛苦不会对祥林嫂的命运产生任何实际有益的影响，因而这种痛苦也是没有必要的。但所有这些"理性"的考虑，都没有使他的心灵轻松下来，因为支配着他的不仅仅有理性，还有感情，这种感情是不受理性的绝对的支配的。他还是忘不了祥林嫂的悲剧，还是无法摆脱掉自己内心的痛苦。正是这种同情心，这种不完全受理智支配的感情，使我们在《祝福》的阅读中，仍然感到有些温暖的东西，使我们仍然不会完全绝望于人生，绝望于社会。理性是冰冷的，而感情则是温暖的，人生中只有理性是不行的，必须还要有温暖，有感情。我们现在常提素质教育，但素质教育不是铁板一块的东西，其中有理性的素质，也必须有情感的素质。任何人都是情感与理性的错综交合的统一体，其中又有各种不同的构成形式。在《故乡》中，鲁迅并没有把他的故乡描写得比美国、日本的农村好，也没有把闰土、豆腐西施杨二嫂描写得比法国人、英国人更有觉悟，更高尚，但鲁迅关心的还是自己的故乡，还是像闰土、豆腐西施杨二嫂这些家乡的百姓。为什么？因为这里不仅仅有理性的作用，同时也有感情的作用。他是在自己的故乡成长起来的，闰土、豆腐西施杨二嫂这些人物的命运在他的感情世界里占有比一个法国人、英国人更重要的位置。这不是由他的理性思考所决定的，而是在自己的人生途程中一点一滴地不自觉地建立起来的。我们现在老说"爱国主义"教育，"爱国主义"仅仅从理性上讲是讲不来的，因为任何一个民族也无法保证自己的民族就是世界上最优秀的民族。自己的民族不是世界上最优秀的民族，这个民族的成员还爱不爱自己的民族呢？还爱！为什么？因为一个民族的成员在长期的生活中与自己的民族、自己民族的成员、自己民族的语言、自己民族的事事物物都建立起了一种情感的关系，他已经无法把自己心灵中这些活生生的印象全部抹去，他的生命已经同这个民族、这个民族的人、这个民族的语言、这个民族的事事物物紧密地联系在了一起，任何理性的思考、任何科学的判断都已经无法改变这个生命体的本身。必须使学生能够与自己民族的人、民族的生活、民族的语言在感情上联系在一起，像鲁迅那样，尽管在理性上说不出自己的故乡和别人的故乡相比有什么好处，但在感情上还是更关心自己的故乡。有了这样的感情联系，他能不爱国？他能去做损害自己民族、自己民族的人民、自己的祖国的事情？所以，理性的启迪是重要的，情感的培养也是重要的。如上所述，中国现代教育与中国古代教育的差别就是自然科学、社会科学等"科学"类的课程被大量地充实到了中国现代的教育之中，这样，就把情感培养的任务主要落在了"语文"这门课程中，情感培养的内容理应在现在的"小语文"课程中得到进一步的加强。但事实恰恰相反，当我们仍然以"大语文"的观念理解现代中小学语文教学的时候，不但没有随着"科学"课程的增多加强中小学语文教学的情感培养的比重，反而同整个中小学教育一样，逐步强化了知识性、科学性和逻辑性的教学内容，从而大大削弱了中小学语文教学的情感培养的内容。我认为，假若说当前中小学语文教学中还存在着误区，这才是一个最大的误区。

情感培养是一种人文素质的培养，但也是一种语言素质的培养。正像中小学语文教学中的人文素质的培养指的不是整体的人文素质的培养，而是在其他课程主要培养学生的知识性、科学性、逻辑性的思维能力的时候，主要加强着理性的启迪的时候，它应当主要肩负起情感培养的任务，在语言素质的培养中，也是这样。当其他课程主要培养着学生掌握和运用知识性、科学性、逻辑性的语言素质的时候，中小学语文教学则理应主要肩负起培养学生掌握和运用直观的、直感的、感情的、审美的语言素质的能力。在这里，人文素质的培养同语言素质的培养实际上是一体两面的东西。没有直观的、直感的、感情的、审美的语言，便不会产生与周围事物的情感性的联系；没有这种情感性的联系，也不会掌握和运用这样的语言形式。在过去，由于我们总是在"大语文"观念的范围中思考问题，所以我们往往把大量的理性的语言当作情感的语言，从而代替了对学生心灵的美化和情感的陶冶。"热爱大自然"，表面上说的是感情，但作为一种语言形式却是理性的，它所表达的只是我们应该热爱大自然的理性的判断。但只有这样一种理性的判断，学生是不会真正地从情感上建立起与大自然的联系的，学生对大自然的热爱是在与大自然的广泛的接触中逐步建立起来的。他家的小猫死了的时候他是会感到悲伤的，他门前的树木枯萎了的时候他是会感到惋惜的，但若只有这些日常生活中的实际联系，学生所感受到的事物还是极其有限的，这样，直观的、直感的、感情的、审美的语言作品就起到了扩大学生这种感情联系的范围的作用。"热爱生活"、"热爱祖国"、"热爱人类"等等等等，其实都同"热爱大自然"一样，只是一些理性的语言形式。这些语言在概括地表达一种需要的时候是有意义的，但都还不是人的情感素质。这种内在的情感素质是在直观的、直感的、情感的、审美的语言形式中接受的，也是在这种语言形式中进行表现的。情感的培养与这种语言素质的培养是密不可分的。

在这时，我们就可以对中小学语文教学中的这个"小语文"观念做一个相对明确的界定了。假若说"大语文"观念是在人类的整体的语言观念的基础上被界定的，是包括人的整体素质的培养和人的各种不同的语言形式的掌握和运用的，那么，"小语文"则是在现代中小学语文教学同其他课程的区别中进行界定的，它的主要任务是人的情感素质的培养和直观的、直感的、情感的、审美的语言的掌握和运用。这种"大语文"向"小语文"观念的转化，是不是意味着将中小学语文教学的重要性降低了呢？从中国现代中小学语文教学已经不是中小学教育的全部内容而言，它的地位确实是降低了，但这种降低只是一门课程地位的降低，而不是这门课程本身的意义和重要性的降低。它是以中小学教育增加了自然科学、社会科学的诸多教育内容为前提的，但也正因为现代的中小学教育增加了大量自然科学、社会科学的教学内容，中国现代中小学语文教学的意义和重要性才空前提高了起来。假若说中国古代教育的一个根本的弱点是严重缺乏科学文化的内容，严重缺乏真正的理性思维能力的培养，致使中国社会生产力和社会政治制度处于长期停顿的状态，那么，中国现代教育的一个根本的弱点就是严重淡化了情感教育的内容；而一旦淡化了情感教育的内容，自然科学、社会科学的理性思维能力的片面提高就会导致人的实利化、理念化、教条化倾向的发展，导致人与自然、人与人、人与社会、人与整个人类的情感联系的松弛。这不仅是中国现代教育经常面临的一个严重问题，也是现代世界教育经常面临的一个严重的问题。理性思维能力的提高若不伴随着直观的、直感的、情感的、审美的能力的提高，片面发展的理性同样也会将人类导向自我毁灭的道路；征服大自然的能力的提高若不伴随着与大自然的直观的、直感的、情感的、审美的联系的加强，人类征服大自然的能力就有可能变成破坏大自然、破坏人类生存环境的能力；人类改造社会的能力的提高若不伴随着人与人、人与社会、人与人类的直观的、直感的、情感的、审美的联系的加强，人类改造社会的能力就有可能导致整个社会联系的破坏，导致由少数拥有权力、拥有财富的国家或个人任意宰割整个的世界、整个的人类，从而把人类送入一种没有专制主义制度的专制主义世界之中去；人类对两性关系的科学的理解若不伴随着两性之间直观的、直感的、情感的、审美的联系的加强，人类对两性关系的科学态度就会从根本上破坏两性关系间的爱情联系，而使之仅仅剩下赤裸裸的权力的、金钱的、性本能的关系。这甚至可以表现在人类运用语言的能力上。人类运用语言的能力的提高若不伴随着人类与自己、与他人、与社会、与人类语言或本民族语言的直观的、直感的、情感的、审美的态度的加强，人类运用语言的能力的提高就有可能导致人类的谎言崇拜，从而把整个人类卷入谎言的海洋之中去。我们总说我们的学生掌握和运用民族语言的能力降低了。我认为，恰恰相反，在中国的历史上，从来没有一个时代，能像中国现代社会一样，充斥了这么多的语言。我们现在的语言危机常常不是因为人们说的话太少，而是因为人们说的话太多，而在这些太多的话中却缺乏真正具有直观的、直感的、情感的、审美的底蕴的语言。在"文化大革命"前，我们每一个中学毕业生都能对孔子、胡适、尼采、地主阶级、资产阶级、帝国主义、修正主义进行"义正辞严"的"理论"上的"批判"；在"文化大革命"后，我们每一个中学毕业生都能对鲁迅、毛泽东、马克思、列宁、农民阶级、无产阶级、社会主义、社会革命论提出一系列"理论"上的"质疑"，但所有这些语言到底包含着多少说话者自身直观的、直感的、情感的、审美的内涵，他们在另一种情况下会不会以同样的态度对待自己原来主张过的理论学说，则是很难预知的。我认为，我们现在的社会不是闰土这类的人越来越多了，而是豆腐西施杨二嫂这类的人越来越多了；不是祥林嫂这样的人越来越多了，而是卫老婆子这样的人越来越多了。豆腐西施杨二嫂、卫老婆子不是不会说话，而是"太"会说话。他们总能说出很多很合时宜的话来，做出很多很合时宜的文章来，但这些语言却不是他们心灵的语言。中华民族的语言就在这样一些语言的泛滥中变得浮华不实，正像大量假冒伪劣产品的存在使人们对货真价实的产品也产生了怀疑一样，大量浮华不实的语言使人们对我们民族那些具有真情实感的语言也失去了应有的感觉。当我们的学生按照同样一个模式编写着《我的故乡》的作文的时候，人们反而感觉不出鲁迅的《故乡》的意义和价值来了；当我们的学生按照同样一种模式编写着《我的老师》的作文的时候，人们反而感觉不出鲁迅《藤野先生》的情感力度了。我们把语言当成了一种知识，一种才能，一种能够像收购货物一样大量买进、大量卖出的东西，而不是在情感培养的意义上，在直观的、直感的、情感的、审美的意义上感受民族的语言，不是随着学生年龄的增长和生活视野的扩大自然地、循序渐进地把民族语言融化在学生的心灵中，并作为学生表达自己真情实感的语言材料。高调的语言、浮华的语言、粉饰的语言、矫揉造作的语言、虚与委蛇的语言麻痹了我们社会的语言神经，使语言变成了一种能够禳灾避邪的符咒式的东西。只要能够意识到现代社会经常面临的这种语言危机，我们就不会认为中小学语文教学仅仅集中在学生情感培养的目标上，仅仅突出直观的、直感的、情感的、审美的语言的掌握和运用上，是削弱了它的重要性而不是加强了它的重要性了。自然科学、社会科学诸多的课程抬起了中小学教育的理性教育的一端，中小学语文教学必须集中力量抬起中小学教育的情感教育的这一端。只有这两端同时加强，我们的中小学教育才会在整体的人文素质和语言素质的培养上提高到一个新的高度。

我认为，当我们区分了"大语文"与"小语文"这两个不同的语文观念之后，我们就会看到，迄今为止我们围绕着中小学语文教学所展开的几乎所有争论，都是在"大语文"的观念的基础上展开的，因而所有这些争论都没有使我们在中小学语文教学的实践问题上找到相互理解的渠道。首先，在"大语文"的观念中，语言的人文性和工具性只是把握语言的两种不同的理论形式，从语言交流的意义上，语言在整体上不能不说只是一种工具，它是为人表达思想感情、接受别人的思想感情所使用的一种手段、一种方式。工具学派就是在这样一个意义上强调语言的工具性的。但是，语言作为一种工具，是与人的基本素质的培养没有关系的。岳飞可以使用语言的工具，秦桧也可以使用语言工具，仅仅从工具论的角度无法解决中小学语文教学的人文素质的培养问题。正是因为如此，人文学派提出了语文的人文性的问题。他们把语言视为人的一种人文的素质，人的素质的培养实质也是一种语言素质的培养，语言素质的培养实质也是一种人文素质的培养。但是，在"大语文"的观念之下，人文学派没有也不可能将自己所谓的人文素质的培养同以前的思想教育划清界限，因为他们所说的人文素质是包括理性启迪的内涵的。既然人文素质与思想教育的界限是模糊的，那么，人文素质的培养也就无法摆脱向学生灌输某种成人社会固有思想观念的嫌疑。所有人类社会发展中产生的相对合理的观念，不是对任何一个人在任何一种情况下都会产生有益的思想影响的。对于一个人，只有在他与自然、与人、与社会、与民族，以及与人类的直观的、直感的、情感的、审美的联系的基础上建立起的思想观念才是真正构成他的人文素质的东西。只有在这样一个意义上，老子、孔子、屈原、司马迁、杜甫、李时珍、苏格拉底、伽利略、牛顿、伏尔泰、卢梭、康德、马克思、列夫·托尔斯泰、甘地、爱因斯坦、林肯、华盛顿、鲁迅、毛泽东等等这些思想观念各不相同的人才都是具有很高人文素质的人。我们对学生人文素质的培养不是一个常数，而是一个变数，这个变数是在他们与人、与社会、与民族，以及与人类的直观的、直感的、情感的、审美的联系的基础上产生的。既然人文学派无法将人文素质的培养同向来的思想灌输从根本上分开，它也就无法从根本上否定中小学语文教学中的工具论。因为二十世纪五六十年代中小学语文教学中的工具论，恰恰是为了强调语文教学自身的独立性而提出的，是为了反对单纯的思想灌输而提出的。显而易见，在这个"大语文"的观念中，人文学派和工具学派的矛盾是不可能从根本上消除的，二者的起伏反映的不是中小学语文教学实践的矛盾，而是成人社会根本思想观念的矛盾。重视社会伦理道德、重视社会思想观念革新的学者重视中小学语文教学的人文性，重视写作能力提高的学者重视中小学语文教学的工具性。但假若我们从"小语文"的观念出发，这两个学派实际是没有矛盾的。在"小语文"的观念中，中小学语文教学的人文素质的培养不能主要是理性思维能力的培养，不能是一种定型的思想观念的灌输，而是让学生逐渐地建立起与外部世界的心灵的联系，这样的联系仅仅通过由别人获得的理性判断的语言是无法建立的，必须通过直观的、直感的、情感的、审美的语言才能逐步地实现。在这里，语言是在学生感受中的语言，语言已经不是一种具有质的规定性的东西。只有在理性的概括中语言才有一种所谓统一的本质。在直观的、直感的、情感的、审美的观照中，语言实际上被自然地分为可感的与不可感的两大类语言，那些空洞无物的语言，或者学生根本读不懂的语言，在过去我们是在其"有用"的名目之下强迫学生进行学习的，只要我们认识到中小学语文教学进行的主要是情感教育而不是理性教育，只要我们认识到情感教育只有通过直观的、直感的、情感的、审美的语言才能有效地进行，"有用"或"将来有用"在中小学语文教学中已经不是一个独立的标准，这些空洞的语言或不空洞但学生却不可能真懂的语言就不会被塞入教材强迫学生阅读和掌握了。而在可感的语言中，人们的感觉也会自然地将语言分为两大类：丑的语言与美的语言。所有那些粗俗的、猥亵的、下流的、残暴的、卑劣的、虚伪的、欺骗的语言都是一种丑的语言，所有那些真诚的、真实的、真心诚意的，对自然、对人、对社会、对民族、对人类富有同情心的语言都是美的语言。《祝福》中"我"的语言是与"鲁四老爷"的语言不一样的；《药》中夏瑜的语言与康大叔的语言是不一样的。我们亲近的不是一个抽象的语言整体，而是人类、民族语言中那些美的语言。在这时，"语言"已经没有一个统一的本质，而是具有了它的二重性。我们既不能说语言是一种工具，也不能说语言不是一种工具，它是一个非常复杂的言语的整体。我们让学生亲近的、接受的，是那些真诚的、真实的、真心诚意的，对自然、对人、对社会、对民族、对人类富有同情心的语言，而厌恶、拒绝那些粗俗的、猥亵的、下流的、残暴的、卑劣的、虚伪的、欺骗的语言。不难看到，在这里，语言的学习同时也是人文素质的培养，人文素质的培养也无法离开语言的学习。必须看到，中小学学生还没有正式进入社会，还没有我们成人已经牢不可破的私有观念，他们正处于与自然、与人、与社会、与民族的语言和人类的语言建立起心灵联系的阶段，而他们如何建立起这种联系，是在没有私有观念的基础上建立这种联系，还是在有了这种观念之后建立这种联系，差别是极大的。也就是说，这个年龄阶段的情感素质的培养极其重要。我们中小学语文教育尽管不可能使每一个学生都成为高尚的人，成为有着美好心灵的人，但这种努力却绝对不是没有意义的，它至少可以抑制现代社会实利化倾向的发展势头，可以抑制人与人、人与自然、人与社会、人与民族、人与人类感情的淡漠化的发展倾向。

人文学派和工具学派的争论是这样，语言学派和文学学派的争论也是这样。因为我们从来就是把中小学语文教学的问题放在"大语文"的观念下来看待的，语言学家研究的就是作为整体的语言，所以我们的语言学家在中小学语文教学的理论和实践中就发挥了更大的作用。在语言学家那里，语言的问题，主要是一个语言观念、语文知识、修辞手法、听说读写的能力，特别是写作能力的培养问题。在这样一种"大语文"观念的支配下，中小学语文课本中几乎包容了各种各样文体的文章的学习、各种各样文体的文章的写作知识的讲解、各种各样文体的文章的写作的练习，而在各种各样文体的文章的学习和写作中，则又有各种各样的修辞手法、写作手法的学习和练习，各种各样的语法知识的讲解。这样，文学作品的比重就少了。这引起了从事文学教学的学者的不满，一些作家、文学家也往往从文学的角度提出对现行中小学语文教学的不满。但是，由于文学学派也是囿于这个"大语文"的观念的，他们往往不是从中小学语文教学的观念上提出问题，而是从中小学学生文学创作能力的降低或文学知识的缺乏上提出问题的。实际上，仅仅从这样一个意义上提出问题，是经不住语言学派的反驳的。因为正如语言学派指出的那样，中小学语文教学不是培养文学作家的。中学毕业生走向社会，从事的是社会各项具体的事业，他们不必也不能全都成为文学作家。即使升入高等学校学习，也不是全都进入大学的中文系。在大学中文系从事文学研究的学者没有权利也没有可能要求中小学语文教师仅仅为大学中文系培养合格的大学生。他们是面向大学的各种不同的系科的，而非中文系的学生是不是一定都要从屈原读到舒婷，从荷马读到卡夫卡，是不是都要能创作出杜甫、鲁迅那样的文学作品来，连文学学派的学者自己也是说不明白的。但是，只要我们从"小语文"的观念出发，我们就会看到，不同文体的写作知识和写作能力实际并不都是在中小学语文教学的课堂上学到的，中学语文教学到底对一篇政治学论文、哲学论文、社会学论文的写作有没有起到作用，起到了多大作用，我们都是很难说的。写作这种能力，不像编筐子那样，别人告诉你怎样写就会怎样写了。写作是从实际的阅读中来的，是从自己的思想或感情的表达欲望中来的，中学各门课程的学习同时也是各种不同文体形式的学习。学了哲学，就有了表达自己某些哲学见解的写作能力，读得多了，写得多了，写作哲学论文的能力也就具备了。它实际是不用在语文课上教学生如何写哲学论文的。也就是说，各种不同的学科同时也在培养着学生写作不同学科的文章的能力，而只有直观的、直感的、情感的、审美的表达方式是需要在语文课上进行学习的。语文课上学习的文章应该是广义的文学作品。写作说明文、论说文、应用文能力的提高应该是在其他课程或实际生活中学习的。学了动物学知识，学生才知道应该主要从哪些方面观察、了解动物的生活，才能更具体细致地观察和了解一种动物，也才能写出有关这种动物的说明文，仅仅依靠语文课教学生怎样观察，怎样写说明文是不够的；学了社会学知识，学生才会更敏感地发现社会上存在的这样或那样的问题，才会写有关社会问题的论说文，仅仅依靠语文课上学上几篇论说文，仅仅依靠语文老师告诉学生什么是论说文、怎样写论说文是不行的。我在语文课上从来没有学过怎样写请假条、借条、收条，但我仍然会写这些应用文。请假条是在我请假的时候班主任老师教给我的，借条是在我借东西的时候学会的，收条是在别人还我东西的时候学会的。甚至日记、书信都不是在语文课上语文老师教给我的。生活过程自然会教给学生很多应用文的写法。把所有这些内容都弄到语文课上去学，就把语文课弄成一个大杂烩了，由我们民族的文学家创作出来的真正美的语言、精华的语言反而学得很少很少，学生感受语言、接受语言、创造语言的能力怎能得到切实的提高？但是，这并不意味着中学语文教学是为了培养作家、文学家的，也并不意味着中小学语文教学是单纯为大学中文系的教学打基础的。广义的文学作品之所以应该是中学语文教材的基本内容，是因为全民族的成员都应该具有一定的审美能力，都应该具有一定的情感素质，都应该具有一定的接受和运用直观的、直感的、情感的、审美的语言的能力。它与其说是培养作家、文学家、文学批评家的，不如说是培养文学作品的读者的。我们不能要求所有中小学的毕业生都成为作家、文学家、文学批评家，但我们却不能不要求所有中小学毕业生都必须是广义的文学作品的读者。教育是为社会培养人的，假若我们的学生毕业以后连一个广义的文学作品的读者都不是了，我们中小学语文教学的意义就很小了。也就是说，在"小语文"的观念中，广义的文学作品之所以应该是中小学语文教学的基本内容，并不是因为它是培养作家、文学家、文学批评家的，而是因为它是与情感培养紧密联系在一起的，它是一种直观的、直感的、情感的、审美的语言形式。在这个意义上，文学和语言是没有根本的差别的。语言是文学的语言，文学是语言的文学。语言学派和文学学派不应该像在"大语文"观念中那样分为截然不同的两派。

2002 年 2 月 11 日

在语文教学中必须同时坚持三个主体性

　　在当前的语文教学改革中，人们开始重视学生学习的主体性，但与此同时，也有将学生学习的主体性绝对化的倾向。我认为，在语文教学活动中，必须同时坚持三个主体性：文本作者的创作主体性、授课教师的教学主体性、学生的学习主体性。脱离开文本作者的创作主体性和授课教师的教学主体性，学生的学习主体性是无法得到真正的发挥的。

一

　　什么是文本作者的创作主体性？那就是课文作者有自由表达自己的思想感情的权利，他对于自己的作品是有主体性的。也就是说，任何一篇课文的作者都不是为了我们现在教师的"教"和学生的"学"而创作的，而是为了在自己的语境中向自己所实际面对的对象或自己假想的读者表达自己真实的思想感情而创作的。直接为了我们现在教师的"教"和学生的"学"而写作的课文不是没有，但那是极少数，并且多数不具有经典性。经过时间考验的经典性的课文几乎都有不同于我们现在的语境，不同于我们现在的教师和学生的读者对象。杜甫的诗不是直接写给我们当代人看的，莫泊桑的小说不是直接写给中国人看的，甚至鲁迅的杂文也不是专门为教学而创作的。我们为什么还要学习它们呢？因为既然是学习，就不是仅仅重复自己已有的思想感情和话语表达形式，而是要通过对别人思想感情的感受和理解而扩大自己的思想视野和情感感受的范围和深度。我们不必成为屈原，但却必须能够感受和理解屈原；我们不必成为鲁迅，但我们却必须能够感受和理解鲁迅。正是在这种感受和理解的基础上，我们才能不断扩大我们感受和认识的范围，才能学习到表达各种可能产生的思想感情的语言艺术形式，我们的人文素质和语文素质才会得到持续的提高。在这里，尊重课文作者的创作主体性是我们能够主动感受和理解课文的基本前提，也是正确发挥教师的教学主体性和学生的学习主体性的唯一途径。

尊重文本作者的创作主体性，对于授课教师而言，就是要求教师不能脱离开文本本身仅仅向学生灌输自己的思想和感情以及自己希望学生具有的思想和感情，就是要求教师必须在作者与其实际的或假想的读者对象之间的关系中、在作者及其所处的具体的语言环境中充分理解并体验作者通过文本所表达的思想感情以及文本语言作为这种思想感情的载体的作用。教师的主体性是有一个限度的，是有一个发挥的空间的，它必须接受作者的主体性为他所设定的这个特定的空间，必须避免那种离开文本本身所许可的范围进行的纯属于自己的天马行空般的自由发挥，必须避免那种脱离开对文本作者的基本理解而进行的不着边际的思想批判和艺术挑剔。教学过程不仅是学生不断成长的过程，也是教师不断丰富和发展的过程，教师对文本作者、对学生始终保持一种开放的心理态势是教师在教学过程中不断得到丰富和发展的基本前提条件。教师的批判性思维不能建立在对作者的主体性的漠视的基础上，必须建立在对文本作者主体性的尊重的基础之上，必须建立在对作者所要表达的思想感情的充分理解的基础之上。理解同时也是一种批判，理解就是理解文本作者的特定性，理解文本所表达的思想感情的特殊性，理解的精确度同时也标志着批判的精确度，理解的深度同时也标志着批判的深度。批判是有各种不同的层次的，那种笼而统之的批判只是一种极低层次的批判。我们可以用保护自然动物的需要批判施耐庵的《武松打虎》，可以用唯物主义思想批判蒲松龄的《画皮》；可以用儒家的入世观念批判陶渊明的《桃花源记》，可以用道家的出世观念批判杜甫的《三吏》、《三别》；可以用卡夫卡的现代主义批判巴尔扎克的现实主义，可以用巴尔扎克的现实主义批判卡夫卡的现代主义……但所有这些批判都是毫无意义的批判，它造成的是思想懒汉的作风，是自我心理的狭隘性和封闭性，是自我个性和基本批判能力的丧失。这种批判从根本上否定了文本作者有表达自己对社会人生的感受和理解的权利，否定了他们在自己的特殊的语境中表达自己真实的思想感情的权利，从而也抹煞了文本自身的意义，把文本语言关闭在自己所应当感受和理解的语言的范围之外。实际上，这不是真正的科学的批判意识，而是所谓大批判意识。这种大批判意识的一个根本的标志是批判者根本不想以平等的态度努力地感受和理解文本作者力图表达的思想和感情，不承认他们对于他们自己作品的主体性地位，而是千方百计地把自我凌驾在文本作者之上，并以自己的主观好恶否定作者自由表达自己的思想感情的权利。这样的教师是不可能通过教学不断提高自己的人文素质和语文素质的，也是不可能在学生人文素质和语文素质的培养中起到应有的先导作用的。

尊重文本作者的创作主体性，对于学生而言就是要把自己首先设定在"倾听者"的地位上而不是"评判者"的地位上，努力感受和理解文本作者所要表达的思想感情，并在这种感受和理解的基础上发现文本本身的美，进而从美感感受中感到趣味。语文教学要有趣味性，但语文教学的趣味性与娱乐活动的趣味性是不同的。平时的娱乐活动是在趣味的基础上感到意义，语文教学则是在感到意义之后才更感到趣味。娱乐活动本身的目的就是娱乐，只要达到娱乐的目的就起到了娱乐活动的作用，意义是为了增加乐趣感，乐趣不是为了增加意义感，而语文教学的目的则是学生人文素质和语言素质的培养，在尽短的时间内以尽快的速度提高学生的人文素质和语言素质，是对语文教学的根本要求。不断把学生带入一个新的思想和感情的空间，使学生感受和体验平时所极少可能直接感受和体验到的事物，掌握表达这样一些新的感受和体验的语言和语言形式，则是语文教学的基本原则。这样，学生所学课文就不像休假日逛动物园那样，是在纯粹的事先的趣味驱动下的行为。学生在学习一篇课文之前就要求这篇课文的趣味性，或者教师要求语文教材的编写者必须把课本编得像电子游戏那样能够吸引学生主动去学习，都不是一种合理的要求。学生学习的主体性不是建立在刹那乐趣感的基础上，而是建立在成长的乐趣之上。只要学生能从语文教学中不断感到自己的成长，感到自己感受、理解范围的扩大和感受、理解能力的提高，感到自己运用民族语言表达自己思想感情的能力的提高，他们就会在语文教学中感到乐趣。成长的乐趣同游戏的乐趣同样是人的本能的要求，语文教学的人性基础是建立在这种成长的乐趣之上的。在具体阅读文本之前，在教师没有帮助学生克服感受和理解文本的困难之前，学生是不可能感受到像范仲淹的《岳阳楼记》、鲁迅的《孔乙己》、都德的《最后的一课》这样的课文的趣味性的。但也正因为如此，需要教师的"教"。通过"教"，学生有了感受，有了理解，感到了这些作品的美，并在这美的感觉中感到了乐趣。这种乐趣是建立在美感基础之上的，因而是高雅的趣味，而不是低俗的趣味。人文素质的提高就在这高雅趣味的感受和建立中实现，语文素质的提高也在这表达高雅趣味的语言能力的提高中实现。学生学习的主体性是主动感受和理解文本作者的思想感情、熟悉和掌握文本中的语言的主体性，是在尊重文本作者主体性的基础上形成的，而不是让所有的人都必须满足自己刹那的乐趣感的那种享乐者的主体性。语文教学是"教"孩子，而不是"哄"孩子；是为了学生的"成长"，而不是为了学生的"享乐"；是为了学生成长为一个高素质的社会公民，而不是为了他们成长为说一不二的专制霸王。通过不断了解别人、感受别人、理解别人而不断充实、丰富、发展自我，是学生成长的主要形式。文本的作者就是他们了解、感受和理解的一个个对象，并且是由教材编写者在大量人类的、民族的文化成果的基础上选择出来，认为更有利于他们成长的对象。假若学生对这样一些对象的主体性就没有起码的尊重，就不想主动去感受和理解，他们对现实社会的绝大多数人的主体性也就不会有起码的尊重，他们也就会把人类在几千年间积累起的各种文化成果拒之门外，这，对他们的成长是极为不利的。我们需要培养学生的批判意识，但这种批判意识必须是在充分尊重文本作者的主体性、充分理解文本所要表达的思想感情的基础之上的批判意识。学生首先要学会"倾听"，然后才能学会独立思考和独立评判。一个儿童的语言能力的提高是经常倾听成人间进行的对话或与成人对话的过程中实现的，语文教学之所以能够起到尽快提高学生人文素质和语文素质的作用，主要是因为语文教学为他们提供了经常"倾听"文本作者与其直接的或假想的读者进行的书面文字交流和经常倾听教师与他们的直接对话的缘故。学生也要说，也要参与，但除了学生的作文之外，在课堂教学过程中，他们的参与也是为了更好地听，听得更清楚、更明白，听到更多的、更有意义的话。文本的作者是说者，学生是听者。学生是在听的基础上说，而不是在说的基础上听。这个基本的关系是不能颠倒过来的。颠倒过来，对学生学习的主体性的发挥是没有好处的。

二

什么是语文教师的教学主体性？那就是语文任课教师有根据自己对文本独立的感受、体验和理解解读文本，独立地组织语文教学的权利。语文教师不能无视文本作者在自己的语境中真实地表达自己的思想和感情的权利，不能脱离开文本的具体内容对作者的写作进行刻意的挑剔和不切实际的批判，但每一个读者都有在自己的人生经历和生活体验的基础上感受和理解文本的权利，一个文本是无法脱离开读者的接受而独立存在的，它激发读者的想象，产生各种可能的联想，从而和读者本人的人生经历和人生体验发生直接的关系，起到感染人、影响人的思想和感情的作用。语文教师也是这样一个读者，并且理应是一个对课文有着更丰富的体验和更细致的感受的读者。他怎样具体地感受和体验这个文本，是任何一个其他人也无法完全代替的。在教学过程中，一个教师只有以自己真实的感受和认识解读文本，才能起到将这个文本的文字激活，使之成为一个活的语言肌体的作用。尊重语文教师的教学的主体性，首先要尊重语文教师在课堂上以自己真实的、独立的感受和体验分析、讲解文本的权利。现在，我们常常说要解放学生，但我认为，要解放学生，首先要解放教师。假若连教师也没有以自己独立的、真实的感受和体验分析、讲解文本的自由，学生的自由又从哪里来？教师怎么会允许学生有真实地、独立地感受和理解文本的自由？我们必须意识到，不论教学参考书对文本的讲解多么准确和具体，不论专家和教授对文本的研究和分析多么细致和深入，都必须通过教师自己的感受和理解这个无法逾越的中介才能具体地进入教学过程，离开这个中介，要求语文教师照本宣科地把已有的结论传达给学生，并让学生准确无误地死记住这些结论，都是对语文教师主体性的漠视和侵犯，也是对学生学习主体性的戕害和摧残。在这时，文本的语言实际还是一些死的文字，还不是一个活的语言的肌体。这对于学生，也是有极其重要的意义的。学生要学习，要更深入地感受和理解一个文本，首要的条件就是他要尊重文本作者的主体性，愿意切实地感受和理解作者通过文本所要表达的自己的思想和感情，其次就是要尊重任课教师的主体性，愿意感受和了解语文教师对这个文本的感受和理解，并以此为基础深化自己对文本的感受和理解。在这里，我们必须指出，培养学生的批判意识，绝对不是主要通过对文本以及文本的作者、对教师以及教师的讲解的批判进行的，而主要是通过学校教育提高学生的人文素质和语文素质，从而使学生对现实社会生活中诸多不合理的现象和不健康的语言习惯具有批判的意识和批判的能力。为了这种批判意识的建立和批判能力的提高，对文本以及文本作者、教师以及教师的讲解则要有感受和理解的强烈愿望。只要有了感受和理解的强烈愿望，学生就不会盲从书本、盲从教师，而是敢于提出问题，寻求更深入的感受和更切实的理解。这同事先就带着批判意识面对课文、面对教师是完全不同的两回事。

语文教师的教学主体性还表现在语文教师组织教学的主动性和自由性上。在现代社会，教育已经成为一个广大的社会事业，社会对教育的研究也越来越深入、越来越具体，各种各样的教学理论被创造出来，各种课堂教学的经验被介绍出来，这对语文教师提高语文教学的质量无疑是有促进作用的，但所有这一切，都必须通过教师本人的接受和理解，都不能代替教师在组织教学活动中的主体性地位。如上所述，教师对文本的感受和理解是在自己人生经历和人生体验的基础上进行的，一千个读者就有一千个莎士比亚，他们都尊重莎士比亚的创作主体性，但他们又各有自己独特的人生经历和人生体验，他们之进入莎士比亚戏剧世界的途径和方式是各不相同的。我们不能企望一个中国的教师和一个英国的教师会以相同的形式进入莎士比亚的戏剧世界，也不能企望他们对莎士比亚戏剧的感受和理解会是完全相同的。这样，如何让学生感受和理解教师对莎士比亚戏剧的感受和理解，其途径也不会是完全相同的。与此同时，不同的语文教师有不同的特长，积累起的教学经验也是各不相同的，他们面对的是各不相同的学生，有着各不相同的语言文化背景。所有这一切，都意味着他们不能照搬任何一种固定的教学模式，不论是社会还是学校的领导，都要尊重语文教师组织教学活动的自由性，不能用任何固定的教学模式和别人的教学经验将语文教师的手脚捆死。对语文教师的教学要重视整体效果，不能只重外部的形式。要让教师充分发挥自己的特长，从而也把自己的特长转化为学生的特长，不能一刀切。条条大路通罗马，课堂教学是不能千篇一律的，是不能把任何一种固定的模式绝对化的。否则，语文教师在课堂上好像是在背一篇自己没有背熟的文章，唯恐自己忘了什么，唯恐自己出了差错，没有一点自由的感觉，他的教学语言活泼不起来，生动不起来，学生怎能感到趣味？学生学习的主体性怎能得到发挥？在这里，需要着重指出的是，我们中小学语文教学改革要进一步引导学生尊重语文教师的主体性，引导学生养成在教师统一的组织下积极主动学习的习惯，要为教师提供组织课堂教学的更大的自由性，而不能为教师主体性的发挥设置更多的障碍，更不能鼓励学生更多地干预教师的教学组织活动。我们既不能鼓励教师压学生，也不能鼓励学生压教师。教学活动，特别是语文教学活动，是一种最自由的活动，是一种最需要自由的活动。最真实的语言，最美的语言，最有感染力的语言，都是在自由的心境中从人的真实的感觉、感受和认识中流露出来的。教师有压力，就讲不好课；学生有压力，就听不好课。要使学生感到学习的趣味性，首先要使教师感到教学的趣味性。在课堂上，趣味感是在教师与学生的关系中产生的，任何一方的趣味感的丧失，都会同时破坏双方的趣味感。所以，尊重教师在教学活动中的主体性，对于发挥学生在学习上的主体性是十分重要的。

三

当我们意识到文本作者的创作主体性和语文教师的教学主体性之后，才能正确地理解学生的学习主体性。

什么是学生学习的主体性？那就是在学习过程中，具有主体地位的始终是学生。在这里，我认为，包含着两个层次的含义。其一是全部的语文教学活动，从教学大纲的制定，到语文教材的编订，从教学参考书的编写，到语文教师的课堂教学，都必须落实到学生的"学"上，都是为了尽快提高学生的人文素质和语文素质的。不利于学生提高的太低俗的内容和形式固然是应当排斥的，太高远、为特定年龄段的学生所无法接受的内容和形式也是不适宜的。所有这些都不是为了做给社会看的，不是为了让成人社会感到满意的，而是为了有利于学生的学习和提高的。这一点，说起来是非常容易的，但是做到或基本做到是相当困难的。因为对我们的语文教学做出实际的评估并对从事语文教学活动的人做出实际的价值判断的不是学生，而是成人社会。成人社会如何评估我们的教学活动、如何看待一个语文教师的教学效果是制约我们教学活动的一个巨大的力量。对学生学习主体性的强调对于转变成人社会的教育观念是有积极的意义的，它告诉我们不能依照自己的主观感受评价语文教学和语文教师的教学活动，而要从学生学习和成长的需要看待和评价这一切；我们不是语文教学的主体，学生才是它的主体。其二是在整个语文教学活动中，学生都是一个积极主动的参与者，而不是一个被动的服从者。这表现在学生与文本的关系中，就是学生不是被动地记忆、模仿文本作者的文本，而是一个站在与文本作者平等地位上努力感受和理解文本作者的思想和感情的读者。这样一个读者不是被动的，而是主动的、积极的，他所感受和理解的已经不是文本中的文字本身，而是这个文本作者的思想和感情，这些思想和感情是与这样的文本一体共存的，但却是经过自己的感受和理解才从文本中发现出来的。离开他的主动、积极的参与就不会感受到作者的思想和感情。与此同时，他不但感到了作者的思想和感情，同时也感到了自己对作者和对作者的文本的思想和感情。我们通过岳飞的《满江红》不但感受到了岳飞的爱国热情，同时也感到了对岳飞爱国热情的敬仰和崇敬，感到了岳飞《满江红》这首词的美。这都是主体参与的结果。没有参与，就没有这些丰富的感受和理解，文本的文字就仍然是一堆死的文字，它们也不会转化为学生的语言、学生的语文素质。这表现在学生与教师的关系中，就是学生不是简单地接受教师的讲解，而是感受和理解教师对文本的感受和理解，并通过感受和理解教师而更深入地感受和理解文本和文本的作者的思想和感情。他感受和理解了教师对文本的感受和理解，深化了自己对文本以及文本作者的感受和理解，但这种感受和理解既不完全等同于文本和文本作者的自身，也不等同于教师和教师对文本的感受和理解。实际上，这才是我们常说的学生个性的培养，学生的个性不是一朝一夕就可以形成的，只要有了这种主动参与的精神，学生的个性就会逐步地鲜明化，有了个性，也就有了批判意识和批判精神。所有这一切，都是他的主体参与的结果。没有他的主体的参与，不论是文本还是教师的讲解，都是外在于他的心灵的，文本的语言和教师的语言都不会转化为学生自己的语言。为此，我们就要调动学生在学习中的主体参与精神，使学生在整个教学活动中都感到自己是自由的、主动的、积极的，至于怎样才能调动学生的主体参与精神，这就需要发挥教师在教学活动中的主体性，在文本、教师和学生的活的关系中具体地组织课堂教学。形式是多样的，但具体到每一堂课则是具体的。

四

最后，我们不妨从语文教育与社会文化的关系上感受一下语文教学中三个主体的关系问题的重要性。

在语文教学活动中有三个主体的关系的问题，在整个社会上，也有三个主体的关系的问题。语文教学中的文本，实际上是人类的和民族的文化遗产。它是过往人类创造的文化成果。它们的创造，体现的是它们的创造者的主体意志和思想愿望，他们对于他们的创造物是有主体性的。我们要感受和了解文化遗产的价值和意义，主要不是从它对我们现实人的直接使用价值来判断、来衡量，而更应当从它对当时社会、当时人的作用和意义来衡量。在这里，重要的不是这种遗产的本身，更是他的创造者的创造精神和创造过程。一代代的人要得到更迅速的成长，是不可能一切从头开始摸索和创造的，而必须首先了解过往人类的创造成果和创造过程。在现实社会中担负这种文化传承任务的是知识分子，他们的任务更接近语文教学中教师的任务，而从事现实社会各项具体社会事业的社会成员则需要掌握过往人类创造的文化成果，他们要通过现代知识分子的著作了解和掌握有关的文化遗产，以具体地从事社会的各项事业，他们在这种文化传承的关系中更接近语文教学中的学生的位置。在这里，也就有了社会文化中的三个主体的关系的问题。这里有三个主体，而不是一个主体，这三个主体是有差异、有矛盾的。古代文化的创造者的主体性假若压抑了现实社会知识分子和一般社会成员的主体性，古代文化的创造者就被神圣化、绝对化了。在这时，现实社会的人成了传统文化的俘虏，文化遗产表面上得到一代代人的传承，但一代代人却失去了古代文化创造者的创造精神，它所导致的是现实文化的衰弱和现实社会人的主体性地位的丧失。但是，假若现代社会的知识分子并不尊重人类的、民族的文化遗产，并不尊重过往人类的创造意志和创造精神，并不想感受和了解这些遗产是怎样被古代人创造出来的，而是一味根据自己现实的愿望和要求抹杀古代人的创造成果，他们的创造性也是得不到发展的。这种仅凭自己的好恶否定一切古代遗产的虚无主义态度，同时也意味着对自我以外的所有人的主体性的蔑视，意味着把其他社会成员都置于自己的奴从者的地位，它抹杀了古代人对于自己创造物的主体性地位，同时也压抑了自己的文化的接受者的主体性地位。这正像一个教师既不想切实地感受文本自身的意义和价值，也不承认学生在学习中的主体性地位，蔑视一切，否定一切，打倒一切，只把自己的话当作圣旨。在这时，现实社会表面上有很繁荣的文化，知识分子编织着五花八门的理论，但这些理论却不是从他们对社会人生的感受和理解中产生出来的，而是从与别人对着干的方式中产生出来的。你说向左我向右，你说向右我向左；你讲唯物我唯心，你讲唯心我唯物，其实他自己是什么思想也没有的。这样的文化只是知识分子的花架子，它无法转化为促进整个社会和社会思想发展的力量。但是，广大社会成员的主体性也不能无视人类文化遗产的创造者的主体性，不能抑制和窒息了现实社会知识分子的主体性。在这时，整个社会陷入愚昧和盲目，否认知识，否认文化，否认历史，否认知识分子的社会作用，把狂妄当个性，把蛮干当创造，把迷信当信仰，整个社会陷入"盲人骑瞎马，夜半临深池"的盲目状态。我们应当吸取这些历史的教训。人类社会发展的主要机制不是来自这三种主体性中的任何一种主体性的片面发展，而是来自这三种主体性的相互制约而又相互促进。

我们说人文素质的提高是语文教学的首要任务，而在语文教学中始终坚持三个主体性，使学生在尊重历史文化遗产创造者的主体性和语文教师的教学主体性的同时，坚持自己在学习和成长中的主体性，承认别人的个性，发展自己的个性，承认别人的自由，争取自己的自由，则是学生人文素质提高的根本标志，而在这样一种人文素质提高的过程中重构自己的语言系统，则是学生语文素质提高的基本途径。

2002 年 10 月 19 日

教材·教参·教法

　　当前中学语文教学改革正在进行的过程中，这次中学语文教学改革的第一个成果是新的教材的编写。新的教材不是只有一套，而是有各种不同的试验教材，这就打破了原有的一套教材定天下的局面。这些教材是不是都比原来的教材好，是不是都是适应我们当前中学语文教学需要的教材，我认为，那是不一定的，但关键在于我们正在探索中，正在试验中，我们都在力图编写出更新、更好的教材。我认为，这比什么都重要。这说明我们已经进入了一个中学语文教学改革的途程中，起点总是不完美的，起点的作用就是能给人们带来新的希望，带来重新探索的热情。教材永远是无法完全固定下来的，它只能在变化中求适应，在变化中求发展。教材的改革是需要不断进行的。

　　教材的改革是必要的，但教材的改革又必须是十分慎重地进行的。我认为，在整个中学语文的教学中，最需要相对稳定的恰恰是教材。1949 年之后，我们进行过多次的中学教育的改革。一说中学教育的改革，肯定首先是语文的改革。物理、化学、代数、几何是很少改的，改也不是伤筋动骨的大改，而是部分内容的调整。语文就不行了，每一次改革都是大规模的。而在语文教学改革中，首先改的一定是教材。社会思想一变，我们就得变一套教材。"大跃进"有"大跃进"时的教材，"文化大革命"有"文化大革命"时的教材，当然，改革开放时期又有适应改革开放新形势的教材。现在我们的社会思想又发生了很大变化，于是社会上要求中学教育改革的呼声又高涨起来，但高涨还是高涨在语文教学上，而在语文教学中，又自然是高涨在语文教材改革上。为什么呢？因为教材最好改，世界上的文章有的是，总能找出符合现在人们思想需要和审美需要的文章来。讲阶级斗争的时候就有讲阶级斗争的文章，就有与阶级斗争相应的审美情趣的文章；不讲阶级斗争了，我们也能找出不讲阶级斗争的文章，找出与阶级斗争不相应的审美情趣的文章。是文章就是语言，就可以让学生读，让学生记忆和背诵。这样一改，改革的"效果"就出来了。社会上的人，不从事语文教学的人，看中学教育改没改看什么？看语文。看语文教学改没改，看什么？看教材。至于教师怎么教？学生怎么学？学的最终效果怎样？培养出来的学生运用民族语言的能力如何？语言素质如何？对他一生的成长和发展起了什么样的作用？这些都是很难看得到的。实际上，从外人看来，教材最容易旧，而从语文教学的本身来看，教材则是最不容易旧的，因为教材虽未变，但学生却在变，对于每一届的学生而言，教材都是新的，都要重新学、重新读。所以，我认为，教材只有适应不适应教学需要的问题，而没有新旧的问题。只要适合现代中学生阅读和欣赏的文章，只要对尽快提高学生运用民族语言的能力有好处，所有的教材都是新教材。从这个意义上，我们很容易发现，中学语文教学改革的重点并不是教材。教材当然也要改，改是改那些不适于学生阅读和欣赏的教材，而不是教材要随着社会思想的变化改，要随着我们现在的思想需要和审美需要改。社会思想的变化太快了，过不了几年就有一个新潮流。新的潮流来了，连编教材的人的思想都变了，教材又得变。让全国的中学教育、全国的中学教师和中学生都跟着我们变，中学语文教学就没有一个安生的日子了，就没有一个稳定发展的机制了。我们必须看到，中学语文教材的编选原则不是当时历史时代的需要，不是我们这些编教材的人们的需要，而是中学生学习民族语言、提高掌握运用民族语言能力的需要。他们学习的是构成民族语言基础的东西，不是或主要不是我们当前急需的部分。这个基础的部分不仅仅体现在我们现在的需要中，而且体现在历史上已经出现的经典性的范文中。这些范文是一个民族的成员普遍熟悉的，它们的语言和语言表达形式是在我们的语言交流中经常使用的，所以也是中学生最需要掌握和运用的。而在这些作品中，还要选择适合中学生阅读和欣赏的作品，因为这些作品更有利于他们的掌握和运用，更有利于提高他们学习民族语言的主动性和积极性。有了这两个限定，中学语文教材就有了一个相对固定的范围，不能只是跟着我们的希望变。历史上的好文章并不是无边无沿的，而适于中学生阅读和欣赏的文章就更少，虽然我们要随时把当代新创作出的这类文章选编进去，但变动的幅度不会太大。与此同时，教材的相对稳定对中学语文教师的教学也有好处。语言文学作品不是馒头，不是拿过来就可以吃的。语言文学作品不但需要了解其背景，疏通其文字，还需要不断品味、不断体会。越是熟悉的作品，越是反复感受、反复思考过的作品，教师的感受越深入，体会越深刻，教起来也越是眉飞色舞、自由生动。教师也得和戏剧演员一样，不能场场都演新戏，不能刚背过台词就上场演出，得有一些保留剧目。观众是新的，剧目是旧的，听的新鲜，演的到家，演出效果自然就好。中学语文教学也是这样。总之，教材要有相对的稳定性，要向相对稳定的方向努力，不要老是朝求新求变的方向努力。要越改越稳定，不要越改越不稳定。

教材的稳定性还表现在使用过程中的稳定性。不论教材改革的呼声多么高，不论人们对已经编出的教材还有多少意见，当这套教材投入使用，教材就有了稳定性。教师可以根据自己的需要调换一些篇目，但不会太多，教师没有时间和精力，也没有必要自己编自己教的教材。也就是说，中学语文教师对教材的主动性是很小的，他的主动性主要表现在教学过程中。

一般说来，教师有了教材，就可以进入教学过程中去了。教材是编给中学生阅读和欣赏的，教师自然就更能够阅读和欣赏。如果连教师自己也无法读懂的文章，我认为是不应当选入课本的。但在过去，我们总认为一篇文章只有一个主题思想，只有一种最好的教学方法，它的主题思想是什么，怎样教，都得有一个明确的规定。这种规定是由国家统一制定的，是以教参的形式传达到中学语文教师之中的。教师没有自由阅读和欣赏教材中所选语言文学作品的权利，学生就更没有这种权利，再加之高考的统一出题，统一阅卷，统一答案，统一计分，就把教参的地位提到了至高无上的地位上来，结果出现了教师教教参、学生记教参背教参、考试考教参的局面。教参重要起来了，教材反而变得极不重要了。这就像到商店里买东西，只把商品的产地、厂家、规格、用途、价格记了下来，却没有把商品拿回家一样。这就把我们的语文教学抽空了，语文教学提高的不是学生实际运用民族语言的能力，而是给语言文学作品插标签的能力。我认为，在我们当前的中学语文教学改革中，教参的改革较之教材的改革更是关键性的。在这个领域里，只改革还是不行的，还得革命。不只实际上要革命，观念上也要革命。这个革命的中心内容就是语言文学观念的革命。语言文学作品是做什么的？是实现思想交流的。怎样交流？以文本为中介交流。作者创作文本，就是叫读者看的，就是叫读者理解自己的。文本就是作者和读者的中介，此外再也没有其他的中介了。教师和学生都是读者，他们都必须直接阅读和欣赏作品文本，通过文本的语言感受和理解它的思想或感情。这就像一男一女谈恋爱，得两个人直接谈。各自对对方的印象如何，就从他们各自的亲身感受中总结出来，不需要当中再加个媒婆。教参就像夹在恋爱双方间的一个媒婆，并且这个媒婆的权力好像有无限大。人家自己的感受和看法并不重要，她的看法才是唯一正确的。人家自己不能拿主意，非要按照她的意见办。不按她的意见办，就是不可容忍的，就是绝对错误的。这不太荒诞了吗？要这样，还要教材做什么？直接学教参多好！这是不是说教参就绝对不可以学了呢？也不是！教参，教参，就是教师教学中的参考。教师对参考的东西是有主体性的，有主动性的。他可以同意教参中的意见，也可以不同意教参中的意见，即使同意，也不是照搬，只是作为自己全部感受和理解中的一部分内容。他对课文的感受和理解，还得从自己的阅读经验中形成。在我国，文化的发展水平还是极其有限的，中学图书馆的藏书普遍较少，偏远地区的中学甚至就没有图书馆。教师要教好一篇课文，当然首先是一个读者，但却要有超于一般读者的知识范围。一般读者只要读懂课文就行了。教师不但要懂，同时还要有超于"懂"的更深刻的感受和理解，这样才能引导学生更细致、更深入地感受和理解课文，并在这个过程中把作者的语言转化为学生自己的语言，并且是书面的语言。这些教师需要掌握的东西，在自己的图书馆里未必能够找到，未必容易找到。这就需要有教参。这样的教参不是指令性的，而是为中学语文教师提供方便的；不是规定教学内容和教学方法的，而是为教师设计自己的教学内容和教学方法提供更丰富的资料和空间的。它不是限制教师的主体性、主动性、自由性的，而是提高教师的主体性、主动性、自由性的。如上所述，中学生所要学习的是民族语言的基础部分，中学教师在教学实践中涉及的范围更广，中国的、外国的、古代的、现代的，论说的、叙事的、抒情的，只要是运用民族语言写出来的好的作品，中学教师都要教。在这个意义上，中学教师开的是民族语言的百货商店，而这些专家学者经营的则是专营店：卖帽子的专卖帽子，卖鞋子的专卖鞋子；研究外国文学的专门研究外国文学，研究中国古代文学的专门研究中国古代文学。专营店里的货品品种不齐全，但具体到一种商品，则比百货店里的种类多。现在让他们将对属于自己研究范围的中学语文课文的感受和理解写出来，编成一部书，对于中学语文教学自然就有一定的参考价值。但是，再好的参考还是参考，参考是不能直接进入教学过程的。进入教学过程的只有教师，教参只有融入教师对课文的感受和理解之中，成为教师对课文整体感受和理解的一些因素，才随同教师进入教学过程。到了课堂上，教参就没有意义了，教师就是一切了。教师要按照自己的感受和理解讲，按自己的学生能够喜欢、能够更好接受的方式讲。"将在外，君命有所不受"，更何况编写教参的人不是"君"，教师也不是为"君"出征的"将"呢？

教参是教参编写者与中学语文教师的对话，是教参的编写者说给中学语文教师听的；教学过程是中学语文教师与学生的对话，主要是教师说给学生听的。它们之间的联系在教材，是以教材为对象的。教参的编写者不论说什么、不说什么，都是为了语文教师更深入、细致地感受、理解教材；教师不论怎样讲、不怎样讲，都是为了学生感受、理解教材并在此基础上掌握和运用教材中的语言。教材把三者联系在了一起，但是，这种联系又是两两结合的，不是一递一的传递方式。一份中央的红头文件，从中央一级一级地传达下来，一直传到基层，传到乡镇，还必须是同样一份中央文件。中间是不能变的，变了，就不是中央的精神了。教参、教师、学生的关系不是这样的。中间必须变，不变不行。教参是写给教师看的，不是写给学生看的。教师的所"本"不是教参，而是教材，教参只是参考，不是指令。教参说的是教参编写者对教材中的课文的感受和理解，是与教师的感受和理解相互印证的。这个印证，是以教师已有的感受和理解为基础的。学生对课文的感受和理解与教师的不同，能与教师的感受和理解相印证的不一定就能与学生的感受和理解相印证。有一些话，教参上不说教师也知道，但教师不说学生则不一定知道；有一些话教参应该说给教师听，不说给教师听，就有可能影响教师对教材的感受和理解，但这些话说给学生则是没有意义的。教师对教材大都有自己原来的理解，这些理解与教参编写者的理解不一定相同，教参的编写者就要说出来，能不能说服中学语文教师是一回事，但说还是要说的，而学生对课文是没有教师这样的先入之见的，教参上的这些话教师不用对学生说。总之，教参是不能当作具体的教学设计的。教学设计要直接面对自己的学生，要一个个教师自己设计自己的教学过程。即使同是中学语文教师，教的是同样一篇课文，因为学生不同，也应有不同的教学设计。要说教学改革，最终还是这个课堂教学的改革。课堂教学没有改革，所有其他的改革不论看起来步伐多大，效果多显著，实际上还是等于没有改革。我认为，中学语文教学的最高目标是建立起学生感受、理解、运用、创造民族语言的乐趣和能力，而不是他在中学语文课堂上学到了多少课文，背诵了多少篇诗文，记住了多少具体的语文知识。现在的中学语文课，通共加起来才有多少个课时？即使一个课时也不耽误，才能讲多少课文？才能让学生背诵多少篇诗文？你能和古代私塾的语文教育比？你能和古代的秀才、举人比？即使你中学语文教师，你编写教材的专家教授，就敢说一定比古代知识分子背得多、记得多吗？为什么一定要让学生与他们比呢？但是，我们的民族语言是不是就不能发展了呢？也不是！这得依靠什么呢？依靠的不是学的课文的多少，背诵的多少，而是学生对民族语言感受和理解的能力，对本民族语言喜爱的程度，运用民族语言表达自己思想感情的主动性和积极性。也就是说，我们得在培养学生感受、理解、运用、创造民族语言的兴趣和能力上下功夫。背诵还是需要的，记忆还是需要的，关键是在什么基础上背，在什么基础上记。爱它，喜欢它，再背过它，记住有关它的一些知识，这是一回事。不爱它，不喜欢它，也能背过它，记住有关它的一些知识，这是另一回事。这正像两个人，一个人给我的印象很好，我记住了他；一个人给我的印象很坏，我也记住了他。都记住了，但效果是不一样的。对我喜欢的人，我会主动地去接近他，了解他，与他交朋友；而对我不喜欢的人，我是不会主动去接近他的。对我们的民族语言，也有这两种分别。有的人爱上了我们民族的语言，即使没有人强迫他，他还是愿意去看、去学、去感受、去理解、去运用、去创造，我们现当代的民族语言就是靠这样一些人的努力才得到继续发展的。他们也是现代教育培养出来的，也不是像在私塾中读书的老学究那样天天背、天天记才成为一个文人的，但他们的民族语言的素质不是下降了，而是提高了。还有更多的人，他们虽然从事的不是与民族语言文化发展有直接关系的工作，但他们对民族的语言是热爱的，他们对民族语言的掌握没有成为他们从事其他社会事业的障碍，而是使他们能够更好地胜任自己所具体从事的社会工作。虽然他们没有专门从事语言文化事业的人那么广博的语言文化知识，但也不能说他们的语言素质下降了。我认为，以上两种人都是我们民族语言继续发展的基础和动力。真正反映了语言素质下降的不是他们，而是另外两种人。一种人在中学的语文学习成绩也不一定是多么不好的，但他们是为了考试，为了分数，他们对所学、所记的课文没有真正的感受和理解，也不真正地喜欢它们。到后来，只在实在没有办法的时候才看上一两本书，只在有实际利益的时候才说说话、写写信，久而久之，民族语言就在他们身上干瘪了下去。更有甚者，有一些人对民族语言毫无感情，有感情的只是个人的狭隘私利。为了一己的私利，他们不惜说谎话，说瞎话，吹牛拍马，见人说人话，见鬼说鬼话，坑蒙拐骗，把我们民族的语言变成了他们玩把戏、搞阴谋的手段，正是他们，把我们民族的语言糟蹋了。我们说我们民族语言文化的素质在下降，就是下降在这些人身上。这些人造成的语言文化素质的下降，有更广泛的社会的原因，责任是不应当仅仅让我们中学语文教学来负的，但抵御这种现象的蔓延和发展却不能不是我们中学语文教学改革的主要目标。而只要我们从这样一个目标出发，我们就会感到，中学语文教学改革的中心在课堂教学，而课堂教学的中心则在教法的改革。

在通常的理解中，课堂教学的中心是教学内容而不是教学方法。我的看法与此不同。教学内容当然是重要的，但内容是由教材决定的，而不是由课堂教学决定的。你选的是鲁迅的《狂人日记》，我还能把它讲成徐志摩的《再别康桥》？你选的是莫泊桑的《项链》，我还能把它讲成《武松打虎》？一旦到了课堂上，教学内容的问题就是相对确定的了，教法的问题就是最重要的了。教法的问题是由什么决定的？不是由教材本身决定的，更不是由教参决定的，而是在教师和学生的关系中决定的。在课堂上，教师和学生同时面对着教材，教师的任务是引导学生更深入地进入到教材的语言世界之中去，更深入地感受和理解教材，并在此基础上把教材中的语言转化为学生自己的语言，并且尽量转化为学生的书面语言。教师在教材的语言世界中起的是导游的作用。没有这个导游，学生一样可以在这个语言世界中游览，但那是普通的阅读，而不是课堂教学。通过课堂教学，学生应当获得较之普通阅读更加细致深入的感受和理解，发现更多的乐趣，记住更多的东西，并更有效地使之转化为学生的一种能力。正像一个导游不可能让游人记住这个景点的所有景物，感受到它的所有的好处，但比起游客自己游览，他至少要使游客对景点有更浓厚的兴趣，感到更多的乐趣，记住更多的东西，并且能够更好地向那些尚未来这里游览的人转述自己看到的东西。这是课堂教学中教师的任务。首先，教师自己得感受到课文的好处，得知道它好在什么地方，为什么好。教师自己都不喜欢这篇课文，感觉不出它的好处来，不论你记住了多少教参中说过的话，不论你知道别人为它作过什么样的评论和评价，都是没有用的。课文不是一头死猪，不是你想怎么宰就可以怎么宰的。课文是由我们的民族语言构成的一个个活泼的生命，你得用心灵感受它，你得用心灵感受到它勾魂摄魄的力量。只有在这个时候，你才会感到你想说什么以及怎样说。在这时，你想的不是教参，不是专家学者的评论和研究，而是这篇课文本身，是这篇课文使你感动的内容、使你感到惊异的地方。与此同时，你面对的还是你的学生，你知道你的学生已经感到了什么，什么还没有感到；你想说的话哪些已经不必说了，哪些还必须说，你不说，学生自己是想不到的。你得领着学生一同进入到课文的语言世界之中去，你得让学生也喜爱上这个语言世界，感受它、熟悉它、理解它，愿意记住它其中的语言，愿意了解有关它的一些知识，甚至愿意背诵它，默写它。在这时候，你会发现，学生并不是那么厌恶记忆、厌恶背诵、厌恶默写的。他们真心喜欢上什么，就会乐意为它费工夫，动脑筋。学生的生命力甚至是比我们这些教师还要强，我们背不过的，他们能够背得过；我们记不住的，他们能够记得住。关键只在于他们喜欢还是不喜欢。课堂教学的第一步就是得叫学生喜欢上课文中的语言世界，喜欢上这个语言世界中一些他们能够喜欢上的东西。而你要让他们喜欢上这个语言世界和这个语言世界中的一些东西，光用大帽子压他们是不行的，光讲意义是不行的，光讲这个作家多么伟大、在中国文化史或世界文化史上地位多高是不行的，光讲这个作品多么著名、多么重要、多么有教育意义也是不行的。学生不会吃你这一套。你得一步一步地让他们实际地感到作品的好处，教师与学生是一个动态的交流过程，教法就是在这个过程中产生的。这个过程得由教师来创造，而创造的基础就是教师对教材本身的感受和理解，就是引导学生进入这个语言世界的充满热情的理性。在这时，有很多的东西是不必依靠教参就可以从教师的心灵和教室的氛围中自然地生发出来的，你朗诵郭沫若的诗自然会用高八度的声调，你朗诵戴望舒的诗自然会把声音降下来，把速度慢下来，你讲到鲁迅的《孔乙己》自然地不会喜笑颜开，讲到范仲淹的《岳阳楼记》自然会一遍遍地去读它，并让学生去读、去背，你不会像讲鲁迅的《祝福》那样老想讲它的思想意义。你感到你已经不需要教参的帮助，你已经高高地超出了教参所告诉你的一切，像一个乐团指挥高高地超出了指挥法教科书一样。你的教学效果就在你对你的课堂教学的感受中，在学生的表情和表现里。你不必惧怕考试和外在的要求，因为只有你是教材和自己的学生的朋友，只有你最了解教材和自己的学生对你的期待和要求，你能自己发现自己教学中的薄弱环节，并乐意试验各种方式提高你的课堂教学的质量。你变得轻松而又自由，工作不是一个多么沉重的负担，因为你会感觉到和学生一起成了民族语言艺术的享受者，像一个歌手同自己的观众共同享受着音乐的艺术一样。

教法的改革是中学语文教学改革的中心，而教法的改革是只有通过中学语文教师自己才能更有效地进行的。只要从这样一个角度考虑问题，我们就会看到，语文教学改革只靠外部的压力是不行的。政治家让他们强化思想教育，学问家让他们灌输给学生更多的文学史知识，文学作家让他们提高学生文学创作的能力，家长让他们提高升学率，学生让他们减轻课业负担，所有这些相互矛盾的期待和要求都落在只有有限教学时间的中学语文教师的头上，他们能够承担吗？而只要把课堂教学当作当前中学语文教师改革的重点，我们就会感到，把中学语文教师从上级下达的各种教学要求的压力之下解放出来，提高他们在课堂语文教学中的主体地位，提高语文课堂教学的自由性，才是更有效地提高中学语文教学质量的关键。也只有当教师的课堂教学有了真正的改革，教材和教参的改革才不是凌驾在中学语文教师之上或之外的上级领导或专家学者根据自己一时的主观愿望所进行的改革。哪些课文适于中学语文的教学，哪些不适于？他们在教学过程中需要参考哪些有关的资料，而哪些是他们不需要的？所有这一切，都只有在课堂教学改革之后才有一个可靠的基础。

2001 年 2 月 3 日

口头生活语言·书面传媒语言·语文教学语言

　　我在《情感教育：语文教育的核心》一文中从语文课程与自然科学、社会科学类课程的区别中界定了中小学语文课程中的"语文"的概念。我认为，自然科学、社会科学类课程实际担任的是对学生进行理性思维能力的启迪和帮助学生逐渐掌握和运用人类理性语言的任务，而中小学语文课程则是对学生进行审美的、情感的教育和帮助学生逐渐掌握和运用人类广义的文学语言的任务。但我认为，这仍然没有最终解决中小学语文课程中"语文"这个概念的界定问题。这里还有一个口头生活语言、书面传媒语言和中小学语文教学中的语言的联系和区别的问题。

一

　　我们常常认为，我们的语文是培养学生掌握和运用民族语言的，但学生掌握和运用民族语言的能力却不仅仅取决于我们的语文教学。实际上，在一个学生刚刚进入小学读书的时候，他已经掌握了大量的民族语言，有了熟练运用民族语言表达日常生活中很多愿望和要求的能力。即使一个人不入学读书，他运用民族语言的能力仍然会得到持续的提高，但这时学习的语言只是口头的生活语言，还不是我们在中小学语文教学中传授给学生的语言。中小学语文教学中的"语文"这个概念具体指称的是我们民族的书面文字语言，而不是或不主要是口头的日常生活的语言。我们的学生到学校来读书，首先要认字，也就是要学会掌握和运用书面语言的能力。是不是学生认了字，学会了把日常生活的口头语言写到纸上就学会了运用书面语言的能力了呢？也不是！因为书面文字语言是与日常生活的口头语言并不完全相同的另一种民族语言的形式。当然，这不是说民族的书面语言与民族的日常生活的口头语言没有任何的连带关系，而是说日常生活的口头语言是无法直接地转化为书面文字语言的。直接的转化带来的是日常生活口头语言表现能力的丧失，而不是升华了日常生活的口头语言。

实际上，人类语言的最高级的表现形式不是文字的书面语言，而是日常生活中的口头语言。在人类的语言中，口头语言永远是表现力最丰富的一种语言形式。口头语言的最大特征是它的直接性和整体性，它的直接性是由于发话者和听话者同处于一个时空结构中，它的整体性是视觉、听觉、触觉、味觉、嗅觉和心智等所有感觉、感受器官同时发挥作用的结果。在日常生活的口头语言中，发话者不但以自己的嘴巴说话，同时还以自己的手势、眼神、表情、姿态、动作说话，即使是声音，它的节奏的快慢、旋律的变化、声音的高低大小粗细等等因素是同时得到呈现的，它表达的不仅仅是"意思"，同时也是欲望、感情、情绪和意志。听话者是在这个时空结构的整体氛围和环境条件中，从发话者的整体表现中，从语言的全部因素中，感觉、感受和理解发话者的语言的。口头生活语言中的语词是提示性的，而不是内包性的。它本身并没有多么丰富的内涵，但它却唤起了听话人对周围环境的注意，使他把关注力集中到了与语词有关的诸多事物上。所有这一切，都决定着听者对这个语言信息的感受、理解和反应方式，而写在纸上的同一词语是绝对没有这么复杂的意蕴和这么丰富的表现力的。

那么，我们为什么还要掌握书面的文字语言呢？不是因为书面文字的语言有着较之日常生活中的口头语言更加丰富的表现力，而是因为日常生活中的口头语言虽然有着较之书面语言更加丰富的表现力，但却没有更加广阔的表现领域。也就是说，有一些意愿是可以通过口头语言进行表达的，而有一些意愿乃至更大量的意愿是无法通过口头语言进行表达的。口头语言的这种表现幅度的狭小性是由于它受到时空结构的更严重的束缚。口头语言所能够发挥自己传达功能的范围是有限的，它在时间上是一瞬的，在空间上是一隅的。发话者的声音只能停留一个瞬间，过了这一瞬间，人们就听不到了，其语言的功能就丧失了；发话者的声音只能在一个有限的空间内才能听得到，超出了这个范围人们就听不到了，其语言的功能就发挥不出来了。是文字，帮助人类克服了语言传达的瞬时性和一隅性，使之能够完成不同时空结构内的传达任务。也就是说，书面语言担负的不是在同样一个时空结构内的直接传达任务，而是不同时空结构间的传达任务。假若孔子的信徒们认为孔子的话的意义仅限于他说话的那个时候，是仅仅适于当时的听话者的，他们就不会把孔子的话刻在竹简上，将其转化为书面的语言了。他们之所以要把它们写下来，完成的就是向不同时空的人传达孔子的语言信息的任务。当它们被写下来的时候，已经不完全等同于孔子的口头语言，它不可能写下孔子说话时的所有外部环境中的因素，但它却可以世世代代流传下来，让世世代代的人都能了解到和感受到孔子的思想和情感。所以，严格说来，我们在中小学语文课程中让学生掌握和运用的语言不是日常生活中的口头语言，也不仅仅是为了让学生把日常生活中的口头语言写在书面上，而是让他们掌握一种与日常生活中的口头语言有联系但却也有严格区别的书面语言形式。这种书面语言形式虽然没有日常生活中口头语言那么丰富的表现力，但却能够完成不同时空结构间的语言传达任务。它的表现力是在不同时空结构间的传达中显示出来的，而不是在同样一个时空结构中直接呈现出来的。

假若我们能够充分意识到中小学语文教学中的"语言"概念与日常生活中的口头语言的这种严格的区别，是可以发现我们当前中小学语文教材编写中的很多关键性的问题的。这些问题集中到一点，我认为是片面重视与学生实际日常生活的联系而轻视教材的经典性、恒久性和经验的间接性、语言形式的新颖性。这突出表现在小学语文课本的编写中。为了贴近小学生的日常生活，小学教材中的课文大都是由编写教材的人自己编写的。这些由编写教材的人自己编写的课文的一个突出特点是只有直接的使用性而没有课文的经典性、恒久性。它们的价值仅仅表现在学的时候学生是熟悉的、是可以直接接受的，但到成年翻开课本一看，几乎已经等同于一堆废纸，意味毫无。表面看来，这是贴近了小学生的生活，实际上，却造成了语文教学时间的大量浪费。这里的原因是明显的，因为日常生活中的口头语言是学生在日常生活中的口头交流中自然能够学会的，并且在日常生活中的表现力远比印在教科书里的更生动、更具体、更具有丰富的表现力，于是语文课只成了写字课，语文教师只成了监督学生学写字的监督员。学生在语文课上除学写字之外并没有学习到新的语言，他们对这些语言原本是非常熟悉的，它们被写在教科书上已经变成了毫无生动性和丰富性的文字，这些文字引不起他们任何的趣味，它们是枯燥的，老师的讲解也不可能给他们带来新的感受和认识，他们感觉不到教师的作用和教师的思想和感情。学生喜欢实际生活中的小狗和小猫，而并不一定喜欢书本中的小狗和小猫，书本中的小狗和小猫必须有比日常生活中他们见到的小狗和小猫更新鲜的色彩、更有趣的特征、更新颖的意蕴、更奇特的故事，他们才会感兴趣。例如《伊索寓言》、《格林童话》、《安徒生童话》、法布尔的《昆虫记》、中国古代神话、外国古代神话、中国民间故事、外国民间故事、中国古代诗词、中国现代散文中有关动物和植物的表现，实际已经不是现实生活中的动物和植物，有关它们的描写仅仅通过日常生活的观察和直接的口头交流是无法形成的。它们的经典性、恒久性是在书面文化的交流中形成的，人们喜欢它们不是因为它们仅仅让读者想起了他实际生活中看到的小狗和小猫，而是因为他们从对它们的描写中感受到了新的、不同寻常的意味和兴趣，因而描写它们的语言也不再仅仅是口头交流中的语言。

我们常常认为学生必须学会日常生活中的常用字才能学习这些经典性的作品，岂不知在学习经典性作品的过程中学生自然地也学会了日常生活中的常用字。这样，他们就不但学会了常用字的写法，同时也掌握了诸多能够终身受用的经典性的语言文学作品。小学阶段是学生记忆力最好的时候，在这时候，让学生记住的只是一些常用字的写法，这是对儿童生命力的极大浪费。在这一方面，我们古代的教育可以给我们很多的启发。在中国古代的教育中，学生开始学的是《百家姓》、《三字经》、《千家诗》、《论语》、《孟子》等等具有经典性的作品，即使是《百家姓》，也不是只有学生熟悉的那些少数人的姓氏，而是包含着大量他们平时所不知道的姓氏的。在语言上，这些姓氏不是依照日常生活中自然存在的顺序进行排列的，而是依照生活中并不存在的整齐的、押韵的形式排列起来的，它是一种书面语言的创造，而不是在日常生活中自然形成的口头语言的刻板记录。到了《三字经》，就有了大量社会的、历史的、伦理道德的内容，这些内容在他人生的各个阶段都会发挥其影响和作用。中国古代的读书人并不单独学习日常生活中的常用字词，而是在学习这些具有经典性质的作品的时候，也学会了日常生活字词的书写。日常生活中的口头语言，是通过实际生活的交流学会的，只要学会了有关字的写法，也学会了这些字词的书写和运用，实际是不必专门学习这样的语言的。

小学的语文是这样，中学的语文就更是这样。在中学的语文课本中，我们常常只选反映学生能够直接了解到的事物、直接获得的日常生活经验和日常情感感受的课文，实际上，学生不通过课文的学习也能了解、感受或理解的事物和思想感情，是不需要在课文中进行讲解和学习的。课文中学习的应该是不通过课文的学习学生就无法了解、感受或理解的事物和思想感情，它们要超出学生狭小的时空结构而接受从不同时空结构中传达出的语言信息，这些信息是依靠特定的语言形式进行具体的传达的，从而也使学生逐渐掌握和运用这样一些语言形式。它们是书面的语言，有书面语言的独立特征，有标点符号，有段落划分，有开头，有结尾，有较之口头语言更严密的组织形式和叙述方式。它是没有自然背景的语言，它同时是语言的环境和语言的自身。它必须把那些在日常生活的口头语言中不是语言的背景条件转化为具体的语言。必须看到，不同时空结构间的书面语言交流较之同一时空结构中的口头语言交流更加困难，学生进入学校学习的就是这种更加困难的语言交流方式。这是一种语言形式的学习，也是一种人文素质的学习。它打通的是学生同整个社会、整个民族、整个人类间的思想和情感的联系渠道，是把学生的心智从自己实际存在的狭小时空结构中解放出来，逐渐进入更广阔的社会联系的过程。在这个过程中，学生对世界的感受和理解扩展着，他对自我的感受和理解也在发展着。总之，我们的语文课学的是书面的语言，而不是日常生活自然能够学习到的口头语言。我们的书面语言是在不同时空结构间的交流中发展起来的，帮助我们超越我们实际生活着的狭小的时空结构，超越平庸的日常生活的范围，超越单纯的实用性的层面，使学生能够掌握更丰富的书面语言以及书面语言的表现形式，以与更广大的世界上的更多样的人们实现跨时空结构的多层面的思想和情感的交流。

只有认识到学生在中小学语文课程中学习的是掌握和运用书面语言的能力，我们才能够看到教师的作用。教师是做什么的？不是只教给学生认字、写字的，还是帮助学生沟通书面语言和日常生活中的口头语言的关系的。如上所述，日常生活中的口头语言是提示性的，它依靠提示性的作用引起听话者对周围环境中一系列事物的注意，从而也是最富有表现力的。而书面语言却是内包性的，它的意义就包含在书面语言的内部，这就有一个将书面语言内部的表现功能发露出来的过程。这个发露的过程是通过教师的帮助才能更迅速、更有效地进行的。假若书面语言文学作品不通过教师的教，学生也能迅速而深入地进入书面语言文学作品所展示的那个世界中去，教师就没有自己的独立作用了，学生也不必进入学校学习语言了。学生之所以需要教师的帮助，就是因为学生仅仅依靠自己的感受力和理解力无法更迅速、更深入地进入到这个世界之中去。在这个过程中，教师使用的是学生当下就能感受到的口头语言，但这种口头语言却能够一步步把学生引入书面语言作品所表现的那个时空结构之中去，使学生在想象中好像进入了作者所处的那个时空结构，并且产生身临其境的感觉。这样，书面的语言也就变成了类似于口头语言的形式，也像口头语言那样具有了丰富的表现力。也就是说，收入中小学语文教材的课文一定要是只有通过教师的教学学生才能更迅速、更深入地进行理解的课文，而不是学生一目了然的课文。只有这样，学生感受和理解书面语言文学作品的程度才会得到迅速的提高，学生与更广大的世界的思想和情感的联系才能不断得到加强，学生也才能亲身感受到语文教学以及教师的不可或缺的作用，并建立起与语文课和语文教师的思想和情感的联系。这个过程同时起到用书面语言丰富和发展学生的口头语言和把学生的口头语言有效地转化为书面语言的作用，使学生在运用民族语言的能力上得到全面的提高。所以，日常生活中的口头语言与中小学语文教学中的语言不是没有关系的，但必须首先意识到二者之间的区别，必须首先意识到中小学语文教学中的语文不是学生在日常生活的交流中就能够得到迅速提高的口头语言的表达能力。只有首先意识到了这种区别，才能在二者的联系中看待我们的中小学语文教学，并在二者的联系中不断提高学生感受、理解和运用书面语言的能力。

二

除了日常生活中的口头语言之外，学生在有了一定阅读能力之后还会接触到现实社会中诸多社会传媒的语言及其作品，他还会主动地看报、看杂志、看文学作品、看一切能够看到的用文字书写出来的东西。毫无疑义，这些课外的阅读对提高学生掌握和运用民族语言的能力有不可忽视的巨大作用，但这些并不属于中小学语文教学的范围。在这里，也就有了中小学语文教学中的语言同广义的书面文化产品的语言的区别。假若没有这种区别，假若学生有了一定阅读能力之后就去完全自由地进行阅读，对他们精神素质和语言能力的提高更加有利，我们的中小学语文教学也就没有自己独立的作用了。事实上却并不是这样。在人类的历史上，尽管也有像高尔基这样完全依靠自学而成为语言文字大师的人物，但更多的人却是在学校教育中获得掌握和运用民族语言的更丰厚的基础之后才得到更充分的发展的。大量的阅读对掌握和运用民族语言能力的提高是有很大帮助的，仅靠语文教学中学到的那些有限的课文永远不可能使自己运用民族语言的能力得到充分的发展。但是，这并不意味着中小学语文教学没有自己的独立作用，是可以被完全自由的阅读所代替的。在这里，有一个民族的精神层面的问题，也有一个民族的语言层面的问题。

严格说来，语言的优劣是不以精神的层面来区分的，但不同的精神层面却有不同的语言和语言的表现方式。一首儿歌可能在语言的运用上并不劣于屈原、杜甫、艾青、穆旦的诗歌，但一个儿童能够喜欢上一首儿歌却无法喜欢上屈原、杜甫、艾青、穆旦的诗歌。儿童是随着年龄的增长而与周围世界建立起越来越广泛也越来越深入的思想感情上的联系的。儿童的精神发展有从一个层面向另一个层面演化的过程，儿童所能够感受和理解的语言文学作品也有一个从一个层面向另一个层面发展的过程。这个层面的问题不是那么明显的、绝对的，但在我们的中小学语文教学的实践中却是能够感受得到的。一个儿童开始是喜欢儿歌的，但当学会了足够多的儿歌，再教给他儿歌他就不愿学、不愿背了，他开始对各种各样的故事感兴趣，总是缠着大人给他讲故事，并且自己也学着讲故事。开始愿听情节比较简单的故事，而后他就不再愿听情节简单的、相同的语言重复过多的故事了，而愿听那些有着更复杂的情节、更复杂的人生经历、更新的语言表现形式的故事。到了上小学的年龄，仅仅日常生活中的口头语言已经难以满足他们好奇心的需要，他们已经有了接受文字语言的主动性……总之，一个人对事物的兴趣和对语言的兴趣都不是凝固在一个层面的，而是时时变动着的。一般说来，他感兴趣的永远是能够基本懂得而又不完全懂得的较高层面的东西。重复完全懂得的东西使他感到厌烦，述说他完全不懂的东西使他感到沉重，也不可能引起他的接受兴趣。由不太懂到大致能懂则是一个人特别是少年儿童充满无穷乐趣的空间，我们的教育就是在青少年这种本能求知欲望的基础上建立起来的，是能够引导他们从一个精神层面上升到另一个精神层面、从一个语言层面过渡到另一个语言层面的力量的源泉。

在同样一个精神层面和语言层面上，也不是只有一种情感形式和语言形式，从一个精神层面向另一个精神层面、从一个语言层面向另一个语言层面的过渡或转化，在很大程度上取决于对这一精神层面和语言层面各种类型的情感形式和语言形式感受和掌握的普遍性，只有在这样一个层面上已经感觉不到格外新颖的东西，已经引不起真正深刻的内心激动，一个人才会实现向另一个精神层面和语言层面的过渡或转化。例如，同是以童真的心灵感受大自然的作品，有写山的，有写水的，有写花的，有写草的，有写日的，有写月的，有写春的，有写秋的，有的是诗，有的是散文，有的是童话，有的是寓言，它们各有不同的语言，各有不同的表现形式。有差异就感到新颖，新颖就感到新鲜的趣味，只有在同类的作品中已经感觉不到格外新鲜的刺激，他才会希求更为深刻的感动，才会希求另一个精神层面和语言层面的东西。所以，人的精神发展和语言能力的发展有从一个层面向另一个层面过渡的问题，也有在同一个层面上获得多样化的精神感动和多样化的语言表现形式的问题。长期地滞留于同样一个层面固然会影响一个学生的更充分的发展，揠苗助长式地过早把学生拉到一个新的层面上也是造成他丧失正常精神感受力和语言表达力的原因之一。按照我的理解，王安石的《伤仲永》写的实际上是一个过早接受了成人文化的少年的悲剧。他童年的、少年的、青年的情感体验和语言素质没有得到充分的发展，一开始就接受了在当时社会上受到普遍重视的老年文化，在开始阶段还令人感到惊异和歆羡，但他实际上是缺乏精神发展和语言素质发展的坚实的基础的，小孩学说大人话，是不可能把话说得那么深刻、那么精粹的。当然，我们的教育也无法十分精确地把握学生这种精神发展和语言素质发展的脉络，但我们的中小学语文教学却是重视这种发展的有序性的，是朝着这样一个方向努力的。而现实社会各种不同的书面语言传媒则不是从学生的精神发展和语言素质的发展着想的，除了少数专为儿童创作的作品之外，它们面对的是同时代的成年人，是为成年人而写作，为成年人所接受的，并且带着现时代的特定的目的性。他们不再会写像《木兰辞》那样的诗，也不再会写像鲁迅《孔乙己》那样的小说，但对于在校学生的精神的成长和语言素质的发展，这些作品却是有着为现时代的作品所不可代替的作用的。现实社会书面语言传媒中的语言与中小学语文教学中的语言的一个很大的差别就在于，它不是依照一个人的精神发展和语言素质发展的序列较为有序地组织在一起的，也不是按照情感形式和语言形式的类型较为完整地呈现出来的，各种不同层面的情感形式和语言形式都混杂在一起，各种不同的情感形式和语言形式都有大量雷同的作品同时陈列着。在一个人对人类文化还没有一个整体的了解之前，在一个人还没有更明确的文化选择机制的时候，他可能仅仅陷于同一种精神类型和语言形式类型的大量雷同的作品中而不能自拔，他可能一生只读过武侠小说而没有读过曹雪芹、蒲松龄、鲁迅、巴尔扎克、卡夫卡的任何作品，他可能只读过小说而没有读过诗歌。这样，他虽然也读了大量的书，但他的精神素质和语言素质却没有得到真正的提高，他终其一生都停留在同样一个精神层面和语言层面上，并且终其一生都局限在这样一个精神层面和语言层面的一种类型中，这是不可能带给他创造性的。

创造性是在不同精神层面和语言层面或不同精神类型和语

言类型的交叉或碰撞中产生的，太单一的思想和语言不会独自产生新的东西。总之，中小学语文教学中的语言同现实社会传媒中的语言是不同的，这种不同突出表现在：中小学语文教学中的语言是按照学生精神发展和语言素质的提高，以较为有序的形式和较为完整的结构形式呈现出来的民族语言，而现实书面传媒中的语言则没有这种有序性和结构性。

我之所以强调指出中小学语文教学中的语言同现实社会传媒语言的不同，并不是从根本上否认它们之间的千丝万缕的联系，而是因为在我们的中小学语文教学中经常出现两种不同的倾向：一种是单纯为现实服务的倾向，一种是单纯复古主义的倾向，并且这两种倾向往往是交替出现的。单纯为现实服务的倾向实际是一种重今轻古的倾向，单纯复古主义的倾向实际是一种轻今重古的倾向。实际上，它们都不是应有的教育理念，因为教育的理念根本不应建立在古今的区分之上，而应建立在学生的成长和发展需要的基础之上。要说重，我们先要重学生，重学生的成长和发展。既然是成长和发展，就不应当以终点代起点、代过程。毫无疑义，学生最终是要进入现实社会的，他的智慧和才能只有在现实社会中才能得到充分的发挥，他要在现实社会中生存和发展，也要为现实社会作出自己的努力和贡献。在这个意义上，提出教育要为现实社会的生存和发展服务并没有根本的错误，但这只是从终点上说的，而不是从实际的教学过程说的。

从实际的教学过程说，学生还不是成年人，他还没有具体地参与现实社会的活动，他们的精神感受和情感体验还不是在现实社会的矛盾和斗争中形成的，他们也还没有这样的精神感受和情感体验需要向整个社会进行表达，因而对只在现实社会的矛盾和斗争中形成的社会语言也没有更强的感受能力和接受能力。这不是一篇文章好不好的问题，而是学生在现有的精神基础和语言基础上能不能接受和怎样接受的问题。我们曾经把鲁迅的《论"费厄泼赖"应该缓行》收入中学课本，毫无疑义，这是一篇非常伟大的杂文作品，但它是在极其严肃的社会思想斗争中产生的，中学学生还没有进入这种斗争的旋涡，他们对这种斗争的严肃性和必要性还不可能有感同身受的深刻体验，他们体验到的矛盾和斗争主要还是同学之间、同学与老师之间、自己与父母之间、自己的家庭与邻里之间的矛盾和斗争，这些矛盾和斗争多数是没有严肃的社会思想意义的，多数只是人事之间、个人利益与个人利益之间的矛盾和斗争。当把鲁迅的《论"费厄泼赖"应该缓行》的思想应用于这些矛盾和斗争的时候，不但从根本上歪曲了鲁迅的思想，同时也导致了学生精神发展和语言素质发展的不健全。也就是说，学生是在一个不同于鲁迅的精神层面和语言层面上接受鲁迅的这篇伟大的杂文作品的，这造成了两种不同精神层面和语言层面的混淆，具体到学生本身，则表现为精神上的混乱和语言运用上的混乱。那种单纯服务于现实需要的语文教学之所以无法取得良好的教学效果，就是因为它严重破坏了中学语文教学的有序性。

一个人的成长像人类的成长一样，是一个相对有序的过程。一个儿童与现实世界的联系首先是从与大自然的联系开始的，是从与自己的父母、亲属、朋友、老师、同学之间的联系开始的。在开始，他所需要的语言也是在这些关系中进行交流的语言。不难看出，这样一些语言是在中国古代和外国古代的语言文学作品中大量存在着的，这些作品甚至比当代人的同类作品显现着更加瑰丽的色彩、更加丰富的表现力。历史发展到现代，社会化的程度提高了，人的社会意识增强了，那些最有才华的作家转入了社会的表现，其中也有对自然的描写和人际关系的描写，但即使这些描写，也带上了强烈的社会感受的色彩。他们的心灵不再像古代文人那么纯真、朴素，他们的文笔不再像古代文人那样朴素自然。从历史发展的角度看，现代杰出作家的作品对社会的描写更加深刻了，情感情绪的表现更加复杂了，但从学生精神发展和语言素质发展的角度看，却未必适于低年级学生的学习。所以，中国古代和外国古代的语言文学作品在中小学语文教学中理应占有一席重要的地位，这不是让学生发思古之幽情，而是使他们逐渐成长为一个现代人，更充分地感受和理解现代社会和现代思想文化的需要。但是，我们重视中国古代和外国古代文学作品，并不意味着只有古代的文学作品才有益于学生的成长，并不意味着要排斥现代人的作品。在这里，我们必须考虑到精神类型和语言形式类型的丰富性和完整性。迄今为止的中华民族的语言，不但有文言文，还有白话文；不但有格律诗，还有自由诗；不但有古代戏曲，还有现代话剧；不但有古代文言小说和白话小说，还有现代白话小说；不但有创作，还有翻译。所有这些，往往又与不同的精神类型或情感形式联系着。我们的中小学学生不可能把这些作品都读完，但必须能够感受和理解所有这些语言形式的类型，并且要尽可能多地感受和理解不同的精神类型。只有这样，他们在进入现实社会之后，才有更广阔的自由发展的空间。

如上所述，一个学生的精神发展和语言素质的发展只靠我们的语文教学是不行的，但我们的语文教学却可以为他们打开向各种不同方向发展的精神的窗口和民族语言的窗口。

人类社会不是由一种精神类型的人、具有一种语言才能的人构成的，我们需要孔子，也需要老子；需要杜甫，也需要李白；需要曹雪芹，也需要蒲松龄；需要鲁迅，也需要郭沫若；需要歌德，也需要安徒生；需要列夫·托尔斯泰，也需要卡夫卡。我们的中小学语文教学不会直接培养出这样的人，但却要为所有这些精神类型和语言才能类型的发展奠定最初的基础。在这里，精神类型和语言形式类型的相对完整性是十分必要的。

综合我在《情感教育：语文教学的核心》和本篇文章中所表达的意思，我认为，我们中小学语文教学中的"语言"的观念，不应当是作为"人类的交际工具"、"人类的思维形式"这样一般的、普遍的语言的观念，而是一种广义的文学语言的观念。这种广义的文学语言不是日常生活中的口头语言，而是书面的文字语言；不是杂然纷呈的现实社会的书面传媒语言，而是依照中小学学生的精神发展和语言素质发展，以较为有序的形式和较为完整的类型结构重新构成的一个广义的书面文学语言的系统。正像"中学代数"不是一般的数学，也不是算术和高等数学，而是"中学代数"一样，中小学语文也只是"中小学语文"。我们中小学语文教学要依照"中小学语文"的要求进行改革，不能够依照一个更大的或更小的概念进行改革。

2002 年 7 月 8 日

最是鲁迅应该读

——关于中学鲁迅作品教学的几点思考

鲁迅作品的教学在中学语文教学中是个"重头戏",但在当前,中学的鲁迅作品教学遇到了很多实际的问题,很多中学语文教师感到鲁迅作品很难教甚至无法教,很多中学生感到鲁迅作品很难懂甚至无法懂。教师不愿教,学生不愿学,鲁迅作品的教学出现了空前严重的危机。表面看来,这是一个现实的实际问题,但我认为,它仍是一个中学语文教学观念的问题。所以,我想从整个中学语文教学的观念出发谈谈这个问题。未必全对,仅供在中学语文教学第一线从事实际中学语文教学的老师们参考。

经典性与可感性的统一: 对中学语文教材的基本要求

鲁迅作品能不能进入中学语文教材?这首先牵涉到我们对于中学语文教材的观念的问题。在这里,可能存在着两种不同的教材观念。一种认为中学语文教材就是让学生学的,只要有利于学生的阅读和理解,有利于学生写作能力的提高,一篇课文就是好课文，就可以选入中学语文教材。在这里，"有利于学生的阅读和理解"、"有利于学生写作能力的提高"，主要是从当下的效果来看的，至于学生在十年之后、二十年之后的表现，并不考虑在内。但是，学生的学习绝不仅仅是甚至不主要是"当下的"需要，而是为了进入社会之后的生存和发展。越是初级的教育，其意义和价值越是长时段的、恒久的，其作用要在学生一生的发展中来思考，而不应仅仅从当下的时效来感受、来判断。我们看到，文章也有"经典"和"时文"之分。什么是"经典"？就是能够经得起时间考验的文章，它不仅适宜现在的阅读和接受，同时也适宜未来人的阅读和接受。它们是已经进入一个民族的语言作品库的作品，不但这个时期的人要读，未来多少代的人都要读，其语言也是一个民族的语言的基本构成因素。这样，在学生未来的发展中，它就永远活着。它永远是学生了解社会、了解人，感受社会、感受人的语言形式，也是学生与社会、与其他人进行交流的语言方式。所以，我认为，凡是选入教材的，都应是在某种程度上具有经典性的。当然，这种"经典性"的作品，并不一定是在文学史上得到崇高评价的作品。一首儿歌，一个民间故事，虽然没有入史，但仍然代代相传，这就是"经典性"，这种语言就是一个人一生都不会忘记的语言。过去有"经典"，现在也会有"经典"，这就需要教材编写者的发掘和发现，但发掘和发现的新的"经典"也不能仅仅是为了"当前"的需要，也不能情况一变这些文章便失去了存在的价值和意义。它得是与人类的基本性质紧密相连的，得是充分表现了民族语言的内在潜力的。"时文"则不同了，它是在当时时代的某个特定需要的基础上产生的，有其时效性，但这种需要与人类的基本需要没有必然的联系，其语言形式也是当下的，并没有充分表现民族语言的内在潜力。这样的文章，学生在学的时候，是很轻松的，其语言也可以直接用于自己的作文，但这时的作文是写给老师看的，没有实际的社会交流的意义和价值，但到毕了业，进入社会，这些语言形式早已被社会所淘汰了，没有意义了。我在教中学的时候，语文课本里编选的多是"文化大革命"中的大批判一类的文章，当时的学生学的是这样的文章，作文做的是这样的文章，"学以致用"、"立竿见影"，但现在这些语言形式还有没有用呢？没有了！表面看来，那时学了很多的文章，掌握了很多词汇，写当时流行的那种文章很在行，但到了现在一看，那样的文章并不是好的文章，学生的实际语文水平是很低下的。与这样的文章相反，鲁迅作品在当时是绝对无法用的，当时的学生谁都不会再写像《祝福》这样的小说、《记念刘和珍君》这样的文章，但恰恰是这样的一些课文，至今还活跃在那些学生的脑海里，还流行在现在的社会里。你连祥林嫂、鲁四老爷、刘和珍这些人物是什么样的人物都不知道，你连"真的猛士，敢于直面惨淡的人生，敢于正视淋漓的鲜血……"这样的语句都记不住，你与社会交流的语言渠道就是极为狭窄的了。总之，中学语文教学是为未来社会培养人的，学生学习语言的目的是为了进入社会之后的生存和发展，不能仅仅从时效性来思考中学语文的教学。"经典性"得是中学语文教材的首要的要求。

中学语文教材应当具有"经典性"，但不能仅仅具有"经典性"。当前关注中小学语文教学改革的多是大学教授、著名作家，他们从自己现在的需要出发，认为现在的中学生阅读的名著、名作太少，就想把中外最伟大的作品都收编到中学语文课本中去。他们只重视"经典性"，而不注意中学生的接受能力。实际上，并不是所有的作品都适宜所有年龄段的人阅读和欣赏，也不是所有的语言和语言形式都能被各种语文水平的人所接受。这里的关键问题是可感性的问题。在过去，我们强调"懂"，实际上，"懂"是很难的。鲁迅到了二十世纪三十年代，还说很少有人懂得他的《阿Q正传》。但阅读、欣赏、接受语言作品的基础不是"懂"，而是可感觉性、可感受性。一个两岁的孩子，是不"懂"得"月亮"的，但他看到了它，感觉到了它，对它有所感受，爸爸、妈妈告诉他这是"月亮"，他就记住了这个词，能够运用它表达自己的所见、所感。他对月亮的"理解"是在一生的过程中逐渐丰富化的，并且至死也无法完全理解它。与此相反，有些词语在特定的知识水平和年龄阶段是无论如何也无法感觉到、感受到的。"道可道，非常道；名可名，非常名。"字是常用字，词是常用词，但对我们却毫无意义。因为什么？因为我们感觉不到它，感受不到它，即使我们记住了它，也不知道怎样用、什么时候用。但哲学家能掌握它、运用它，因为他们能够感觉到它的意义，对它有所感受。就一个作品而言，这种可感性是就其基本话语形式而言的，对个别词语甚至个别段落看不明白不要紧，通过学习，通过讲解，通过与全文的联系，学生就能够感觉到它们，感受到它们，学生的水平就提高了，能够自由运用的词语和语言形式就增多了。但若对整篇文章的基本语言模式的意义感觉不到，这篇文章再好也不适宜学生的阅读和欣赏。假若从这个角度衡量编入中学语文课本的鲁迅作品，我认为，像《拿来主义》、《"友邦惊诧"论》这样的文章是不适合学生学习的。要触摸到《拿来主义》这篇文章的意义，至少要对三个基本概念有一种亲近的感觉和感受：中国古代文化、外国文化、需要我们创造的中国现代文化。只有有了这样的感觉和感受，并且需要理顺这三者的关系，学生才能感觉到鲁迅的《拿来主义》所表达的一系列内容及其重要性，才对他使用的词语有一个较为明晰的感觉和感受，但对于刚刚接触人类文化的中学生来说，这是不可能的。《"友邦惊诧"论》则是政治的、外交的，学生正在学习阶段，对国家的政治、外交、不同政治外交路线对国民利益的巨大影响都不可能有真切的了解和感受，要感受到鲁迅这篇杂文的深刻性是不可能的。感受不到它的深刻性，鲁迅这篇杂文就只成了一些骂人的话、骂政府的话，不但对于学生了解、感受鲁迅没有好处，即使对于他们语文水平的提高也没有好处。但是，这并不意味着鲁迅作品对于中学生都没有可感性。像《孔乙己》、《故乡》、《阿Q正传》、《祝福》、《补天》、《奔月》、《铸剑》、《理水》、《阿长与〈山海经〉》、《从百草园到三味书屋》、《藤野先生》、《秋夜》、《雪》、《记念刘和珍君》、《为了忘却的纪念》、《读书杂谈》等等这些常选的篇目，都是有很强烈的直接可感性的。《孔乙己》写的就是孔乙己这个人物和周围人对他的态度；《阿Q正传》写的是阿Q和他一生的命运。这些都是可感觉、可感受的。可感就能接受，就能记得住，至于它们内在还有什么更深刻的含义，是可以随着学生人生观察和体验的不断增加、随着学生社会知识和历史知识的逐渐丰富而不断深化的。我认为，这样的作品在鲁迅作品中还有很多、很多，例如《示众》、《狗·猫·鼠》、《二十四孝图》、《五猖会》、《无常》、《父亲的病》、《琐记》、《复仇（其二）》、《过客》、《狗的驳诘》、《颓败线的颤动》、《立论》、《这样的战士》、《聪明人和傻子和奴才》、《战士和苍蝇》、《夏三虫》、《谈皇帝》、《黄花节的杂感》、《略论中国人的脸》、《可恶罪》、《以脚报国》、《听说梦》、《火》、《作文秘诀》、《从孩子的照相说起》、《不知肉味和不知水味》、《说"面子"》、《运命》、《拿破仑与隋那》、《阿金》、《我的第一个师父》等等等等，这里的问题只是我们怎么看、怎么教的问题，而不是鲁迅作品能不能选入中学语文教材的问题。

人文性与工具性的统一：
对中学语文教学的基本要求

在当前的中小学语文教学改革中讨论的一个中心问题是人文性和工具性，但只要结合我们对鲁迅作品教学的态度，就可以看到，我们对语文的工具性的理解实际是有很多问题的。工具性，我们无法从根本上否认它，特别是在小学语文教育中，没有工具性这个概念，我们就无法说明小学语文教学的本质。小学阶段学习的不是小学生不知道、不了解的事物，而是让他们掌握文字符号这个工具，以便他们能够读、能够写，但到了中学，特别是高中阶段，掌握文字符号这个书写工具的问题已经不是主要的教学任务，工具的问题依然存在，但既是工具的问题也是人文的问题。想到写到，想不到便写不到。"如何想"就是一个人文的问题，"如何写"就是工具的问题。在这时最重要的就是想的和写的要一致起来，"人文的"和"工具的"要融而为一。如若不一致，如若融合不在一起，语言这个东西可就不再是一个好东西了。一切的虚伪，一切的谎言，一切的华而不实的官样文章，都是从这种"过剩"的语言"功夫"中

"锻炼"出来的。而我们现在的中学语文教学（当然不仅仅是中学语文教学）存在的问题绝不仅仅是一个语文水平差的问题，而更是一个写非所想的问题。学生为什么能够写非所想？就是因为教材对学生的生活视野、文化视野、思想视野没有开拓的作用，学生的人文素质是低下的，而记住的词语和表达的方式却不断地增加，这就有利于他们把原本平庸的思想感情改装成各种不同的语言形式，用华丽的语言装饰的是贫乏的思想感情，甚至是恶劣的情欲，今天这么说，明天那么说，而只要说得通顺、说得流利、能玩出新花样，教师明明知道学生说的是言不由衷的话，也给予很高的分数，学生也就把这种写作视为作文的"正规"。这样做的结果是，思想越来越浅薄，人越来越假，文章却写得越来越"漂亮"。我认为，我们语文教育的失败莫过于此了。所以，我认为，在小学语文教学中，工具性是主导的，人文性应融化到工具性中，而到了中学语文教学中，人文性就成了主导的，工具性应融化到人文性中。工具性的问题不能脱离开人文性的问题单独地加以强调。在这里，"人文性"不是"政治性"。如前所言，政治是一个人成为正式公民并基本有了独立生存和发展的能力之后才能逐渐感觉得到、感受得到的。这里的"人文性"是对世界、对人的感觉、感受和了解。这种"人文性"是从一个幼儿开始学说话的时候就开始发展了。

现在为什么有些教师认为鲁迅作品的教学对学生没有多大益处呢？其中一个重要的原因就是他们脱离开人文性而单独地、片面地强调了工具性。我们大都并不否认鲁迅作品的人文性价值，但却认为鲁迅作品对中学生运用语言能力的提高帮助不大或甚少帮助。这种观点是怎样产生的呢？因为他们把中学语文教材就直接视为学生应当掌握的语言工具，认为学生就是用他学到的这些语言与社会、与别人进行交流的，并且越是能够直接为学生所用、越是能够直接帮助学生提高作文能力的教材越是好的教材。鲁迅的作品及其语言是很难被学生直接用于作文的，所以鲁迅作品也就不适宜于做中学语文教材。在这里，语言的"工具性"实际上被歪曲了。课文中的语言到底是谁的"工具"？它们是课文作者的"工具"！作者用这个"工具"表达的是什么？是他们对生活的观察和了解，是他们的思想和感情，亦即他们所要表达的人文性的内容。假若没有这些人文性的内容，这些语言就不是语言了，不是交际的"工具"了。我们从课文中首先接受的是什么？是它的人文性内容。只有感受到它的人文性的内容，我们才能感受到作者的语言"工具"的作用，他的"工具"才成为"工具"。但直至这时，这个"工具"仍然是作者的"工具"，而不是学生的"工具"。学生的语言"工具"从哪里来？不是从课文中直接接受过来的，而是从他对生活的观察和体验、从他的思想和感情以及他的表达欲望中来。只有当他要表达自己的生活观察和体验、表达他的思想和感情的时候，他才能在自己以往的全部语言储备中寻找词语和语言表达方式，寻找表达自己的语言"工具"。但在这时，学生进行的应是自己的创造过程，不是重复课文作者的生活观察和体验、重复课文作者的思想感情的过程。只有这样的写作——不论它实际达到什么高度，才是真正的写作。也只有这样的写作，才能调动学生自己的语言表达的积极性，并使之尽快地提高掌握语言、运用语言和创造语言的能力，即写作能力。

那么，课文的教学对于学生写作的作用主要表现在什么地方呢？首先表现在它对学生自我表达欲望的激发力上，表现在它对学生幻想力、想象力的感发作用上。别人能够把自己的生活观察和体验、把自己的思想感情表达出来，并且让我看了受到感动，我的一些生活观察和体验、我的一些思想感情不说出来、不写出来，别人就不了解、不同情，所以我也要说出来、写出来。只要学生能够产生这种自我表达的欲望，他的语言储备就会在脑海里活跃起来，翻腾起来。当然其中也有在课文中学到的，但更大量的是在他的日常生活话语和课外阅读的过程中积累起来的。甚至他的思想和感情，他的生活观察和体验，也主要来自他个人的经历和经验，不必仅仅依靠我们给他们选定的课文。所以，只要课文对中学生有可感觉性和感受性，能够感发他的幻想力和想象力，能够激发他的个人表达欲望，他就会调遣自己的语言储备，把民族语言转化为表达自己的生活观察和体验、表达自己的思想和感情的"工具"，但这个"工具"不同于课文作者的"工具"，尽管它们的基础都来自本民族的语言库藏，但没有他们自己创造性的运用，没有他们自己的人文性的内涵，这些民族语言库藏中的语言零件却无法自成为"工具"。

我认为，只要这样理解中学语文教学的人文性和工具性，只要不把脱离开人文性的工具性当作真正的工具性，只要我们重视学生真正写作能力的提高，只要承认鲁迅作品对于中学生有可感觉性、可感受性，而这个可感的对象又有丰富的人文内涵，能够感发学生的幻想力和想象力，能够激发学生自我表达的积极性，我们就不会认为那些思想单薄的课文更适于中学语文教学而鲁迅作品不适宜于中学语文教学了。剩下的问题只是怎么教以及教学的具体目标的问题。

三个主体的动态平衡：
中学语文课堂教学的基本过程

在过去，我们基本把中学语文课堂教学当作一个静态平衡的实现过程。这个静态平衡的实现过程是建立在这样一种教学观念之上的：作者通过作品完满清晰地表达了自己，或完满清晰地表达了自己的一种思想或感情；教师通过备课完全明确地掌握了作品的内容和语言表现形式。学生在开始对作品是无所知或知之甚少的，通过教师的教学，学生——至少是班级中那些最优秀的学生——也完全明确地掌握了作品的内容和语言表达方式。这样，原来的不平衡在教学过程结束后达到了完全的平衡：教师通过备课与作者达到了平衡，学生通过教师的教学与教师和作者达到了平衡。就像师爷教会了师父烙烧饼，师父又教会了徒弟烙烧饼，知识得到了递代的传授，教育的目的就实现了。不难看出，正是在这样一种对课堂教学的理解中，教师感到鲁迅作品最难教，因为教师感到无法清晰地把握鲁迅作品的全部内涵；学生感到鲁迅作品最难学，因为他们感到无法清晰地了解教师要他们必须清晰地了解的东西，他们感到无法清晰地说出鲁迅作品所要表达的全部内涵。他们不懂得为什么老师说《阿Q正传》反映的是中国的"国民性"，甚至不知道什么是"国民性"；他们不知道老师为什么说《孔乙己》批判了"科举制度"的弊害，他们甚至不知道什么是"科举制度"。老师不讲还明白，老师越讲他们感到越糊涂。在他们眼里，鲁迅的作品好像一部天书，是根本无法理解的。

一个真正优秀的语言作品能不能完满清晰地表达作者的思想感情？那些能够"完满清晰"地表达作者思想感情的是不是

好的语言文学作品？是不是对学生掌握民族语言最有帮助？只要我们能设身处地地从作者的角度思考问题就能知道，任何自己不能不表达的真实的思想感情都是不可能仅仅通过语言形式十分完满、十分明确地表达出来的；最好的情书是那些感到自己的爱情不能被对方理解的热恋中的青年人写出来的，最深刻的论文是那些感到自己的思想无法被别人所理解的人写出来的，最好的说明文是那些感到自己很难把事情说明白的人写出来的。他越是感到别人无法理解自己、无法明白自己要说的话，他越是要调动自己全部的语言储备努力地把文章写好。为什么他感到别人难以了解、理解或明白呢？因为他要表达的是在他特定个性基础上获得的特定的生活观察和体验、形成的特定的思想和感情，而他的听众或读者则是与他不同的。他需要听众或读者能够有与他相同或相近的生活观察和体验、相同的思想和感情，但假若真的如此，他也就不必提炼自己的语言了。所以，只要是真正好的语言文学作品，听众或读者是不可能一次性地完全明确地掌握它的，即使像王之涣的《登鹳雀楼》、邵雍的《山村》这样的小诗，我们也不可能一次性地感受到它的全部的好处，我们在初读的时候能够感觉到它们的意蕴和美，但又无法全部地感觉到它们，人们是在一生的经历中，用自己各种不同的人生观察和体验不断丰富它们、充实它们的，并且终其一生也无法穷尽它们。鲁迅是写社会人生的，中学生已经对社会人生有了初步的感受和了解，但这种感受和了解还是很浅薄的，即使教师也不会穷尽对社会人生的感受和了解。鲁迅作品所描写的人生和事件、所议论的那些问题，人们是可以感觉到、感受到的，但它们所能够暗示的内容却是无限的，是鲁迅自己也不一定全部意识到的。它们需要我们用一生的经历不断地去补充、去挖掘。所以，选入中学语文教材中的鲁迅作品是供教师和学生不断感受、思考、体悟、探索的对象，而不是一个已经僵死的、可以拿来做最后的装殓的尸体。也只有这样，教师的备课、教学才具有了不断探索、发现、创造的乐趣，并且每一次的备课和教学都是一个新的欣赏过程，并从中感到新鲜，感到乐趣，课堂教学的语言也不会是干瘪的、干巴的。恰恰是那种把鲁迅作品的内涵固定化的企图，使教师再也无法进入重新感受、重新理解、重新欣赏的过程，鲁迅作品在教师面前变得像一具尸体，令他们感到厌倦，感到沉重，教学没有了味道，课堂语言也随之成了干巴巴的东西，而这种语言是无法打动、吸引学生的，是无法激发学生的幻想力和想象力的，也是无法感发学生的思想和情感的。所以，教师不应当以自己已经完满明确地掌握了课文为教学的基础，应当永远感到是在与同学们一起探索一个作品、体验一个作品，而不是在最终地判断这个作品。教师是较之学生有更宽广的文化视野和生活视野的，是能够更多地感受到鲁迅作品的内涵因而也对鲁迅作品语言的魅力有更多的感受的，因此他在教学过程中更能发挥一个教师应当发挥的主导的作用。与此同时，学生的真正兴趣也是在探索和发现中产生的，开始他可能感到一个作品像是一个语言的迷宫，但在教师的引导下，他越看越能更多地看出其中的奥妙，这种发现的兴趣直至课堂教学结束依然没有消减，他在以后的生活和学习中，仍然会不断地想到它，体悟到它的新的意义和乐趣。所以，学生对教师的教学和课文的理解也是没有一个终点的。在整个课堂教学中，课文作者、教师、学生这三个主体始终处于动态的平衡之中，始终不可能达到最终的完全的平衡。至少我认为，这样的语文教学才是真正成功的语文教学，才是作品不断丰满化、教师不断丰富化、学生不断充实化的过程。这种不断地交流和不断地探索和发现的过程，不但对于教师，就是对于学生也具有持续的感发力和激发力，使他们爱上民族的语言，爱上语文学习，并终其一生不间断地阅读、欣赏语言文学作品，有的则因有了特殊的生活观察和体验，有了必须传达的思想和感情而从事专业的写作。

假若用这样的课堂教学的标准看待中学鲁迅作品的教学，而不是非要教师讲出鲁迅作品多么伟大、多么高不可及，非要让学生也具有鲁迅那样深刻的思想、高超的语言技艺，鲁迅作品的教和学有什么无法克服的困难呢？我认为，我们现在所说的困难更多的是我们自造的，而不是大多数收入中学语文课本的鲁迅作品本来如此。我是从初中二三年级开始阅读《鲁迅全集》的，那时我从鲁迅作品中所感到的阅读乐趣要比在其他一些作品中感到的要浓厚得多，并且此后一再重读。为什么现在的教师和学生反而感到不懂鲁迅了呢？因为我那时是没有任何先入之见的，是不抱任何确定的目的的，是根据鲁迅的作品了解和感受鲁迅作品的，而我们现在的教师和学生则往往是抱着"完成"教学任务的目的，让学生一定要怎么理解、不怎么理解，一定要求学过鲁迅作品就能够把文章写得像我们要求的那么"好"，并且要在高考中得到很高的分数。这使我们的教师和学生不再是鲁迅作品的读者，而是到鲁迅作品这里来买肉的顾客。从这样一个顾客的角度，是无法感受到鲁迅和鲁迅的作品的。越是急于买到肉、喂肥自己，越是感到鲁迅的肉不好咬、不好嚼，囫囵吞下去又不好消化，因而也越是厌恶鲁迅和鲁迅作品。不是吗？

这不仅仅是我们中学语文教师的事情，更是我们整个社会的教育观念所致。我们得通过鲁迅作品的教学不断地反思我们的语文教育观念，这不但有利于中学鲁迅作品的教学，也有利于我们整个中学语文教学的改革。

2001 年 10 月 18 日

只有真实的表达，才有健康的人格①

　　王丽：王先生，您觉得当前语文教育中最大的问题是什么？

　　王富仁：我认为从根本上说，还是一个教育观念的问题。就是我们的语文课要教给学生什么？我认为语文首先是要教给学生说话写作的能力，即运用语言与外界交流的能力，如果从这样一个意义上来理解语文，语文就必须教给他怎样把自己的思想、感受、情绪等等，借助于语言这个载体来传达给对方。但我们现在的语文课不是这样，是大人教小孩说话：我教你说什么话，你就说什么话，而不考虑学生在这个年龄段要说什么话。我们现在流行的分析课文的那套模式，什么段落大意、中心思想、写作特点之类，就属于这种情形，因为它根本不是从学生自己对课文的理解出发。还有，我们的作文和一些教材的内容也与此相似。总之，我们整个语文教育就是在这样一个基础之上设计的。

　　王丽：您认为这样做会带来什么弊病？

　　王富仁：最大的弊病就是脱离了学生的自我需要，脱离了

---

① 本文通过访谈形式，对中小学语文教育存在的问题进行剖析。

他自己内心真实的感受、理解和情感，造成学生自己真正想说的话找不到语言来表达，不想说的他却能说得出来，甚至可能说得头头是道，但往往是空话、套话、假话。这样一来，语言就不是作为负载自己真实思想感情的载体，而成了蒙蔽自己、覆盖自己的一层帷幕，把真实的自己挡在里头，使别人看到的不是自己。

王丽：而且这种"蒙蔽"是从孩子很小时就开始的，他完全处在一种被动的、不能自主的情况下，一旦定型之后，他可能终生都无法自省，实际上也就永远丧失了自己的语言，这是最可怕的。

王富仁：所以我认为语文教学对儿童来说，必须从童话开始。童话的世界和儿童的精神世界有一种天然的契合。小学语文课本要多选童话寓言、民间故事和一些通俗有趣的小故事，先读给他们听，然后教会他们自己读，写放在读之后。可以先让他们自己讲，然后教给他们把自己能说的简单地写下来，把书面表达作为口头表达的继续，而不是把写当成与说无关的东西。

到了中学，就应该以文学为主。青少年的特点是感受丰富，是在不断的感受中形成对世界的看法。而文学作品是诉诸人的感情的。我们现在课本里非文学类的课文太多，说明性的课文太多。我说过这么一件事，一个很著名的语言学家，他拿了一件古物让学生描述，结果学生都写不清楚。我说这是正常的，因为学生看到的只是这个东西的外形，他没有感受，所以写不出来。比方说这是一个茶壶，如果要精确地描述这个茶壶的形状，必须是个制壶专家。语言学家认为在中学里应该训练这个描述说明的能力，这实际上不符合青少年的接受能力和认知特点。青少年的思维特征更是文学的、感性的，开始时理性思维能力较差。所以，在中学时代，不要过多地写议论文，而应该让他多去感受。感受多了，有了比较，有了区别，理性思考的需要就产生了。这时的理性是建立在活生生的感性的基础上的，他的思想才有根，才是自己的思想。从这一点来说，我觉得中学时代是文学阅读的时代。

王丽：您自己在这方面一定很有体验吧？

王富仁：我从初中二年级开始喜欢文学阅读。当时学校实行五分制，我给自己提出一个要求，每门课都要在四分以上，其他时间我都去看小说，读文学作品。到了高中毕业，西方文学史上提到的主要作品差不多都读过了。还读了几种中国文学史和一些古代著名诗人的选本，如陶渊明、李白、杜甫等等。高中时开始读哲学和文艺理论著作，如马克思的哲学著作，杨献珍的《什么是唯物主义》，俄罗斯的一些文艺理论著作，等等，还自己订了《文学评论》和《哲学研究》。那时的阅读对我以后的影响很大。

王丽：现在的问题是学生的时间都让上课、考试和作业占满了，根本没有时间来读书。

王富仁：这对学生的影响很大。别的先不说，就说现在的一些大学文科学生，他们在中学很少读文学作品，进了大学之后，好多作家的作品他都没读过，就先学文学史。先知道了这些作家和作品在文学史上有什么位置，以及他们的思想意义和艺术价值何在，然后再带着这个理性的框子来读作品。这样，他对作品的理解、想象就受到了这些框框的限制。本来应该先读作品，对作品有所感受以后，再从理性上对其进行思考和观照。现在这个次序被颠倒了。我认为，我们现在文学创作的成就不高，文学评论的水平不高，跟这种教育模式有很大关系。

王丽：我有一个发现，中小学教育的缺陷对一个人造成的影响，在当时是不容易被发现的。只有当他慢慢长大，上了大学，甚至走上社会之后，才会逐渐暴露出来；越往后，可能暴露得越充分。这使我想到一句话：教育的效果是滞后的（包括好的和坏的），教育的观念要超前。所以，对中小学教育的一些问题，大学老师往往看得更清楚，体会更深切。

王富仁：我还觉得中学课本中阴柔的、温良恭俭让的文章太多，充满阳刚之气的、能激发人的生命活力的、向生活挑战与跟命运抗争的文章很少。青少年原本是有旺盛的生命力的，他们对这类文章更容易接受，也更能从中获得感受世界、认识世界以及认识自我的能力。中国知识分子往往太疲弱，一遇到现实生活中的困难就手足无措，缺乏创造力，我认为与此有很大关系。

王丽：在中小学作文评分标准中，往往有"思想健康"这么一条，我对这种提法一直抱有怀疑，您怎么看？

王富仁：对于一个孩子来说，第一，他是无所谓"思想"的；第二，任何表达都是合理的，是不伴随实利目的的。所以不存在什么"健康""不健康"的问题。这种提法实际上是幼稚的、不合理的，而且会起一种误导作用——就是误导虚伪，使得孩子从小学会迎合别人，不会依照自己真实的感情来说话。这样的语文教育就会加强中国人总体的虚伪程度。反过来说，假如一个人在表达的时候，想说什么就说什么，这才真正能培养出健全的人格。对于儿童，乃至对于成人，诚实是最重要的道德标准。而且只有在诚实表达的基础之上，才会使别人正确地理解自己，从而使自己与外部世界达成一种和谐和沟通。实际上，一个人在青少年时期犯的一些错误，随着自己生活经验的增加，会逐步得到纠正的，这些并不可怕。可怕的是不说真心话，不诚实。人虚伪了，就什么缺点错误也不易改正了。

王丽：听说您以前也当过中学语文教师？

王富仁：那是"文革"后期，我刚大学毕业。那时没有考试，我怎么教谁也不管我。一本教材我只挑几篇来讲，其他的念一下就完了。鲁迅的《祝福》我讲了两星期，一句一句地讲。我布置作文，一般都不命题，学生爱写什么就写什么。体裁也不限，写小说、散文、诗歌都可以。有的学生一篇作文整整写两个作文本，我也给他看。有的学生作文有些创意的，我就鼓励他再修改，下回布置作文就不用做了，只要把这篇改好就行。做得好的，我就让他们抄出来，登在壁报上。

王丽：要是现在就不可能那么自由了。

王富仁：是啊，幸亏我后来离开了中学，要不我真不知道怎么教。我想假如我现在还在中学，那我只好改行去教几何了。

王丽：您认为语文课应该怎么上？

王富仁：先得有一套更适用于阅读的好教材，多阅读，少分析，让学生自己去看，然后让他们谈谈感受。有的东西学生感受到了，但说不明白，像蒙着一层纸，老师就给他点拨一下，就像把窗户纸给捅破。学生感受不到的那个层次，你讲了也没用。我们的很多古诗，是先记住，后来才渐渐理解它们的思想情感内涵。其实很多现当代文学作品也是如此，要理解鲁迅的《阿Q正传》，得用一生的时间，你能讲得清楚？

王丽：您觉得这次教育改革的前景如何？

王富仁：二十一世纪变动最大的就是教育。说到底，未来的竞争就是教育的竞争。这是个世界趋势。对国家教育部来说，这一点肯定是能认识到的，所以改革势在必行。至于能下多大的决心，那是另外一回事。我觉得有两种可能，一种是通过舆论宣传引起公众注意，但不能很快进入实践过程。待到问题积累得更大了，能量蓄积到一定程度，人们才最后下决心真正进行改革。第二种可能，也就是最好的可能：通过我们的呼吁和全社会的参与，从现在起就开始着手，把它当作一件大事来抓，从教材入手，然后摸索出一套行之有效的适用新教材的教学方法和考试方法，使之成为我国中小学语文教学的正常体制。

我对当前中小学语文教学改革的几点意见

1. 中小学语文教学改革是一个长期的任务，不能有毕其功于一役的想法。中国的教育改革已经有过多次，但没有一次是成功的，就是因为把一个不可能立即解决的问题当作可以立即解决的问题来对待，事前希望极大，事后又失望极大，最后来一个反改革。这样的改革不如不改。

2. 当前中小学语文教学改革的最大困难是语文教育的本质与社会期待之间的巨大落差。语文教育的本质是生成性的，是使青少年在自然的成长过程中逐渐增长自由地、灵活地、创造性地运用民族语言的能力，并逐渐形成具有个性特征的丰富想象力和理性思考力。任何单一的标准（升学的标准、政治的标准、学术的标准）都是与中小学语文教学的目标相参差的。我至今认为，斯大林所提出的"语言是没有阶级性的"命题是十分正确的，一个青少年所需要的语言训练应是全面的，超于任何特定的社会目标的。当前我们的中小学语文教育还不可能完全摆脱这些社会期待的影响，因而也不可能通过一次改革就解决当前中小学语文教学的根本问题。我的意见是，倒不如把目标放得小一点，把那些已经有条件进行改革的方面作为具体的改革目标，先保证这些零碎的、具体的目标的实现。一旦实现，永不必回头。这样持续地搞上半个世纪，或许会找到一条相对稳定的现代中小学语文教学的路子。我们的现代教育才有一个世纪，即使再摸索半个世纪，也不是太长的时间。到那时，中小学教育就成了全民的义务教育，社会对它的期待和我们对它的认识都会趋于更加合理。中小学语文教学的改革也就有了更可靠的社会基础。

3. 当前中小学语文教学改革的最大危险是复古主义。必须牢固地建立这样一种观念：我们现代中华民族的语言是白话文，而不是文言文。它不但是我们现代中国人进行思想感情交流的方式，而且是我们现代中国人的基本思维方式。学习文言文是为了增强我们现代白话文的表现力，而不再是我们的直接目的。我们当前中小学语文教学改革中存在的最主要的问题是我们还没有找到教授白话文的有效方式，而不是减少了文言文在中小学语文教学中的比重。

4. 中国近现当代语文教学发展的总趋势是在其他大量学科的压力下逐渐减少了它在教育中的比重，开始是自然科学和社会科学诸课程的设置，现在是外语教学比重的提高，而我们的社会往往仍然以中国古代单一语文教学的教育效果要求我们当代的中小学语文教育，这是可以理解的，但却是无法满足的。所以一定要发挥中小学语文教师在这次语文教学改革中的主体作用。不能简单地跟着社会的舆论和外部对中小学语文教学的要求进行具体的改革。那将导致中小学语文教学的更严重的破坏。改什么，不改什么，怎样改，不怎样改，要让正在从事中小学语文教学的教师，特别是那些认真负责、有一定教学经验的教师来确定。不能由大学的学者、教授等越俎代庖。更不能像以前一样，以无限加大中小学语文教师的工作量的方式保证改革措施的实现。那样的效果只是一时的，很难坚持久远。时间一长，就会连原有的教学水平也达不到了。

5.语文素质的提高主要不是在学校中，而是在社会上。在社会上依靠的不是教学，而是实际的语言交流。这就给中小学语文教学提出了一个问题，即单一性与多元性的问题。如果全国的学生学的都是李白的同一首诗、鲁迅的同一篇小说、朱自清的同一篇散文，掌握的是同样一些词语、同样一些表达方式，到了社会上，人与人之间就形不成真正的语言交流了。假若你学的是李白的这首诗，我学的是那一首诗；你学的是鲁迅的这一篇小说，我学的是那一篇小说；你学的是朱自清的这一篇散文，我学的是那一篇散文，掌握的是不同的一些词语、不同的一些表达方式，到了社会上，才有了更多的语言交流，并且使每一个社会成员都有继续学习语文的积极性。当前中国的社会语言太单调、太划一，严肃有余，活泼不足，而追求活泼的又往往流于粗俗，脏话连篇。虽然这不应由中小学语文教学负主要责任。

6.高考语文考试本身就是有局限性的。语文水平不像数学、物理学那样有一些相对明确的量化标准，要想通过一次考试精确地测量出一个学生的语文水平并断定他以后有没有继续发展的可能性，几乎是不可能的。但是，假若我们不把它同数学、物理学的考试视为完全相同的考试，只是把它作为促进中小学语文教学的一种手段，使学生不致完全忽视语文的学习，我们就会感到，语文考试追求的不是数学、物理学考试那样的精确的量化标准，而是类化标准。所谓类化，就是它只能分出被考核学生的语文素质的类型，而不论怎样考试都不能区分彼此量上的差别。这种类化可以有以下几种类型：（1）能创造性地运用所学过的语言知识；（2）能熟练地运用所学过的语言知识；（3）不能熟练地运用所学过的语言知识；（4）基本没有运用所学过的语言知识进行表达的能力。这四个类型实际是在所有语文知识范围内重复出现的。考试规定的是语文知识的范围，而不是语文知识的本身。《康德哲学与黑格尔哲学异同论》可以作为一个哲学博士论文的题目，但它规定的也只是主要的语言概念系统，在这个系统里需要的是不同的语言知识，但作为类型还是以上的四类。第一类能创造性地运用西方哲学的语言概念，有新意，不是对西方某些哲学观点的重复；第二类没有新意，不新颖，表达的仍是西方哲学中已有的一种观点，但对这种观点的论述还是清楚明白的；第三类既没有新意，论述得也不够清楚明白，但基本上还能明白他的观点；第四类虽然用的也是一些哲学的名词，但思维是混乱的。所以，高考语文命题的重心是规定考生运用语文知识的范围，而不是哪一些语文知识。它要具有超知识性。过去我们总是希望用这种知识性作为区分各个学生语文水平的量化标准，岂不知这些"知识"都是可以在高考复习时突击背诵的。它们并不能测量出学生的真实水平，也不利于平时的语文教学。而只要高考语文考试超越了知识性，中学语文教材也就不必整齐划一。这不是降低了语文教学的水平，而是大大提高了学生的语文素质，并给以后的发展留下了更宽广的余地。

　　以上几点，是我临时想到的，因为对中小学语文教学没有做过深入的研究，自己也不是从事中小学语文教学的，所以说的还是外行话，仅供实际从事中小学语文教学改革工作的先生们参考。

2000 年 10 月 13 日

人与语文

　　从小学一年级，我们学的就有两门主课：语文和数学。实际上，数学在广义上也是一种语文。数学先从 1，2，3 学起，这只不过是另一套文字符号，这一套文字符号起到的是特定的表意作用，而语文则是一种更普遍、更广泛的表达思想和感情的工具。所以，从广义上说，人后天学到的一切，都是通过语文学到的，没有语文，你将什么也学不到，你终其一生仍然是一个野人。野人就是在生物特征上是人而不懂得人的语言的人。

　　人一生下来便是纯个体的，用句雅话来说，就是一个独立自主的系统。但这个系统要和外界联系起来，不相联系就无法生存。它和自然的联系靠的是本能，要吃、要喝、要避寒求暖，但只有这些与动物便没有什么不同，他还要和别的人建立联系，彼此传达思想感情。在开始，这种思想感情的传达是直观的，用手势，用声音，用形体动作，这就是手势语和口头语言。手势语和口头语言已经是一种语言，但它们有很大的局限性，就是它们不能超越特定的时空限制，在时间上是瞬间的，在空间上是一隅的，自从有了文字，这种限制才被打破了。我们现在所说的语文，就是语言和文字，或曰文字语言。

文字语言是在手势语和口头语言的基础上发展起来的，一开始是手势语和口头语的代用品，但文字本身就有巨大的潜能，是口头语和手势语根本不可能具有的。很难想象，曹雪芹的《红楼梦》、马克思的《资本论》这样一些文学艺术和社会科学的著作会只在口头语言的形式下产生出来。文字，把语言变得更严密也更细致，同时使人的思想和感情也变得更严密更细致了。在我们，常常有一种幻觉，似乎人原本是有严密的思想和细致的感情的，只是有了文字，我们才能够表达它们。实际上，这种看法是有很大片面性的，与其说我们先有了严密的思想和感情然后才有了严密细致的语言，倒不如说先有了文字语言的严密和细致化的巨大潜能，我们的思想感情才变得严密细致起来。常读文学作品的人感情要比一般人丰富细腻，常读科学著作的人要比一般人的思想严密、有逻辑性，就是因为一个人的思想感情并非完全自生的，而是由他掌握的语言的特点塑造而成的。人有了更细致、更严密的感情和思想，才会用更细致、更严密的感情和思想感受世界和改造世界。也就是说，语言改造了人也改造了世界，语言的作用是无比巨大的。当然，这里说的仍是广义的语言，但语文无疑是这广义的语言中的主要组成部分。因为迄今为止的人类社会，文字语言仍是整个人类社会思想感情的主要交流方式。

　　人是靠学习语言完善自己和发展自己的，但语言也容易成为束缚人的桎梏，因为语言有它的独立性，可以靠着单纯的记忆把它们输入人的大脑，但人们常常忘记，语言归根到底只是传达思想和感情的工具，它是一种中介形式，人通过语言表现自我，但它又是独立于自我之外的符号系统，别人只有通过这个符号系统了解你的思想和感情。所以，学习语言要和思想感情对应起来，"凄凉"伴随着的是凄凉的感觉，"愉悦"伴随着的是愉悦的心情，"资本"必须与现实的资本联系，这时候语言才具有特定的意蕴，到使用的时候才不至于乱了套。但一旦语言具有了独立性，人们往往觉得记住了这些词语就是有用的，教师也往往不注意它们与学生思想感情的对应性，让学生像鹦鹉学舌一般学习语言，别人怎么说就让学生也怎么说，这样，学生说话时便常常说的不是自己的话，而是别人的话，表情达意的作用便消失了。岂不知任何一种语言都须和说话人的思想感情紧密联系在一起才是一种有意义的语言，同样的话到了另一个人的嘴里和笔下，由于脱离开了与之对应的思想感情，它的意蕴便变了。对于这一点，中国的禅学家特别重视，他们反对学生说老师说过的话，要让学生用自己的方式表达同样一个意思。别人问老师什么是佛法，老师伸出两个指头，他的学生也这样做，老师便把他的指头砍下来。这虽说只是个故事，但它的意思是对的：机械地学习语言，语言的功能便消失了。总之，人要在学习语言中完善自己、发展自己，但不能机械地搬用原来的语言，要用能表现自己思想感情的语言说话、写文章；不这样，语言就会把人弄得七零八碎，没有自己的思想和感情了。有些人故意用语言掩盖自己的思想感情，从短暂的效果来说，是欺骗了别人，但从长远的效果来说，则是阉割了自己，因为自己也不会真正地表达自己和思考自己了，而这样的人，就是没有自我的思想感情的人。中国有一个成语叫"自欺欺人"，也就是说欺人者必自欺，我认为是很有道理的。老师教学生，也要教他说真话，写自己的真实的思想感情，否则，你就等于扼杀了他的思想感情的发展，同时也是扼杀了一个人。

我的语文教学观

一、学生的成长和发展是中小学语文教育的唯一目的

学生的成长和发展是中小学语文教育的唯一目标。从旁观者的角度看，我觉得当前中小学语文教学中一个最严重的威胁，就是人们总是用一种狭隘、自私的眼光来看待我们的教育、看待我们中小学的语文教育。每一个阶层，甚至每一个人都想着把中小学语文教育纳入为自己狭隘的利益服务的工具中去，从而用这些最狭隘的目的，模糊了中小学语文教育培养学生、促进学生的成长和发展这样一个目的性问题。所以说，我们如何把心思回归到培养学生上，使他们在社会现实生活中正常地发展，这在教育中是一个非常严峻、严肃的问题。

对于中小学语文教师来说，首先要自问，我到底关不关心学生的成长和发展？是否有想过我所教的学生未来要成为什么样的人？不成为什么样的人？如果我们想到这个问题，并且不断地想到这个问题，这才是真正意义上的一个教师。我们应在自己工作的岗位上，思考学生学了语文课后向哪个方向发展，

或者是我们所教内容对他们未来的生存和发展有什么意义。当一个教师在心里真正想着自己的学生的成长和发展的时候，才会升起作为一个教师的神圣性和不可侵犯性，才会找到我们教师的主体性，才会找到我们作为知识分子的人性力量，发挥出人格力量。我觉得这是我们作为中小学语文教师教学的核心，用中国传统的话，就是把学生的成长和发展放到第一位，是第一义的，这是最重要的，是我们的宗旨。只有做到这一点，我们在面对各种各样的压力时才能够挺起腰杆，能够迈开自己的脚步，无怨无悔地走下去，无怨无悔地做人，无怨无悔地做一个教师、做一个知识分子。

我们这样做，学生是不是会感谢我们，是不是会意识到我们作为一个教师为学生做出的牺牲，这并不重要。不要指望着学生会多么感谢我们的老师，他们在成长过程当中，正像一个孩子未必感谢自己的父母一样，他们以后会自己走自己的路。重要的是通过这样一种意识、这样一种努力，你自己意识到了自己的神圣性，你支撑了自己的精神、支撑了自己的人格，这才是决定我们一生的，或者说我们全部工作的精神的力量，这种精神的力量是不可忽视的。

二、经典文本是构成学生文化心理的主要因素

什么是学生的成长？在语文教学中学生是如何成长的？我们可以用老子的哲学来说明中小学生乃至大学学生的成长到底意味着什么。老子的哲学以"道"为中心，他认为世界是混混沌沌的，整个世界无自身与外在的区别，整个世界包括自己

都是混沌的整体，这就是"道"的状态。但人不能永远停留在"道"的状态。儿童在成长的过程中，外部的世界向他展开，并逐渐有了各种分别。一个人的成长和发展，一个学生的成长和发展就是对外部世界开始产生各种分别，从混沌的整体，从无意识当中产生意识。当这个世界在自己的头脑中具体化，建立起各种分别，外部世界落入自己的内部世界，内部世界与外部世界产生照应及分化，这个人就在成长和发展。当一个人有文化、有知识、有思想，能把外部世界分别开来，就成长起来了，就成了有思想、有个性、有理想的人，就可以自己分析、解决问题。

要严格区分学校教育和家庭教育，家庭教育和社会教育。家庭教育首先是从世俗的、个体的、利益的方面入手，现实世界中的、经常的、习惯性的东西是家庭教育的必要内容。世俗的世界必然需要基本的生活常识，但一个人一旦进入学校，尤其是进入语文教学课堂，就需要接受经典文化的教育。

语文课堂是严肃的文化场所，是传播经典文化的场所。课堂是高雅的而不是低俗的，区分这一点，对当前的中小学语文教学来说更有着重要的意义。从二十世纪九十年代开始，在中国有一股非常强大的俗文化的冲击力，伴随着影视、网络的不断普及，俗文化像蝗虫一样铺天盖地。

中小学生为什么对语文课不感兴趣，却愿意上网打游戏？就是因为网络游戏是世俗的，语文课本上的课文是高雅的，高雅的看起来不像低俗的那么有趣。我们民族的生存和发展虽然无法摆脱低俗的东西，但主要依靠的不是低俗的东西，而是高雅的东西。为什么中华民族讲到文化，总是先讲到孔子、老子、韩非子、曾国藩、张之洞、鲁迅、胡适、朱自清、闻一多等古往今来的大家？因为这是中国的"雅文化"系统。这个系统也有矛盾、斗争，有变化，也有差异，但这些差异是严肃文化与严肃文化的差异、高雅文化与高雅文化的差异。但现今有一些人甚至是高级知识分子，却把俗文化当成高雅文化向全社会推广，我们必须对此有警惕性。

在中学的语文教育中，一定要强调我们课文文本的经典性。无论古今中外，经典性作品一定是严肃的文化，这种严肃的文化是把人、人生、社会当作严肃的事情来感受、提炼和表达的，而不是当作玩笑、娱乐。我们的语文课堂必须坚持教授严肃文化、高雅文化。我们要用高雅严肃的、真善美的东西来充实学生的心灵，使学生可以自觉地将低俗的东西从自己的文化心理中排斥出去。我们的任务就是培养学生心生高雅，心生真善美。因此，在教学中必须强调经典性。

强调经典性，不仅是课文本身的经典性，更重要的是教师在教授文本时是从经典性角度来解读文本。例如，解读鲁迅作品时不是关注作品的本身，而以鲁迅的奇闻轶事来吸引听者，这就是把严肃的文化低俗化了。在中国现代文学史、文化史中，像鲁迅这样有铮铮铁骨的、真诚的、不虚伪的嬉笑怒骂皆成文章的知识分子有几个？鲁迅真正体现出了中国历代知识分子所推崇的那种骨气，那种大无畏、大丈夫的人格。但现实中，却有人想丑化鲁迅以达到哗众取宠的效果，这种低俗的心理把严肃的、高雅的文化低俗化了。

中学语文教师更应当把严肃、高雅的文化当作传授知识的重点。如果我们都以低俗的眼光看待彼此，用狭隘、自私的眼光看待世界，只想在世界上得到享乐的东西，而不想提供更好的东西来丰富世界，我们的世界就可悲之极了。我们的时代需要严肃文化，尤其是从鸦片战争时的积贫积弱，发展到现在这样可以与世界各国在政治、经济、文化上平等交流的时代，能够融入世界民族之林的历史阶段，不允许我们中国知识分子掉以轻心，不允许我们不严肃。

三、教师是中小学语文教学的永久性的主体

在开始语文教学改革的时候，我们中国的语文教学中存在着一个重要的问题，就是教师的主体性的问题。我认为在教学改革的过程中，没有把教师的主体性当作首要的问题，而片面地强调学生在教学中的主体性。譬如说在讲学生的主体性时，学生提出的任何问题只要和语文课文有关，教师都要尊重，甚至都要顺从，让他坚持自己的观点而不必引导他，这样滋长了学生在课堂上的主观性，并且这种主观性使学生自我封闭，阻止了教师对课文的讲解，拒绝了教师的帮助。学生可以做出这样的理解，也可以做出那样的理解，那教师在教学中就没了主体地位，好像在不让学生成为教师的奴隶时，教师反成了学生的奴隶。当教师成了学生的奴隶时，学生没有收获，教师的教学也没完成。我认为这种把教师当作学生奴隶的现象是大量存在的。主体性丧失是中国教育史上最重要的问题之一。

语文教师是语文教学的永久的主体，不承认这一观点，就是对中小学语文教学的根本性的颠覆。教学就是在教师主导下开展的。教师是成人，学生是有了初步接受文化知识的可能性的学习者，而不是完整的人。教育就是让一个已经有了独立生

存和发展能力的成年人辅助学生成长，使他们成长为一个有独立生存和发展能力的成年人，然后进入到社会工作、社会矛盾、斗争中去争取自己的生存和发展空间。这决定了教师在教学中的主体性。

主体性地位体现在哪里？我认为首先在课堂教学中。教师的主体性必须通过最基本的课堂教学来建立，因为学生的命运、教师的命运都集中在课堂教学中。在课堂教学中，失去了主体性，教师就不知道课文该怎么讲。讲的不是教师理解的课文，那么教师就没有了主体性。当教师放弃课堂教学时，放弃这样一种空间时，教师和学生就建立不起精神上的联系。

教师要回到课堂，要能够和文学作品实现一种精神上的联系。加强了这种联系，就实现了课堂教学和自我、课堂教学和学生的沟通，这是教学改革的基础，只有在这样的基础上，教师的主体性地位才能建立起来。

四、文本分析是中小学
语文教学的主要内容

在我们中学的时代（"文革"前）有一套教学模式：课文分几个段落，各段说什么，各段结合在一起表达什么样的主题思想，再看课文的艺术特色。这是我们那个时代的固定模式，这个模式指向的是综合，文本各个部分有一个核心，只要学生抓住了核心就抓住了各部分的内容，最后主题思想是一个更高度的总和，学生掌握了主题，也就掌握了课文，将课文整合成一句话，最终懂了这句话，就概括了课文，懂得了课文。这与中国传统的儒家文化有很大的联系，儒家文化有一些命题、

语录，记住了这些精辟的话，就有了思想。一直到现在，学术很重视摘语录、背语录，这种语录思维在中国是一种主要的思想方式，可以说，语录思想是中华民族直到现在的思维方式。

现代学生的成长和发展是要让他们有更多的知识，有分析能力。遇到一个事物，能将它与其他事物分开，知道这个事物应该怎么看，不应该怎么看，对矛盾应该怎样解决，不应该怎样解决，这是现代社会一个人有思想、有能力的根本标志。学生学习，就是让他们的思想逐渐细致化。

我们的语文教学，往往就是用一个简单的命题将所有的东西都混合在一起。我在中学也看了马列的书，马克思主义面对的是资本家、资本主义社会的矛盾。我上学是为了找工作，没有想到无产阶级与自己的关系，况且我工作根本没有见过资本家，让我去与资本家斗争，怎么做？这是非常具体的问题。任何一种理论、口号，都是在特定的时间空间，与特定的对象发生的一种具体的关系，在这种具体关系中产生的感情、想法、思想、道理，脱离这种特定的历史、时间、空间、环境、对象，所有的理论都是一句空话。所有的思想都不能是空的，都是在极为特定的关系当中产生的，产生后有其特定的价值、意义，这就是思想。

我们的课本是需要分析的，而不是要组合的，是要懂得其整体结构，并在此基础上了解其特定的感情、思想。自然科学有自然科学的方式，是逻辑性的；文学有文学的方式，是艺术性的，这种艺术是人文的。自然科学是实验室的方式，是到实验室中整理好了实验的材料，由此组成理想化的结构，实验得出效果，数学的数是确定的，每个零件、每个数都是确定的，在这当中找出规律。语文是人文的，人文的每个零部件都不是量化的，不是精度、刻度，这个"度"是用心灵感受出来的。

老子哲学一开始讲"道"，但与"道"几乎有等同意义的是"名"，"名"就是语言。有了"道"与"名"后，再进行分化，而这种体现是用"名"（语言）区分出来的，这样才能区分"天"和"地"，没有"天"、"地"的概念，就表现不出你对此的区分，有了"你"、"我"区分，才有了"心"和"物"的概念，才将自己与外部世界分开了。这就是人类的发展，这种发展是人类心灵的感受，这种内部世界的发展是人类社会当中值得敬仰的东西。

我见到很多孩子，能自觉地区分我的年龄，由称呼"伯伯"到称呼"爷爷"。三四岁的孩子，就能从整体中感觉到你是年轻人或老头，值得惊异的是他不用查你的年龄，一眼就能看出来，就算穿着年轻，染了头发，他们也能辨认出来，这就是感觉的灵敏性，通过感觉从外部世界获得感受、理解、思想、知识、力量，这就是文学的力量。

文学艺术之所以伟大，在于它不仅仅是一些字、一些符号，如五言绝句《登鹳雀楼》，就是4句话20个字，谁读了都觉得好，但不能说这几句话我也会写，你就是写不了。这就是了不起的东西，你会感慨诗人怎么会想到这几句话，就这20个字，从唐代流传到现在以至于到将来都会让人记得。杜甫的诗好，要感觉出他的好，而不是看字数，同是七律，字数一样，但这篇好那篇不好，是靠心灵感觉的。

语文是什么？语文就是培养心灵的，就是培养感觉能力。一首诗的一个字、一个词，如"僧敲月下门"，一个"敲"

字，意味全出，要用心去感受这些词语，让这些词语在心灵当中活起来，有了这些东西，语文所发挥的作用就是实实在在的。没有这些感觉，去记"三吏三别"、"安史之乱带来的痛苦"，就是不真诚的。这些感觉不是综合出来的，而是分析出来的，这种分析是欣赏性的分析，就是用心灵感受。带着你心灵的感觉、你的感情来看作品，使作品丰厚起来。

虽然我们一堂课感受不多，但当一个学生从小就感受文学作品的好处、意义，也就丰富了他的思想。在人生三分之一的成长学习过程中，有好的经典作品让他感受、积累，当他进入社会时，他的人生经验、情感认识，就不一样了。一年时间可能看不出，两年看不出，但到了大学毕业，从小就接触经典、有所启发的学生，和只记住主题思想或低俗文化的学生，他们的心灵、人格力量就天壤之别，这就是语文教育的作用。

中小学语文教学，中国文学教学，实际上担负着中华民族的人文传统的发展。民族要发展，要想着"人"，这人应该是响当当的人，是孟子所说的"大丈夫"，是顶天立地的人。没有中华民族的文学教育，不通过经典的文本阅读欣赏去培养一代代的人，中华民族的精神就会涣散。如果古代没有孔子、老子、屈原、李白、杜甫、白居易、蒲松龄、曹雪芹，近代没有鲁迅、胡适、萧红、丁玲，光有官僚贪官，光有发号施令的人，中国会是什么样的中国？中华民族会是什么样的民族？

每堂语文课都要让学生对文本本身有所了解，通过欣赏、分析，教师要将所感觉到的好处传达给学生。为什么说文本分析是语文教学的主要内容，是因为培养学生的感觉能力、感受能力、心灵能力是语文教学的首要任务。这个任务要通过对文本的分析、欣赏，通过具体的分析唤醒学生对文本的感受和认知，丰富学生心灵来完成，让经典的文本成为学生文化精神当中的构成部分。

五、精神世界的丰富化是
学生成长的主要标志

精神世界的丰富化是学生成长的主要标志，又回到老子的哲学，童年的时候是"道"的状态，是混沌的整体，是物我不分的。这个整体是空洞的没有实质内容的，随着人类意识的发展，一生二、二生三、三生万物，知道的事情越来越多，直到知道世界的万事万物。

人有内部的意识，意识的丰富化就是外部世界的丰富纳入内心世界的过程。有外部世界，如日月星辰，同时心里就有一个日月星辰的宇宙，当我们说《红楼梦》这个大家庭时，心里也有一个《红楼梦》的大家庭，这就是内部的世界丰富化。

外部世界的丰富化和内部世界的丰富化是同步的，但内部这个丰富的世界又是这样一个整体。外部世界给予的很多知识，包括文学作品、现实世界，都纳入你的心中，但其中存有各种各样的矛盾，还没有统一。那什么时候才能够将所有的这些东西都统一起来呢？不是在你最清醒的时候，而是在你精神恍恍惚惚的时候；不是有意想到什么、追求什么的时候，而是什么都没有想的时候。这时候，所有这些知识、文化、思想都在你心里，但你没有意识到有如此复杂的知识：有无产阶级、资产阶级；有男性的、女性的；有小孩的、老人的；有现代的、外国的；有理性的、非理性的……平时矛盾得很，但散步时、迷糊想睡时，可能什么东西都回到你的心灵，用老子的话来说，"夫物芸芸，各复归其根，归根曰静"，这万物又回到了整体，将心灵平静下来。就是在意识弱化的时候，心灵的整体已经不是一张白纸，而是什么都有。

"人之道"与"天之道"不一样，"人之道"是"损不足以奉有余"，穷的越穷，富的越富，有余的越来越多，不足的越来越少，这就是两极分化，在普通情况下，人就是这样发展的。但"天之道"是"损有余而补不足"，山峰太高，于是石头滚下，填平洼地，这与人之道是相反的。人要想要有公平幸福的人生，首先要"法地"，用自己的力量承担起所有的痛苦、矛盾，承担之后"法天"，有更高尚的灵魂。以"道"为标志，为追求的高度，"道"是混沌的无边的整体。"道法自然"，道的规律是自然，人有了知识文化，在青春时期有了发展，但这些东西都不能当作资本。有的人学习好感到骄傲，有的人知识少感到自卑，但当你懂得知识，再回归，你不是为了自己显摆，而是为了人的发展。

人与人之间是平等的，是应该互相关心的，不是用知识压迫别人让别人崇拜自己。语文教学应教给学生感受文本的真善美，使他的心灵发生变化，而不是使他觉得出人头地后比别人高一头。越有知识应越谦逊，"道法自然"的结果就是"德"。中国古代说"道德"，在老子的哲学当中，这才是真正的"德"的状态，这种"德"的状态和孩子的心灵是一样的纯洁无瑕、真诚的，而不是钩心斗角只会算计的。有的人好像是傻子，但其实他什么都知晓，这就是人的智慧之高。老子认为这才是真正的有德之人，就是真正的有智慧的人，这种人往往为人看不起，但他就是能完成你完成不了的事。如鲁迅，别人看他脾气不好等，但他就体现出真正的"德"，还有老子、孔子、司马迁、胡适，都是真正有智慧的人。

最后一句话，"德"就是内部世界，用现在的话来说就是精神世界，精神世界不断丰富化，就是学生成长的根本标志，学生的成长就是看内部精神，内部精神丰富了，学生就成长了、发展了，考试成绩高点低点不能证明问题，根本问题在于学生的精神世界的丰富发展。

我们中学教师应当怎样读《论语》

    每隔六十年，必有一次"国学热"，正像每隔六十年，必有一次"西化潮"一样。这是有着悠久文化历史的中华民族在进入现代文化历史之后必有的现象，是不值得大惊小怪的。

    按照古代的纪年方式，六十年一个"甲子"。实际上，六十年也是一代人文化生命的周期，直至现在，男人六十就退休，还是将六十岁作为一代人的社会生命的长度的。

    在任何一代人中，有顺风顺水的，也有老是时运不济的。那些顺风顺水的，感觉不到当下文化有什么不对的地方；而那些时运不济的，则觉着当下的文化处处不得劲。这些人，有条件的，就想换个活法了，就要试着走条新路了。如果前一代人大都是按照传统文化习俗生活的，他们就要到西方文化中撞撞运气了。西方人也是人，西方文化也是让人活的，不是让人死的。在开始，懂西方文化的人很少，没有人与他们竞争，并且"物以稀为贵"，这少数懂西方文化的人就犹如有了神助，一下子就从时运不济的傻小子成了中国社会的佼佼者。当别人看到他们的成功，就纷纷去效仿，走这条道路的人越来越多，这就有了"西化潮"；但当人人都有了一点西方文化的知识，才知道要想成为华盛顿、爱因斯坦、比尔·盖茨那样的西方人，也不是那么容易的。在这时的中国，大家都有点西方文化知识了，都会说"YES""NO"了，但顺风顺水的中国人还是少数，老是感到时运不济的中国人还是多数。这时的中国人就又想起我们中国古代的文化来了。由于社会上盛行的是西方文化，我们中国古代人在自己的历史上创造的那些灿烂辉煌的文化反而很少有人知道了，于是，就有少数人出来提倡"国学"和"国粹"，这些少数提倡"国学"和"国粹"的人又成了得风气之先的文化名人，于是就有了"国学热"。其实，任何一种文化，都满足不了这整整一代的人，所以人在这一生中，总会遇到一次"西化潮"，也会遇到一次"国学热"，一东一西，就使我们的知识丰富起来了。所以我们中国的现代人，既要懂点西方文化，也要懂点中国传统文化。否则，就不是中国的现代人或曰现代的中国人了。

"国学热"一来，首先"热"的必然是《论语》，因为《论语》是我们中国传统文化的基础的基础，讲的是我们中国古代人为人处世的基本原则。

所以，《论语》这部书不是要读不要读的问题，而是怎么读的问题。

《论语》这部书一"热"起来，一定会有很多专家学者、政府官员、商业巨子出来为我们讲这部书的价值和意义，讲怎样读这部书，怎样对这部书的思想进行"现代的转换"。专家学者告诉我们孔子的思想如何伟大，在世界上有什么地位；政府官员告诉我们如何运用孔子的思想建设我们的和谐社会；商业巨子告诉我们"儒商"对于现代资本主义经济发展的重要作用。于是我们中学教师就努力通过这些人的文章、这些人的报告或讲演去学习、去领会、去加深自己对《论语》的理解，以期用这些思想去教育和感化自己的学生。

但在这里，我们却忘记了一点，即孔子就是一个教师，就是像我们中学教师一样从事基础教育的，他的思想就是一个教师的思想，我们中学教师不必通过别人的解释，只要通过我们自己的教育实践以及对自己的教育实践的感受和体验，就能更好地理解《论语》，其他的路，倒是弯路，未必能得孔子思想的"神髓"。

举个例子来说吧，关于孔子的"仁"，历代的文人学士说了很多话，还是有些纠缠不清。孔子说："仁者爱人。"但为什么他不直接说"爱"而说"仁"呢？因为父母爱孩子是"爱"，热恋中的男女对异性是"爱"，孩子爱玩具、商人爱金钱、官僚爱权力，都是"爱"，但这些"爱"显然都不是孔子所说的"仁"。孔子所说的"仁"是什么样的呢？实际就是我们对我们的学生的那种"爱"。这种"爱"不像父母爱孩子那样是有偏心的，他们爱自己的孩子，但并不意味着也爱别人家的孩子，而我们教师对每一个学生的"爱"都是平等的，不能有偏心眼，一般也不会有偏心眼；有些父母对孩子的"爱"是短视的，只想满足他们的当下的要求，而我们教师对学生的爱则一定是长远的，关心的是学生一生的成长和发展。它不像热恋中的男女两性的"爱"，这种"爱"是自私的，伴随着强烈的占有欲，而我们对学生的爱则是无私的，是奉献的，我们谁都不想将自己的学生据为己有，但又希望他有好的前途。孩子爱玩具、商人爱金钱、官僚爱权力，都是对物的爱，而不是对人的爱，所以也不是孔子所说的"仁"，我们对学生的"爱"则永远是对"人"的爱，并且没有利益与利益之间的竞争，我们爱学生，也是爱社会；我们希望学生得到健康的成长，同时也希望社会一天天好起来。这种爱，扩而大之，就是"人类之爱"。尽管我们这些愿望很难得到满足，但当我们真心诚意地作为一个教师教育着自己的学生的时候，我们体验的就是这种"仁"。

理解了孔子的"仁"，也就理解了孔子全部的思想。

所以，我认为，我们中学教师只要从自己的教育实践以及对教育实践的感受和体验出发，就能比任何人都能深刻地感受和理解《论语》，倒是别人的话，未必可信的。

第二辑　读书与教书

　　读书，是为了求知，为了增益自己的理解力和感受力。你只要读它，就得像朋友一样对待它。对朋友，你不必战战兢兢，时刻提防他拿刀来杀你，你可以平心静气地听他讲话，努力理解他要表达的思想和感情，但你也不必心存敬畏，把他的话都当成至理名言，更不能存利己之心，把朋友的话当成证明自己正确与否的工具或标准。静下心来，自自然然地听他讲，先知道他在想什么以及怎么想，然后再说出你的意见，同意与否，都是听完之后的事儿，事先你不能抱着任何成见。

谈"好读书，不求甚解"

"好读书，不求甚解"是我国古代著名诗人陶渊明说的，但在我们通常的理解中，却常常把它当作一个不好的读书习惯。我认为，我们这些教育工作者，有必要重新思考一下陶渊明这句话的意义和价值。

在这里，首先存在的是"书"与"人"的关系，其次则是"人"对"书"的两种接受方式。从"书"与"人"的关系而言，因为我们是从事教育事业的，是把"书"作为学生的教材看的，是希望学生通过对"书"的学习在品德和知识上有所提高的，所以我们在自觉与不自觉中就把"书"等同于"师"了。我们这种理解不是没有一定的道理，但必须看到，我们这种对"人"与"书"的关系的看法，是受到了我们所从事的职业的严重影响的，是同"人"与"书"的固有关系有很大参差的。"书"是什么？"书"实际上是"一席话"。谁的"一席话"？作者的"一席话"。作者为什么要说这"一席话"？因为作者有自己的思想或感触，有一种需要让别人理解和同情的愿望，也就是有表现的愿望、说话的愿望。这"一席话"是为了别人理解和同情的，而不是为了别人不能理解和同情的。它与日常的谈话有没有不同呢？当然有。但这种不同不在于让人不能理解、不能同情上，而在于它需要更多的人的理解和同情上。它不是仅仅告诉一个人的，不是仅仅局限于一个简单的现实愿望和要求的，所以作者要把它写出来、印出来，让更多的人能够读到。在这里，就产生了"书"的好坏的标准。什么是"好书"？"好书"就是仅仅通过它的这"一席话"就能让读者理解和同情的"书"，作者的思想和感情都已经在他说的这"一席话"里，而不需要再添上其他的一些话。假若需要再添上其他一些话这部书才能更完整、更清楚，这部书就不是一部"好书"了。也就是说，凡是那些通过这"一席话"就能让读者同情并理解了他要表达的思想或感情的，就是"好"的作品，而凡是通过这"一席话"还不能让读者理解并同情他要表达的思想或感情的，就是不那么好的作品了。当然，这里还有一个因为时代、地域的关系产生的语言差异的问题，但这只是一个词语的解释的问题，词语都懂了，作者的思想感情就存在于这"一席话"之中了。离开这一席话，作者的思想感情再也没有了别的语言载体。所以，好的"书"，是"读"过就"懂"的。"读"同"解"（理解）是同时完成的。在这个意义上，"读"就是"解"，"解"就是"读"，"解"是在读的过程中或读后自然发生的现象，不存在一个"甚解"的问题。"好读书，不求甚解"才是一种正常的读书方式、接受方式。老是觉着在作者这"一席话"的背后还有什么作者故意藏掖着的东西，像猜谜一样非得要猜出作者没有说的意思来，并不是作者的原意，也不是"好"作品的标志。从对学生的影响而言，这往往给学生一个印象，好像越是好的文章，越是让人不懂或不容易懂的文章，到他作文的时候，他也要故意卖关子了，也要故作高深了。这恰恰是学生不知道写什么以及怎样写的重要原因。

在这里，是不是就没有了一个"解"的问题了呢？也不是！但"解"的问题不是从作者那里发生的，而是从读者这里发生的。从作者那里，他是依照不必"甚解"也能让读者感到自己要表达的思想或感情的角度而写了这"一席话"的，并且离开了他的这"一席话"就不是他的话了，不是他要表达的思想感情了。他并不需要一个"第三者"对他的读者解释自己的作品。不解释，读者就不明白他写的是什么，他这个作品为什么不换一个写法？只有到了读者这里，才有了一个"解"的问题。这个"解"的问题首先产生在一个读者并非原来的作者所假想的读者对象的身上。譬如说爱因斯坦的相对论的著作，是写给具有现代物理学知识的读者看的，我们这些不懂现代物理学知识的人不通过别人的讲解就看不懂，甚至通过别人的解释我们也看不懂。对于这一类的书，我的主张是不要去看，承认自己不懂就可以了。至多去看一看讲解这些书的书，但那已经不是读的这些不易懂的书，而是那些易懂的讲解这些书的书。读这类的书，我们无法感到轻松感、愉悦感，读来读去，读书的趣味就荡然无存了，就不"好读书"了。而对于我们的学生，就更应该坚持这样的原则。凡是学生在阅读中感觉不到乐趣而只感到困难的书籍或文章，我们绝对不要逼着他们去看、去读，特别是在语文教材中，不论多么好的文章，只要这个年龄阶段的学生读不出趣味来，原则上就不应选到这个年级的教材里。我认为，在语文教学的任务中，第一个也是最重要的一个任务就是培养学生的读书趣味。只要他们喜欢上了读书，你让他读的他去读，你没有让他读的，他也会主动找来去读，假若他一生都是一个"好读书"的人，他的语言知识和才能就能获得最充分的发展。你要是硬按着他的头皮读了几本书，学了几篇课文，而让他感到的却是读书的乏味乃至痛苦，就破坏了他读书的兴趣，而破坏了他的读书趣味，就是扼杀了他语文知识和才能进一步发展的机制。看似让他懂了一些原来不懂的东西，实际上是得不偿失的。所以，对于这些需要大量讲解学生才能懂的作品，不是一个如何"解"的问题，而是根本不应要求他们读的问题。

除此之外，"解"的问题就是一个学生自己"理解"的问题了。那么，"理解"是在什么情况下才能深化呢？是在读者自己人生经验或审美经验的丰富化和深入化的过程中发生的。俞平伯说《红楼梦》表现的是作者的"色空"观念，李希凡、蓝翎说《红楼梦》表现的是反封建的意识，毛泽东说《红楼梦》表现的是当时的阶级矛盾和阶级斗争，这都是他们在人生经历中有了自己的人生经验和社会感触之后对《红楼梦》做出的自己的理解。俞平伯作为一个普通知识分子体验了人生的无常和悲哀，李希凡、蓝翎作为两个青年知识分子更重视青年男女的自由和解放，毛泽东则作为一个伟大的政治家感受到了社会的矛盾和社会的斗争。他们的不同的人生经验和审美经验投射在《红楼梦》这部小说上，就有了各不相同的理解。这些理解，对于他们，都不是"甚解"的结果，而是在同自己的人生经验和审美经验的结合中自然发生的。他们这些理解，对于我们这些普通读者来说，已经带有"甚解"的性质，而对于中学生来说，那就更像悬在高空的一种理论，无法在心灵中同《红楼梦》这部作品水乳交融地结合在一起，他们在自然的阅读中绝对不会发生这样的联想。过早地让他们接受了其中的任何一个结论，不但不会有助于他们对《红楼梦》这部作品的理解，同时也会堵塞了他们在自己不断成长的道路上重新思考《红楼梦》的可能性，对于他们加深对这部文学作品的理解是没有好处的；还会堵塞他们对书中所描写的人生现象发生经常性联想的途径，以及妨碍了他们深化对《红楼梦》理解的更大的可能性。理解一个好的文学作品，依靠的是读者本人人生经验和审美经验的不断丰富化，在现有的生活经验和审美经验的基础上硬要理解作品更深刻的意义不仅是不可能的，而且往往伴随着对作品的曲解。这是两种不同的接受方式，一种是感受的方式，一种是理性归纳的方式。感受的方式是用整个心灵的，是欲望、情感、意志、理性共同发挥作用的结果。它接受的是一个复杂的整体，但对任何一个方面都没有完全明确的结论。理性的接受方式运用的仅仅是人的理智的归纳方式，它强化了作品一个方面的意义，而淡化或舍弃了其余的更丰富的内涵。前一种是"好读书，不求甚解"的方式，后一种就是一定要求甚解的方式。我认为，对于我们一般的读者，特别是对于青少年的学生，还是前一种方式好些。

既然"好读书，不求甚解"，教师在教学中还有没有自己的主导作用呢？有！但不是在作品主题思想的分析、讲解中，而是在强化学生对作品本身的印象上。读书，有精读和泛读两种。选入课本、需要课堂教学的课文，就属于精读的对象。泛读，读过就算了，但不一定有深刻的印象；精读，就是要强化学生对课文的印象。中国古代的教育主要靠学生的背诵，其实背诵就是强化学生对作品本身的印象。有了这个印象，学生在今后的一生中就会不断回味这些作品，同时也不断感受它们、理解它们，虽然每一次都"不求甚解"，其理解的程度也会逐步加深，并且这些语言已经是自己的语言，可以随时想到、随时运用，自然而不造作。对于现代白话文，一般不必背诵了，但也要强化学生的印象。在这里，提出一些问题，重新回到课文之中去，把其中的一些描写、叙述、议论突出出来，不但强化学生对课文本身的印象，而且强化学生对整个作品的印象，并在这种重读的趣味中加入必要的语文知识的教学。在此基础上，给以一些与印象紧密联系在一起的现象性的概括是必要的，但绝不把这种概括上升到学生需要着意理解的"高度"，需要学生死记硬背的"深度"，例如，可以说阿 Q 是可笑的，但不要说阿 Q 是中国国民性的典型；可以说武松有智有勇，但不要说武松是农民起义的英雄。前者已经存在于学生的印象中，与作品是紧密结合在一起的，后者则需要作品之外的更深厚的历史知识和社会经验。

　　总之，不要"求甚解"，但要"好读书"。

2001 年 1 月 1 日

"每一颗未知的心都是远方"

——我是怎样读书的?

《中国教育报》开辟了一个谈读书的栏目,编者约我写一篇这样的文章。说实话,这样的文章我是不配写的。我走的是一条野路子,是不足为训的。但《中国教育报》的编者一向对我支持很大,不写有些过意不去,只好把题目定在"我是怎样读书的"上面。我"姑妄言之",大家"姑妄听之",我说完算完,大家听完算完,不必当作正常的读书经验。

我之喜欢上书,大概与我的人生经历有关。我出生在一个农民的家庭里,父亲小的时候,家里很穷,他只读了两年书就因穷辍学了。但他很爱读书,平时下地劳动,兜里也装本书,见了认字的人,就问上几个字。休息的时候,在地上练习写字。我们村周围石碑上的碑文他全都能够背得过。再后来,在别人的资助下,到县的师范讲习所读了一年半书,就在当地小学当私塾先生,并且依靠自学成了当地有名的农村医生。小的时候,母亲经常给我讲父亲自学的故事。这些故事当时对我影响不大,但越到后来,我越是经常回忆起它。假若按照我现在的理解,我觉得,我的一生实际是在继续实现着我父亲没有实现的一个梦想,那就是读书、读书、再读书。读书为了什么,我说不很清楚，仅就我能够感到的，我认为，像父亲和我这样一些生在偏僻的农村的孩子，只有通过书，才与周围一个更广大的世界、与周围更多的人、与我们的民族、与我们的人类、与人类的历史、与人类的未来在精神上联系在一起。一个人生活的空间是很狭小的，一个人的生命是很短暂的，在现实生活中能够敞开心扉、随意交谈的人是很少的，直到现在，我在书外的生活中还常常感到孤独，感到寂寞，感到一种存在的悲哀，但一当我拿起书，进入到书的世界中去，我就感到我的心灵与别一些心灵结合在了一起，就感到有些充实感，这种孤独和寂寞的情绪就被阅读的趣味驱散了。"书"使我们与中外古今的各种人都能平等地进行交谈，使我们能够进入到古今中外的各种生活之中去，感受和体验各种不同的人的欢乐和痛苦。我们的肉体虽然仍然生活在一个很狭小的空间中，但我们的精神却有了一个更广袤的空间。关于这一点，我想，不仅仅对于我这个农村的孩子是重要的，对世界上任何一个人都是重要的。"读书"，是人类超越肉体的自我、超越自己的时代、超越自己的物质生活环境的一种方式。

到了我读书的时候，与我父亲当年又不一样了。我父亲在抗日战争时期加入了中国共产党，当地解放之后，他就开始了自己的仕宦生涯。虽然他在仕途上远不是成功的，但却从根本上改变了我的人生。我父亲小的时候，在农村也是最穷的人家的孩子，他要靠自己的努力改变自己的命运，读书还是有明显的实利性目的的。而到了我上学的时候，我在当地是有类于现在人们普遍厌恶的"小衙内"一类的人物。"小衙内"一类人物的特点是感觉不到自己社会的、政治的、经济的、生活的前途的危机，其上学读书只是家长交给自己的任务。直到现在，我总是好强调读书的趣味和趣味的读书，就是因为我之爱上读书，不是先有一个实利性的读书目的，或者为了成名成家，或者为了升官发财，只是喜欢读，感到有趣味、有"意思"。直到现在，我感到我作为一个教授、一个学者，都是不够格的，唯一够格的是作为一个读者。我从来不会因为要批判哪本书或要赞美哪本书而去读那本书，而是因为我过去没有读过它，我需要通过读这本书感受我过去未曾感受过的，了解我过去未曾了解过的，假若我事先就知道我读不懂这部书或读不出趣味、读不出"意思"来，我就不会去读它。这样，我也不会感到读书是多么一种枯燥无味的事情。只要书里有点我自己不知道的事情、不了解的知识、没有接触过的人物或人物的心理，我就感到很满足。至于别人怎样评价它，它在文学史上占有一个什么样的地位，就和我没有多大的关系了。我认为，读者就是这样读书的。我对读过的书也有自己的看法，但这种看法还是一个读者的看法，我从来不站在教授和学者的立场上读书，即使写的是教授和学者要写的文章，我在读书时也要回到一个读者的立场上去。我总认为，作家写书不是也不应当是为了教授和学者专门进行研究的，不是也不应是为了上文学史的，而是为了读者阅读的。读书，就要站在一个读者的立场上读，就是按一个读者的方式去读。至于读后写不写文章，写成什么样的文章，那是读以后的事情，而不是读书的目的。丰富自己是目的，评论别人不是目的。

像我这样一个"小衙内"式的孩子，是不容易有一种独立的感觉的，因为这样的孩子背后有一种权力支撑着，自己的事情、自己的前途不用自己考虑。我在开始也是这样，但到喜欢上了读书，情况就发生了很大的变化，因为世界上的书太多了，自己愿意看的书也太多了，但还有作为一个学生必须完成的课内的学业，总不能因为读课外书而降级、留级。我在小学时读的书很少，开始喜欢读书是在初中的时候。在那时，我就有了一种想法，数学、理工各主要学科我不希望门门都得五分（当时实行的是五分制，五分相当于现在的优秀，四分是良好，三分及格，二分不及格），但要保证不能低于四分。为了这个目的，我在课堂上听课的精力是高度集中的，很多课的课下作业我是在饭前饭后做的，反正不要求得五分，只要会，只要能够独立做得出来，我就很快地写上去。这样，在上自习的时候，我就可以按照自己的计划读书了。岂不知正是因为要读课外书，我的课内的功课也没有越来越差劲。按我现在的想法，学好课内的功课，关键就在听课，一个公式，老师给讲四十五分钟，把这个公式是怎样推导出来的，这个公式的构成以及这个公式在实际上的应用都讲过了，即使背不过这个公式，想想推导过程自己也能推导出来，所以这四十五分钟是最重要的。它不但让你掌握了新的知识，更培养了你的逻辑思维能力，所有这些，一离开课堂，就只剩下了死记硬背和复习巩固的内容。恰恰因为我要争取更多的时间读课外的书，我才把这最重要的四十五分钟抓住了。从初中到高中，我的理工科的成绩虽然不是全班最好的，但一直保持在上等水平。直到现在，很多中学老师很害怕学生读课外书多了会影响课内的学习，我的经验恰恰相反，恰恰是我喜欢上了读课外书，我的课内成绩才逐渐好了起来。这不是一个读不读课外书的问题，而是一个为什么读和怎样读的问题。

读书使我开始自己安排自己的学习和生活，也使我有了一点自我的感觉。像我这样一个有类于"小衙内"的孩子，是很难产生真正的"自我"的感觉的，社会的地位、经济的生活，甚至上学读书，都是老子给安排的，"自我"在哪里呢？但到自己爱上了读书，情况就不一样了。读的书多了，我就有了自己知道而周围的人不知道的知识，而这些知识又是自己主动放弃了别人都重视的一些有形的价值而获得的。在课内成绩上，自己永远不是最好的，老师并不宠着自己，同学也不崇拜自己，自己就是这样一个普普通通的学生。我认为，我身上没有"小衙内"一类人的那种骄横霸道的气息，和我与周围环境的这种关系是有关的，但这也并不意味着我很自卑，因为我重视的不是得到没有得到第一，不是老师和同学怎样看待我，而是我已经读了哪些书，哪些好书自己想读而还没有读过。从那时开始，我就不再同别人争夺同样一件东西。我不和别人争考试的名次，我不争取老师的表扬，我不争着当学生干部。因为我重视的不是这些东西。我不拒绝这些东西，但也不会把心思都放在这些一时一地的荣耀身上。我走我的路，我求我的知，我不会被别人的表扬和批评牵着自己的鼻子走，但这并不意味着我要自甘堕落，因为我是为了读书和求知，而不是为了对抗老师和同学，不是出于对老师和同学的恶意。

当家长和老师的人总认为，喜欢读书的学生往往爱读一些坏书，我认为，恰恰相反，不喜欢读书的人才会读坏书，读那些庸俗的、低级趣味的书。你老是限制他读课外书，他是偷偷摸摸读的，哪些书能给予他暂时的感官刺激他就偷偷摸摸地读什么书。我在小学的时候，也读过《大八义》、《小八义》一类的武侠小说，但没有读几本，就感觉到没有意思了。到了中学，我是从读《鲁迅全集》开始喜欢读书的。

读什么？怎么读？ ①

　　这是一套为中学同学选编的课外读物，你们喜欢还是不喜欢，是不能由我说了算的，那得看你们读过以后的感受。在这里，我不想为这本书做宣传、做广告，只想一般地说一说中学课外阅读的事情。

　　最近几年，我们国家对中学语文教学进行了一些改革，这个改革还在进行的过程中，但首先进行的就是减轻中学生课业负担的问题。我们到学校来，是为了接受教育的，是为了长身体、长知识的，是为今后的工作和学习奠定一个良好的基础、好在社会上继续发展、施展自己的智慧和才能的，但在现在的情况下，考大学成了一个重要的事情。从我们入小学、入中学起，我们的家长关心的就是我们将来考大学的问题，我们的老师奔的就是我们将来考大学的目标，弄得我们也觉得学习就是为了考大学。为了考大学，老师给我们布置的作业越来越多，家长对我们的学习督促得越来越紧，我们自己也不敢有丝毫的懈怠。作业做不到深夜是做不完的，双休日是不能休息的，寒

---

① 　本文是 2001 年 8 月 3 日为《中学美文读本》写的序。

假、暑假又有各种各样的补习班，弄得我们紧张得不得了。不光身体上紧张，精神上也紧张，老怕考不上大学让家长和老师失望，让同学看不起。但是，这样就一定对考大学有利吗？大学不论怎样考法，但归根到底还是要考语文水平的。语文水平高的，在一般情况下还是考得好的；语文水平差的，在一般的情况下还是考不好的。沾光吃亏的事不是没有，但大都集中在可上可下的中等水平的考生身上。为了沾这点光，从初中到高中都把心思扑在未来的那三个小时的高考语文考试上，考得着的就死记硬背，考不着的就不管不问，这就把我们的语文知识和语文训练都集中到了中学课本选编的那少量的课文上。课本中的东西抠得很细很细，记得很死很死，把芝麻都弄成了西瓜，而课外的那么多大西瓜却连知道也不知道，一个也没有摸过、一个也没有吃过。天下的好书、好文章那么多，中学课本才能选几篇？就是把中学课本都背过，也还是只有那么些词语、那么些内容、那么些表现方法，我们的语文水平还是无法得到根本的提高。出高考题的那些爷爷、奶奶们，总不能让我们每个人都考一百分，总得通过考试分出我们的语文水平来，他们的考法一变，我们就没有咒念了，因为我们的语文水平没有得到根本的提高，我们的知识都是死记硬背来的，题目一变或标准一变，我们就不好应付了。当然，老师和家长都是出于好心，都是为了让我们考上大学，有个继续受教育的机会，但这个法却未必好，未必管用。拼搏了好些年，身体也压垮了，精神也压垮了，结果对考大学也没有真正的用处，这样的学习法不改怎么行呢？所以，减轻中学生的课业负担是很有必要的，不但有益于学生的身心健康，就是对考大学也不会有什么不利的影响。

课业负担减轻了，课外阅读的问题也就产生了。什么是课外阅读？实际上，课外阅读就是自由阅读。课内的教学，必须有统一性，这是由教育体制本身决定的。一个班有四五十个学生，总不能只按照学生自己的趣味选文章，总不能让老师同时给我们讲四五十篇不同的文章。大家都同时学一篇课文，老师才能辅导我们，即使我们对课文的内容没有多大的趣味，也得认真学、注意听，因为在课堂上老师传授的是我们都应当掌握的最基本的知识和技能。从更大的范围讲，课本是需要选编的、需要出版的，没有必要一个老师编一套课本，一个学校出一套教材。老师、学校也没有这样的精力和能力。教材至少得是一个地区的很多学校共同使用的。这样才有人出来编写，才有出版社给以出版。对于语文课本中选的课文，老师熟悉的要教，不熟悉的也要通过备课让自己熟悉起来再对学生进行讲授；喜欢的课文要教，不喜欢的也要尽量喜欢起来教给学生。对于课本内的教与学，不光我们学生不是完全自由的，就是老师也不能有完全的自由。因为不这样，我们的学校教育就无法进行了。但也正因为如此，我们中学语文教学就有了自己的局限性，就有了与语文学习不同的规律性。语文是怎样产生和发展的？它是在自由的交流中产生和发展的。我有话对你说，你有话对我说；我说时得让你愿意听，让你明白我的意思；你说时得让我愿意听，让我明白你的意思。这样说得多了，听得多了，口头语言能力就提高了。书面语言也是这样。你有话写给我，我有话写给你；我写时得让你愿意读，得让你懂得我的意思；你写时得让我愿意读，让我懂得你的意思。这样写得多了，读得多了，书面语言能力也就提高了。它们都不主要是通过讲道理讲出来的。可我们的语文教学，只有那么几个课时，只能学那么几篇课文，课堂上讲道理讲得多，实际写、实际读得少。所以语文的教学同数学、物理、化学的教学不同。数学、物理、化学的知识主要是从课堂教学中获得的，而语文教学则不同。语文课堂教学起的只是一种引导的作用，引导我们怎样读、怎样写，读时、写时要注意些什么，但却不能代替我们自己的阅读和写作。中外没有一个作家仅仅是从语文课堂上培养出来的。当代有些作家，自己是从学校教育出来的，一旦成名，就回过头来骂中学语文老师，骂中学语文教学。这是不对的，因为语文水平的提高原本得主要靠自己而不能靠课本、靠老师、靠老师在课堂上的讲解。在课堂上认真听讲是重要的，但课外阅读对自己更加重要。

课外阅读既然是自由的阅读，就不是由别人给自己规定好一定读什么或一定不读什么。这得由自己来定。自己怎么定？自己按照自己的兴趣来定。为什么要按自己的兴趣来定？因为只有自己感兴趣的，自己才爱读；自己爱读，才不用家长、老师督促着来读，才会主动读，才会自己抽时间读，读起来才专心。在过去，我们只重视课堂教学，而课堂教学是教师和学生的任务，是不能只凭兴趣的，所以我们对"兴趣"总是不重视。实际上，"兴趣"这个东西是非常重要的。人的兴趣建立在什么基础之上？就建立在"知"与"不知"之间。我们已经熟悉的，别人不说也知道的，我们不会感兴趣；我们根本不能了解的、根本看不懂的，也不会感兴趣。我们感兴趣的，总是在大量熟悉的事物之间还有不熟悉或不很熟悉、在大量已经知道的东西之间还有不知道或知道得不清楚的东西的文章和书籍。这样读起来，很轻松，但又获得了新知或新鲜的感受。等于复习了旧的，也获得了新的。但不论是复习旧的还是获得新的，都没有感到多么费力气，精神上是愉快的，身体也不受损害。在这里，要注意两种偏向：一是不要堕入"恶趣"，专看老师和家长不让我们看的黄色的或质量低劣的书籍和文章；二是不要好高骛远，专门看我们还读不懂也不感兴趣的"名著"。那种堕入"恶趣"的读书法，往往是在课业负担太重，我们没有自由阅读的权力的时候形成的。老师、家长越是告诉我们不要读什么，我们越是好奇，就那么一点自由支配的时间，读什么？就偷着读老师和家长不叫我们读的东西，并且越读越有味，因为课业负担太重，做作业是个太苦的差事，比起那些枯燥无味的作业来，这些书总是有趣的。现在我们有了更充裕的时间读书，并且自由选择，那些书就没有多大趣味了。当被家长逼着在家里做作业的时候，窗外有吵架的，我们也会觉得很有趣味，当我们出来自由活动的时候，谁还专门蹲在旁边看吵架的？所以，在开始自由阅读的时候，要注意先从自己认为好的作品开始，这本读不上劲就换另一本，但得选好点的书。当读这些书读出了趣味，入了迷，你也就不会专找那些千篇一律的黄色书或质量低劣的书来看了。但是，我们也不要总找那些我们实际读不懂、读不出趣味的"名著"来读。我们的老师和家长总是很关心我们的，他们已经是成年人，知道了哪些是世界名著，哪些不是世界名著，所以给我们开的书单子里都是这些世界最有名的著作。岂不知这些世界名著并不是对任何人都是适合的，也不是任何人在任何情况下都会读出趣味来的。读不上瘾还得硬着头皮读下去，还不和做作业一样成了苦差事？课内作业老师要检查，课外阅读即使检查也不会那么严，一旦失了趣味，我们就不去读了。这下子可就更糟了，别人通过课外阅读语文水平提高得更快，而自己却比课业负担重的时候提高得更慢，你和别人的差距可就更大了。所以，一定要找自己愿看的书看，要越读越愿读，不要越读越不愿读。老师、家长说我们读的这些书没有用怎么办？不管它！我们读的是书，是语言，我们从读书里感到了乐趣，感到了语言的作用，怎么会没有用？

　　要读自己感到有趣的书，但并不是说只读一类的书，只读小说。在现在，一提课外阅读，就觉得是语文课的事。实际上，这个课外，既是语文课的课外，也是所有课的课外。不论哪一类的书，只要你愿意看，就可以去看。我在中学读书的时候，一个偶然的机会，在一个同学家里看到《马克思恩格斯选集》中有一篇《工资、价格和利润》。当时只知有钱，但不知关于钱还有这么多理论，所以读了很感兴趣，接着把其中所有有关政治经济学的文章都读了。在中学里，我还读过关于物质结构，关于分子、原子、原子核、电子的书，关于哲学、美学的书。因为这些在课堂里是不讲的，读起来很新鲜，也很有趣。所以，我们的兴趣是很广泛的，要注意自己兴趣的变化。一种书，譬如武侠小说，读得多了，就觉出它们的千篇一律来了，那就得换点更感兴趣的书。过一阵子，你就会感觉到你的审美趣味已经提高了。原来感兴趣的可能现在不感兴趣了，原来不感兴趣的现在又感兴趣了。上面说不要硬读那些世界名著，但不是说世界名著不能读，到一定时候，你就会感到巴尔扎克的小说比大仲马的小说有味，《红楼梦》比《三言》、《二拍》好读了。总之，课外阅读，不要慌着提高，老师、家长总是希望我们一口吃个大胖子，世界上哪有这么容易的事？关键是要读，要愿读、爱读。读得多了，自然有提高。只读一本书，即使把它读得稀烂，提高也不会很大。这同学外语、学自然科学是不同的。

读自己感兴趣的书，就不能别人读什么自己也读什么。其实，我们之间的趣味总是有差别的，男同学愿读的，女同学未必愿读；女同学愿读的，男同学未必愿读。农村出身的同学愿读的，城市出身的同学未必愿读；城市出身的同学愿读的，农村出身的同学未必愿读。我们从小接触的事物不同，感受不同，爱好、兴趣也不尽相同。其实，这种交叉，对我们是很有好处的。有交叉才有交流。你读了《李白诗选》，我读了《苏轼诗选》，你说说李白的诗，我说说苏轼的诗，你背几句李白的诗句，我背几句苏轼的诗句，这样，虽然各读了一个人的诗选，但了解到的却不是一个人的诗。全班四五十个同学这样一穿插，我们的知识很快就丰富起来，我们自己说话写文章的语言和表现方式也在不知不觉间丰富了起来。我们老师常说形成读书的风气，风气就是这样形成的。全班都读一本书，我知道的你也知道，我不知道的你也不知道，这种交流就无法形成了。形不成交流，读书的风气就无法形成。在这里，还有一个家长、老师天天念叨但总是弄不好的事，即我们的品性道德的事。过去家长、老师老是压着我们学习，老是在我们之间排出好学生、坏学生，弄得我们之间疙疙瘩瘩的，而到了一起，不是东家长，就是西家短，谈的尽是同学们之间的事情，褒这个，贬那个，有了矛盾，就吵架，就打仗，这个品性道德的问题怎么会弄得好？现在我们都读了自己感兴趣的书，凡是自己感兴趣的都愿意给别人说说。你说说你感兴趣的书，我说说我感兴趣的书，彼此都有很多话要说，好多故事要讲，又不是东家长、西家短的嚼烂舌头的话，彼此感情上就亲切了许多。我们的趣味变高雅了，品性和道德也就在不知不觉间提高了。什么是陶冶性情？这就是陶冶性情。

　　关于课外阅读，还有一点要说的，那就是要尽量读整本书、整篇文章。有些同学为了尽快提高语文水平，提高写作能力，读书读得太焦急，只想在书中找对自己作文有用的句子，有的则急着看故事的结局，结果很少耐心地读完一部书、一篇文章。岂不知对于写作最重要的就是要有一个整体感、要注意整体的结构和布局。只有一些好句子是成不了好文章的。书的趣味也在它不是一下子就告诉了你结局，急于看结局反而看不出趣味来了。这也是一种思维形式和工作作风的训练。干什么事，都没有一下子就干成的。越是大事、越是重要的事，越是不可能一蹴而就。这就要有耐心、有毅力、重视过程。我们既然对一本书感兴趣，就不要慌慌张张地读，就要慢慢地品出点味道来。在这时，我们就会感到老师在语文课上给我们讲的那些，不是没有任何用处了。语文老师那些讲得最成功的课就是帮我们品作品的味道的。我们要对我们读的书有更深刻的理解，也得多少那样想一想。你感到好的诗、好的段落，不妨背过它，不妨抄在日记里，不妨在日记里写写感受和感想。当然，这得是在你愿意这样做的时候，谁也不能强迫你。

读书三忌

我认为：读书有三忌，一忌先存警戒心，二忌先存敬畏心，三忌先存功利心。

有的人对书存着一种本能般的戒心，特别是在"阶级斗争观念"的支配下，生怕自己被封建主义或资本主义的思想毒害了，所以每读一书，都战战兢兢，甚至有人在读一本书的时候，已经抱定了批判它的目的。他不是努力理解作者所要表达的思想感情，而是全神贯注地挑它的毛病，找它的缺点，似乎越是觉得它没有价值，越是对它产生厌恶的感觉，便越证明自己的思想水平高，鉴别力强。岂不知若是这样，也就没有必要去读书了。既然多数的书有毒，并且这些毒都有害于你，你又何必去读它呢？不读书不是就不必受其害了吗？有人说这是为了取得免疫力，其实这也说不通。因为，读书还是要选好书来读，并且越读得多越好，不像种牛痘，专选有毒的东西进行注射，并且量不能大，大了就毒死人了。读书的目的还是为了增长知识，丰富自己。这里的问题出在对书的认识上。诚然，迄今为止的书大都是历史上的人创造的，大都是有局限性的，但书是为了思想感情的交流，它的局限性恰恰在于它无法更好地实现与人们的思想感情的交流，而只要它能实现这种交流，也就有了自己的作用，而这种作用恰恰是以积极的作用为前提的，只要你不傻到嗜痂成癖的程度，自然是那些能增益你的知识、丰富你的思想感情的功能起着更关键的作用，其局限性因难以令你信服或感动而难以被你所接受。所以，你事先大可不必战战兢兢，似乎它的一词一句都会吞噬你。若那样，你就连有益于你的东西也拒之于门外了，因为你这时已没有正确地感受并理解它们的思想基础或曰心理机制了。

有的人又有一种对书的本能的敬畏心，认为这些书都是古代圣贤或名人所作，自己应当好好地学习，如若感到其中有些不得劲的地方，老觉得还是自己的水平有限，缺陷永远在己而不在书。这类人不是把书当作思想或感情的表现来接受，而是把书当作至理名言，当作现成的结论来接受。他们在书里到处找语录，找好的句子，以为记住了这些名言就是自己最大的收获。实际上，世界上的人都是人，并且都是作为一个独特的人存在于社会之中的。写书的人只是对他自己所关心的事和人有更深入的思考和更敏锐的感受，并且是以他自己的方式来思考和感受的，而不能代替你对自己所关心的事和人的思考和感受。读书的最终目的是为了提高自己独立思考或独立感受自己周围事物的能力，从而丰富和充实自己的人生。如若先存敬畏心，其实同先存警戒心一样，就不再能进入作者的思维过程和感受过程中去了。你以为得到了许多教训，实际却变成别人的奴隶，连这些教训也无法变成自己的。我还有个成见，要读书，就得整篇整本地读，除了做学问时查资料之外，不能只挑一段、一章、一节，因为那样很难掌握作者思维的全过程。至于那些专拣语录背的读书方法，更是有百害而无一利，养成的是耍嘴皮子的习惯，而不是有独立的思想见解。

有的人既不存警戒心，也不存敬畏心，但存有一种功利心。平时，他们是不读书的，只是到与别人发生了争执，他们才去翻书。而翻书也不是为了认真思考自己与别人的分歧产生的原因，而是单纯为了给自己预先的想法找根据。遇到有利于自己的观点，双眼发亮，欣喜若狂；遇到于自己不利的论据，或视而不见，或直接判断其浅薄、错误，不屑一顾。这种情况在学者中尤为常见。学者好写书，便到书里找资料，读小说也不以读小说的方式读了，读学术著作也不从理解别人的思想过程的角度读，眼前没有了全牛全羊，有的只是从牛羊的肌体上肢解下来、失去了鲜活生命的一枝一节。这样，读了大量的书，于自己有用的论据积累了一大堆，于自己不利的论据都简单地抛弃了，于是就造成了一种幻觉，以为自己的观点是万无一失的绝对真理，岂不知他的整个知识大厦都建立在基础极不牢固的沙滩上。这样读书的人，读的书越多，心越是封闭，对不同的意见失去了起码的理解力，形式上很有知识，实质上自己的思想感情变得越来越狭隘，越来越保守。

读书，是为了求知，为了增益自己的理解力和感受力。你只要读它，就得像朋友一样对待它。对朋友，你不必战战兢兢，时刻提防他拿刀来杀你，你可以平心静气地听他讲话，努力理解他要表达的思想和感情，但你也不必心存敬畏，把他的话都当成至理名言，更不能存利己之心，把朋友的话当成证明自己正确与否的工具或标准。静下心来，自自然然地听他讲，先知道他在想什么以及怎么想，然后再说出你的意见，同意与否，都是听完之后的事儿，事先你不能抱着任何成见。

1994 年

自由阅读才能享受读书的趣味①

杨咏梅：新的课程标准对中学师生的阅读量和阅读能力都提出了更高的要求，您觉得改善中学生课外阅读的症结何在？

王富仁：我认为关键在于要让中学生的课外阅读成为自由阅读，必须具备两个前提。

一是提高教师自由阅读的积极性。教师在读书方面对学生的影响是无形的，学生从教师平时的言谈话语中就可以感受到他的阅读视野和思维空间，博览群书的教师自然会受到学生的喜欢。如果教师的兴趣、精力只集中在升学率上，那无论怎样努力去引导，都无益于提高学生的阅读水平。所以关键不在于教师怎样做，首要的是端正观念。

这就牵扯到国家、社会和学校怎样看待教师（特别是语文教师）的文学素养，怎样评价教师素质的问题。在我看来，一个合格的教师首先应该是一个文学读者，是一个懂得欣赏文学的人，一个能够不断提升自己文化视野和精神素质，从而不断影响学生的学习者。为人师者在读书上对学生的影响很难量

① 本文通过访谈形式，对中学生课外阅读中的"自由"话题进行了交流。

化，不能只看现实的教学效果。朱自清、丰子恺、叶圣陶都当过中学教师，他们对学生的影响是无限的，是一生的。所以应该改变对语文教师的观念，给他们留出更多的自由阅读空间，发展他们自由阅读的兴趣。

前提之二是改变现在的一种把课外阅读"课内化"的倾向。这是很不利于开展自由阅读的。

如果说课内阅读是学生必须完成的任务，课外阅读就应该是学生自己的选择，而将课外阅读进行"课内化"处理，比如规定课外阅读的必读书目，就会使兴趣盎然的阅读变成令人苦恼的负担，不利于调动学生自由阅读的兴趣。

其实，课外阅读必须有高度的差异性。有差异，才有新鲜感，聊天、写作文才能提供与别人不同的参照和感受。别人没看过的我看过了，别人不懂的我懂，既能增强自信心，又喜欢介绍给别人听，这是人之常情，中学生尤其有这种心理。而这种心理恰恰是促进阅读的重要因素。况且，每个人读的都不一样，互相介绍，才能形成师生之间、学生之间阅读上互相促进的互动氛围。

杨咏梅：对这一点您自己好像深有体会？

王富仁：是的，我上中学时就没人给规定必读书目，完全凭自己的兴趣，我读过的书，可能现在的大学生也未必读过。记得我读马克·吐温，选的就不是老师建议读的那本，而有一次写作文时提到了但丁《神曲》里的炼狱，老师在批语里写道："'炼狱'是什么意思？"我顿时有一种超越了老师的感觉，好不得意。

所以对中学生来说，留出足够的时间给他们阅读、交谈、写作，比规定必读书目更重要。读名著也好，读当代文学作品也好，或者读数学、生物，要允许学生自由安排，允许多样化，通过自由阅读使每个人发现自己的兴趣与特长，通过自由选择造就富有个性差异的人才，不必也不可能追求整齐划一。学生在自由放松的状态下阅读才会有良好的自我感觉，这一点很重要。

杨咏梅：尽管中学生的课外阅读有很大的个体差异，但有一点是共同的：他们的课外阅读往往具有被课内阅读"引发"的特点。

王富仁：对，课本本身就是引发学生阅读的渠道之一，好的语文老师会非常重视每一课的"导入"，充分挖掘入选课本的每一篇经典作品的"生发力"，使之成为引发学生阅读那个作家或那类作品的一个切入点，而不仅仅是介绍作者的生平资料。比如讲杜甫的诗，除了课本上选的，还有哪几首、哪几句特别值得欣赏，好在哪里；讲契诃夫的《变色龙》，就可以同时介绍他的其他有趣的作品，如《罪犯》；讲到《儒林外史》的范进，可以联系讲讲孔乙己；讲到为了两根灯草而不肯咽气的严监生，可以联系到《欧也妮·葛朗台》和《悭吝人》……这样的导入，既搞活了课堂，加深了学生的印象，又激发了学生进一步了解这个作家、阅读更多作品的好奇心。当然，这就要求老师自己要多读，肚子里要有东西。

杨咏梅：这样的"导入"，岂不成了一次小型的专题文学讲座？

王富仁：是啊，课本选的作品是有限的，李白、杜甫、鲁迅……每个名家可选的作品都很多，中学生在课本里看到的也就是一扇门，进门以后的世界更大、更精彩。老师的责任是利用有限展示无限，只强调阅读经典的重要性而不想方设法引起他们的关注是不行的。只要激发起兴趣，又给以自由阅读的时间和空间，文学自身的魅力是足够吸引人的。要营造读书的氛围但不要强求，尤其是文学，一旦被当作知识来接受，就不是文学了。

杨咏梅：您的意思是课内阅读要深度开掘，课外阅读要充分自由？

王富仁：对，即使有些人不喜欢读文学，喜欢读物理、读数学，也不要干涉，毕竟，不读也是一种自由，而自由地阅读才能享受到读书的趣味。

文本分析略谈

一、文本分析的意义

文本分析的意义何在？为什么要进行文本的分析？我认为，文本分析实际是读者在自己的头脑中重建文本的过程。在一般的意义上，文本的阅读就像沿着作者用文字给划定的一条道路走路，从开头一直读到结尾，这个阅读过程就结束了，读者对作者的这个文本也有了一个整体的印象。但是从总体来说，这个整体的印象还是朦胧的、模糊的，不够细致，不够条理，也不够丰满，即使记住了一些生动的细节和震撼人心的语句，也往往游离在整体印象之外，构不成像文本本身那样的有机的整体，并且越是对于那些初学者，印象越是难以深刻具体，其收获是极其有限的。这正像一个人乘船畅游长江，从上游到下游走了一趟，也看到了沿途的一些风景，但这些风景里到底包含着一些什么样的具体内容，还有哪些应当看到而没有看到的、应该感到而没有感到的，就是很难说的了。在这个意义上，电视系列片《话说长江》就像领观众又游历了一趟长江，并且将沿途经历的各个景点都做了极其详尽的介绍，从而也使这个旅程变得极其丰满和完整。文本分析起到的就是这样一个作用。

二、文本分析的宗旨

文本分析既然是读者在自己的头脑中重建文本的过程，这里就应当有一个宗旨，一个不变也不能变的原则，即它是以更充分地呈现文本自身的内涵和外延为基本目的的；文本是由作者在特定的时空条件下的特定精神状态之下创造出来的，凝结着作者写作时特定的主观感受和体验，因此，文本分析也是以更深入具体地感受和理解作者的主观感受和体验为基本目的的。也就是说，文本分析虽然是读者独立做出的，读者有其主体性，但读者的主体性又必须接受文本作者主体性的制约和限制，不能由读者信马由缰地任意发挥，不能完全变成读者自己的自我表现。

在这里，我们应当警惕文本分析的下列两种方式：其一是历史上的"大批判方式"，其二是在科学论文中常用的推理和归纳、分析和综合的逻辑方式。

不可否认，批判有时是极为必要的，但常用于两种根本不同的价值体系之间的思想斗争中，要想建构起自己的思想理论，就必须对与之不同的思想学说及其具体的思想观点做出否定性的判断，然后在此基础上建立起自己认为正确的观点。即使是这种批判，作者对自己所批判的观点也必须有一个比较全面的感受和理解，具有能够站在对立面的立场上思考对立面的思想观点的合理性的能力，否则，这种批判也将是软弱无力的或错误百出的。"大批判"则有所不同，它不是立于自己的思想立场，对自己所批判的对象也没有一个比较全面的感受和理解，而是直接用一种自己并不真正了解的别人的思想观点批判另外一种自己并不真正了解的思想观点，这样的批判就等于将所有的文本都摒弃在自己的思想之外，而不是将其作为自己思想的构成要素。因此，这样的"大批判"造成的是一些没有自己思想的思想打手，而不是一些真正有思想的精神界的战士，对中国社会思想的建设起到的完全是一种破坏作用。文本分析不是用于文化批判的，而是用于文化接受的，宗旨在于使读者通过文本分析进一步丰富和发展自己的思想。我认为，记住这一点，对于我们的文本分析至关重要。

科学论文常用的是推理和归纳、分析和综合的逻辑方式。在过去的中学语文教学中，我们常常将全文分为几个段落，段落有段落大意，将几个段落的段落大意综合起来，则成为全文的主题思想。这用的是归纳法。段落大意不是文本中原来就有的，而是我们归纳出来的；主题思想也不是文本中原来就有的，也是我们归纳出来的。在形式上，分段又像分析，主题思想则是综合。实际上，这种归纳的方式恰恰忽视了文本本身，好像整个文本都是为了一个最终的目的——表达主题思想，读者记住了这个主题思想，就等于掌握了整个文本的内容。做个不恰当的比喻，这就好像看到了一个女人的一头秀发，不是前后左右地观察、欣赏，而是首先将其分为几个部分，然后一个部分、一个部分地抓拢起来，用头绳扎成一个小辫儿，这个小辫儿就是这个部分的段落大意；然后再将几个小辫儿扎在一起，成为一个大辫子，就是主题思想。这样的结果怎样呢？我们感受到的不是这个女人的一头秀发，不是这头秀发的整体美，而只是一个大辫子。推理的方法，也是在科学论文中常用的，但我认为，在文本分析中要慎用或者尽量不用，因为文本分析的根据全在文本本身，脱离文本仅仅由读者自己做出的推理判断常常不合理。例如，鲁迅《祝福》中的鲁四老爷是个地主，但我们却不能按照我们对地主的理解推论出他的思想和性格，因为他的思想和性格都是在小说文本的描写中表现出来的，我们的推理未必可靠。总之，文本分析不是科学论文，不能用逻辑推理的方式。文本分析不是为了综合的分析，它是将文本更充分地展开的方式，是使文本以更加丰富的形态呈现在我们面前的方式。文本分析只是为了分析，而不是为了综合。

三、文本分析的要素

文本分析牵涉的面异常广，为了方便，人们常常直接根据文体的特征对一个文本进行分析，例如，根据小说的特征分析小说，根据诗歌的特征分析诗歌，根据戏剧的特征分析戏剧，根据散文的特征分析散文，但这常常将异彩纷呈的不同文本放在几个固定的框架中，不利于更具体地阐发文本本身的丰富性，也不利于更深入地开掘文本本身的思想内涵。它实际是将文本分析当成了学习某些文艺理论教条的工具和手段，从而丧失了文本分析自身的作用和意义。文本分析分析的是文本，文本就是用语言文字构建起来的一个作品，因此文本分析的内容应该建立在语言文字的各种基本功能的基础之上。有了这些基本功能，文本才不再是一堆死的文字，而成为一个活的机体。按照我的理解，它主要有下列几种要素：音、形、义、情、意、理、时、空。

文本中的每个字都有其音，也都有其形，文本中每个字的音和形结合起来又都有其义，所以音、形、义是文本中每个字所同时具有的三种主要功能。中国语言文字的这三种主要功能以其相互结合和转化的形式表现世界上各种真实的、想象的和虚幻的事物的特征，因为世界上各种事物都是通过人的感觉而呈现在人的意识之中的，是以音、形的形式作用于人的感觉并在人的意识中形成其义的概念的。因此，音、形、义是语言文字的三种主要功能，也是由语言文字构成的整个文本的三种主要功能。在文本中，音构成了文本的音调、节奏和旋律，使文本具有了音乐的功能；形构成了文本的自然景象、社会环境和人物形象等，使文本具有了美术的功能；义则构成了可以称之为思想内容的整体的意义结构。在这里，音、形构成的是形式，义构成的是内容。实际上，在文本中，形式和内容又是分不开的：此形式是此内容的形式，此内容是此形式的内容，是你中有我、我中有你的关系。

音、形、义是外部世界向内部世界的转移，是通过外部世界刺激人的感觉器官而引起人的内部世界的变化而实现的。在文本分析中，我们不能仅注意这种由外而内的反映，更要注意作者作为一个有主体性的人的由内而外的投射。文本是人的创造，人对于外部的世界是有主体性的，不是被动的、消极的，人同时也将自己的主观的感情和情绪（情）、主观的意愿和意志（意）、主观的思想和认识（理），投射到外部世界的事物中，使外部世界的事物呈现的不是纯粹客观的形象，而是在作者特定精神状态中的形象，我们将这种形象称为意象。在文学作品中，所有的事物都是以其意象的形式呈现出来的，因此它同时也是作者主体精神状态的一种表现形式。所谓"感时花溅泪，恨别鸟惊心"（杜甫）就是作者的情、意、理向客体的花

（形）、鸟（声）投射的结果，因而也体现了杜甫当时内心的精神状态，有着极为复杂的精神内涵。这种外部世界向内部世界的转移和内部世界向外部世界的投射，在叙事作品中，不仅发生在作者和他所描写的客观对象之间，还发生在作品人物与其周围的环境、周围的其他人物之间，构成的是极为复杂、极为隐蔽的互动过程。在这个互动过程中，内、外两个世界都在发生着变化，并且共同构成了文本的世界。这个世界是活的，是有生命的，是外部世界的音、形、义同内部世界的情、意、理发生着多种复杂的交孕过程而产生的有生命力的机体。它同时也是一个浑然一体的时空结构。

不论是音、形、义，还是情、意、理，在文本中都不仅是构成时间和空间的要素，同时字词也都处在由自身创造的时间和空间中，这正像世界上的万事万物共同创造了时间和空间同时自己也在它们创造的时间和空间中一样，而整个文本开拓出来的就是一个浑然一体的时空结构。那些堪称伟大作品的时空结构，又是与整个人类社会、整个宇宙相贯通的。因此，时空因素在文本分析中应该占有一个特殊重要的地位，不应该被忽略。

时间是动态的，是在事物的变化中呈现出来的；空间是静态的，是在事物的静止状态中呈现出来的；但时间中又包含着空间，空间中也包含着时间，动中有静，静中有动，动静相生。实际上，所有的文本，包括那些卷帙浩繁的长篇小说，都是作者用语言文字创造出来的一个独立的时空结构，一个独立的世界，一个独立的宇宙。它是一个动态的过程，也是一个静态的结构。过程有先后，时间有过去、现在和未来，结构有方位，有上下、左右和前后；过程有过程的意义，结构有结构的功能，它们都是文本之所以具有表现力的原因。音、形、义，情、意、理，这些要素也都是在此动态的过程中和静态的结构中获取自己的生命，发挥着自己独立的表现职能，这同时也是语言的各种语法关系、修辞方法、篇章布局的方式等赖以产生的基础。

以上所有因素，都决定了语言是有生命的，是有表现力的，也是有魅力的。文本分析就是通过这些因素而将文本自身的魅力、自身的意义和价值更加充分也更加具体地呈现出来，以丰富和深化我们对文本本身的感受和认识。

四、如何进行文本分析

文本分析的要素是语言学的，是在语言文字学的基础上建立起来的。在这个意义上，一个文本所包含的能够加以分析的要件几乎是不计其数的，但文本分析不可能将文本中的每个字、词，甚至标点符号的作用和意义都罗列出来，不能将这些要件直接堆砌起来。

如上所述，文本分析是读者在自己头脑中重建文本的方式，我们在文本分析时首先要问的是：文本为什么需要重建？

文本为什么需要重建？其中一个首要的原因，是读者分析文本时与文本作者写作这个文本时处在截然不同的两种文化时空之中。这种文化时空的不同，不但决定了读者是带着与作者写作这个文本时不同的感情和情绪、不同的意愿和意志、不同的社会人生观念和认识来阅读这个文本的，而且读者对构成文本的那些词语以及这些词语所体现的事物的感受和理解本身就是不尽相同的。这样，读者与文本作者当时的心灵就是若即若离的，对于作者写作的这个文本也是似懂非懂的。例如，鲁迅在写作他的散文《记念刘和珍君》时，不但有与我们不同的社会观念和人生观念，不但亲身经历了女师大事件、"318"惨案，与刘和珍、杨德群特别是刘和珍在平时就有非同寻常的亲密的师生关系，不但对当时社会上各类知识分子对女师大事件和"318"惨案的议论心知肚明，而且在鲁迅当时的心情下，周围的一事一物、语言中的一字一词，都是以与平时迥然不同的形态出现在他的脑际的。所有这些，都是我们在阅读鲁迅的《记念刘和珍君》这篇散文时所缺乏的。因此，文本分析的首要任务就是要实现读者从自己的文化时空向作者写作该文本时的文化时空的转移，并逐渐深入到作者写作该文时的心境和情景中去。用我们平时的话来说，就是要"读进去"，读出意义来，读出趣味来，不能老是被关在文本的大门之外，不能老是隔岸观火一样看着作者在文本中述说的那一切。

过去，我们在分析和评论一篇文章之前，通常的情况下是先讲时代背景，这是一种引入的方式。但是，我这里说的实现从我们读者向作者写作文本时的文化时空的转移，与我们平时所说的时代背景仍有不同。其一，我们平时所说的时代背景，往往被理解为一种客观的历史时空，其实仍然是带有读者先入之见的时代背景。实际上，从来都只有对于某个人或某些人的时代背景，而没有脱离具体人和具体人群的时代背景。鲁迅写作《记念刘和珍君》的时代背景，只是对于鲁迅的时代背景，而绝不是对于段祺瑞的时代背景，也不是对于章士钊、陈西滢的时代背景。其二，我们平时所说的时代背景，常常指的是一个长时段的历史时期的景况，而对于一个具体文本的时代背景，严格说来，只是作者写作该文本时的时代背景，当他写另外一篇文章时，又有了新的背景，这个新的背景仍然可以称为时代背景。因此，在文本分析的文章中，我们将其理解为"文化时空"就更加贴切，更加具体。其三，我们通常所说的时代背景，只是在分析评论一篇文章之前对其大背景做的一个极其简单的介绍，而我们现在所说的文化时空的转移则是通过文本分析的全过程所实现的根本任务。这个转移的结果是，读者已经完全转移到作者写作文本时的心境和情景之中，并以此感受和理解他写下的这个文本的整体，正所谓"读了进去"。

从读者的文化时空真正转移到作者写作文本时的文化时空中去，需要找到一条更接近文本乃至通往文本的道路，一条更接近乃至通往作者写作文本时的心境和情景的道路。这就有了一个角度、一个途径，从这个角度和途径出发不但可以更深入文本之中，并且还能够"盘活"整个文本，使文本以一种全新的姿态出现在我们眼前。怎样发现这个角度和途径，是很难预先讲清的，或因为对文本有一个突然的感悟，或因为现实生活的某种刺激，或因为一种新的思想观点、美学理论的启发，或因为一种新的方法论的使用，但这个角度和途径的发现却是文本分析的首要前提。没有这个前提，文本分析无从谈起。对于文本，中国古代有一种注释的方式，有一种评点的方式，都是能够帮助我们感受和理解文本的方式，但其本身都不完全等同于现在的文本分析，因为它们都缺乏整体性和系统性，而现在文本分析的整体性和系统性，在很大程度上则是由这个角度和途径的存在所决定的。在我们过去的中学语文教学中，还有一种串讲课文的方式，也与文本分析相近，但这种串讲的方式往往停留在字、词、句、篇章结构的表面意义上，很难进入文本的深层肌理之中。它更重视知识和思想的传授，而轻视对文本本身的感受和体验。我曾经写过一篇分析屈原的《离骚》的文章（参见拙作《客体与主体的神秘互渗 自我意识的痛苦挣扎》，载《古老的回声》，四川人民出版社 2003 年 8 月版，第 13—53 页），是受了布留尔《原始思维》一书的启发。布留尔在该书中说人类原始思维的特征是人的意识与外部世界各种事物之间的互相渗透，这显然是我们能够从现代人的思维方式和世界观念、人生观念中暂时解放出来而进入屈原那时的文化时空，并对他的《离骚》做出新的更切近文本自身的解读的角度和途径。我的那篇文章，虽然对原来就有很高古典文学修养的人未必有多大帮助，但至少对于我这个没有更深厚的古典文学修养的人更切近、更深入地感受和理解屈原的《离骚》，还是有莫大助益的。

从读者的文化时空向文本作者写作文本时的文化时空转移的角度和途径，正是能够激活整个文本的角度和途径。在这时，也只有在这时，那些由音、形、义、情、意、理、时、空以及由它们构成的能够给文本带来生命活力的诸因素，就成了我们必须重新感受和理解的对象，成了我们文本分析的主要内容。实际上，在这个角度和途径确立之后，自然就能够真正走进文本之中。例如白居易的《长恨歌》，写的是唐玄宗与杨贵妃的爱情故事。在我们这些当代下层知识分子的本能感觉中，唐玄宗和杨贵妃就是属于上层政治统治阶级的剥削者，他们过的是骄奢淫逸的糜烂生活，他们的喜怒哀乐与我们平时的感情和情绪也是不能相通的，因而我们对他们的痛苦也常常在本能上就怀着一种幸灾乐祸的态度。所有这一切，虽然未必是自觉的，但都会有形与无形地严重影响到我们对白居易这首脍炙人口的叙事长诗的欣赏和接受。实际上，白居易在写作《长恨歌》这首叙事长诗的时候，倒更是将唐玄宗和杨贵妃作为处在特殊地位上的两个人来感受和体验的，取的倒更是一种人性的角度，对他们之间的爱情悲剧也是由衷地同情。这就要求我们必须站在白居易的立场上感受和理解他所叙述的唐玄宗和杨贵妃的爱情悲剧，否则，我们就无法感受到这首诗的思想和艺术的魅力，无法真正进入这个文本。只要我们能够清醒地意识到这一点，我们就有了重新阐释文本的积极性，就会像沿钢丝一样严密地注意着我们随时可能发生的阐释的倾斜，就不会将开头部分的大量描写只当成对统治阶级骄奢淫逸生活的揭露，而看不到其中洋溢着的爱（唐玄宗对杨贵妃的爱）与美（杨贵妃的美）；就不会将马嵬坡的悲剧性转换仅仅视为对唐玄宗残暴本质的揭露，而看不到唐玄宗作为一个封建帝王的无可奈何的一面。否则，最后一部分的想象描写就失去了根据。为什么杨贵妃成仙之后仍然怀念着唐玄宗，因为她在人世间所获得的唯一的爱和幸福来自唐玄宗，因为她对唐玄宗为了保住自己的皇位而不得不牺牲她的苦衷还保留着一份理解和同情。与此同时，唐玄宗为了保住自己的皇位而牺牲了自己的爱情，但并没有因此获得自己的幸福，而是留下了终生的悔恨，他的余生是在寂寞和孤独中度过的，这说明他对杨贵妃的爱还是真诚的，杨贵妃对于他不只是一个泄欲的工具。不难看到，上述所有这一切，都必须通过对文本的过细的分析才能具体呈现出来，有思想的，也有艺术的；有技术的，也有审美的。通过分析，文本重新在我们眼前活了起来，动了起来，飞了起来。

文本分析是读者做出的，但它通过读者的感受和体验所努力呈现的却是文本作者在写作文本时的感受和体验。在这里，就有了一个"度"的问题。我们甚至可以认为，文本分析的成功与否，在很大程度上都取决于这个"度"的把握。这个

"度"，主要有两个方面的意义，其一是阐释的"度"。对于文本中与我们平时的感受和理解没有本质差异的词语或意义，我们就不必强做解释，强求新意，非要在没有话的地方说出话来，非要将一句平平常常的话说得多么神妙，反而会歪曲了文本本身的意义。其二是理解的"度"。这发生在读者与文本作者在感受和理解上有可能存在差异的文本分析中。文本需要阐释，需要分析，但在理解上也得有个"度"，不能将作者与众不同的感受和理解夸大到不适当的程度，否则，就容易破坏文本整体的和谐性。因为文本是个结构，每个部件都在这个整体结构中发挥着自己独立的作用，一个部件的某种作用被强化到不适当的程度，就等于削弱了其他部件的作用，从而也破坏了文本整体的和谐性。这个"度"，实际是由读者的真实的阅读感受和体验所决定的。在文本分析的过程中，我们虽然尽我们所能地按照作者写作文本时的心境和情景感受和理解文本的价值和意义，但归根到底，它们仍然必须是我们从文本阅读中实际感受和理解到的价值和意义，而不是根据作者当时的心理想当然地进行揣测和推测。

文本分析的过程，意味着读者从自己的文化时空向作者写作文本时的文化时空的转移，而文本分析的结束，则意味着读者重新回到自己的文化时空中来，重新以自己的心境、在自己所处的具体情景中感受和体验现实世界的一切。在阅读和分析文本的过程中，我们被包容在作者当时的文化时空中，被包容在作者通过文本所创造出的一个虚拟的世界中，但在阅读和分析文本的过程结束之后，整个文本包括我们在阅读和分析文本过程中所感受和体验到的一切，也被包容在我们的文化时空中，成了我们的文化时空的一个构成成分。任何一个文本，任何一个作品，都不会成为我们的一切，都不会完全占领我们的心灵，但任何一个曾经感动过我们的作品都会永久地驻留在我们心中，并丰富和美化着我们的心灵。

五、文本分析与中学语文教学

文本分析与中学语文教学有着特殊密切的关系，在某种程度上，中学语文教学就是通过文本分析具体予以实施的。

小学语文教学，是通过记忆不断积累语言和语文知识的阶段，即使对于文本，也主要是在直感、直觉的基础上对文本本身的记忆，文本分析对于小学生的语文学习是不起关键作用的。一个两三岁的中国孩子，就能够熟练背诵王之涣的《登鹳雀楼》，但他们未必感受和体验到其价值和意义，更不必说出其妙处之所在。声音语言的记忆是这个阶段的儿童能够背诵诗歌的主要原因，而对诗歌的感受和理解则是在他们此后一生的成长和发展过程中逐渐建立和丰富起来的。儿童对于童话、寓言、神话、传说、民间故事、科幻小说、散文等文本，也重在从直感、直觉基础上感受其趣味性，由其趣味性记住里面的故事和人物，记住讲述故事和人物活动的语言。教师的任务更在于用学生感到有趣的各种形式，加强学生对文本本身及其语言的记忆，从而提高他们的读、说和写的能力，而不在于离开文本本身的分析。过多地跳离文本本身的分析，会使学生感到倦怠，因为他们还没有足够的对人生的感受和体验、对语言的感受和体验，使他们能够像文本作者写作文本时那样感受和体验到文本的内涵和外延。对于小学生，《精卫填海》就是《精卫填海》，《夸父追日》就是《夸父追日》，能讲这些故事就行了，能写其中的一些字、会用其中的一些词就行了，至于它们的意义，只能留到后来慢慢体会，讲是讲不清楚的。

对于中学生而言，他们具备初步的感受和体验人生、感受和体验语言的能力，但这种能力是朦胧的、游移的。例如，对于鲁迅《孔乙己》中的"小伙计"，莫泊桑《我的叔叔于勒》中的"我"，学生不是没有自己的感触，而是这些感触不够明确和具体。教师需要对其进行引导和启发，使他们能够从信赖的人那里获得对自己这种感受和体验的印证，以形成带有更高确定性的感受、体验和认识。因此，文本分析在中学语文教学中应占有特殊重要的地位。

我认为，中学语文教师的课文分析，应该有两个版本，一个是自己的版本，一个是课堂教学中适用于学生接受的版本。自己这个版本，是作为一个有了更丰富的人生感受和体验、更高的语言审美能力的教师，所能对文本做出的更加深入、更加全面、更加细致和具体的阐释和分析。这是能够使自己自由地出入于这个文本，并在文本的阅读和欣赏中感到身心自由的版本，也是保障教师在课堂教学中能够掌握主动，更加自由、活泼地组织课堂教学的关键。这个版本，不但需要运用教师在大学学习时已经掌握的一些知识和思想，有时还需要教师独立阅读一些相关的文献和专家学者的论文或著作，是教师在教学过程中继续成长和发展的途径。但是，这个版本，并不完全适用于课堂教学，因为中学生接受一个文本和教师相比有不同的心理基础。在这里，大概有三种情况。一是学生极易接受的，而成年后的教师却会存在各种理解上的障碍，像安徒生在《皇帝的新装》中所描写的那样，首先说破真相的是一个儿童，成年人却是有各种不同的心理障碍。教师为了正确、深入地感受和理解文本，首先需要克服这些心理障碍，学生则没有这个必要。二是教师能够接受的，而学生在这个年龄阶段是极难接受也没有必要过早接受的。我认为，以上两种情况，都不适于作为课堂课文分析的内容，第一类不用分析，分析得越多反而使学生更感到难以理解，反而会干扰了学生的正常思路；第二类也是在教师感受和理解文本的过程中需要着重加以思考、加以分析乃至加以研究的，但却不必过早地引导学生思考这些问题。我认为，现在有一种过早地将一些抽象的哲理、道德信条乃至宗教的信仰引入中学课堂语文教学的倾向，这对中学生的文化心理未必是有益的。因此，中学语文课堂教学中的课文分析，主要适用于第三种情况，即那些不点不破、一点就破，不说不知、一说就知的文本内容上。如果说文本在学生心灵中只是一个个的花苞，教师就应该向他们的心灵中投入一道光束，让这些花苞相继绽放，使文本在学生的心灵中成为一片姹紫嫣红的花的世界。至于这个文本为什么能够在学生的心灵中成为一个个的花苞（这是文化心理学、教育心理学的问题）以及这个花的世界以后将结出一些什么样的种子（这是哲学、道德学、社会学、文化学、教育学、文艺学、政治学等更加抽象、更加复杂的一些理论问题），则不在课堂文本分析的范围之内。各种语文知识的传授，也最好糅入这个文本分析的过程，顺带加以解决。

到了大学中文系，文本分析就主要依靠学生自己在阅读过程中自行解决了，因为大学生已经具有独立进行文本分析的能力。大学教师在课堂上传授的则更是一些系统的文学史知识和文学、语言学的理论知识。因此，文本分析在大学文学教学中也不如在中学语文教学中那么重要，那么关键。

小说的阅读和赏析

在了解怎样阅读和赏析小说之前，我们首先应该知道为什么要阅读小说作品，它对我们的成长和发展有什么作用。

我们生活在现代世界上，我们就要在这个世界上开始我们的人生，选择我们的人生道路。但我们面对的是一个多么广大的世界呵，在这个世界上有各种各样的人生，有纷繁复杂的生活，每一个人都有自己的胜利和失败，有自己的顺利和坎坷，有自己的欢乐和痛苦，所有这些人的生命都与我们的生命有着千丝万缕的联系，其中的很多人，很可能就是我们将要遇到、将要和他们生活在一起的人。我们人类还有悠久的历史，历史上的每一个时代，每一个时期，都有无数的人生活过，奋斗过，他们都有过自己的人生。他们的生命虽然已经结束，但他们一生的喜怒哀乐与我们现代人也是息息相通的。他们经历中的许多东西，我们现代人仍然有可能重新遇到。但是，我们自己的实际人生经历是多么有限呵，我们个人对事物的感受有时又是多么肤浅呵，莫说我们这些十几岁的中学生，就是一个成年人，一生的足迹所到也是十分有限的，对周围人的直接了解也是极为肤浅的。我们从本能上就希望打破时间和空间对我们的束缚，我们从本能上就希望生活在一个更广大的世界上，我们从本能上就希望感受更复杂多样的人生，我们从很小的时候就爱听长辈们给我们讲的各种各样的有趣的故事，而小说，满足的就是我们的这种本能的愿望。什么是小说呢？小说就是用文字讲述出来的故事，是小说家通过自己的想象重新构筑起来的一个世界，是通过他们的感受更细致、更深入地描绘出来的人的生活。小说家能够带领我们到各种各样我们从未到过的世界中去，其中也包括幻想的世界，去感受那些世界里的人的生活，去感受那些世界里的人与人的关系，去感受那些世界里的人的欢乐和痛苦；小说家还能够带领我们到人的内心世界中去，去感受我们从表面的观察中无法发现的各种不同的人的各种不同的内心感情和愿望。小说使我们产生身临其境之感，使我们好像就生活在小说描绘的那个世界里，经历了那个世界里的人所经历过的人生。在自觉与不自觉之中，我们的思想视野就扩大了，我们就与更广大的世界建立起了情感的联系，我们的生命也同整个人类的命运联系在了一起。小说使我们憎那些应该憎的，爱那些应该爱的，并愿意以自己的力量增加人类的幸福、减少人类的痛苦。小说还可以大大丰富我们的人生经验，使我们在自己的人生选择中更少一些盲目性，更多一些自觉性。总之，我们现代人不仅仅是在亲身经历的现实生活中成长的，还是在小说的想象世界中成长的。小说的阅读对于我们现代人不是可有可无的，而是不可或缺的。

一般的读者只是阅读小说，并不着意地去欣赏、去分析，小说家面对的就是这样一些读者，小说家要把小说写得本身就有吸引力，不是只有通过欣赏和分析才会感到它的思想艺术的魅力。所以，在具体欣赏和分析小说之前，我们必须首先自由地阅读小说。所谓自由地阅读，就是首先被小说本身所吸引，首先在它的吸引下读完整篇小说。小说是一个思想艺术的整体，具体的欣赏和分析要在读完整篇小说之后，不能一边阅读一边欣赏和分析，不能用欣赏和分析把阅读过程截断、截碎，那样的欣赏和分析对我们理解小说的思想和艺术并没有好处。我们一定要在老师指导我们欣赏和分析小说之前，完成老师布置的预读的任务。在预读时，除不懂的字词要看注释外，不要看插入小说中间的评点文字，要让小说所描绘的人物、情景、事件自然而然地在你的头脑中浮现出来，并产生相应的喜怒哀乐的感情情绪。

当我们读完整篇小说之后，就会发现，只要是一篇优秀的小说，总会给我们留下一些深刻的印象，受到它的一定程度的感动。这种印象和感动有时主要来自它的生动的故事情节（如节选自施耐庵《水浒传》的《武松打虎》、《智取生辰纲》等），有时主要来自它的一个或几个鲜明的人物形象（如鲁迅的《孔乙己》、《阿Q正传》等），有时则主要来自它的一个或几个激动人心的场景（如都德的《最后的一课》、节选自刘鹗《老残游记》的《明湖居听书》等）。小说的分析就从它给我们留下的深刻印象和感动开始。当我们进入具体的分析过程，我们就会发现，在小说中这三个方面实际是紧密联系在一起的：故事情节一定是由人物或人物与人物的矛盾斗争构成的，是在一个场景或几个场景的描写中表现出来的；人物形象一定是在故事情节发展中和具体场景的描写中被表现出来的；场景描写中一定是有人物和人物关系的，一定是在整个故事情节中出现的。所谓分析，实际是我们发现这三者之间的联系的过程。例如鲁迅的《孔乙己》，在读完这篇小说之后，我们就已经感到孔乙己这个人物是既可笑又可怜的了。但他为什么会给我们产生这样的印象呢？这就要在小说的场景描写和情节发展中来找原因了。他是"站着喝酒而穿长衫的唯一的人"，说话时"总是满口之乎者也"，这都使我们感到他很可笑。但是，为什么他穷到只能站着喝酒还不脱下长衫呢？为什么他身处短衣帮顾客的中间还是"满口的之乎者也"呢？这就使我们进入孔乙己的思想意识之中去了。我们一定会想到，孔乙己在内心深处是很羡慕那些穿长衫的"上等人"而看不起那些穿短衫的"下等人"的，他过去的读书为的就是成为"上等人"，后来他的目的没有实现，但仍然不愿脱掉长衫，仍然不甘心与穿短衫的"下等人"为伍，才成了这样一副可笑的样子。在这时，我们不但知道了孔乙己的思想意识状况，同时也知道了鲁迅笔下的"长衫"、"短衫"不只是一种衣服样式，同时也是当时人的身份的标志。鲁镇人不是平等待人的，是按照人的身份待人的。这也使我们想到"鲁镇的酒店的格局"。鲁迅一开始就详细地介绍了酒店的格局，实际上也是为了表现鲁镇社会的不平等。穿长衫的顾客是在隔壁房间里坐着慢慢喝酒的，是受到掌柜的特别的照顾的，那个小伙计由于样子太傻，就没有资格去侍候那些长衫顾客。短衣帮顾客只能在柜台外站着喝酒，对他们不必特别照料，还要在卖给他们的酒里羼水。这样，鲁镇酒店就被一堵墙壁、一个曲尺形的大柜台隔成了三个部分，这三个部分是属于三种不同的人的，是三个不同的世界：隔壁房子里坐的是一些有权有势的"阔人"，他们之受到敬畏是因为他们有权势；柜台后面坐的是掌柜，他是一个商人，关心的是赚钱；柜台前面站着喝酒的是靠体力劳动赚钱吃饭的人，他们是下等人，但人数众多，大家都这样，谁也不觉得谁更可笑。只有孔乙己，在鲁镇的酒店里没有属于自己的世界，只能同短衣帮顾客在柜台外站着喝酒，但又与他们不是一类的人，就显得非常可笑了。由此我们又会想到，他之所以显得可笑，恰恰是因为他没有爬上去。如果他爬了上去，当了官，有了权，成了像丁举人、何大人那样的阔人，别人就不会感到他可笑了。所以，他的可笑又是与他的身世的可怜分不开的。他没有权，没有钱，常常受到那些有权有势的人的殴打，脸上"时常夹些伤痕"……这样，我们一步一步地想下去，对小说中所描绘的那些事物看得就更清楚了，它们的意义像从湖面上蒸发出的雾气一样从小说的具体描写中升腾起来。它们既是我们从小说中感受得到的，又不是小说直接告诉我们的；它们既符合我们阅读后对小说产生的总体印象和由此受到的感动，又比原来的印象更丰富、更深刻，不但受到了感动，还知道是什么感动了我们。真正优秀的小说，会成为我们此后精神生活的一部分，我们一生都不会忘记阿Q、孔乙己、贾宝玉这样一些人物形象，一生都不会忘记武松打虎、智取生辰纲这样一些生动的故事，一生都不会忘记《最后的一课》、《明湖居听书》这样一些激动人心的场景，它们的意义也将随着我们人生体验的丰富化而不断丰富。老师在课堂上指导我们进行的小说分析，只能在我们现在生活经验的基础上进行。只要使我们对小说有比初读时更深一层的理解，就达到了教学的目的。其余的一切，要依靠我们自己以后的反复咀嚼，反复体味。

小说是让我们感动的。我们要在悲剧中感觉出"悲"来，喜剧中感觉出"喜"来，就不能老是想着小说家在这里用了什么艺术手段，他的手段高明不高明。但当我们已经读过了小说，已经受到了它的感动，已经对小说的意蕴有了一个基本的了解，作者怎样把小说写得如此生动感人的问题就成了我们需要思考的问题。在这时，我们得知道，小说家并不是了解了几个人，有了一个故事，看到过几个生活场景，就能把它们写成一篇好的小说的。要写好小说，还得有写小说的艺术才能。小说是叙事的，小说的艺术就是叙事的艺术。叙事，首先就有一个叙事角度的问题。同样一件事，从不同的角度来叙述，叙述的效果是不同的。《智取生辰纲》是从押运生辰纲的人的角度进行叙述的。从这样一个角度，读者已经知道有人来劫取生辰纲，但却不知道怎样来劫，能不能劫得成，小说对读者就有吸引力了。假若从劫取生辰纲的人的角度进行叙述，读者一开始就知道他们的行动计划，此后的事情都是按照原来的计划实现的，读者读起来就没有味道了。事情还是这样一桩事情，但艺术效果却大大不同了。与叙事角度紧密相连的是叙事人称。《智取生辰纲》是第三人称叙事，《孔乙己》就是第一人称叙事。《智取生辰纲》是《水浒传》中的一部分，《水浒传》写的是很多人的很多事，从其中任何一个人物的角度都无法把所有这些人物和事件全都叙述出来，所以它采取的是由作者出面叙述的方式，是第三人称。《孔乙己》就不同了，它把有关孔乙己的一切都通过一个十几岁的孩子的口叙述出来，既使我们知道了有关孔乙己一生的命运，又没有把所有的事情都明明白白地告诉我们，给我们读者留下的想象的空间就大了，小说写得简练、含蓄而又耐人寻味，要是用第三人称写，就没有这样的味道了。有了叙述的角度，有了人称形式，就可以开始叙述了。而在叙述过程中，首先遇到的就是一个叙事顺序问题。小说不是生活本身。生活中的事件都是依照时间先后的顺序依次发生的，但小说叙事却不一定要这样。小说也有完全按照时间先后顺序的，叫顺叙。但也有半路插入过去的事情的，叫插叙。还有先交代结局而后追叙事情发生的经过的，叫倒叙。这种时间顺序上的安排，与小说的艺术效果关系也极大。莫泊桑的《项链》用的是顺叙的写法，它把丢失项链和知道项链是假的这两个环节都放在时间的自然顺序中，给读者一种意外的惊异，使小说有曲折，有变化，跌宕起伏，不落俗套。如果用倒叙的手法，事先交代了事情的结局和真相，小说读起来就没有趣味了。鲁迅的《故乡》在"我"回故乡的路上插入少年时的回忆，用的是插叙的写法，这就把少年"我"和少年闰土的关系组织在"我"现在回乡的时间过程中，使小说给人一个完整、统一的感觉，若用顺叙，先叙少年时的生活，然后再叙"我"这次回乡的过程，小说在时间上就被截成了不相连接的两段，在感觉上小说就不是一个统一体了。鲁迅的《祝福》用的则是倒叙，它不但使小说显得很集中，而且突出了鲁四老爷（封建地主）、"我"（有正义感的知识分子）和祥林嫂（被压迫的劳动妇女）三者的关系，揭示了祥林嫂悲剧命运的社会根源，深化了小说的主题意义。小说有时间感，也有空间感，它构成的是一个时间和空间的结构。有时间感，小说才是动的，读者才在阅读过程中不断接触到新的事物、不断遇到新的矛盾，使读者有读下去的兴味；有空间感，小说才有实际的内容，才能酝酿出读者的感情和情绪，才有回味的余地。我们在读小说时，时间是像钟表一样，滴滴答答一个劲往前走的，但我们能够忘掉这时的时间，只意识到小说里的时间。而小说中的时间则是有快、有慢、有停顿、有回溯、有盘旋、有跳跃的。作者在叙述时，时间变化得就快些，空间开拓得就小些，有时它可以用一句话就跨过几年甚至几十年的时间，而在描写（环境描写、景物描写、肖像描写、心理描写等）和议论时，时间变化就小些，空间的开拓就大些。小说家得把所有这一切都编织在一起，读起来像音乐，我们的感情和情绪能够跟着它起伏变化；想起来像图画，能够永远留在我们的记忆中。

小说的艺术不是用几个条条就能说清的，老师在课堂上带领我们欣赏的，只是一篇小说的一两个突出的特点，其余的要靠我们自己去琢磨、去思考。

小说是有趣味的，但小说的趣味不单单是热闹。往往那些在平常人发现不了趣味的平凡题材里发现并表现出了趣味的小说，才是最最优秀的小说，因为这样的题材更需要小说家的眼光和才能。我们本册收的曹雪芹、鲁迅、巴尔扎克、莫泊桑、屠格涅夫等人的小说，就都是这样的。

散文的阅读和赏析

在诗歌、散文、小说、戏剧这四大文学体裁中，散文与小说最接近。我们要知道怎样阅读和欣赏散文作品，得首先知道散文和小说有什么区别。

小说和散文有什么区别呢？它们的区别在于作者和作品的关系。如果说小说家与小说的关系就像一个建筑师和他的建筑物的关系，散文家与散文的关系就像一个人和他的家的关系。建筑师把建筑物建筑完毕，建筑师就离开这个建筑物了。在这时，尽管这个建筑物还是这个建筑师的劳动成果，还是带着他的建筑风格的，但所有这一切都已经成了这个建筑物本身的特点，可以离开作者而独立发挥自己的作用了。而一个人和他的家的关系则不同。尽管一个人已经把自己的家布置好了，但这个家仍然是他的家。别人可以来看，来做客，但你却不能认为这就是你的。它的主人住在这个家里处处合适，你住在里面就不合适了。在你转述小说《阿Q正传》的时候，完全可以舍弃掉它的作者鲁迅，你可以代替鲁迅转述这篇小说里的人物和事件（第一人称小说里的"我"也是小说里的一个人物，不完全等同于作者本人），但你转述散文《为了忘却的记念》的时候却不行。鲁迅已经完成了这篇散文的创作，但他还住在这篇散文里，你必须把作者同他记叙的人物一同转述，你无法代替鲁迅，因为你与柔石、殷夫、冯铿等人没有那样的交往，你的感受也不能代替鲁迅的感受。在这时，我们可以想到，不论对于谁，都存在这么两个互相联系又彼此不同的世界：一个是我们直感直觉中的世界，一个是我们想象中的世界。散文表现的是作者直感直觉中的世界，小说表现的是作者想象中的世界。散文实现的是作者与读者之间的直接交流，是把作者的见闻或感受直接告诉读者，小说实现的是作者与读者之间的间接的交流，是通过对一个想象世界的感受和理解实现的潜在的交流。散文的真实是实际生活的真实，小说的真实是想象中的真实。散文必须写自己的亲见亲闻和真情实感。

　　散文表现的是作者的亲见亲闻和真情实感，所以散文的思想艺术的魅力也与这两个方面息息相关。散文写的是作者亲见亲闻的事情，他的所见所闻必然有与众不同之处，并且能够把这些见闻写得比别人更加细致真切。要说明散文的这个特点，我们以苏轼的《石钟山记》为例最合适不过了。根据郦道元的《水经注》所记，石钟山"下临深潭，微风鼓浪。水石相搏，声如洪钟"，但是由于所记不详，人们并不深信，待到苏轼夜泊绝壁之下，亲耳听到了"大声发于水上"，并且发现了大石发声的原因，才证实了郦道元的记载。正是因为苏轼是亲见亲闻，所以他的所记就有与众不同之处，并且描写得比已有的记载更加详尽真切，这篇散文也就有了新意，有了令人豁然开朗之感。"感"和"情"总是连在一起的。"感"中自有"情"，"情"中自有"感"。有"实感"就有"真情"，有"真情"也必有"实感"。散文写的是作者的亲见亲闻，所以好的散文也一定流溢着作者的真情实感。朱自清的《背影》，对他父亲的描写是何等真切细致呵，但也就在这细致真切的描写中，流露着对他父亲的真挚的理解、同情和爱，这种感情一点也不夸张，不虚矫。读散文，就得读出它描写的细腻深入处来，读出作者的真情实感来。实际的生活观察和体验是想象的基础，散文写作是全部写作的基础。我们中学的作文练习，绝大多数是散文的写作。作文首先注意的是要写自己的亲见亲闻和真情实感。事不在大，而在实；情不在重，而在真。只有这样，人们读了才感到真切自然，才能与你建立起理解和同情的关系。这也能促进我们不断提高自己的观察力和感受力，逐渐把文章写得更丰满更充实。作文如做人。做人，首要的一条是要诚实，不自欺欺人。讲真话，诉真情，才能和别人建立起互相信任的关系。一个满嘴没有真话的人，是无法和别人建立起真正的感情联系的。

小说创造的是一个完整的想象世界，一部好的小说不仅在内部是统一的，在外部也是统一的。《红楼梦》写了那么多的人物、事件、情景，但都被组织在贾府的盛衰史中，就是从外部看，也是一个完整的整体。散文写的是作者的亲见亲闻，这些见闻在外部不一定有必然的联系，不一定有起就有迄，有因就有果，有开头就有结尾，但在内部却一定要有自己的统一性。假若连内部也失去了统一性，散文就不是散文，而是一堆杂乱无章的流水账了。这个内部的统一性是从哪里来的呢？是从这些事物与作者的关系中产生出来的。作者的见闻不论多么零碎、杂乱，但它们都与作者有联系，它们在作者的观念中是联系在一起的。例如鲁迅在《从百草园到三味书屋》中既写了百草园，也写了三味书屋，从外部看，百草园和三味书屋是没有什么联系的，但它们都与鲁迅的童年生活联系着，在鲁迅的记忆中构成了一个统一的整体，反映了他童年生活的变化及其感受。散文的这种特点我们通常用"形散神不散"一语概括之。

　　散文的形式是多种多样的，有记事的，有写人的，有抒情的，有议论的；有写自然景物的，有写生活场面的，有写心理活动的；有日记体，有书信体，有语录体；有回忆往事的，有表达理想和愿望的……总之，我们有什么样的见闻和感受，就有什么样的散文；这些见闻和感受需要用什么形式来表达，就有什么样的散文形式。散文无定格，适用者为上。我们欣赏别人的散文，主要看它怎样轻松自然而又细致生动地表达了它所要表达的，不要死记它的结构模式；我们的作文，也不要遵从一种固定的格式，不要让老师告诉我们怎样写，不怎样写，怎样开头，怎样结尾，要用自己感到方便的形式写自己的见闻和感受。散文是我们的精神的呼吸，越自由，越轻松，越能写得好。

2000 年 4 月 22 日

诗歌的阅读与赏析

　　文学是语言的艺术，而最纯粹的语言艺术，便是诗歌。

　　在阅读小说、散文、戏剧作品的时候，我们感到语言只是一个桥梁，我们通过这个桥梁，看到的不是桥梁本身，而是桥梁另一面的新鲜的景致。例如，我们读过施耐庵的《水浒传》之后，可能并没有记住其中的多少语句，记住的主要是像武松、李逵、鲁智深这些人物和与他们有关的故事。这些人物和故事是靠具体的形象活跃在我们头脑里的，而不是靠语言本身活在我们内心的。诗歌则不是这样。诗歌也表现情、景、人，但它们是靠语言形式活跃在我们心目之中的。有这种语言形式，就有这样的情景和人，没有这样的语言形式，这种情景和人就没有了，就变味了。"五花马，千金裘，呼儿将出换美酒，与尔同销万古愁。"（李白《将进酒》）要表达这样的感情，就得用李白这样的诗句，改变了这种语言形式，也就没有这样的情味了。"叫我的儿子把我的五花马和千金裘拿出去卖了，换成好酒，我要和你痛饮一场，把我们心中的愁闷都忘了吧！"这样一翻译，就没有原来的情味了，就没有那种豪爽的气魄了。所以，诗歌的艺术，就是语言的艺术，诗歌的思想感情与它的语言形式是紧密联系在一起的、不可须臾分离的。

我们的汉语方块字，几乎每个字都有音、形、义三个要素，词有词法，句有句法，篇章有结构形式，书写印刷有排列方式。所有这些语言文字所具有的功能都是诗人进行创造的基础，也都能加强语言的表现力。诗，就是充分挖掘一个民族的文字语言的表现力的结果。

诗要读。诗的美，诗的意味，有很多只有在读时才能感受得到。因为语言是有声音的，语言的艺术在很多方面是充分利用它的声音特征造成的。"关关雎鸠，在河之洲。"（《关雎》）这里的一个"鸠"字，一个"洲"字，一下子就使这句话与我们平时说的话迥不相同了，因为它们是押韵的。押韵，不仅使我们读起来上口，而且使我们感到很新鲜，很舒坦，心里别有一番滋味。声音的感觉本身就是一种情绪的感觉。"寻寻觅觅，冷冷清清，凄凄惨惨戚戚。"（李清照《声声慢》"寻寻觅觅"）这句话，读起来喊喊喳喳的，一点没有痛快的感觉，诗人那种不舒适、不痛快的感觉，通过这种声音的感觉就直接地传达给我们了。声音有节奏，语言也有节奏，不同的节奏能表达不同的情感。"北国风光，千里冰封，万里雪飘。望长城内外，惟余莽莽；大河上下，顿失滔滔……"（毛泽东《沁园春·雪》）这种短小的句式、急促的节奏，本身就给人产生气势磅礴、铿锵有力的感觉，表达了诗人气壮山河、豪情满怀的情绪特征。而像徐志摩的《再别康桥》就不同了，它的句式是舒缓的，表达的是一种温和的、轻柔的感情。在一首诗中，语言的节奏是有变化的，这种变化也形成了诗的旋律。这种旋律是构成全诗情感情绪特征的重要因素。它正像歌曲里的曲谱，同样意思的歌词，谱上不同的歌谱，其感情情绪的特征就不同了。中外古今以歌颂美好爱情为主题的优秀诗篇有多少呵，但它们却绝不雷同，除了其他因素外，它们的"曲谱"不同是一个重要的原因。一种"曲谱"表达一种不同的感情情绪，这就使各种不同的爱情体验都有了自己的语言表现形式。……所有这一切，都只有靠读才能感受得到。欣赏诗，要读，这也是提高我们对语言美的感受力的一种方式。

诗不但要读，还要冥想。先要读，接着就要冥想。所谓冥想，就是要静静地想，要在自己的想象中呈现出诗给我们描绘出的形象画面。"诗中有画"，这个画在我们的冥想中才能构成。"车辚辚，马萧萧，行人弓箭各在腰。耶娘妻子走相送，尘埃不见咸阳桥。牵衣顿足拦道哭，哭声直上干云霄。"（杜甫《兵车行》）这里给我们描绘了很多事物，但也有很多事物没有写，我们得在想象中把它构成一个完整的画面，使这个画面好像就在我们的面前一样，好像宽银幕电影上的全景镜头一样。对于这样的画面，我们有时不但能够在冥想中看得到，同时也能用身体、用心灵感受得到。"春风又绿江南岸"（王安石），我们不但能够在想象中看到江南原野的一幅春景图，同时也能用鼻子呼吸到它的澄澈的空气，用身体感觉到它的清爽的凉意，用心灵感到它的新鲜和舒畅，因为这个"绿"字，不但能够给你产生色彩感，同时也给你产生清爽感。总之，冥想也是欣赏诗的一种重要方式。通过冥想，提高了我们自己的想象力。

诗要读，要冥想，也要悟。所谓悟，就是要对诗的整体有所感，就是沉浸在它给我们造成的整体的情绪感受里，并在这种情绪感受中对整个宇宙、整个人类、整个人生有了新的发现，产生了新的理解。这种发现，这种理解，可能还是很不具体的、难以用语言表达的，但在我们的心灵里，确实似乎感到了什么，觉出了什么。当读了李商隐的《锦瑟》之后，我们没有感到一种平时感觉不到的朦胧的意味吗？我们没有感到想说又说不清楚的某个道理吗？这，就是我们已经悟到了什么。这种悟，常常是不清晰的，但它把我们的精神带入了一个新的境界，使我们离开了物质实利的世界，使我们的感情受到了诗的陶冶。

如上所述，诗是语言的艺术，我们在读、冥想、"悟"的过程中感受到的一切，都是与诗的语言功能分不开的。一个民族的语言文字，有形，有音，有义，词有词法，句有句法，篇章有结构，书写印刷有排列形式。诗人就是在充分利用语言的各种不同的功能的基础上实现一种新的表达的。关于诗的各种具体的表现技巧，要通过学习慢慢加以积累，我们这里说的仅仅是诗的欣赏的问题。

戏剧作品的阅读与赏析

　　戏剧作品是为了在舞台上演出的，它虽然也是一种文学的体裁，也是可以供读者阅读的，但我们在阅读时也要有一种舞台的感觉，知道它是在克服舞台对它的束缚的过程中获得自己的自由的。

　　舞台对剧作家的束缚首先是时间和空间的束缚。舞台这个空间是固定的，虽然可以通过布景的更换造成不同空间的幻象，但即使这种布景的更换也不可能随时进行，这使戏剧只能通过极少的几个空间环境中的极少的几个场景表现事件的全过程；舞台演出只在两三个小时的时间中完成，虽然它可以靠场次间的时间跨度表现在较长历史过程中发生的事件，但同一场次的时间跨度却是有限的。所以，戏剧艺术的一个显著特点就是它的集中性。这是舞台时空对戏剧家的限制，但也是戏剧家克服舞台时空限制的艺术方式。我们看曹禺的《雷雨》、《日出》、《北京人》和老舍的《茶馆》，有那么多的人物，表现了那么长的时间过程，但所有这一切，都被集中在几个大的场景中来，并且不失矛盾的复杂性和事件发展的曲折性。我们不得不佩服剧作者的组织结构的能力。要集中，就要压缩，但戏剧作品中的压缩不能仅仅是删除，它要把压缩掉的时间、空间中发生的事情通过人物的对话在舞台的演出中交代出来，或者通过之间的变化让读者和观众能够想象出来，这都需要精心设计每一幕、每一场的舞台演出。例如，曹禺《雷雨》中周朴园同鲁侍萍的整个爱情悲剧都没有在舞台上直接表现，但从周朴园、鲁侍萍、鲁贵、鲁大海、四凤几个人物的现实关系和台词中却得到了更加有力的表现，使我们感到现在的悲剧全都是过往那个悲剧的延续，它成了在演出的所有悲剧场面的一个有机构成因素。我们欣赏戏剧作品，首先要欣赏剧作家这种高超的组织结构戏剧作品的能力。

在剧本中，舞台布景仅仅在一幕的开头做一下简单的交代，但在演出中，人物却是始终在这么一个背景上活动的。我们阅读戏剧作品，一定要注意人物的这个活动背景，注意人物与这个背景的关系。在曹禺《雷雨》的周公馆里，始终笼罩着阴沉肃杀的气氛，这使周朴园和繁漪等关窗与开窗的矛盾本身就具有了禁锢与反禁锢的意义，同时它也是周朴园阴暗心理的象征。与舞台布景相类似的还有人物动作的提示，在剧本中，这种提示是很简单的，但在舞台上演员的表演，却无时不在活动中。表演是对白和动作表情并重的。这都要在我们阅读时通过自己的想象而加以补充。但也正是这种想象，强化了我们的舞台意识，同时也培养了我们的艺术想象的能力。

剧本的主体是人物对白。我们分析剧本，主要是分析人物的对白。在这里，有两个必须注意的方面。其一是人物语言背后的心理根据。剧作家写出的是人物说了什么，但他之能够写出人物说了什么，是因为他知道人物这时想了什么，我们要从人物对话中了解人物的思想感情和性格特征，也要知道这时人物为什么这样说。这就进入了人物的分析。其二是各种不同的人物之间的对话构成了怎样的戏剧矛盾和戏剧冲突，这种矛盾和冲突是怎样发生的，怎样发展的，有着怎样的结局，整个矛盾冲突的意义何在。戏剧矛盾和戏剧冲突是戏剧的灵魂，戏剧的分析也要以戏剧的矛盾冲突的分析为主。悲剧、喜剧、正剧都是以这种戏剧矛盾和冲突的结局划分开来的。悲剧是以正义力量的失败或人的毁灭为结局的（如关汉卿的《窦娥冤》、曹禺的《雷雨》等），喜剧是以正义的力量的胜利为结局的（如莎士比亚的《威尼斯商人》等），悲剧和喜剧都把这种结局能够给人的感受作为全剧的气氛贯穿始终，而正剧则更以表现一个客观过程为主，并不着意渲染悲剧的或喜剧的气氛。

为了提高我们对戏剧作品的欣赏能力，我们最好要多看好的剧本的好的演出。有可能时，我们也可以亲自排演一些短剧。演出是通过导演和演员再创造了的戏剧作品，借助演出，能够丰富我们对剧本本身的理解。

呼唤儿童文学 ①

　　王泉根先生是我国著名的儿童文学专家，其影响远播于整个东南亚和世界华人儿童文学界，他希望我给他的新著《现代中国儿童文学主潮》作序，我是感到十分荣幸的。但我对儿童文学毫无研究，只能从直感感觉的角度谈谈我对儿童文学的认识，算是一次"外行"与"内行"的交流吧。

　　想到中国的儿童，我总有点悲哀的感觉。但这种感觉我又是说不清楚的。大概正是出于这种原因，我在去年曾经接受一个记者的采访，谈了点对于当前中小学语文教学的意见，但到我有限地介入到当前中小学语文教学改革的实践中去，对中小学语文教学有了较为细致的思考之后，我才感到，我原来的一些想法其实是不太切合实际的。其原因何在呢？因为我所设想的，是一种儿童本位的教育，希望中小学的语文教学能够严格限制在儿童自身充满兴趣的范围，把儿童在自然的心境中就感到陌生的成年人的语言排斥在语文教学的内容之外，使儿童不致对语文教学产生厌倦的情绪，从而永远保持住对我们民族语

---

① 　本文是 2000 年 4 月 10 日为王泉根《现代中国儿童文学主潮》写的序。

言的新奇感觉和喜爱的心情，永远在求知的乐趣中获得运用和创造民族语言的能力。直至现在，我仍认为，这种想法不是没有任何道理的，但这里忽略的却是有关教育的整体认识的问题。第一，教育永远是一个完整的过程，而作为一个完整教育过程的学校教育，它永远不是也不可能是以儿童为目的的。它首先考虑的是现实社会的存在和发展，是一代代的儿童成长为什么样的成年人的问题。也就是说，它的标准是成人的标准，而不是也不应该是儿童的标准。当然它应当尽量考虑到不同年龄阶段的受教育者的接受程度和接受趣味，但它又绝对不可能仅仅考虑受教育者的自身的兴趣。现代的社会是一个充分文化化了的社会，是一个经历了几千年的文化发展的社会，一个社会成员必须在青少年时期尽快地具备在现代社会生存和发展必须具备的知识技能，才能成为一个于现代社会有用的人，才能在现代社会找到自己生存和发展的相对大的空间，以实现个人的存在价值和意义。这就使教育必须具有一定的强制性，这种强制性是为了把儿童自身尚无法产生兴趣但对于他在现代社会求得实际生存和发展所必需的知识技能灌输给儿童。在任何的情况下，一个儿童都不会自然地、主动地产生背诵牛顿三定律的趣味，也不会自然地、主动地产生背诵陶渊明的《桃花源记》、李白的《蜀道难》、白居易的《琵琶行》这样一些古代诗文名篇的趣味，甚至方块汉字的读写本身就是少年儿童的一个沉重的负担，而从教育的角度，似乎它们又都是需要的，是对于一个受教育者有益的。所以，教育不仅仅是自由的，还必然带有强制性的因素，不论把这种因素降到多么低的程度，但这种因素是不可能被从根本上消灭的。越是一个文化落后的国家，越是一个急切地求得本民族的发展以实现自强自立的国家，教育的这种强制性因素也就越是不可能得到根本的抑制，因为它是一种成人的标准，一种成人社会的要求。第二，现代的学校教育，是一种集体性的教育，是把不同的儿童编入同一个年级、同一个班级进行集体教学的形式。仅就趣味而言，他们彼此之间的差别是很大的，不仅男女儿童之间有天然的生理的和心理的差别，就是同性儿童，由于家庭、环境、身体、习惯、知识范围等各种条件的不同，也会有彼此趣味的差异。趣味都是个体的，教学活动永远不可能照顾到每一个学生的趣味，学生也不可能完全按照自己的趣味选择课程和班级，"因材施教"在这种集体性的教育中永远只是一个努力的目标，而不可能完全地实现。这种教育形式，在可见的未来都是无法改变的。由于以上两个原因，学校教育注定有其强制性，注定不会也不能达到使儿童在身心上完全自由发展的程度。我们当前的中小学语文教学只是要尽量降低这种强制性的因素，尽量照顾多数儿童的接受程度和接受趣味，但却不会完全实现这一目标。教师的责任感主要是一种社会的责任感，而不是对一个个具体的儿童的责任感，越是负责的教师越要考虑现实社会对一个社会成员的要求，越是要用这样一个标准培养自己的学生，这使他不能完全迁就儿童的趣味，而是要把儿童的趣味纳入自己预定的教学过程当中来，并且约束那些不符合这种教学过程的儿童趣味。对于儿童，这就是纪律的要求。学校教育永远是建立在纪律基础之上的，它的自由是在纪律之上的自由。自由不是学校教育的基础。

除了学校教育之外，家庭教育在儿童的身心发展中也具有关键性的作用。我们常常把家庭教育理想化，认为家庭教育更符合爱的教育的原则。但只要我们具体地而不是抽象地看待儿童的家庭教育，我们就会看到，在通常的情况下，家庭教育是比学校教育更带实利主义性质的教育。这里的原因是多方面的。其一，多数的家长是作为一个已成年人在家庭中活动的，他们给儿童的影响是一种更纯粹的成年人的影响，这种影响并不考虑儿童的接受程度和接受趣味。对于多数家长而言，他们甚至没有作为一个教师那样的儿童心理学的知识，他们往往更多地以一个成年人的标准要求儿童，并且常常以自己当下的需要要求儿童。其二，从自然的感情上，父母是更爱自己的子女的，但这种爱也更经常地表现为对儿童未来命运的关心。这种关心不是使他们更加关心儿童当下的内心感受，而是更关心他们成人后的状况，经常用成年人的标准要求他们，甚至用只适于成年人的惩罚威胁他们。假若我们实际地考察当前中小学教学改革的情况，我们就会看到，当前中小学"减负"的阻力并不主要来自中小学教师，而更来自学生的家长。家长作为成年人所感到的生存压力越大，他们对自己的孩子的前途越关心；他们对自己孩子的前途越关心，他们越会强制自己的孩子更快更充分地满足当前社会对一个成人的要求，而不得不牺牲自己孩子当下的幸福。总之，不论是学校教育，还是家庭教育，只要是教育，就带有强制性，就不仅仅依靠儿童当下的趣味。教育是灌输性的，不主要是自然生长性的。

一个儿童主要生活在学校和家庭中，这两个世界实际都是带有强制性的、以成人的标准为主要标准的世界。假若仅仅有这两个世界，我们的儿童还是没有自己的独立的世界的，还是不可能在自己的生活中找到更多的乐趣的。我们成年人总以为我们给自己的孩子、给自己的学生准备的家庭和学校是一个幸福的乐园，但我们又都是从童年生活过来的，我们那时真的感到在父母面前，在老师面前是自由轻松的吗？我们那时谁又不愿意逃离开父母和老师的监督而自己或同自己同龄的孩子去玩耍呢？这不是一个父母或老师爱还是不爱自己的子女或学生的问题，不是我们重视不重视儿童的身心健康的问题，而是一个成人世界同一个儿童世界本身的差异问题。儿童不但要生活在成人的世界中，还要生活在自己的世界中，他在成人的世界中接受教育，获得更快的成长，但也要在自己的世界中获得自己的自由，感受生活的乐趣，体验世界的美和人生的美。正是在他自己的世界中，他才能形成和发展他自己接受成人教育的独立的心理基础，并在这样一个虽稚弱但却独立的心理基础上，自然地而非被迫地接受成年人的教育，并不断充实和完善自己的内部世界，使自己渐渐成长起来并不失或尽量不失童年美好的心灵状态。我们每一个人都会发现，我们现代的儿童不是懂事懂得太晚了，而是懂事懂得太早了；他们幼年、童年和少年的心灵状态不是被破坏得太晚了，而是被破坏得太早了。他们过早地被置入一个由几千年的文化发展造成的复杂的文化的社会、成人的社会，成年人的文化从他们出生那一天起就骚扰着他们幼小的心灵。他们听到的是成年人的音乐，看到的是成年人的图画，感受到的是成年人的感情反应，接受的是成年人的教导。他们不是从自己的心灵感受中一步一步地将成年人的人生经验融化到自己的心灵之中去，这些经验几乎是一集装箱一集装箱地倾倒在他们的懵懂的心灵中。我们的儿童几乎在没有做过幼年梦、童年梦和少年梦的时候就懂得了成年人才会懂得、才应懂得的东西：他们在距离性成熟的年龄很早很早以前就知道了性，就知道了性交；他们在距离独立生活还很远很远的时候就知道了金钱和权力的重要；他们在还没有感受到实际的社会矛盾，甚至不知道社会是什么的时候就知道了战争、暴力和犯罪……所有这一切都造成了他们精神发展上的畸形化。少年犯罪在整个世界上都成了人们关注的重要社会现象，人们往往把这种现象怪罪到中小学教育乃至教师和家长管教不严的过错上。实际上这恰恰是由现代学校教育和家庭教育本身的缺陷造成的。当一个人还没有实际地实现任何确定的社会目标的能力而又过早地以一个成人的价值观念认识社会或自己的时候，不论这种价值观念是正面的还是反面的，都会造成他内在心理的极大倾斜，都会导致严重的社会后果。六十年代红小兵的英雄主义和九十年代的少年抢劫犯实际都是由这种畸形心理造成的。除了这些极端的例子之外，它对儿童精神发展的戕害更是难以估量的。只要一个少年儿童没有仅仅属于自己的世界，仅仅属于自己的心灵感知方式，它就没有任何抵御被成人文化过早异化的能力，他或者毫无分辨能力地接受所有成年人的教导，造成创造力的过早枯萎和生命活力的过早消失，或者产生逆反心理，盲目地拒绝任何成年人的教导。前者属于鲁迅所说的羔羊型，后者属于鲁迅所说的流氓型。我们讲人的素质，实际上影响中国人素质发展的主要就是这两种倾向。甚至我们整个的成人文化也自觉不自觉地表现着这两种表面不同实质相通的倾向。我认为，这都是因为我们的少年儿童没有自己的世界，没有真正做过幼年梦、童年梦、少年梦。人类的世界不是一个世界，而是有各种不同的世界。在知识技能的世界里，任何时代的成年人都优越于儿童，正是因为这样，少年儿童需要成年人的教育，需要由成年人灌输给他们在社会上独立生存和发展的必需的知识和技能。但在精神境界上，任何时代的少年儿童都优越于成年人。人类是在不断追寻少年儿童时的梦想中实现自己的精神的净化的。我们不是不需要儿童的世界，而是极其需要儿童的世界；我们不是不需要儿童的梦想，而是极其需要儿童的梦想。儿童的梦想在整个人类的发展中都是有着巨大的历史作用的。哪一个时代的人淡漠了儿童的梦想，哪个时代的人就一定会堕落，会丧失自己的精神的家园；哪个时代的人更多地保留着儿童的梦想，哪个时代的人就是更为崇高的、真诚的、纯洁的，即使在比较艰苦的条件下也能够充满生命的活力和生活的情趣。我们只有在儿童时期才没有私有的观念，没有对金钱的崇拜、对权力的渴望，没有残害别人求取个人幸福的意识，而所有这一切恰恰是使人类堕落的根源。人类堕落的根源在成人的文化中，而不在儿童的梦想里。也就是说，一个民族的儿童必须有属于自己的独立的世界，有能够养成自己梦想的适宜的土壤。在这时，我想到的是儿童文学。

在人类原初的社会里，儿童世界和成人世界还只有极小极小的差别。那时的成人也像儿童，那时的儿童也像成人，因为成人没有自己独立的文化，而现当代的社会恰恰是儿童的世界和成人的世界发生了极其严重的分裂的时代。假若要问我们现当代儿童的世界与成人的世界有多么遥远的距离，我可以明确地回答说：从我们的幼儿世界到我们的成人世界有几千年乃至几十万年的距离，因为人类文化已经经过了几十万年的历史的发展。特别是在最近几千年的发展中，成人的世界已经远远地离开了儿童的世界。人类原初时代的生活本身以及那时代的神话传说都既是成人的，也是儿童的，那时的儿童自然地生活在儿童的世界里，但到了现当代的社会，成人文化占领了整个的世界，在纯粹自然发展的条件下，一个儿童几乎无法找到完全属于自己的世界，儿童的梦想在我们的现实世界上几乎没有形成的土壤。真正能够成为它的土壤的几乎只剩下了儿童游戏和儿童文学。只有在儿童文学里，儿童才有可能在自己的心灵中展开一个世界，一个在其中感到趣味、感到自由、感到如鱼得水般的身心愉悦的世界。也就是在这样一个世界中，儿童才自然地、不受干涉地用自己的心灵感知世界，感受事物，感受人，并形成真正属于自己的感知方式。成人们已经习惯了的残酷在儿童的心灵中是无法被接受的；成人已经习惯了的虚伪、欺诈是无法被儿童所理解的。儿童有自己分辨美丑的方式，有仅仅属于自己的心灵状态。这种心灵状态在儿童文学中才有着充分展开的余地，并会在它的反复中得到强化。所以，在现当代社会，在人类文化离开人的自然状态有了几千年突飞猛进的发展之后，儿童文学变得愈益重要了，它成了人类社会发展中不可或缺的一个文化领域，成了人类健康发展的基础，是一个健全的社会不能缺少的。它的作用是独立的，是无法被任何其他东西（例如家庭教育和学校教育）所代替的。

在这里，我也形成了我的关于儿童文学的最最基础的观念。我的这种观念是在与教育观念的分别中建立起来的。我完全同意王泉根先生关于儿童文学四种基本形态的划分。他把迄今为止的儿童文学观念归纳为四种：教育主义、稻草人主义、卢梭主义、童心主义。在这四种主义中，我更倾向于童心主义。我认为迄今为止的儿童文学还更多地倚重教育主义，它是在成人社会中为儿童文学找到自己的地位的一种需要，是引起成人对儿童文学的重视的一种理论。在一个漠视儿童的独立需要的社会上，似乎只有这种教育主义才能使这个社会重视儿童文学。但是，它仍然无法说明儿童文学的独立性。儿童文学到了现代社会不能再是社会教育、学校教育和家庭教育的辅助手段，教育本身就是以成人为本位的，是把成人的需要置于首位的，它是促进儿童心理向成年心理转化的一种形式，如上所述，这种转化是需要的，但却不是唯一的。儿童文学必须以儿童心理为基础、为前提，是这样一种心理的自由的、自然的游弋，它展开的是自己，是自己有趣味的审美感觉，是儿童愿意沉溺于其中的一个世界。教育是有强制性的，教育的基础是纪律，而儿童文学则不应当是强制性的，儿童文学的基础是自由。一个教师有强制学生掌握他自己不愿掌握的知识技能的权力，一个儿童文学家绝对没有强迫儿童必须阅读或喜爱自己作品的权力。儿童在儿童文学作品中首先感到的是乐趣，乐趣是在心灵自由中感到的，是儿童以自己的心灵感到的。我认为，正是由于这种教育的意识，才把儿童文学当成了教育的辅助手段，把儿童文学当成了班主任教育学生的形象化教材。这种教育主义把自己置于儿童的老师的地位，严重丧失了儿童文学对于儿童的吸引力。什么是儿童文学？儿童文学就是在自然的情况下儿童最最喜爱的文学作品，因为它最最符合儿童的心理特点，最最符合儿童的审美需要。它没有儿童与成年文学的那种更大的心理距离。我认为，我们成人往往低估了儿童的感受力，实际上儿童在他熟悉的领域里的感受力往往是比成年人更强的。教育的意识是把儿童置于更低位置、把作者自己置于更高位置的一种意识，这种意识儿童靠着自己的本能就能感受出来。我是从童年与少年之交开始阅读文学作品的，那个时候我读过《安徒生童话》、《一千零一夜》，读过好几个国家的民间故事，这些我都爱读，甚至那些不属于儿童文学的作品，如《聊斋志异》（那时有白话译本），《西游记》，《水浒传》，凡尔纳的科幻小说，柯南道尔的《福尔摩斯探案》，马克·吐温的《王子与贫儿》、《在亚瑟王朝里的康涅狄格州美国人》、《傻瓜威尔逊》，菲尔丁的《约瑟·安特路传》，乔叟的《坎特伯雷故事集》，勒萨日的《瘸腿魔鬼》等等，都能引起我的阅读趣味，在小学五六年级，我们班里还曾经有一度的武侠小说热，我也看过几本，也还是颇感趣味的，印象最深的则是《济公传》，我至今很喜欢济公这个人物，中国古代一些诗词作品也能使我喜欢。但说实话，我那时最不爱读的就是中国现当代的儿童文学作品了。它们的教育味太浓，它们总是使我意识到自己是一个不懂事的孩子，而那时的我是绝对厌恶这种感觉的，它伤害我的自尊心。而在我爱读的作品中，是绝不会产生这种感觉的。中国现代是儿童文学的初创期，其功劳是不可低估的，但二十世纪是中华民族一个苦难的世纪，我们的作家更关心的是成人的社会，他们也往往从成人的需要看待儿童的成长，中国传统的儿童观在理论上有了很大改变，但在作家的意识中却不能没有根深蒂固的影响。中国的成人对儿童几乎只有两种态度，一是"教"孩子，一是"哄"孩子，这两种态度与儿童文学的创作都是格格不入的。教育意识在中国更多地表现为一种道德意识，实际上，在道德的领域里，在心灵的状态上，任何一个成年人也是无法同童年相比的。这种道德教化的意识一旦在儿童文学作品中出现就显得十分可笑。王泉根先生把儿童文学分为三个层次，一是幼年文学，二是童年文学，三是少年文学。这种划分是十分有益的，它不但有利于实际的创作，也有利于我们对儿童文学的研究，正是在这种划分中，我们更能意识到儿童文学的最本质的特征。体现儿童文学最本质特征的应是幼儿文学。一个幼儿的心灵是需要我们成人去净化的吗？恰恰相反，我们的心灵需要用幼儿的心灵来净化，而不是幼儿的心灵需要我们去净化。

儿童文学不是儿童创作的文学，而是成年人创作的文学。既然作者在儿童文学的创作中发挥的不是道德教化的作用，那么，他发挥的是什么作用呢？我认为，他发挥的是具体地、实际地展开儿童心灵的作用。儿童的心灵是纯净的，但这颗心灵在现实的成人社会上却没有展开的广阔空间，特别是在现当代的成人社会上，不但儿童的心灵是被严重地禁锢着的，而且儿童自身也无力冲破这种禁锢而为自己找到广阔活动的空间，我们每一个人都会看到，随着现代社会的发展，儿童能够自由活动的空间越来越小了，能够体现自己独立性的机会越来越少了。我们的幼儿已经从丰富多彩的大自然中被排挤出来，被禁锢在只有人造的物质产品的家庭中；我们的少年每天从家庭走入学校，又从学校返回家庭，而不论是在家庭还是在学校，具有主动性的都不是少年儿童自己，他们是在家长和教师的管教下生活的。他们没有完全舒展自己心灵的空间，同时他们自己也无法具体地展开这个空间。一个成年人即使被禁锢起来，他仍然可以靠回忆、靠想象展开一个广大的精神世界，但儿童却不可能找到这种形式。这不是因为他们的道德太低下了，不是因为他们的心灵太污浊了，而是因为他们自己的知识范围太狭小了，他们感知过的事物太少了。即使幻想的世界、想象的世界也要借助众多的人和事物，众多的意象和具体丰富的语言符号构造起来。所有这一切，恰恰是一个少年儿童所缺乏的。他有一颗童贞的心灵，但却没有具体展开它的形式，儿童文学家所要完成的就是能够展开这颗心灵的各种不同的构造形式。这种形式创造出一个独立的世界，儿童的心灵只有在这样一些世界中才感到自由，感到乐趣，同时他也以自己的心灵接受了儿童文学家为他展开的这个世界的事事物物，开阔了他的世界，拓宽了他的心灵，同时也丰富了他的感性知觉。正像一个儿童在游乐场的游乐中也可以增长知识一样，儿童在儿童文学中也能获得丰富的知识，但这不是教育作用。游乐与教育的区别就是儿童文学与学校教育、家庭教育的区别。前者是以儿童为本位的，后者是以成人为本位的；前者是没有强制性的，是儿童的主动性行为，后者是带有一定强制性的，是不一定以儿童自身的意愿为转移的；前者是丰富现在的儿童心灵的需要，后者是转变儿童的心理的需要。儿童文学家就是这样一个语言游乐场的建造者，儿童文学家没有权力强迫儿童到自己建立的这个世界当中来，儿童喜爱这样一个世界才愿意进入这个世界。因此，这个世界同时也是儿童心灵的象征，是展开了的儿童的心灵。儿童的心灵找到了自己的表现形式，同时也在这种形式中朦胧地意识到了自己的存在。儿童文学家没有改变儿童的心灵本身，但却为它找到了一种表现形式。也正是有了这种表现形式，它就在儿童的心灵中被强化起来，即使少年儿童已经成长为成年人，有了成年人的社会经验，他也能够依靠这种形式回忆起自己童年的心灵、童年的爱好和童年的梦想，从而有形无形地影响自己成年后的选择，这种影响对一个成年人来说将永远是善的、美的、真的，因为它是在一个更纯真的年龄阶段形成的。学校教育、家庭教育使儿童的知识技能、人生经验尽快地丰富发展起来；儿童文学使儿童的纯洁、真诚和旺盛的生命力尽量多地保留到成年。我认为，在现当代社会上，只有在这两种力的合力中，才能建立起一个相对完美的成年人的社会。儿童文学家在建立这样一个相对完美的社会中的作用是巨大的，这是比在儿童文学作品中寻找出点点滴滴的教诲意义更为伟大的作用。

儿童文学是以儿童为本位的，是以儿童的乐趣为中心的，儿童文学家没有把自己置于儿童之上，以教育者的姿态对待儿童的权利，"教"孩子、"哄"孩子的意识都会有损于儿童的自尊心，也有损于儿童文学本身的质地，那么，儿童文学家创作儿童文学作品的内在动力何在呢？在这里，我们所要提出的是有关我们成年人的人生体验的问题。我们要问：我们这些成年人，我们这些接受了社会的教育已经成为成人社会的一员的成年人，在我们这个成人的社会中获得了心灵的满足吗？我们有了高超的现当代的科学技术，有了在社会中生活的丰富的人生经验，懂得了现当代社会所有的道德信条和法律常识，我们也努力按照现当代社会为我们规定的伦理的、道德的、法律的标准要求自己，家长、老师教过我们的一切我们都已知道，家长、老师没有教过我们的很多东西我们也已经知道，但我们怎么样了呢？我们的心灵越来越完美了吗？我们的社会越来越完善了吗？我们的生活越来越幸福了吗？我们是在追求着完美、完善、幸福、自由、生活的乐趣的过程中离开童年、走向成年的，但当我们真的成了成年人，才真正感到，我们不是走入了一个更完美、更完善、更幸福、更自由、充满更多乐趣的世界，我们自己也没有变得更高尚、更纯粹、更真诚，倒是我们离开的那个幼年的时代、童年的时代、少年的时代充满着更多的生活乐趣，充满着更美丽的幻想，那时我们的心灵也是洁白无瑕的。我们离开了童年的世界，但我们又不能不从内心怀念那样一个世界。正是这种对成人社会的不满足感，在我们的成人文学中产生了批判现实的现实主义文学、反抗现实的浪漫主义文学、绝望于现实的现代主义文学、调侃现实的后现代主义文学，归根到底，这些文学都产生在童年回忆与成人文化社会的巨大反差之中。人类文化越是发展，就越是远远地离开了人的自然的需要，离开了人的童年的感受。文化推进了社会的发展，同时也成了人的精神的重压。仅仅为了掌握在现实社会生存和发展的文化知识，我们就花费了多少力量，承担了多少精神的压力，丧失了多少原应享有的自由呵！直至成年，我们都还必须驮着人类几千年乃至几十万年的文化史，我们更有理性了，但理性也成了我们精神的压力，我们的感觉更迟钝了，我们在物质生活中感到的精神乐趣更少了，我们再也无法像儿童那样轻松自然地感知周围的世界，再也无法像儿童那样在极其单纯的事物中发现出无穷的乐趣来，我们没有了儿童能有的那样美丽的幻想，没有了童年时期的那种丰富的想象力。我们的生活失去了应有的乐趣。成年人的社会也有娱乐，也有享受，也有刺激我们神经的办法，甚至也有游戏文学，但所有这一切都或多或少地带上了恶俗的性质，吸毒、赌博、卖淫、买淫、战争、暴力、凶杀。我们的感觉迟钝了，需要的是强烈的麻醉和刺激。我们彼此也发生了无法弥合的精神裂痕，有的渴望权力，有的追求金钱，有的沉溺于性爱，有的企盼着名声，这使我们之间的精神交流也变得极其艰难。在这时，你不留恋于自己的童年吗？你不亲近于现在的儿童吗？在这时，你仍然不会否认学校教育和家庭教育的必要性，但你却有了与这种教育不同的感受儿童的角度。你不再感到儿童是比我们成人更不完善的，反而感到儿童是比我们成人更接近完善的；你不再感到你有教育儿童的资格，反而感到有净化自己心灵的要求。你愿意重新回到儿童的时代，与儿童一起去过那梦幻般的生活。我们到底是从儿童时期成长起来的，我们的内心还沉埋着那时候的梦想，还有着关于那时的诸多回忆，也能够从嘈杂的现实实利追求中暂时逃离出来，在想象中回到那个童年的自我之中去。与此同时，我们到底有了比那时更丰富的生活阅历，有了比那时更丰富的知识，有了更纯熟地运用语言的能力。这使我们有可能用语言表现我们童年的心灵，展开我们那时能有的美丽的幻想、丰富的想象。在这时，我们就有了儿童文学。所以，真正的儿童文学并不产生在对儿童的教育意识里，而是产生在儿童文学家追寻自我的儿童梦的内在需求中，产生于他对儿童的亲切感受中，产生在净化自我心灵的愿望里，产生在对更美丽的人类社会的理想中。他展开的是一个儿童的心灵世界，也是他沉潜在内心深处的求真求美的愿望。

中国成人文学发展的困难是显在的，而儿童文学发展的困难则是内在的。儿童文学不但不是由儿童自己创作的，同时也不是由儿童自己选择的。儿童文学是为儿童创造的一个个语言的世界，但儿童却无力自己走进这个世界，他们是要靠家长和教师领进这个世界的，而家长和教师则是成人，是负责儿童的教育的，他们往往主要为儿童选择那些"有用的"，而不是为儿童选择那些"有趣的"。我经常听到家长对他们的孩子们说："看这做什么，没有用处！"而他们所谓有用的就是在学校考试中能得高分的，在升学中用得上的，到社会上能赚到钱的，他们并不把儿童自身的阅读乐趣作为主要的标准。在现在中小学教育改革的"减负"过程中，削减了儿童课内的负担，但同时为儿童开列了更多的课外读物，而这些课外读物却大都是中外文学史上的名著，是成人文学中的精品。其目的何在呢？仍然是要扩大他们的文学史知识，提高教学质量，其目的仍然在教育，在"有用"。中外文学名著有多少呵，这是学生从小学到大学毕业都看不完的，如果让这些成人文学完全占领了儿童原本有限的课外阅读的时间，我们当代的儿童文学创作就无法进入到儿童的阅读范围之中去，我们的儿童文学创作就不可能得到发展，有限的发展也会局限在那些教育味很浓、儿童并不真正爱读、本质上不属于儿童文学的少量作品上。所以，儿童文学的发展在当代世界上还是阻力重重的。但是，如果我们真正切实地想一想，在人类社会上，还有什么能够制约成人欲望的恶性发展呢？如果你不是一个宗教家，不是一个宿命论者，不是一个认为科学万能、知识万能的科学主义者，你就必须承认，恰恰由于一代代的儿童不是在成人实利主义的精神基础上进入成人社会的，而是带着对人生、对世界美丽的幻想走入世界的，才使成人社会的实利主义无法完全控制我们的人类、我们的世界，才使我们成人社会不会完全堕落下去。我们不能没有儿童世界，不能没有儿童的幻想和梦想，不能用成人社会的原则无情地剥夺儿童的乐趣，不能用我们成人的价值观念完全摧毁儿童的懵懂的但却纯净的心灵。我们要生存，首先要为儿童找到幸福，找到乐趣，找到他们的心灵能够栖息的场所。一句话，我们现当代的世界不能没有儿童文学！

我呼唤儿童文学！呼唤中国的儿童文学！呼唤中国真正的以儿童为本位的儿童文学！

谈科幻小说

　　科学幻想小说是科学和幻想联姻后产生的文学宁馨儿。科学，是人类理性发展的最高表现形式；幻想，是人类想象力的最初的也是最充分的表现形式。谈论科幻小说，要从科学与幻想以及二者的联姻开始。

　　在人类的形成史上，幻想具有关键性的意义。在过去，我们从直立行走、语言的形成、大脑的完善化等等外部的特征说明人类与动物的根本区别，而较少注意在思维形式上二者的分界线。我认为，人类与动物在思维方式上的最初的差别是从人类有了幻想力开始的。动物没有幻想力，它对外界的接受仅仅依靠直感与直觉，至多只有简单的联想力。人类则有幻想的能力，能独立构想出一个不同于现实客观世界的另一个世界。这个新的世界不是外部客观世界的简单复制品，而是人类依靠主观想象创造出的一个全新的、存在于人类心灵内部的世界。它的真实性不是客观的真实性，而是内部心灵活动中的真实性。

　　整个人类的文化，是从幻想力的发达开始的。每个民族文化的最早的表现形态就是神话，而神话便是幻想的产物。在人类的整个发展历史上，幻想都起着这种重要的基础作用。幻想有两种发展方向，幻想产生幻想，这是一种幻想不断丰富和发展并形成自己的完整系统的发展形式。但幻想也同时向另一个途径发展：通过幻想，人们意识到现实世界的不完满、不充分，由此人们产生改造现实世界的愿望与意志。为了改造现实，人们便去认识现实，并通过对它的认识寻找改造它的途径。这就发展了人类的理性，发展了人类的科学。在这里，我们可以认识到，科学和幻想在人类的更高的本质中是融为一体的，它们的区别仅仅是在外部表现形式上的。

迄今为止，人们对科幻小说的重视程度还是远远不够的，这当然也与科幻小说自身发展的不充分有很大关系。科幻小说集中体现了人类的两大特征（幻想力与理性精神）的在本原意义上的统一性，是人类思维的最本质的特征。现在东西方世界的文学家都在向远古时代寻找人类的神话，但他们没有意识到，现代人类的神话恰恰正是科学幻想。我认为，在未来的世界文学的发展中，科学幻想将扮演一个越来越重要的角色。甚至可以断定，未来的时代，将有一个科学幻想占统治地位的文学时代。当然，那时的科学幻想也将在表现形态上与现在的科幻作品有很大不同，它将从根本上摆脱用文学形式表现一种科学见解的简单化的科幻形式，而从人类最深层的理性精神和幻想精神的基础上展示人类的最深刻的本质。

我们盼望这个时代的早日到来，我们更希望人们意识到这个时代出现的必然性与必要性，并为它的到来积极创造条件。

人类个体的发展形式与人类整体的发展形式有着一定的对应性，不仅从生物学的角度来看是如此，从人类的精神发展的过程来看也是如此。童年时代是充满幻想的时代，它相当于人类的童年——神话的时代。幻想产生追求，追求激发意志，这是青年时代的特征。青年热情奔放，充满理想，而理想则是现实化了的幻想。每一个民族的历史上，都有这么一个热情追求的青年时代。由于青年时代的追求意志，以及仅凭热情而遭受的现实的失败，使人们开始重视对现实世界的认识，并从这认识中寻求改造世界的具体途径。在这时，个体人进入了中年，人类历史上产生了理性的时代，科学的时代。老年是对童年的一种最深刻的否定，同时也是对童年的最完满的复归。老年人的想象力没有了童年幻想的纯真性质，但就其丰富性、多样性及其哲理内涵而言却为童年幻想所难以企及。总之，在个体人发展的一生中，幻想与理性也是相辅相成的，幻想不仅对童年是重要的，对一生的成长也是极为重要的。正像一个民族的童年没有充分发展的神话会影响一个民族的整个历史发展一样，没有丰富幻想的童年将使一个人的一生缺少蓬勃的追求意志和健全的理性精神。

　　幻想与理性、科学的统一只是内在哲学意义上的统一，而在表现形式上则永远是对立的。任何一种幻想都只是一种幻想，而不可能完全地转化为现实；任何一种现实都只是一种现实，而不可能等同于幻想。这是人类的一个永恒的矛盾，人类就在这永恒的矛盾中生存和发展。理性和科学的目的是将幻想中的东西变为现实存在的东西，是现实与幻想间的一架梯子，但这个梯子注定无法通向幻想的极致。幻想总是向远处的地平线，更行更远更生，不会消失也不会走到。人类的这种矛盾也是个体人的矛盾。一个人的幻想总是要超越现实，而现实又总是无情地粉碎人们的幻想。人生的痛苦因此而来。由此我们意欲说明的是，科学幻想小说中科学与幻想的统一只是一种内在精神上的统一，是人类对理性和幻想双重精神的向往，但却不是表现形式上的统一。它所表现的假若是完全科学的，它就失去了幻想的性质；而假若它纯属幻想的，它就不再具有科学性质。科学幻想小说的本质既不是科学，也不是幻想，而是以科学的形式表达出的人类的幻想，或以幻想的形式表现出来的人们对理性科学精神的尊崇和向往。它是文学，而不是科学。

西方科幻小说正式产生于西方浪漫主义时代。这是很值得注意的。西方浪漫主义时代是文学反抗科学主义而要求自身的独立性的时代，但又是在从十六至十八世纪科学主义长期发展后人类科学获得丰硕成果的时代。没有文学的独立地位以及没有科学事业的空前发展，都不可能产生科学幻想小说这种独立的文体，如果说凡尔纳的小说更多地表现了人类对科学探索精神的赞许，那么威尔斯的科幻小说则已经孕育着对科学主义的反抗。这两种倾向一直贯穿在西方科学幻想小说的历史上。人类需要科学，但科学不能最终拯救世界。科幻小说的内在精神与西方现代哲学的精神是殊途同归的。

中国文学源远流长，中国古代文学异常发达，但中国古代没有严格意义上的科学幻想小说。

中国古代的幻想没有导向科幻小说的产生。

中国儒家文化重视的现实的人际关系，"子不语怪力乱神"，对一切幻想性的、非现实性的东西持否定态度。它产生了载道文学、入世文学、抒情言志文学，但不能产生科学幻想性的文学。

道家文化重"养寿"、"修道"，主张出世，回归自然，但否定理性，主张天人合一，反对主动改造自然世界，故也不利于科幻小说的发展。在它的精神启迪下产生的是田园山水诗和隐逸文学、山林文学。

道教文化发展出了一套神仙系统，充满幻想性质，但它建立在迷信上，而不建立在科学研究的基础上。迷魔小说更多受道教文化的影响，但它与科幻小说并非一途。

墨家文化先秦以后迅速衰落，其变形在中下层群众中发生着影响，剑侠小说与墨家文化的影响有更大的关联，但剑侠小说尚武，科幻小说重视人类的理性精神的作用，二者难以沟通。

佛家文化对中国文人的幻想精神和想象力的复活有很大促进作用，但佛家文化对现实的超越是直接的超越，它同科学的超越形式不同。

中国古代科学幻想小说之所以没有形成一种独立的文学流派有两个根本原因：（1）儒家文化否定幻想，使中国知识分子的幻想力逐渐萎缩下来；（2）中国古代科学研究不受社会重视，科学的理性精神没有同幻想精神结为伉俪，一切的幻想形式都独立存在着，并与迷信形式融为一体。

当幻想仅仅是幻想，无法转化为改造客观现实的意志的时候，幻想便无法与科学精神联姻。

从晚清到民初，是中国知识分子最重视科幻小说的时代。林纾、鲁迅都热衷西方科幻小说的翻译和介绍。

但到后来，因为现实政治问题的严峻性，科幻小说的地位又迅速下降，它更多地出现在儿童文学中。直至"文革"结束以后，科幻小说的创作才再次复兴，但仍然没有得到应有的重视，其成果也不能说是十分丰硕的。它标志着我们对科学的重视，但也标志着我们重现实、轻幻想的固有传统的习惯性审美情趣的力量还是异常巨大的。

但我相信，在今后的一个世纪中，科幻小说将在中国文学中有一个较大的发展，它的受歧视、受冷落的地位也将随着它自身的发展而有所改变。

这种对人的生命的伟大关怀恰恰是文学艺术最为重要的东西。人类历史绵延无穷，社会思想波涛起伏，理性思想不断变化，生活知识有广有狭，生活方式代代不同，但人，对人自我生命的关怀则应是始终如一的。没有对人类生命的这种伟大的关怀，再先进、再伟大的理性信条都会枯黄、萎落、凋谢、腐烂，而有了这种对人的生命的伟大关怀，一切理性的限制都会在灵魂的大震动里簌簌剥落，而露出人的生命活力的本体的光辉来。

主题的重建

——《孔雀东南飞》赏析

　　对文学作品的解读，向来有两个相互联系的层面：一个是具有恒定性的层面，一个是不断变动着的层面。它的恒定性的层面是由文学作品的文本的客观性质决定的，它永远限制着解读者对它的解读的范围。在这个层面上，对的就是对的，错的就是错的，其真理性是绝对的，在历史的发展过程中永远不会发生任何变化，其衡量是非的标准是客观的。例如，《孔雀东南飞》不是一首政治讽喻诗，《红楼梦》不是一部武侠小说，《阿 Q 正传》不是一篇意识流小说，这都具有历史的恒定性。它的不断变动着的层面是由解读者主体的文化价值观念及其标准的变动性决定的，同样一个文学作品的文本当纳入文化价值观念不同的主体意识中去的时候，它所能够呈现出的面貌是不尽相同的，因而对它的解读也就有了不同。正是由于这个层面的存在，对一部文学作品的解读并不是一次完成的，而是常读常新的。越是伟大的文学作品，越会带来不断发展变化的解读形式，对它的解读和研究越是长久的、难以终止的。在这里，我们还可以指出这样一种现象，即相同的语言概念在不同的解读者，特别是不同时代的解读者那里常常是不同的，随着这种语言概念的外延与内涵的发展变化，在一些解读者那里基本正确的解读方式，在另一时代的另一些人那里成了并不完全正确，甚至谬误的方式了，这部分人就要否定或部分地否定这种解读，面对它做出新的解读，以自己的理性价值标准重建作品的主题意义。

中国的文学接受者对表现两性关系的文学作品的解读，曾出现过三种总体的倾向。在先秦，以孔子为代表，在删订保存表现两性关系诗歌的同时对它们用自己的道德水准做了基本的区分：情与淫。合于其道德水准的被作为乐而不淫的情诗得到了保存和肯定，不合于其道德水准的被作为淫诗受到了否定。孔子所代表的这种倾向性基本上在中国古代社会得到了贯彻，成了中国文人对这类诗歌的基本态度。但是，随着儒家道德的僵硬化和严格化，随着孔子被作为至圣先师之后形象的圣贤化和偶像化，随着"诗三百"被抬到儒家经典的高度，中国古代把《诗经》中表现两性关系的诗曲解为政治隐喻诗和道德教化诗的倾向得到了发展，其最集中、最极端的表现是《诗序》。这种倾向还体现在道学家对描写两性关系诗的歧视和贬低上。这可以称为第二种总体的倾向。"五四"之后，在西方文化的影响下，新文学作家和文学研究者开始重视爱情的价值，从而对中国古代这类诗歌都在爱情诗的命题下给予了崇高的评价，并把它们与载道宗经的诗歌对立起来，赋予了它们更多的反封建的思想意义。这个倾向大概直至现在还是一种主要的倾向。但在这里，我们也遇到了一个无形的尖锐矛盾，即在不重视爱情、压抑爱情的儒家文化统治下的中国古代社会里，爱情诗在整个诗歌中的比重基本不亚于重视爱情、提倡爱情的文艺复兴后的西方爱情诗在整个诗歌中所占的比重。不论怎么说，这都

只把她当作一个普普通通的妻子。她在感情上无法从丈夫那里获得任何温暖。现在，她被遣回到了自己的娘家，她仍然没有获得她希望获得的：

> 入门上家堂，进退无颜仪。
> 阿母大拊掌："不图子自归！
> 十三教汝织，十四能裁衣。
> 十五弹箜篌，十六知礼仪。
> 十七遣汝嫁，谓言无誓违。
> 汝今无罪过，不迎而自归？"
> "兰芝惭阿母，儿实无罪过。"
> 阿母大悲摧。

　　她的母亲首先想到的只是她有无丢了自家的人。她在母亲的面前也不得不为自己的行为辩白。她感到屈辱，也感到孤独。

> 阿母谢媒人："女子先有誓，
> 老姥岂敢言？"阿兄得闻之，
> 怅然心中烦，举言谓阿妹：
> "作计何不量！先嫁得府吏，
> 后嫁得郎君，否泰如天地，
> 足以荣汝身。不嫁义郎体，
> 其往欲何云？"兰芝仰头答：
> "理实如兄言。谢家事夫婿，
> 中道还兄门，处分适兄意，

那得自任专？虽与府吏要，
渠会永无缘！登即相许和，
便可作婚姻。"

　　读者在焦仲卿妻的兄长口里听到的可能是他嫌贫爱富、逼迫其妹改嫁的不良品德，但我认为焦仲卿妻听到的主要是她已成了娘家人的一个累赘：母亲也是急于要她找到婆家的，只是怕女儿不从，故说"老姥岂敢言"；兄长则毫不掩饰地催她赶快改嫁，极言其好只是借口罢了，表面为妹妹着想，实际是为自己的脸面着想。因而她出人意料地立即答应了这门亲事，说的是"理实如兄言"，但想的却是既然情已断、意已绝，又何必觍颜赖在娘家呢？

　　她的自尊心受到了何等严重的伤害呀！

　　在这时，她已绝望于人生。

　　尽心服侍过的婆家人尚且如此，亲骨肉的娘家人尚且如此，她又到哪里去找到爱，找到感情的寄托，找到自己的尊严和地位呢？

　　她的死不是殉夫情而死，而是绝望于人生而死！

　　假若她仅仅为忠于原来的婚姻，仅仅为了对焦仲卿的爱而死，当她答应下这门亲事以后，或者在未答应这门亲事，而感到与夫复婚的希望已经不存在的时候，便要自杀了。

　　但她没有马上去死，也没有见到丈夫之后便死，而是在婚礼完成，到了新家之后才投水自杀。

　　因为她在这个世界还有没有实现的愿望。

　　她要那些蔑视她的人知道她的价值，让婆母和丈夫知道她不是因嫁不到一个更为富贵的人家而自杀的，不是为了他们没有重新召回她而自杀的。

她要向那些视她为累赘的人表明，她完全可以不做他们的累赘而生活下去！她完全可以获得他们垂涎三尺的富贵生活。她不是为贫穷、为得不到富贵而自杀的。

她要向这些人报复，报复这凉薄的人生！

在精神上施行报复！

让他们感到一点精神上的不安，让她的怨魂永远跟随着他们！

交语速装束，络绎如浮云。
青雀白鹄舫，四角龙子幡，
婀娜随风转；金车玉作轮，
踯躅青骢马，流苏金镂鞍。
赍钱三百万，皆用青丝穿。
杂彩三百匹，交广市鲑珍。
从人四五百，郁郁登郡门。

这是焦仲卿妻预备给她的夫家和娘家人看的。

这是作者写给有类于焦仲卿妻的夫家和娘家人的人们看的。

这是一种世俗的煊赫和豪华。

但报复世俗的人便必须用这种世俗的煊赫和豪华！

焦仲卿妻却在这世俗的煊赫和豪华中愈感到人生的悲哀、寂寞、孤独和毫无意义——它们体现的不是人与人的情感和爱，体现的是人的虚荣和矫饰。

阿母谓阿女："适得府君书，
明日来迎汝，何不作衣裳？
莫令事不举！"阿女默无声，
手巾掩口啼，泪落便如泻。
移我琉璃榻，出置前窗下。
左手持刀尺，右手执绫罗。
朝成绣夹裙，晚成单罗衫。
晻晻日欲暝，愁思出门啼。

在这时，她体验到的是生命的孤独和与人生诀别前的留恋。我们必须看到，在这时，她所感到留恋的，仍是她的丈夫，因为不论在自己的人生中所获得的爱是何等微薄，她的丈夫是何等无能，但他到底是这个世界上唯一与她休戚相关的一个人，他到底曾经表现出对她的一点情感。显而易见，在她死前她急需再见他一面。这里的"移我琉璃榻，出置前窗下"，这里的"晻晻日欲暝，愁思出门啼"，分明是盼望见到丈夫的意思。我们从中应感受到什么呢？当然我们可以感受到她对丈夫的爱（这时她的爱是透明的），但同时也应感到，只有在她与生命诀别的时候，她才能从整个凉薄的人生中筛选出这么一丁点儿与爱情相近的东西来：如若她的一生都被关在一个铁笼子里与一只冷血动物为伍，在她死前不是也同样无比怀恋这只冷血动物吗？

中国古代的妇女的婚姻与此又有什么区别呢？

不论何等不争气的丈夫，在这种情况下都会成为她的生命的符号。

她对生命的依恋便同时表现为对丈夫的依恋！尽管平时没

有爱情。

> 府吏闻此变，因求假暂归。
>
> 未至二三里，摧藏马悲哀。
>
> 新妇识马声，蹑履相逢迎。
>
> 怅然遥相望，知是故人来。
>
> 举手拍马鞍，嗟叹使心伤。
>
> "自君别我后，人事不可量。
>
> 果不如先愿，又非君所详。
>
> 我有亲父母，逼迫兼弟兄。
>
> 以我应他人，君还何所望！"
>
> 府吏谓新妇："贺卿得高迁！
>
> 磐石方且厚，可以卒千年。
>
> 蒲苇一时纫，便作旦夕间。
>
> 卿当日胜贵，吾独向黄泉。"
>
> 新妇谓府吏："何意出此言！
>
> 同是被逼迫，君尔妾亦然。
>
> 黄泉下相见，勿违今日言！"
>
> 执手分道去，各各还家门。
>
> 生人作死别，恨恨那可论！
>
> 念与世间辞，千万不复全。

我认为，这里需要注意到的有下列两点：

（1）焦仲卿在报府之后并没有寻到与其妻复婚的办法，他是在听到妻子再婚的消息后请假暂归的；（2）他的妻子在理智上对他的无可奈何的处境是理解的，而他对妻子的行动是不理解的。"贺卿得高迁！磐石方且厚，可以卒千年。蒲苇一时纫，便作旦夕间。卿当日胜贵，吾独向黄泉。"他的话意含讽刺，虽然是在不了解妻子心迹的情况下的误会，但这误会也不是爱情的表现，而是从一个自私的男子的谋求婚姻的目的出发的。他的话严重地刺伤了其妻的自尊心。"何意出此言！同是被逼迫，君尔妾亦然。"这里蕴含着对丈夫的愤怒和自己的无可奈何的悲哀。在这句话里，掩盖着这样的意思：我们同是处于无可奈何的境地，为什么我能理解你的苦衷，你就无法理解我的苦衷呢？须知她是在将死之前谅解了丈夫的一切懦弱、无能和给自己造成的卑屈、苦难之后听到丈夫的这一席话的，她该是何等失望呵！她向来所寻求的不就是一点别人的理解吗？但事实证明她在将死之前仍然连一点理解也没有得到。她在临死之前唯一留恋的不就是这么一个无能的丈夫吗？可给她造成了全部卑屈和苦难的丈夫却把全部责任推到了她的身上。这是令人气闷言塞的事情。"黄泉下相见，勿违今日言！"我感到焦仲卿妻的这个约言，不是出于爱情，而是出于自己的愤懑。她的内在心理是："你说我违背了诺言，但我早已下定了死的决心，你能像我一样吗？"这个怨魂终于紧紧抓住了这个懦弱无能的丈夫，这个从来无力保护妻子而却又有意无意间想通过妻子的过错隐瞒自己的无能、以求心灵的轻松的丈夫。在这时，两个人的死才注定了。我们从焦仲卿妻见到丈夫后的第一段话里，还是感受不到她要丈夫与她同死的意思的，因而也没有事先告诉他，她已下了死的决心。是丈夫对她的讽刺和埋怨，激起了她的同死的愿望。

在这时，焦仲卿的死几乎也被注定了。从外部原因而言，这是与妻子的约言，但从内部心理原因而言，这实际是他懦弱灵魂的最后的挣扎。他的一生，在母亲面前畏首畏尾，她没有给他留下一丁点儿意识到自己存在价值的空间。他受到意志的绝对压抑，失去了自我，失去了作为一个独立的人、作为一个男子的一丁点儿骨气和硬气。他的母亲把他造成了一个软体动物。在他的妻子面前，他受到她的本能的蔑视，她看不起这样一个无能的、懦弱的、毫无骨气的丈夫。但在平时，他还能活在各种自我欺骗里，活在母爱、妻贤的幸福的帷幕下面。母妻的矛盾和妻子的被遣把这一层层帷幕都拉开了，他的无能被暴露在光天化日之下。须知一个人是不可能在看到自己毫无存在价值的条件下生活下去的，他要挣扎，他要在外挽回自己的面子，对自己证明自己不是完全的无能。把母亲逐走的妻子重新召回是他的这种挣扎的唯一途径。但是，历史已经造就了他，家庭已经铸造了他。在这样一个困难的任务面前，他注定无法获得成功了。当他获知妻子改嫁的消息之后，他是痛苦的，他痛苦自己没有能力留住自己的妻子，但他却本能般地抓住了妻子首先破坏誓约的借口。这使这个懦弱的人又可以活在自我的欺骗里，把责任推在妻子的嫌贫爱富的行为上。但当妻子约言共死的时候，他的这点自我欺骗的最后口实也被粉碎了。在这时，只有死，才成了他证明自己还有一点自由、一点个人意志的方式。他只能在自己的死亡里证实自己的存在。

府吏还家去，上堂拜阿母：
"今日大风寒，寒风摧树木，
严霜结庭兰。儿今日冥冥，
令母在后单。故作不良计，
勿复怨鬼神！命如南山石，

四体康且直！”阿母得闻之，
零泪应声落：“汝是大家子，
仕宦于台阁。慎勿为妇死，
贵贱情何薄？东家有贤女，
窈窕艳城郭。阿母为汝求，
便复在旦夕。”府吏再拜还，
长叹空房中，作计乃尔立。
转头向户里，渐见愁煎迫。

　　假若仅从感情的角度，我们便会重新退回到焦仲卿原来
的立场上去。显而易见，焦仲卿像一切男子一样，始终处于
母子之情与夫妻之情的交叉中。假若没有任何其他因素的卷
入，我们只能像传统道学家一样要求焦仲卿牺牲夫妻感情而服
从母子情谊。从《孔雀东南飞》的实际描写中我们也可以看
到，他的母亲也并非不爱他、不关心他，这种感情并不轻于妻
子对他的爱。这里的关键仅仅在于，他母亲对他的爱是伴随着
对他的自由意志的剥夺的，她用自己的意志完全替代了儿子
的意志。焦仲卿在母亲面前再也无法找回自己的自由、自己
的独立意志，因而也无法找到自己存在的独立价值。“阿母得
闻之，零泪应声落”，这种描写不但是真实的，而且也是合理
的，但这时却已不能改变焦仲卿的想法，因为他找的并不是这
种感情，而是自己的独立意志和独立价值。在他再也无力挽回
与妻子的婚姻的时候，自杀便成了他证明自己独立性的唯一手
段了。
　　但他直到他妻子自杀的消息传来之后才自杀身死，因为这
是他自杀的前提条件。

如果仅仅出于爱情，妻子自杀与否是不具有任何意义的，因为反正他已经失去了她。

但他的自杀不主要出于爱情，是出于对自己的谴责。如果妻子没有自杀，而是改嫁了他人，他便不再感到遣返她有什么值得自遣的地方。如果妻子真正自杀了，他的责任也便是难以推卸的了，这时如果他仍然苟活下去，他的无能和他的无情无义便会伴随他的终身。

焦仲卿妻的死是不以丈夫的死为前提的，因为她寻找的是自己的尊严，她过去的经历已经使她失望于人生了，她的被遣和被改嫁已经构成了她自杀的前提。

就这样，夫妻二人先后放弃了自己的生命。

但他们的死却有着不同的意义。

不论焦仲卿妻自己意识到了没有，她都不主要是为殉夫情而死，而是为了保卫自己的生命的尊严而死。她已绝望于人生。她用自己的死抗议这无爱的人间，向那些自私、卑琐、怯懦、无情的人们表示了自己的蔑视和憎恶。

无论焦仲卿自己意识到了没有，他都不主要是为了殉妻情而死，而是为了证明自我的存在而死。他在自己的家庭里，在自己生活的人世间，已经失去了自我，失去了自我的自由意志和独立人格。他只有在死亡中才能向自己的母亲，向这个世界，也向投水自尽的前妻，证明自己的自由和独立。

当焦仲卿妻在现世间无法获得人的尊严，当焦仲卿在现世间失去了人的自由意志的时候，他们之间的爱情是不可能真正建立起来的。他们有婚姻而没有爱情，并且因为没有爱情的精神鼓舞力量，他们的婚姻也得而复失，难以维持。当焦仲卿妻在死亡中获得了人的尊严，焦仲卿在死亡中找回了自己的自由意志之后，他们才会有真正的爱情和幸福。

> 两家求合葬，合葬华山傍。
> 东西植松柏，左右种梧桐。
> 枝枝相覆盖，叶叶相交通。
> 中有双飞鸟，自名为鸳鸯。
> 仰头相向鸣，夜夜达五更。
> 行人驻足听，寡妇起彷徨。
> 多谢后世人，戒之慎勿忘！

不论这种幻想性描写显得多么幼稚，但作为一种象征都不是没有线索可循的。焦仲卿妻用自己的死亡证实了自己的价值，使婆母、娘家母亲兄弟愕然惊顾。焦仲卿用自己的死亡证实了自己对自由意志的重视，使母亲不能再不满足、尊重自己的意愿。"两家求合葬"，满足了他们生前的愿望。在这种情况下，爱情才比翼双飞、嘤嘤互鸣。但可惜，人的悲剧已经完成，爱情的喜剧只在幻想中。

只有在人间追回人的尊严和人的自由，爱情才会在人间红，在人间烧，在人间笑出幸福的酒窝。

显而易见，作者在这个悲剧故事里，有意突出的是婚姻的主题。在全文结束的这一段里，我特别注意到了"寡妇起彷徨"一句。我想，作者所说的"寡妇起彷徨"是说寡妇们在焦仲卿夫妻灵魂的互爱里感到自身的寂寞、孤独和痛苦了呢，还是说她们应在他们生前坚守原来婚约的行为中坚定自己守寡的意志呢？我想二者都有吧！但无论如何，作者是不会鼓励起彷徨的寡妇们改嫁而寻求自己的爱情幸福的。在这时，我们也相应认识到，反对封建礼教也不是该诗的自觉的主题。事实上，焦仲卿夫妻都是恪守封建礼教的，焦仲卿妻甚至可说是这方面的模范。她更像《红楼梦》中的薛宝钗，而不像林黛玉。焦仲卿则更像巴金《家》中的觉新，而不是觉慧。大概正因为如此，作者才会同情他们，把他们的命运视为一种悲剧。假若焦仲卿妻像鲁迅《离婚》中的爱姑，焦仲卿像郁达夫《沉沦》中的于质夫，作者还会同情他们吗？也就是说，仅就作者理性追求的目标而言，与其说《孔雀东南飞》是反封建礼教的，不如说它是维护封建礼教的，与其说是歌颂爱情的，不如说是维护封建婚姻的合法性的。

但是，这并不意味着我否认《孔雀东南飞》的伟大意义。

实际上，震动着叙事长诗作者心灵的，并不是作者对该事件的任何理性认识的结论，而是一个更简单、更普通但也更伟大、更普遍的东西，即对人的生命的伟大关怀。正是在焦仲卿夫妻的死亡里，他或他们感到了灵魂的震动，小序中的"时人伤之"的话便体现了作者记叙这件悲剧故事的原初动机。我倒认为，这种对人的生命的伟大关怀恰恰是文学艺术最为重要的东西。人类历史绵延无穷，社会思想波涛起伏，理性思想不断变化，生活知识有广有狭，生活方式代代不同，但人，对人自我生命的关怀则应是始终如一的。没有对人类生命的这种伟大的关怀，再先进、再伟大的理性信条都会枯黄、萎落、凋谢、腐烂，而有了这种对人的生命的伟大关怀，一切理性的限制都会在灵魂的大震动里簌簌剥落，而露出人的生命活力的本体的光辉来。正是因为如此，屈原、司马迁、陶渊明、李白、杜甫、白居易、曹雪芹、鲁迅这些过去时代的伟大作家的作品才以各种不同的形式、带着自身的不同局限大踏步地跨进了当代的世界，跨进了我们当代人的心灵，并以不同的形式为我们所理解、所同情、所接受，而一些在当代理性信条上建立起来的作品却有可能迅速地从我们的心灵中退回去，退到我们的心灵看不见的历史的阴影里去。《孔雀东南飞》便是在对人的生命的伟大关怀中产生的，它能够走进我们当代人的心灵。

也就是说，《孔雀东南飞》的主题首先是一个人生的主题，是人的生与死的主题，是人的命运的主题。作者在对人的生命的伟大关怀中，记录了、再造了焦仲卿夫妻的悲剧故事。我认为，这，就是一切。当这个悲剧故事被再造成功之后，当它可以在中国的历史上穿行的时候，它的各种信息也就可以向人们传递了。不论作者在当时是怎样具体看待这个故事的，不论焦仲卿夫妻本身的思想高度如何，每个时代的人都有可能以自我的理性标准重建它的主题意义。

当我们用现代意义上的"爱情"标准看待《孔雀东南飞》的悲剧故事时，我认为我们不应再把焦仲卿夫妻生前的关系看作爱情的关系，作者所描写的实际上是一个不建立在爱情基础上的婚姻，正是因为如此，这个婚姻没有得到爱情关系的有效保障，很轻易地便被封建礼教制度毁灭了。直至焦仲卿夫妻在生离死别的最后一次会面，彼此的精神仍是严重地隔膜着的，二人始终未曾在精神上完全融为一体，所以他们生前的关系从基本性质上始终不主要是现代意义上的爱情关系，他们的努力始终主要是维持婚姻关系的努力。事实上，当封建礼教制度剥夺了人的尊严，剥夺了人的独立意志之后，两性之间的真正爱情关系也便从根本上被扼杀了。由此可以看出，《孔雀东南飞》不是对已建立的爱情关系的歌颂，而是对两性爱情关系的向往。只有在焦仲卿夫妻为维持共同的婚姻关系而殉身之后，他们才在另外一个世界上建立起了真正的以爱情为基础的婚姻，爱情才成了他们二人关系的基本性质。

婚姻的主题在我们的眼中与原作者的眼中也不相同了。在原作者的眼中，焦仲卿夫妻为维持自身的婚姻契约的努力本身便是可贵的，值得赞颂的。我们则不能如此。我们必须承认在两性之间没有爱情基础的时候解除婚约是合理与合法的。我们不再会笼统地肯定一种为维持婚姻契约而做出的努力。但在《孔雀东南飞》的悲剧故事中，我们依然能够在我们的理性原则上重建一个新的婚姻主题。它使我们看到，传统的封建礼教本身，恰恰是破坏稳定和谐婚姻关系的重要社会因素。当封建礼教在漠视男女爱情关系的基础上建立封建的婚姻时，当封建礼教将婚姻的构成与解体的主要权力交给家长的时候，稳定和谐的婚姻关系也便受到了破坏。传统的封建礼教总是以维护家庭婚姻的和谐美满为自己的职责，但真正造成婚姻的不幸和家庭的解体的，恰恰是封建礼教制度的自身，焦仲卿夫妻的悲剧便是一个有力的证明。

在过去，我们往往认为，要肯定一部文学作品，就必须肯定它所塑造的正面人物的人格的完美性，这恰恰是我们极难办到的。人们的文化价值观念的变化不会再对同一个人物典型做出同样的道德评价。在我们看来，焦仲卿夫妻都不能再是我们学习的榜样。焦仲卿妻被束缚在封建礼教的桎梏中，她是以传统的妇德为自己的道德修养的准则的。焦仲卿更是一个这样道德的奴隶，他缺乏起码的个性意识。但这样评价这两个人物，并不会降低《孔雀东南飞》的思想价值。与此相反，我们从中正能看到，当封建礼教扼杀着社会的机制时，同时也扼杀着人的精神的发展。我们在同情焦仲卿夫妻的悲剧的时候，不能再以他们的人格模式塑造自己。

当我重读中国古代这首叙事长诗的时候，使我感到惊叹的是它的人物语言的精妙设计。我对叙事文学作品的人物语言的评价是偏于苛刻的。我极难忍受那些脱离开人物内在真实的心理活动和他可能的独特表达方式而由作者硬按在人物口里的语言。我还相信人物只有在极少的情况下（特别是在中国的文化环境中）才会直接表达和能够直接表达自己的真实的思想和感情。在绝大多数的情况，人物的心灵语言（内部的语言）在转换为他的口头语言（说出的语言）的时候，是要经过无数道荧光屏的折射的，它可能以面目全非的形式出现在人们的口头上。当我带着这样的标准逐段思考《孔雀东南飞》的人物语言和人物对话时，我惊奇地发现，我在这两千余年前的无名氏的叙事长诗中，竟难以挑出明显的毛病。而这，在心理学和精神分析学空前发达的当代社会上，也是极难做到的。《孔雀东南飞》几乎多半的篇幅都是大段大段的人物语言，这些语言是如此的朴素，却又如此精确地符合于人物的微细心理变化和他的独特的表现形式。焦仲卿妻这个人物是很有心计的，极有自尊心而又总是以自谦自卑的姿态出现在每一个人物面前，把自己的真实思想感情巧妙地用合于封建礼教要求的交际语言曲折地暗示出来，使人在感受到的同时又无法肯定地证实它的含义。她的语言几乎总是有两种或两种以上的解读方式，使她可以在不同的情况下用不同的语言翻译出来。她经常用赞扬的语汇表达自己对对方的不满，用顺从的方式表示异议，以尊敬的言词表示蔑视。这些特点作者都在其设计的语言中充分体现了出来。我认为，《孔雀东南飞》在这方面的艺术成就是极高的，即使在后来的小说作品中，能达到如此高的成就者也为数甚少。人们称它为"长诗之圣"（王世贞《艺苑卮言》），称它为"古今第一首长诗"（沈德潜《古诗源》），不仅仅因为它"长"，更因为它所达到的艺术高度。

一九九二年四月二十日于北京师范大学中文系

从音、形、义话杜甫诗《白帝》

白帝城中云出门，白帝城下雨翻盆。
高江急峡雷霆斗，翠木苍藤日月昏。
戎马不如归马逸，千家今有百家存。
哀哀寡妇诛求尽，恸哭秋原何处村。

　　我这里说的音、形、义，不是指的一个字的音、形、义，而是指的诗的音韵、形象和意蕴。假若从最好的诗的角度，这三者并不是分离的，甚至也不只是形式为内容（音、形为义）服务的关系，而是彼此制约、各自向对方转化的关系。音可以成为一种形象，可以具有一定的意义，形象也是一种意义，也规定着它的音声形态，这样，意义也便有了一种音韵和形象的效果了。
　　杜甫这首《白帝》诗在艺术上是很精到的，可谓一首千锤百炼之作。它给我的感觉是，诗中似有千百只手，一齐伸了出来，牢牢地攫住了一种情绪感受，使它紧紧凝定在你的心中，不可移易。这种感觉产生的根本原因在于，杜甫调动了该诗的音韵、形象、意蕴等所有的力量，集中完成了一种情绪传达的任务，造成了极为强烈的生活感受。因而，在赏析该诗时，我们必须注意它的音、形、义的联合力量，而不能只注意它的字面含义。

"白帝城中云出门。"对于全诗的首句，我们便容易出现理解的错误。"云"，向来就给人以飘逸之感、轻清之气、轻盈之态、从容平和之状。我们说如"行云流水"，说"白云千载空悠悠"（崔颢），说"白云生处有人家"（杜牧），都传达的是这种感受。但这里的"云"却不是。为什么不是？我们读一下这句诗便能感到：

bái dì chéng zhōng yún chù mén

首先，这句诗的特点是除"城"、"出"两字外没有一个同声母的字，并且这两个字相距甚远；第二，这句诗也没有一个同韵母的字，只有"城"、"中"二字韵母略相近，使这两个字略有一点连绵的感觉；第三，从声调来说，其中没有任何两个相连的字是同声调的，并且，虽然句中平声字居多，但着一"出"（古入声字，读 chù）字，短促有力，仿佛一下子将"云"聚集起来挤压出去，给人以凝重之感。由于以上种种原因，使该句诗读起来几乎是一字一顿，每一个音都像一块铅一样重重落下，绝不轻清飘忽。这种声调也影响到"云"这个形象，使它不可能是飘逸轻清的，因为当你读这句诗时无法产生这种感觉。

我们再看最后的韵脚"门"。"mén"这个音是双唇紧闭，张开口后略有气流散出便立即合唇。它并不向外送气，因而也不是气流流畅地、舒缓地徐徐流出。所以，尽管"门"是沟通内外的一个渠道，但读起它来却无流畅之感。"云出门"字面的意义似乎是云流出门外，但这里绝不是畅快地涌出，读的感觉告诉我们，云的"出"是有强烈的壅塞感的。

"云"是一种形象，但仅这个字无法给你一个更具体的印象。你无法断定它是什么样的云，它的更具体的形象是读这句诗时感受到的。它不是飘逸轻清的白云，不是悠悠散乱的浮云，不是疾驰狂奔的行云，而是攒涌翻腾着的一大团一大团的云块，淡白的、灰白的、浓黑的，相互冲撞拥挤，涌动着、翻腾着，势如奔逐，但又因攒集而壅积在一起。"白帝城中云出门"不是一个平静的、柔美的画面，而是一幅云翻雾涌的遒劲的图景。它动而静，静而动，是由大动组成的静，因而静中又有大动。

"云"的形象确定了，它的意义也就明确了。在这里，它是一种感情，是一种情绪。在"白帝城中云出门"中我们听到、看到的是杜甫的心灵。他心中有万种感慨、千种情绪，这些感慨和情绪冲撞着、涌动着、拥挤着，但又欲言难言，欲说难说，似乎向外流溢着，但又翻腾涌动在胸口，使胸中感到涌涨满闷。

"白帝城下雨翻盆。""白帝城下"与上句"白帝城中"相应，把上下两句紧密连接起来。由这种连接方式，我们反而觉得淡化了对"白帝城中"和"白帝城下"的感觉，而把彼此不相同的"云出门"、"雨翻盆"更深地留在了记忆中，当成了这两句的重点。

"白帝城下雨翻盆"在语式上与上句是相同的：

bái dì chéng xià yǔ fān pén

这种顿挫有力的气势加强了"雨翻盆"的气势。但这里仍应注意"盆"字的读法。"p"是个送气音，但"盆"在两唇张口送气的一刹那，便立即停止了送气。"雨翻盆"仅从形象而言，似乎是极痛快淋漓的一种倾泻，有着疏壅去积的作用，滂沱大雨，倾盆而下，这是何等的痛快呵！但经杜甫这么一颠倒，使"盆"字成了这一句的韵脚，情况就大不相同了。这整个的景象给我们产生的绝不是痛快淋漓的感觉，而仍是郁郁难舒的激情。我们感到杜甫的内心在翻腾着一场暴风骤雨，但却并没有可能涌出心外。这里动也是静，不是外在的动，而是内在的动。

"高江急峡雷霆斗，翠木苍藤日月昏。"这两句诗在读的感觉上与上两句是相同的。我们感到并不能像平时那样按音节的读法来读：

高江—急峡—雷霆斗
翠木—苍藤—日月昏

而应以一字一顿的方式来读：

高—江—急—峡—雷—霆—斗
翠—木—苍—藤—日—月—昏

它遒劲的力把奔腾的江水、在风雨雷霆中摇动的山峡、吼叫的雷霆都变成一个渊默的画面了。这里是动能蓄积成的势能，而不是"大江东去，浪淘尽"一类的动态场景的本身。"斗"字仍然像"门"、"盆"一样，是乍开即合的音，如果说"门"更有壅塞感，"盆"更有爆破感，"斗"字则更有紧张的力度。它使我们听不到狂风怒吼、雷霆炸裂的响声，而是感到了一种极其紧张的关系，一种孕育着骚动的渊默。在这里，大概我们更容易理解"高江急峡"这种形容词"错置"的意义了。"江"是"急"的，但用"高"；"峡"是"高"的，但用"急"。实际上，这里是给动的东西加上了静的形容词，给静的东西加上了动的形容词。"江"本身是流动的、急湍的，一个"高"字，立即使它有了静的形态，它的动成了一种内在的势能，在感觉上不再是单纯活跃着的东西，而是静中之动；"峡"本身是静止的、渊默的，一个"急"字，立即使它有了动态感，但这动态又不是真的动态，而是感觉上的动态，是呈现着动能的势能。与此同时，"高"、"急"都有奇险感，以"高"代"急"、以"急"代"高"同样起到原来的修饰作用而又有化动为静、化静为动的附加作用，从而大大丰富了两个形容词的表现力。"翠木苍藤日月昏"就其本身而言是静态的画面，但只要你读一读它，它又给你一种动态感。这样一字一顿的音调特征，使每一个音都像在跳、在动，都像要跳跃起来与对方进行搏斗一样。这两句诗也像"高江急峡"一样，前句是动中有静、动转化为静；后句则静中有动、静转化为动。

以上两联写景，中心是形象的创造，但在这形象的创造中，音韵、词义都同时起着作用。这种形象同时也是一种意蕴，一种作者的内心情绪。它使我们感到，杜甫的内心是极不平静的，像团团浓云般翻腾攒涌，像滂沱大雨般激越热烈，像大江怒涛般湍急奔放，像高峡奇峰般峥嵘奇崛，像电闪雷鸣般狂躁恣肆，但这一切都被压缩在内心的感受中，他已经不是一个易于激动、情感溢于言表的青年，历尽沧桑的杜甫，只在内心有万感攒集，而在外部却仍然呈现着渊默状态。实质上，它的情绪特征也是大动之状取着一种大静的表现形式，内热而外冷，深沉蕴藉而不失为一种激情幽愤。

"戎马不如归马逸，千家今有百家存。哀哀寡妇诛求尽，恸哭秋原何处村。"这后两联与前两联在写法上有了很大的变化。它不但是由写景转入写人事，而且整个风格又转到写《羌村三首》，写《三吏》、《三别》的那种平铺直叙的写法中去。人们常常称这为抒情，实际并不是。这里没有杜甫主观情感的公开流露。在这两联里，杜甫只是一个叙述者，一个现实社会状况的报道者。现在是战争频仍，战乱不已，农村的人绝大多数被拉去打仗去了，农村凋敝，生产破坏，家破人亡，男儿多战死，家中尽寡妇。她们生计艰难，但官府仍然横征暴敛，连这些寡妇少得可怜的收入也搜刮殆尽。杜甫似乎能听到这些寡妇的隐隐哭声，遍于秋野荒原。她们无衣无食，何以安身呢？在这两联里，音韵的地位降低了，词语的字面意义地位提高了。音韵只成了组织叙述的一种语言手段，它不再具有改变词的字面意义，赋予词语以新的意义的力量。它的读法又变成了一般的以音节为基本单位的读法：

> 戎马—不如—归马逸
> 千家—今有—百家存
> 哀哀—寡妇—诛求尽
> 恸哭—秋原—何处村

它们的声调是舒缓的、平徐的，不再具有上两联的那种敲击般的、跳动般的力量。这种语调给诗带来的是叙述的朴素性，令读者产生的是客观叙述的真实性。这幅画面本身，是荒凉的、痛苦的，但作为作者的叙述或报道，则是客观的、真实的。

在这里，我们再回到文艺创作的一个根本矛盾中去。任何一个诗人，任何一个作家，都会遇到文艺创作的一个根本性的矛盾，即客观性与主观性、真实性与抒情性的矛盾。所谓客观性和真实性，实际上是一个普遍可接受性的问题，而主观性和抒情性的介入，往往会破坏作家叙述的客观性和真实性的色彩。人们往往会怀疑一个眉飞色舞、情绪激动的人对一件事和一种情景的叙述，即使他极力声明自己的叙述是完全真实的。因为他的主观情绪有可能使他的叙述带上过多的主观性的色彩。在这时候，人们感受的是他的主观感情和情绪，而不是他所叙述的事件或场景自身的真实性。浪漫主义的文学就是这样被我们所感受的。我们接受它的主观感情的表现，但并不接受他描写的客观真实性。诗人和创作家要做到客观真实地叙述一个事件或场景，必须尽量排除自己的主观感情的流露，他不能哭着叙说，不能笑着述诉，不能表现出情绪激动，他的叙述要朴素、平淡，以易于人接受的语调。只有这样，读者才不会被你的主观感情截在词语意义之外，而按着你的语言自身所表达的意思去想象客观情景本身。但在这时，诗人的主观感情和情绪也就有形与无形地受到了客观叙述方式的压抑：不论你情绪怎样激动，你也不能改变自己叙述的平静口吻。人们对自然主义、现实主义性质的文学就是这样接受的。人们承认它们描绘的真实性，接受它们反映现实的客观性，但往往跨过了作者自身主观感情的中介，并且读者也不乐意按照他的叙述口吻的方式接受他所描写的情景本身。在现实主义作家不哭的地方，读者感到要哭，但又被他的叙述方式所压抑，哭不出来，感情难以宣泄。总之，这里的矛盾，是文学艺术家永恒存在的一个矛盾。但在杜甫这首诗里，我们看到了他为克服这种矛盾所做的努力。

后四联杜甫所描写的是社会的现状，是真实的情景，是当时的人们有目共睹的事实，也是他司空见惯的情景。在这里，他用不着大肆渲染，每一种渲染，都会破坏它的客观性色彩，使人觉得有故意张扬的嫌疑。但是，正是对这样一种人们有目共睹的社会现状，人们的感受却大不相同。很多统治者无视人民的痛苦，继续过着骄奢淫逸的生活；最高统治者则从自身的政治需要出发，继续进行战争，加重人民的负担，对人民的痛苦漠不关心；很多文人学士或者顺从统治者的意志，实现个人的升官晋爵的目的，或者隐逸山林，只顾本人的安逸和心灵平静。而杜甫，则深感人民的痛苦，面对茫茫宇宙、浩浩人生，无计可施，内心充满着愤激强烈的感情。他不能像别人一样平静地对待眼前所发生的一切，他要写出自己的痛苦和愤慨，写出自己内在的激情。不难看出，正是这种努力，形成了本诗的独特布局形式。

前两联他写景，表现的是他内在的情绪；

后两联他写实，反映的是真实的社会现状。

前两联的激情用不寻常的景物和不寻常的语言形式；

后两联的写实用简单朴素的语言和常规的叙述方式。

但是，二者又不是孤立的。读者自然感到，作者在前两联所表现出的内在激情，正是由后两联所描述的社会现状所产生，后两联的平静描述也并不表现为作者心情的真正平静，而更是一种埋藏着极大痛苦、极度愤慨的表面平静，并且其中有着无可奈何、有力无所施的情绪。在总体特征上，前两联虽写激越动荡的场面，但又有一种静态感、压抑感，后两联虽用简单朴素的叙述方式，但也写出了人民的痛苦生活本身，在客观描写中包含着对社会现状的不满。这样，前后两部分便成了一个完整和谐的整体。

老杜真是出手不凡！

独到的组接方式　独特的美学效果
——李贺诗《李凭箜篌引》赏析

吴丝蜀桐张高秋，空山凝云颓不流。
江娥啼竹素女愁，李凭中国弹箜篌。
昆山玉碎凤凰叫，芙蓉泣露香兰笑。
十二门前融冷光，二十三丝动紫皇。
女娲炼石补天处，石破天惊逗秋雨。
梦入神山教神妪，老鱼跳波瘦蛟舞。
吴质不眠倚桂树，露脚斜飞湿寒兔。

"鲸吸鳌掷，牛鬼蛇神，不足为其虚荒诞幻也。"杜牧《李长吉歌诗序》这句评语，不仅指出了李贺诗的怪奇诞幻，同时也指出了李贺诗的巨大的吞吐量。我认为，唯其李贺诗有"鲸吸鳌掷"般的巨大吞吐量，它们才给人以虚荒诞幻的强烈感受：牛鬼蛇神，尽入其中；仙魔神幻，无奇不有。驰骋想象，百感攒集，使人的神经一直在高度的紧张状态，不稍松弛，终其篇如奇峰林立，怪石嶙峋，无一平坦舒适处。

为什么李贺的诗会有如此巨大的吞吐量呢？我认为，李贺的诗实际上对中国古代诗歌的内部结构进行了一个重大的革新，为中国古代诗歌提供了一种全新的组接方式。中国古代的诗歌，一般说来，有两种基本的组接方式：一是共时性的，即通过对描写对象各个侧面的共时性描写，构成一个相对静止的艺术画面，其中的分别描写都属于描写对象的不同侧面，故虽相离而相连，不给人突兀奇僻之感。中国古代很多景物诗、咏物诗都属于这一类。二是历时性的，即以跨度大小不等的时间顺序叙述一个历时性的过程，造成一个与该过程相应的人生感受或通过过程逐渐展开一个整体的艺术画面。全诗也就给人以层次井然之感，即使有起伏、有波澜，也在人们的可预想之中，不会造成难以理解的滞涩感觉。中国古代许多叙事诗和抒情诗、咏物诗都采用这种方式。显而易见，以上两类组接方式，都受到描写对象的直接制约，诗人的想象力是由描写对象直接激发出来的。它们吸纳诗人视听范围之外的意象的方式主要有下列几种：（1）描写对象本身便属于想象中的虚幻景象，如李白的《梦游天姥吟留别》等；（2）由描写对象直接引起的联想，如苏轼的《念奴娇·赤壁怀古》等；（3）通过比喻、象征纳入场景外的各种意象，如"问君能有几多愁，恰似一江春水向东流"（李煜《虞美人》）一类诗句。但李贺的一些诗并不遵循上述两种组接方式。他更重视的是对描写对象的不同的感受侧面，当他抓住了这些不同的感受，便离开了描写对象，而在整个的文化传统中，亦即在自己的全部意识储存中寻找最能表达这种感受的意象及艺术画面。他为这些最强烈的感受都找到了独立的表达方式，然后再组接在一起，构成整首诗。这样，每一种感受所运用的意象都是独立的，从外部找不到直接联系，当组接在一起，不但异彩纷呈，而且奇崛险怪，有一种独特的审美效果。当我们按照一般的阐释方式阐释他的这类诗时，就很难顺理成章、熨帖自然了。

王琦就是按照阐释其他诗歌的方式来阐释李贺《李凭箜篌引》这首诗的，他在《李长吉歌诗汇解》中企图从该诗中发现一个统一的时间脉络：

> 琦玩诗意，当是初弹之时，凝云满空，继之而秋雨骤作，洎乎曲终声歇，则露气已下，朗月在天，皆一时实景也。而自诗人言之，则以为凝云满空者，乃箜篌之声遏之而不流；秋雨骤至者，乃箜篌之声感之而旋应。似景似情，似虚似实。读者徒赏其琢句之奇，解者又昧其用意之巧。显然明白之辞，而反以为在可解不可解之间，误矣！

王琦这里强作解释的痕迹是十分明显的。如果说"石破天惊逗秋雨"便真是下起雨来，那么"梦入神山教神妪"就真是做起梦来吗？"十二门前融冷光，二十三丝动紫皇"是在皇宫之中，又怎能看到"老鱼跳波瘦蛟舞"这种大海或大江大河中的景象呢？王琦说曲终之时才"露气已下"，那"芙蓉泣露"的露又是从何处来的呢？实际上，该诗写的并不是一个具体的场景，也不是一个有头有尾的时间过程，这是该诗与白居易的《琵琶行》根本不同的特点。白居易按时间先后写音乐，故而有起有伏，有疾有徐，有断有续。因为任何一个乐曲，都只是为了造成一种独特的高峰体验，其高潮只有一个。从开始到高潮，迤逦而行，都是为这种高潮的到来做铺垫、做准备的。但李贺该诗，几乎每句诗都是一种高峰的情感体验："江娥啼竹素女愁"是相思之愁，愁之至者也；"昆山玉碎凤凰叫"是清脆悦耳的繁弦密声，能起凤舞凰的至美之声也；"二十三丝动紫皇"、"石破天惊逗秋雨"、"老鱼跳波瘦蛟舞"莫不是极强烈的艺术效果。绝感不出一首乐曲那样的起伏、断续、疾徐的发展过程来。所以，我们必须超越于一个具体场景来欣赏这首诗。

"吴丝蜀桐张高秋，空山凝云颓不流。"这两句诗当然可以理解为李凭手持箜篌欲弹未弹之际，但也可以理解为她弹奏时的艺术效果。实际上，即使将此理解为她欲弹未弹之际的气象，这还不是由她弹奏的艺术效果造成的！如若人们并未欣赏过她弹奏的乐曲，她未弹之际这种紧张的期待气氛也是不可能造成的。所以，我们与其以未弹时的特殊气象理解它，不如直接理解为她的弹奏效果。在这里，首先写的是人们的一种心灵状态，而未必是真情实景。是否真情实景又有何干呢？李凭的一副精美的箜篌，她的精妙的乐曲，一下子便清除了人们心头的各种芜思杂念，虚其心、静其气、屏其思、止其息，在这时，整个世界、整个宇宙，都好像一下子变得清虚廓大起来。这里的一个"张"、一个"高"、一个"秋"，把人们心灵的澄澈净明、清虚廓大的感受有力地传达出来。并且这种清虚廓大、澄澈净明的状态好像静止在宇宙中一样，"空山凝云颓不流"把这种静止的状态进一步明确化起来，并且在这种静止中又注入了一种欲动未动的强大势能。在"空"中孕育着"有"，在"凝"中暗示着"动"，在"不流"中有着"流"的感觉。这是一种达到饱和状态的情绪氛围，把李凭箜篌艺术的情绪感染力和对人们的精神净化作用以最有力的艺术方式表现了出来。这里的"张高秋"未必是实际的秋天，"空山凝云颓不流"更不一定是弹奏时的自然环境。

如果说第一、二两句还可勉强解释为欲弹未弹之时的实景描写的话，那么，三、四两句就绝对不能理解为拨弦初弹时的艺术效果了。这里不是白居易《琵琶行》中"转轴拨弦三两声，未成曲调先有情"时的音乐效果，而是一种情绪体验的极致，是最高限度的艺术效果。舜有二妃，舜崩，二妃涕泣，泪洒竹上，竹尽斑。二妃哭舜之情，人间至情也，感天动地，入人心何等之深！素女鼓五十弦瑟，至悲之声也，连天帝也不忍其悲，禁而不止，才破其瑟为二十五弦。所以这里写的是李凭箜篌弹奏悲愁之曲时的巨大艺术效果，有感天地、泣鬼神的力量，怎能认为是始弹之时的情状呢？"李凭中国弹箜篌"，顺笔交代所咏对象，其作用在全篇，不仅与"江娥啼竹素女愁"句有关。

"昆山玉碎凤凰叫，芙蓉泣露香兰笑。"这里又是另一种极强烈的艺术效果。玉石，最洁美玲珑之物也；玉石之声，世间最清新圆润之声也。昆山产玉，可视为玉石之山；昆山玉碎，玉山崩裂，玉石杂击，言其繁弦密声，尽皆清脆圆润、美不可言。凤凰，中国人想象中的最美之鸟也；凤凰的叫声，也当是世间最悦耳动听的鸟声。"凤凰叫"既是说李凭的箜篌声令凤凰也精神振奋，乍然欢叫，也是说她的箜篌声像凤凰的鸣叫，婉转悦耳。芙蓉、香兰，花草中的美之至者也。李凭的箜篌声令草木动心，故有泣有笑。芙蓉出水，玉洁冰清；香兰开花，奇香无比。芙蓉、香兰之美，同时也暗示了李凭箜篌声之美。总之，这两句诗写李凭箜篌所造成的另一种极强烈的艺术效果：清脆圆润，悦耳动听。

"十二门前融冷光，二十三丝动紫皇。"皇城长安，四面十二门，为至尊皇帝所居，富丽堂皇之至者也。这两句写李凭箜篌的清正典雅的最高艺术效果。富丽典雅，如有温意，李凭若于皇宫演奏，整个皇室乃至整个长安城都会暖意融融，至尊天帝也为之动情。可以想见，这也是李凭箜篌演奏的一种极高的艺术境界。

"女娲炼石补天处，石破天惊逗秋雨。"这两句写李凭箜篌所能造成的惊心动魄的最高艺术效果。"往古之时，四极废，九州裂；天不兼覆，地不周载；火爁炎而不灭，水浩洋而不息；猛兽食颛民，鸷鸟攫老弱。于是女娲炼五色石以补苍天……"（《淮南子·览冥训》）"女娲炼石补天处"，是古代历史故事和传说故事中最令人感到惊心动魄的一幕，在这里，每一个突然的变动都是天塌地陷的惊人变化，它使人的精神处于最高度的紧张状态。在这种境况下，突然石破天惊，秋雨骤至，该是何等的惊心动魄呵！而李凭的箜篌有时也会使你体验到这样的感情。

"梦入神山教神妪，老鱼跳波瘦蛟舞。"这两句写的是李凭箜篌所给人的振奋精神的巨大作用。老鱼、瘦蛟原本是已经没有旺盛的生命力的动物，而听到李凭弹奏的箜篌，老鱼也欢跳起来，瘦蛟也狂舞起来，其精神之亢奋达于极致。由"老鱼跳波瘦蛟舞"一句返观"梦入神山教神妪"，则知我们不能依照凡常的理解认为李凭的技艺为神妪所授，而应按诗句直接告诉我们的意思理解，是李凭的超群技艺在梦中可入神山，传于神妪，使神妪的技艺再显神力，如使老鱼再跳波、瘦蛟重狂舞一样。总之，这两句把李凭箜篌的起死回生、振奋精神的作用以最有效的语言表达出来。

"吴质不眠倚桂树，露脚斜飞湿寒兔。"这两句是全诗的结尾，但却不能理解为李凭弹箜篌的结束。它同样是李凭箜篌的一种独特的艺术境界，表现悠思缅怀之情的感人力量。该诗句中的"吴质"我们还没有考证清楚，不知它的特殊含义何在。有人疑"吴质"为"吴刚"之误。我认为，在"吴质"有何特殊作用未有定论之前，我们暂且理解为"吴刚倚桂树"也没有妨碍，因为这里的"桂树"、"寒兔"都是传说中的月中事物。吴刚同嫦娥一样，离却人间，长住月宫，寂寞孤独。李凭箜篌的音乐力量，唤起了他的绵绵悠思。虽已是露脚斜飞，使玉兔生寒，将玉兔濡湿，但他依然斜倚桂树，漠然无觉，如醉如痴，失魂落魄，完全被李凭箜篌的音乐力量所征服了。

如上所述，李贺该诗不是按照时间先后的常规方式结构全诗的，所写也不是一个场景，而是从不同的艺术境界所造成的最强烈的艺术效果入手。这样，他便超脱了具体描写对象对自己的束缚，更自由地在全部文化积淀中选取最有表现力的意象或典故，把大量非直接现实中的意象最大限度地纳入诗歌中来。在该诗中，有江娥啼竹、素女鼓瑟、昆山玉碎、凤凰鸣叫、芙蓉泣露、香兰微笑、富丽的宫殿、至尊的紫皇、补天的女娲、骤至的秋雨、神妪再献技、老鱼重跳波、瘦蛟新起舞、吴刚倚桂树、露脚湿寒兔，还有空山凝云、清秋高张，它们自身并无必然的联系，但都被纳入这同一首诗中来。真是无奇不有、无美不备、气象万千、色彩缤纷，天上人间，任意驰骋，造成了独特奇幻的美学效果。

精神的形象与物质的形象

——李商隐《无题》诗赏析

> 相见时难别亦难，东风无力百花残。
> 春蚕到死丝方尽，蜡炬成灰泪始干。
> 晓镜但愁云鬓改，夜吟应觉月光寒。
> 蓬山此去无多路，青鸟殷勤为探看。

尽管中国古代诗学讲情景交融，但人们在具体欣赏和分析诗歌作品时还是常常把诗歌中的情景描绘当成对客观情景的描绘，实际上，物质的形象在优秀的诗歌中无不是一种精神的形象，只是它有时是借用实景描绘，有时则是虚设的物质情景。我想通过对李商隐这首《无题》诗的赏析具体阐释我的这一观点。

"相见时难别亦难，东风无力百花残。"首句的两个"难"字主要是一种心灵感受，它与我们现在所说的"困难"有严格的区别。我们现在所说的"困难"，主要是一种客观的事实，是妨碍人实现主观目的的实际障碍，而它又是可以通过主观的努力克服的。这里的"难"则是一种心理事实、一种心灵感受，是面对客观困难时因无计可施而感到的困惑、惶惑和惘然的情绪体验。"相见时难"的"难"，很多诗评家解释为诗人在和自己所爱的女子实现爱的结合过程中曾经历过很多艰难曲折，我不绝对反对这种说法，但我觉得大可不必将它落得那么实。这里的"难"，带有更普遍的意义，并不必伴随客观意义上的人为的障碍。大凡两情相系、两爱相合，都是极难的。它的"难"在于其偶然性和不可测性。一个男子爱上一个女子，或一个女子爱上一个男子，如何能使对方也爱上自己，实现二者之间的感情沟通，这则并不由自己所左右。在那个时候，他或她几乎是无计可施的，因为这有待于对方的同样感情要求的产生，并且只能在一些偶然的机缘中实现两者的感情沟通。在这种情况下建立起来的爱情即使在已成之后，你仍然感到其中充满各种偶然性，并非全由自己所左右。现在诗人就要和自己所爱的女子分手，想起二人建立爱情联系时的情景，觉得那真是天作之合、天赐良缘，并不容易，但却不知离别时也是这么"难"，甚至更难。爱情得之不易，去之也不易，不是想不爱就可以不爱的。这正反映了诗人现在对自己所爱女子的感情之笃。因这情感之笃，他才倍感别离之苦、分手之难。显而易见，"别亦难"的"难"字，指的并不是外界有什么压力使之无法别离，而是诗人心中的感受，那种难割难分的感情，那种不知如何是好的情绪，那种欲说还休、剪不断理还乱的心灵状态。"相见时难别亦难"几乎是一个带有高度概括意义的句子，但读者仍然感到它富有诗意，情深意长，正是因为它是在一种特定情感状态下的人生概括，使所有有类似情感的人都感到道出了自己的心曲，把自己朦胧的人生感受一下子点亮了。正是因为如此，我们不必更多强调李商隐爱情经历的各种特殊情景，它概括的更是带有高度普遍性的人生感受。"东风无力百花残"，很多诗评家认为这里写的是别离时的自然环境，并断定李商隐是在暮春时节与该女子离别的。我认为不论李商隐该诗到底写于何时，都是无关紧要的，它更是诗人这时内在精神状态的形象表现。"相见时难"，那时在精神上充满活力，朝气蓬勃，对异性的爱情更像强劲的东风，吹绽了自己的心花，生命如春花，鲜艳而美丽，但在这离别之时，却让人精神无着，情绪低落。"东风无力百花残"便是这时诗人内在情绪的形象表现。诗是表现人的内在情感与情绪的，但内在的感受是无法用语言直接传达的，所有概括内在感受的语言都是抽象的、概括性的，例如痛苦、悲哀、欢快等等词语，只能诉诸理智，具有可知性，但却没有可感性，知而无所感，就无法真正实现不同主体间的情感情绪交流。它必须借助可感性的物质形象，在对物质形象的共同感受中，实现由此及彼的情感情绪的传达。必须看到，不论在何种时节，两情相系、两爱相合都使人感到心灵的温暖、精神的振奋。同样，不论离别发生在哪一个季节，都使人感到无情无绪，但不同季节的不同自然景象，却是有相对固定的表现性能的。初春时节，冰化雪消，春风送暖，草木繁茂，百花初绽，是生命力表现得最旺盛的季节；暮春时候，春去花残，则表现着自然生命力的委顿和衰竭。所以，精神上的对应关系是不一定与时节的对应关系完全相合的，不对应是经常的，对应则是偶然的。该诗中的主观情绪，直接产生于诗人的人生际遇，产生于与所爱女子的离别，与那些受自然景象的直接影响产生的主观感情不同，所以，将"东风无力百花残"落实为诗人与其所爱女子离别的时节并无多大的必要。它写的是诗人当时的内心情绪，是一种无可奈何的精神状态。

"春蚕到死丝方尽，蜡炬成灰泪始干"是人们反复吟诵的古诗名句，诗评家已有很明白的解释。但我认为，人们对它的情绪特征注意还是不够的，我这里补充说明的有下列几点：（1）被动性感受。"相见时难"的"难"，是在主动性中感受到的，尽管自己的意愿并不易实现，在理智上无计可施，没有实现自己意愿的绝对把握，但这未得实现的愿望却更加吸引人们去争取、去追求，爱情的梦幻点燃起人们的热情，使之心旌活跃、精神振奋，而"别亦难"的"难"则是在被动性中的"难"，心中不愿离别，但必须离别，心中愿高高兴兴、打起精神，与对方共享这离别前的有限时光，但身不由己、情不由己，离别的意识使你怎么也打不起精神。情感即生，挥之不去，不是由自己的主观意愿所左右的，人在这时完全处于被动的状态，无所追求，主观意志发挥不了任何的作用。"东风无力百花残"继续加强了人们的这种被动感受。东风曾有力，使大地复苏，春回人间；百花曾艳丽，美不胜收，争奇斗妍。无奈时节已过，不知怎么便唤不回原来的精神了。东风欲有力而不能，百花欲艳丽而难再，主观意愿在自然规律前变得毫无力量。"春蚕到死丝方尽，蜡炬成灰泪始干"不仅表现了自己的思之切、苦之深，而且传达了诗人内心那种陷于离情别绪中不能自拔的被动感受。"春蚕"吐丝，不是自己的有目的的行为，不是从自我承担力的大小随时调整其强度的主动选择，它由自然本能所决定，不能不吐丝，有力时吐，无力时也得吐，除非死去，不得中止；蜡炬流泪，不是想流就流、不想流就不流的主动行为，而是不得不然，直至成灰，泪水始干。显而易见，正是这两句诗，才把诗人那种不由自主的思念之情在最大程度上象征了出来。人在自己的情感面前是被动的、不自由的，不由理智左右，不被意志转移，这才是真的情感、纯的情感，它们之成为千古传颂的名句，这一点是起着关键作用的。（2）无可言说的特征。"相见时难"的"难"，是无可奈何的，但是可以言说。它可以向自己所爱的人表达而不会伤害对方的感情，但"别亦难"的"难"，则是不可言说的。它无可挽回，自己"难"，对方也"难"，表达徒增其悲，让对方不胜其悲。从主观上，想安慰对方，宽慰自己，但却从自己的感受中找不到支持的力量。安慰别人，自己得有超脱离情别绪控制的能力；安慰自己，需要有确实值得庆幸的理由。但这些条件现在都不具备，只好把自己的情思、自己的苦情完全封闭在内心的深处。这时的两人相对，欲言而无可言说，安慰既徒然，诉苦又平添彼此的痛苦，只是"相对如梦寐"，让千种愁只在沉默中酝酿、发酵。"东风无力百花残"也有这种无可言说的特征。东风无力，精神衰飒；百花凋残，生意疲敝。这都是一种自我的感觉，无冤可伸，无苦可诉，难以言说。"春蚕到死丝方尽，蜡炬成灰泪始干"则把这无可言说的感受渲染得更为充分。春蚕吐丝，至死方尽，直到力尽神疲，仍是吐丝不止，其中滋味，只有蚕自身可知，它自己能说什么呢？在这两句中，更有表现力的恐怕还是后一句，蜡炬之泪，默然而已，它无挣扎的能力，也无哭喊的力量，把诗人这时的内心情绪表现得十分传神。我认为，这种无可言说的特征，实在是使这两句诗富有浓郁诗意的第二个重要原因。及至后来，人们开始把蜡烛比喻为照亮别人、牺牲自己的美好品德，有的诗人则又利用它直接倾诉自己内心的痛苦，其诗意便消失了。下面是闻一多《红烛》序诗中的两节：

红烛啊！

匠人造了你

原是为烧的，

既已烧着，

又何苦伤心流泪？

哦！我知道了！

是残风来侵你的光芒，

你烧得不稳时，

才着急得流泪！

红烛啊！

流罢！你怎能不流呢？

请将你的脂膏，

不息地流向人间，

培出慰藉底花儿，

结成快乐的果子！

这两节诗之所以不再有李商隐诗中蜡烛意象的浓郁诗意，就在于它失去了原诗中这一意象的被动性特征和无可言说的特征，把一个默默忍受内心情景之苦的形象变成了一个无遮无拦宣泄自己的痛苦、申诉自己的不平、热情表达自己志向的形象，失去了这一形象的神髓。（3）内在化的特征。正像"东风无力百花残"只是诗人内心情绪的写照，"春蚕到死丝方尽，蜡炬成灰泪始干"也只是诗人内在情绪的形象，而不是诗人外部的表现。春蚕吐丝，是外在的形象；蜡炬流泪，是形体表现。但诗人这时却有情无言诉，有泪流不出，春蚕吐丝、蜡炬流泪只是它内心深处的情景：心在吐丝，心在流泪。显而易见，理解这一点也是十分重要的。如若把诗人理解为泪流满面的多情种子、倾诉心中痛苦的风流才子，该诗的韵味就顿然消失了。它之感人在真情，在其内心世界的表现。也就是说，我们必须分清诗人的内在感受和外在表现。（4）一个小的问题也需注意。自然"春蚕到死丝方尽"不是诗人眼前的实景，我们也不必把"蜡炬成灰泪始干"一句具体化为诗人当时的生活场景，似乎当时诗人正面对蜡烛，苦苦思忖，因而有此诗句。这就太把该诗戏剧化了，从而也把该联两句诗的协调关系破坏了。它们都不必是诗人眼前的事物，只是两个富有表现力的平等意象。这里写的是整个离别前的内在情绪体验，不论是白天黑夜，不论是户内户外，这种情绪都跟在诗人身边，把它定于面对蜡烛时的心情，反而缩小了这种情绪特征的概括范围。

"晓镜但愁云鬓改，夜吟应觉月光寒"两句，人们常常认为写的是女方感受，是从诗人对女方的关心写离别后她的孤单生活。我的看法则不同，我认为这里写的仍是诗人自己，是诗人对别后生活的想象。其实，"云鬓"并不单指女子，"晓镜"也可是男子，特别是中青年男子的行为习惯。下句的"夜吟"则明显属于诗人自己，与当时女子的行为特征有很大的距离。想到离别之后，不能再与自己所爱的女子共度欢爱的生活，整日的思念催人老去，夜晚辗转枕席，更觉孤单寂寞，早晨揽镜自照，见形容日见枯槁，鬓发逐渐斑白，光阴苦度，老境渐至，而相会之期却遥遥无望，其愁苦之情该是如何的难耐呵！夜晚吟诵，明月当空，因为没有自己所爱的女子的相伴，生活孤单，心中悲凉，月光也显得清冷异常、寒意侵人。这里表现的仍是诗人对女子的思念，因是想象离别之后的情景，故有"但愁"、"应觉"之说。从全诗的脉络看，首联概括说离别时的内心之苦，颔联写诗人对所爱女子的情感之深，颈联写别后的思念之苦，脉络清晰，推进自然，若理解为对女方的描写，转折就太突兀了。并且想象女子的恋情，固有为对方揣想之意，但也因被思念而易生慰藉，与诗人当时的无可奈何的凄凉感受颇有抵牾。

　　"蓬山此去无多路，青鸟殷勤为探看。"二人离别，谁将行？假若不拘泥于李商隐爱情本事的考证，我认为离开的是女子而不是诗人。前三联写的是诗人对女方的爱和离别后对她将有的思念之苦，是一个完整的自我心灵的表现过程。尾联这两句则是别前向女方提出的瞩望：你这一去，虽然咫尺天涯，如仙与人之难通，但到底没有多遥远的地理路程，希望你多多修书于我，权当是回来对我的探望吧！假若是诗人自述，色彩就不同了。蓬山是仙人之境，青鸟是神仙的信使，诗人自言此去仙境，虽路程不远，也无法回来看她，并说会派神鸟给她经常送信，权当是他来看望她，其韵味就大减了，大有居高临下、垂怜于对方的意味。显而易见，正是因为诗人经受着离别之苦，知道将来的生活将是十分孤单凄凉的，才把离情别绪完全凝聚为这么一个愿望和要求：虽难相见，但望常常来信，以慰我思念之苦。所望虽简单朴素，但情感却真诚殷切，无可奈何之意溢于言表。

　　统观全诗，写情写意，写内心感受，至深至细。"东风无力百花残"、"春蚕到死丝方尽"、"蜡炬成灰泪始干"，表面写的是客观的形象、物质的形象，实际莫不是诗人内在的精神形象，只有通过它们，才把内在精神具象化了，不仅成了可知的，也成了可感的。这里的写法不落俗套，且极富表现力，该诗成为古代爱情诗的翘楚，它们是起了关键性的作用的。

诗与英雄

——对于岳飞《满江红》词的一点异议

怒发冲冠，凭栏处、潇潇雨歇。抬望眼，仰天长啸，壮怀激烈。三十功名尘与土，八千里路云和月。莫等闲、白了少年头，空悲切。　靖康耻，犹未雪；臣子恨，何时灭？驾长车踏破、贺兰山缺。壮志饥餐胡虏肉，笑谈渴饮匈奴血。待从头、收拾旧山河，朝天阙。

想写这篇文章已经很长时间了，但总有些顾虑，这倒不是怕受到别人的批评，实在是因为自己心理上的矛盾。宋代是我国历史的转折期。从宋代开始，兴盛转入衰败。鸦片战争之后的失败，给人们一个印象，好像这些失败都因为中国经济实力的薄弱，但鸦片战争前的失败却十分明确地表明，中华民族的所有这些失败，其根柢都不在单纯经济实力的不够雄厚，实在是因为中华民族精神的委顿，即使经济上的落后，也不能不说与这种精神的委顿有直接的关系。在中华民族这样一个漫长的精神疲弱的历史上，那些少数表现出了英雄气概的英雄人物实在是难能可贵的。岳飞就是这样一个英雄人物。作为一个中华民族的后裔子孙，对自己民族的这样一个英雄人物，并且还是民族精神普遍萎靡的历史时代的英雄人物进行批评，实在在感情上有些难于通过，但既有了一点看法，不谈又有些憋不住，所以这次决定把它谈出来。

在人类漫长的历史上，人类精神的发展和人类实践活动并不处于同样一个平面上，它们是时即时离的。那些创造了伟大的诗篇、创造了人类最伟大的精神价值和美学成果的人，往往在社会实践活动中是失败者，并且一点也看不出他们有什么英雄气概；那些在人类实践活动中创造了伟大的业绩、表现出了英雄的气概的人，却又往往并不建立在崇高的精神基础上，就其灵魂的美和道德的纯而言，反而表现着明显的不足。而像拜伦、裴多菲这类既是伟大的诗人又在人类的实践活动中表现出了不折不扣的英雄气概的人，他们的诗和他们的人似乎又不容易统一在一起，你从他的诗里感受到的那个诗人和在他的英雄事迹里了解到的那个英雄极难重合为一个人。《恰尔德·哈洛尔德游记》中的抒情主人公是一个感伤主义者，《唐璜》中的主人公在中国人眼里简直是一个花花公子，他们一点也不像英雄，你也无法感到写这些作品的人有什么凌云壮志、英雄气概。但拜伦却确实是一个英雄式的人物，他以一个英国贵族的身份而支持希腊的独立，最后死于希腊，所受到的希腊独立运动战士的尊敬，不下于他们对自己民族的领袖的尊敬；裴多菲的爱国主义事迹是尽人皆知的，但他的诗多是爱情诗，一点也没有英雄气，也不慷慨激昂。在中国则可以举出郁达夫的例子，谁都知道他是一个写性苦闷的能手，其作品充满感伤主义情调，但他在抗日战争中的表现却像一个英雄，抗日战争结束时被日本侵略者暗杀了。实际上，这并不难以理解。人类最美的理想并不是当英雄，英雄精神是在非正常的条件下被激发出来的主体精神力量的外在表现，诗人对于那些已经处于特定历史情境和特定环境中的人的英雄行为，是常常加以赞美的，但他们的最高审美理想却不在于当英雄。与此同时，当一个英雄已经无可选择地生长在特定的历史时代、处在特定的生存环境中，从而较之任何人都表现出了大无畏的精神力量时，促使他表现这种力量的主观目的又是各种各样的，就这种主观目的而言又未必是纯洁无瑕的。总之，美的不一定是英雄的，英雄的也不一定是美的。我认为，我们在读诗和解诗时并不太注意这种差别，往往对表现英雄气概的诗，就不再注意分析它的思想基础和情感基础，而对长于写爱情和感伤情绪的诗人，就断定他一定没有英雄精神，一定不健康。就以岳飞的《满江红》为例，我认为人们便常常只注意它表达的英雄气概，而并不注意它的意识基础，从而对这首诗普遍作了不适当的、过火的赞扬。毫无疑义，岳飞是一个民族英雄，他的抗金斗争和战斗业绩是不容抹杀的，但英雄不一定同时是杰出的诗人，英雄的诗不一定都好，甚至英雄在完成他的英雄业绩的时候，其思想动机不一定都是无可挑剔的。所以，对英雄人物的诗也要以审美的标准衡量，不能因为它是英雄的诗，抒发的是英雄的精神，就一定是好诗。我就认为，就诗论诗，岳飞这首词并不能算作上乘之作，它的思想有些空洞，感情有些浮露，给人的不都是美的精神的享受。

我每次读岳飞的这首词，当读到"壮志饥餐胡虏肉，笑谈渴饮匈奴血"的时候，心里便有一种不太舒服的感觉。一个英雄驰骋疆场，奋勇杀敌，这是不难理解的，但是食肉饮血这样的句子在诗里出现仍然不能不引起人们的逆反心理，觉着它是不美的，在感情上是不能接受的。诗不但是一种感情，而且是以一种形象体现出来的感情；感情不但有它的向度，而且也有它的态势和性质。"金戈铁马，气吞万里如虎"（辛弃疾）是美的，因为这个形象是美的，它体现的是人的一种精神面貌，一种主体力量，而吃人肉、喝人血的场面是不美的，将人肉如饿鬼一般地大嚼大咽，一边喝人血，一边狂笑嘶叫，就更令人胆寒。在这里不是吃谁的肉、喝谁的血的问题，而是这种行为所体现的心灵素质的问题。当然我们不能把它所体现的情态就当作岳飞的真实感情，但诗是以自己的形象发言的，你不能因为知道岳飞要表达什么感情就把它想象为什么样的感情。如果如此，也就不必要作诗了。除此之外，在这里还有一个人道主义和战争中的敌我问题。战争是残酷的，战争双方是势不两立的，敌我的斗争是你死我活的斗争。但这一切都只有在整体的意义上才能成立。"羽扇纶巾，谈笑间，樯橹灰飞烟灭"（苏轼）表现了周瑜的英雄气概，这里体现敌人的"樯橹"，是作为整体力量的敌人，而不是作为个人的敌人。但在岳飞这两句诗中的敌人，却已不是作为整体的敌人，而是作为一个个的人，这使人感到的不是战争本身的残酷，而成了诗人自己的残酷。第三，精神之壮是在对立关系中显示出来的，失去了对对立面的感觉，单独一方对对方的任何破坏都无法令人体验到它的精神力量，因而它也是不美的。从人们知道的历史背景上，我们知道岳飞对金军的反击是英勇的，但在"壮志饥餐胡虏肉，笑谈渴饮匈奴血"这两句诗中，抒情主人公却处于无抵抗的任意性行为之中，这就使这两句诗无法体现诗人的主体性力量，从而也不令人产生美感印象。

该首词在意义上的单薄还表现在它所关注的对象上。文学作品之所以能进入读者的心灵并深深地撼动它，就在于在诗与读者之间在深层的意识上有一种难分彼此的沟通，这种沟通是在足以融化一切诗中所描写的具体事物的深层意识中发生的，所以尽管在现象上、在一系列具体细节上、在浅层次的政治思想和人生态度上，读者与诗人之间有着诸多的不同乃至对立，但读者依然能在诗人的创作中获得精神的感动和审美的愉悦。"但使龙城飞将在，不教胡马度阴山"（王昌龄）、"王师北定中原日，家祭勿忘告乃翁"（陆游）之所以能令我们感动，使我们感到审美的愉悦，不是因为我们依然关心那时外族对中原的侵略，而是因为任何时代、任何民族的人都存在一个安全感的问题，都有一个抵御外敌入侵和将侵犯者驱出自己民族的边界的问题。假若再往人的深层意识中窥探，那末，它还是一个人的自由意志的问题。所有人都有摆脱对自己的自由意志的压迫的愿望，把这种压迫力量阻挡在足以干涉自己的自由的范围之外，而当这种压迫力量已经在压迫着自己的时候，把它们重新驱逐出去，是所有人都感到欣慰的。我们看到，王昌龄和陆游的诗都把包括读者在内的最广泛的人纳入到了自己的意识基础上来，从而与读者有效地实现了情感和情绪的沟通。从形式上看，岳飞这首诗与王昌龄和陆游的诗没有什么不同，写的都是抵御外族入侵的题材，但在诗的具体描写上却有一个根本的差别，即岳飞的诗没有与读者建立这种难分彼此的意识深层的精神联系。"靖康耻，犹未雪；臣子恨，何时灭"，靖康之耻是谁之耻？它由下面的"臣子"一词给牢牢地钉在了君主一人的身上，这使岳飞这首诗所表现出的所有豪情壮志都只是为君主尽忠的豪情壮志，与我、与你、与我们所有的人都没有多大的关系。当然我们也可以说那时的忠君和爱国是统一的，岳飞的抗金意志也反映了他对整个民族的忠诚，但问题仍在于诗与实践活动的不同上。实践活动是一个浑然的存在，它的意义可以由不同的人按自己的理解给予不同的规定，但诗是独立于实践活动之外的一个独立的语言系统，它给予读者的影响只能以自己的语言，舍此不假外求。岳飞该词的全部意蕴是在臣对君的忠心的意识结构上建立起来的，读者的心灵也只能在这里才能与之发生最深刻的呼应，但这种呼应又是不可能造成的，因为我们都不可能在深层的意识中把自己同岳飞所说的君相混同。我们与君是一分为二的，不是合二而一的。岳飞忠君不是忠的我们，他视君之耻为己之耻，是不一定也视我们之耻为己之耻的。"臣子"一词在该词中具有强大的颠覆作用。"汉家君臣欢宴终，商议云台论战功。天子临轩赐侯印，将军佩出明月宫。"（王维）这里的君臣更是职务上的，而不是尊卑意义上的，在情感的交流中君臣取得了在人格意义上的平等地位。但在岳飞这首词中，"臣子"不但隐示了君的存在，而且也隐示了君与臣的关系。它有一种卑下的意味，并且疏离了诗中所可能有的全部三种关系。第一，它在感情上疏离了与君的关系。以臣子自称的诗人把君臣关系纳入到了上下尊卑关系之中，实际上把二者在感情上疏离开来，使君与臣不可能是发生感情共振的两个独立个体。在这首词里，靖康耻首先是君之耻，臣子的恨是由君之受侮而来的。臣子的责任就是保卫君，维护君的至高无上的地位，所以当君的尊严受到了伤害，臣子就是没有尽到自己的职责。因此臣子的恨是由君之受侮而来的，就其本来的意义，它与臣子自身并没有直接的关系。第二，它在社会关系上疏离了与广大社会成员的关系，把诗人的感情倾注在了君主一人的身上。第三，它也疏离了抒情主人公和诗人自身的关系。在诗中抒情的我是作为臣子的我，而不是本我。我是作为一个臣子而感到憾恨的，是因为自己没有尽到一个臣子应该尽到的责任而恼怒的。它很自然地隐含着这样一层意思：假如我不是作为受命于君主的臣子，我原本是可以没有这些憾恨。总之，"臣子"一词把全诗的感情都移注在了一个非我非他、被一种特定的意识形态所廓定的虚幻的人物身上，使它能与之发生共鸣的范围就极小了。该词让读者感到有些空，感到它抒发的情感浸不到自己的心灵深处去，与此有着密切的关系。"臣子"这个词所产生的卑下意味还和全诗抒发的豪情壮志犯冲，那种一人之下、万人之上的特殊社会地位使诗人在君主的名分前丧失了自己的主体性的自由，因而它的自由也不是充塞宇宙、驰骋八极、无遮无拦的精神自由，其豪情壮志的表现自然受到它的影响。

君主之耻是如何转化为诗人之恨的呢？诗人自身的主动性是从哪里产生的呢？该词所告诉我们的是诗人的建功立业的雄心壮志："三十功名尘与土，八千里路云和月。莫等闲、白了少年头，空悲切。"一个有志之士的建功立业之心是可以理解的，但关键在于这种建功立业之心是在什么样的情感情绪的基础上被激发出来的，它与诗歌本身所表现的人生主题有没有必然的联系。建功立业是一个人实现自己的人生价值的方式，它与社会和其他社会成员的联系是在统一的物质的或精神的联系中建立起来的。脱离开这种联系，人与人的自我价值的实现就会彼此冲突，形成相互对立的斗争。我们都有这样的经验，即当我们发现一个人雄心勃勃而又不知他的具体追求时，对之有着本能的防范心理，因为正是这一类人常常对周围的人构成实际的威胁。人类生活在同一个世界上，在同一个社会上进行各自的人生追求，社会空间的有限性与各种人生追求的无限性是一个极大的矛盾，所以，在诗歌中，单纯的豪情壮志极难给读者以审美的愉悦，人们普遍不喜欢那种英雄气十足的诗就是这个道理。但当豪情壮志与一种共同的情感基础相联系的时候，诗人的豪情壮志也就成了读者自己的豪情壮志，读者体验到的是自己的主体精神的力量，读者和诗人就在这共同的情感基础上融为一体。"雪晓清笳乱起。梦游处、不知何地。铁骑无声望似水。想关河，雁门西，青海际。　　睡觉寒灯里，漏声断、月斜窗纸。自许封侯在万里。有谁知，鬓虽残，心未死。"（陆游）陆游在这首词里也表现了自许封侯的志愿，但他这种志愿却与他对边关战斗生活和收复失地的情感交融在一起，读者与诗人的交流是在共同关心边关的安全中建立起来的，而岳飞这首词却使我们首先想到的不是边关、不是边关的安全、不是边关老百姓的生活，除了为君主应尽的职责外，就只有这里所说的建功立业的个人志向了。"三十功名尘与土，八千里路云和月"，自己转战千里，驰骋疆场，但是壮志未酬，以往的战功累累，不值一顾。"莫等闲、白了少年头，空悲切"，必须更加努力，否则时不我待，老境即至，虚度此生，要后悔就来不及了。这种建功立业的雄心壮志当然不可否认，但若把注意力主要集中于此，还是无法引起读者的深层感动的。

在这首词里，这样一个思想意识的网络或结构是十分明确的：自我的生存价值就是要建功立业，所谓功业就是要为君主排忧解难。这个思想意识的结构不是审美性的，而是实利性的。它把诗人自我与读者、与整个人类的精神需求和美的理想的追求隔离开来。诗人的自我所关心的只是自己的功名，他所做的一切就是为君尽忠、为君效力。为君效力是为了建功立业、实现自我的生存价值；实现自我的存在价值、建功立业就要为君效力。直到最后，"待从头、收拾旧山河，朝天阙"，仍然把收复失地、驱逐外族侵略者的伟业主要作为向朝廷复命、为君主尽忠的表现。毫无疑义，像"怒发冲冠，凭栏处、潇潇雨歇"，像"驾长车踏破、贺兰山缺"，都写得虎虎有生气，就是前引各段，气势也是很足的。全诗节奏很好，短句铿锵有力，长句如长江大河，一泻千里，把一个英雄人物的气魄表现得淋漓尽致。但尽管如此，我们还是感到它的感情是无根的、虚浮的，外壮内不壮。像"怒发冲冠"，像"仰天长啸，壮怀激烈"，都缺乏底气，是自我感情的夸张性表现。就全诗而言，则觉得如观勇士献技，虽见其勇，服其志，感其气，一时情绪振奋，心神俱旺，但终觉与自己没有多大关系。我认为，这种感觉与它的这种思想意识结构有密切关系。

1994 年 9 月 17 日于北京师范大学中文系

《秋思》发微

　　　　枯藤老树昏鸦，小桥流水人家，古道西风瘦马。夕阳西下，断肠人在天涯。

　　这首放在马致远名下的小令在大量写游子心情的诗中几乎是最好的一首，它以独特的表现手段和给人产生的深刻印象而被广为传颂。但我觉得，我们普遍感觉得到它的好，但却难以说出它为什么会产生如此强烈的艺术效果，而对它的分析也还觉粗略，有很多细微的东西未必都已觉察到。故我想再一次细细品尝一下这首小诗。

　　首先说诗题"秋思"。最好的诗题是全诗不可分割的一部分，不能没有它。少了它，全诗的结构及意蕴就变了。在该诗中，"秋思"是对诗文本的一个升华。诗的文本写的是人的外部世界，是一幅艺术图画，甚至连"断肠人"也是这幅画的一部分，是秋天的一种景象。但"秋思"告诉我们，该诗写的不仅仅是外部世界，而且表现的是内部世界，表现的是暮秋时节的一段情思。没有这个诗题，我们极容易用什么什么图一类的话概括它。有了这个诗题，我们就不能停留在诗的表面特征上了。用现代的两个术语来说就是：它是表现的，而不是再现的。

诗题"秋思"不但把诗文本的外部世界的描写升华为内部世界的情绪表现，而且也把诗中的"断肠人"从全部画面中凸显了出来。就其画面的意义讲，他原本只是这整个画面的一部分，但"秋思"所提示的情感情绪表现的目的，把他上升到了整体性的地位上来了。他是全部画面中的唯一一个人物，唯一一个有情感情绪感受的人物，因而"秋思"就与他的感受等同起来。也就是说，他不但是全诗的一部分，也是全诗的感受主体。透视他的心灵、体验他的情绪便成了读者自然而然的趋向。但在这里却存在着一个关键性的问题，即如何理解"断肠人"的问题。在现有的赏析文章中，大都把"断肠"也就当成了"秋思"的主体，亦即把该诗所表现的内容就放在该游子的伤心之情上。实际上，这里的"断肠人"只是这个游子的代称，而不是说他现在才是"断肠人"，不是说他在介入该诗的特定画面之后才成为"断肠人"，因而"秋思"只是这样一个"断肠人"的"秋思"。"秋思"不完全等于"断肠"。

"断肠人在天涯"有两层紧密相关的意思：（1）现实处境：这个游子已经多年漂泊在外，长期流浪他乡，现在已经远远地离开了故乡。（2）他现在不是在向故乡的方向前进，不是在期待着故乡的临近，因而也绝无重返故乡的喜悦。他现在继续向远离故乡的方向走着，前路茫茫，不知所之，那将是更加遥远、更加荒凉的所在。了解这第二层的意思是非常重要的，否则，"断肠人在天涯"在心理的事实上便不复存在，因为一旦他正在满怀信心地返回故乡，尽管现在还离故乡很远，但在心灵上却已有了归宿，游子之情消失了。但在这里，也就产生了这样一个问题：他为什么如此长期地在外流浪而不返回故乡呢？他为什么还在继续向着更荒凉的远方浪游呢？显而易见，他之浪迹天涯、流离在外，不是在外求取什么，寻找什么，期待什么，实现什么预定的目的。如若如此，他的精神就是振奋的，情绪就是紧张的，目标便是明确的，而现在他分明是无情无绪、毫无目的地在远方流浪着。这说明，他之不归故乡的原因不在外地，而恰恰在故乡。在这时我们再思考一下"断肠人"几个字，便会感到他之不归故里，是因为在故乡时发生了使他肝肠寸断的伤心的事情。什么断肠之事对我们并不重要，但我们却知道这严重地伤害了他的心灵，致使他决绝地离开了故乡并且矢志永远不再返回到那令他触目伤心的地方。他离开故乡，在心理上就是想把令自己伤心之事、令自己伤心之人远远地抛在身后，从而使自己从痛苦的困扰中挣脱出来。这促使着他越来越远地离开故乡。他是不是已经抛下了那一段伤心往事了呢？显然是没有，不但从作者直称之为"断肠人"可以知道，而且从他继续向更荒凉的远方流浪也可以感觉出来。正是这样一个人，在这暮秋时节，经过这荒凉的所在，产生了一种隐秘的情绪感受。该诗写的便是他这时的情思。现在我们更应感到，"秋思"不是"断肠人"的"断肠"，而是这"断肠人"的一种更特别的情感体验。

该诗在表现形式上的最显著的特点，便是人们一眼便可看到的：它是由一连串独立的意象构成的意象群体。枯藤、老树、昏鸦、小桥、流水、人家、古道、西风、瘦马，这九个意象各自独立，像九个大小相等的鹅卵石般分三组堆积在一起，彼此之间没有任何语言形式将其勾连在一起。显而易见，仅用简练并不足以说明它的审美效果，因为像"感时花溅泪，恨别鸟惊心"（杜甫）这样的诗句也可以说是极简练的。我们也不能仅用独特性概括其全部意义，因为独特性若不与独特的审美效果和意蕴发生关系，语言形式的独特性便是空洞的，因而也便等同于文字游戏。我认为，在我们把它与全诗的审美效果联系起来的时候，至少有下列几点是值得注意的：（1）杜甫的"感时花溅泪，恨别鸟惊心"表现的是自我的痛苦心情，但我们绝不感到痛苦中的杜甫是孤独的，该两句诗使我们产生不了孤独的感觉。为什么呢？它的语言效果中就不存在孤独的事物。每一个单词都与另外的单词有着紧密的联系，彼此构成的是完整的有机体，并且它们的结构异常紧密，紧密得能使人产生痛苦的揪心之感，但却并无孤立无援感。但在《秋思》中，我们却能从全诗中感到这个游子的茕茕孑立的那种极度的孤独感觉，这种语言形式是起到了暗示作用的。在该诗中，好像任何一个事物与另一个事物之间都是彼此分离、各自独处的，没有任何一种东西把它们粘连在一起，甚至当各个意象输入到你的脑海中的时候，也只能刺激起你脑海中的各个孤立的点的兴奋感，连接不成一种兴奋区。"孤独"的感觉是与这种独特的语言形式密切相连的。因此之故，我认为诗评家也不应以这样的想象代替诗中的语言形式，好像枯藤缠绕着老树，老树上面立着一只乌鸦。若如此，枯藤、老树、昏鸦便有了一种相依为命的感觉，孤独的意味便淡薄了。（2）杜甫的"感时花溅泪，恨别鸟惊心"是痛苦心情的表现，但我们同时又可感到，他痛苦但不寂寞。这种感觉是怎样产生的呢？也与它的语言形式有很大关系。在这两个诗句中有动词的介入，并且有极强烈的动作感，"溅"、"惊"一是外部的动，一是内心的动，这动便暗示了心灵的并不寂寞。但在《秋思》中，这种各个独立意象的独立性，避免了大量动词的出现，使整体的画面更像一幅几个事物形象各自分离的静物画。这对于游子内心的寂寞有很明显的暗示作用。（3）杜甫的"感时花溅泪，恨别鸟惊心"自然由动词将主语与宾语联系在了一个整体之中，两句诗便是以两个完整的结构作用于读者的感受，而在《秋思》中，每个独立的意象都独立地投射出自己的信息，而这与"枯藤绕老树，昏鸦立干枝"的作用是极不相同的。当然，中间的"小桥流水人家"在以上三点中所起的实际作用有些不同，但它并没有破坏这样一个整体的语言形式，因而也没有破坏这种整体的语言形式带来的整体审美效果。

"枯藤老树昏鸦"作为首句的意义是很重要的。它作为首句，给我们的感受就是构成后来变化的基础，是全诗的情绪底色，因而也就是"断肠人"的整体心境。"枯藤"给人的是枯寂感，"老树"给人的是苍老感，"昏鸦"给人的是昏沉感，而这三者在感受上又是互相交织的。如果我们在物与人的互渗关系中来感受人，在视觉上便会产生一个面目苍老、形容枯槁、表情迷惘而阴沉的人物形象，在心灵感受上就会有一种枯寂、沉郁、阴暗的感觉。这实际也就是那个游子的形象和心灵状态。但必须注意，"枯藤"是枯寂的但未失苍劲感，"老树"是苍老的但未失坚挺感，"昏鸦"是阴沉的但未失矫健的姿态。就画面而言，这里全是黑白分明的轮廓，线条有力，对比强烈，像黑白两色的木刻，阴沉而有力。因而这时"断肠人"的形象在内外两面上都是阴沉而带有力感的。在这时我们应当想到，"断肠人"因为故乡发生了令自己极度伤心的事情，遂离开这令他触目伤心的地方，离开让他见之心伤的人，出外四处流浪。在流浪中，他经受着孤独和寂寞，经受着困乏和饥饿，用意志抗拒着心灵的痛苦和生活的困乏，渐渐把痛苦深深地、深深地埋在了心底，澎湃的热情消失了，剧烈的痛苦平静了，青春的幻想消失了，但人也很快地苍老了，心灵变得枯寂了，性格也变得阴沉了。"枯藤老树昏鸦"暗示出的就是现在的一个"断肠人"，而已经不是乍离故乡时的他了。

"小桥流水人家。"一个苍老、阴沉、枯寂的流浪者眼前出现了"小桥流水人家"，作者并没有告诉我们他内心有什么情绪感受，但读者自己会有一种情绪感受。这种情绪感受当补充到"枯藤老树昏鸦"所已经给我们产生了的情绪感受的基础之上的时候，也便自然是这个流浪者本人的情绪感受了。假若说大的东西给人以沉重感、庄严感、崇高感，小的东西就给人以轻松感、玲珑感、亲切感，小桥让人感到亲切、优美、轻松，"桥"是沟通障碍的建筑物，一种虹形的曲线建筑，在中国语言中形成了一种相对稳定的意象，它一向是情感沟通的象征物；"流水"是清新的，澄澈的，流动的，活泼的，它也是一种相对稳定的意象，是一段波动的情绪、一种流动的感情；"人家"是一个小家庭的住所，是亲人相聚的场所，是其乐融融的一家人的综合体，它包含着生命、爱情和幸福。我们完全可以想到，在这个苍老、阴沉、心灵枯寂的游子看到"小桥流水人家"的时候，心灵中在一刹那间产生了一种生活的欲望，一种希求幸福的感觉，一种感情的萌动。在这时，像在枯藤上绽开了小花、老树上冒了新绿、苍鸦的精神上感受到了一点触动，他的沉寂的生命也表现出了一点活意。但这到底是一刹那间的事情，接着他的心灵又沉寂了下来。

"古道西风瘦马。"从"枯藤老树昏鸦"到"小桥流水人家"再到"古道西风瘦马"，景色的不断变换，给读者产生的是游子骑马走动的感觉，它像向前推进着的摄影镜头，拍摄下了不同的景物。但你又能感觉到它的推进速度是平匀而又缓慢的，这种感觉来源于它的句式。九个独立意象分别为相等的三组，每一组都不是短促有力的，读起来平缓而均匀。我们似乎觉得游子骑马在一个有三两户人家的小村旁经过，开始看到"枯藤老树昏鸦"，继而"小桥流水人家"映现在他的眼前，但他在不经意地一瞥之后又转眼向前，前面则是"古道西风"，剩下的就是自己骑的一匹瘦马。"古道"是荒寂的，有一种苍凉感；"西风"是萧索的，令人感到一种心情的衰飒；"瘦马"又有一种孤独感。显而易见，"小桥流水人家"在他的心里添了一点活意之后，他的心情又沉入了枯寂、孤独、苍凉的感觉之中了。但是，我们又必须注意"古道西风瘦马"与"枯藤老树昏鸦"之间的细微差别。"枯藤老树昏鸦"包含着更多的枯寂、迷惘和阴沉，是一颗静止着的沉寂的心灵，它埋藏着痛苦，但这痛苦也沉淀成了硬块般的东西，波动不起来了。但"古道西风瘦马"中却有明显的悲凉感，特别是那飒飒的西风，使你能感到明显的凉意。这种心情实际是"小桥流水人家"在游子心灵中掠过一丝暖意后，游子对自我孤独寂寞生活的一点悲凉的感觉。正像前面的暖意也在有无之间、并不强烈一样，这时的悲凉感觉也是如此。但是，我们必须感觉到它的存在。

　　"夕阳西下，断肠人在天涯。"一点暖意变作一点悲凉，但是这位游子是不可能由此而改变自己生活的，这点悲凉也就只能转化为一点惆怅。这种惆怅在诗中是由"夕阳西下"传达出来的。游子在悲凉中抬眼前望，前面正是一轮夕阳向地平线沉下。"夕阳无限好，只是近黄昏"（李商隐），夕阳是一种衰退着的生命力的象征，它的衰竭是缓慢的，但又是不可挽回的。

面对自己的生命的衰竭、生命意义的丧失，面对自己孤独寂寞的生活，游子这时的心情只能是惆怅的、无可奈何的。他仍只身在远离故乡的荒凉的远方，向着更加荒凉的前方，骑着瘦马，蹒跚而行。

在这时，我们可以对"秋思"的内容再作一个概括："秋思"指的不是"断肠人"的"断肠"心情，而是他这时的一段情感体验。他的枯寂的心情并没有死灭，人间的温暖、幸福和爱情（"小桥流水人家"）又一次使他枯寂的心情萌生了一点生活的欲望，但这点欲望随之也便转化为一种悲凉的感觉，并以他的怅惘和叹息告终。"秋思"与其说是指他的伤心感觉，不如说是指他这时产生的对生活的刹那留恋心情。

我们未必都是浪迹天涯的游子，但在生命的途程中，谁又不是一个流浪者呢？《秋思》写出了我们每个人都能够产生的一种感情体验，所以它至今仍被人广为传颂，不失其艺术的生命。

精神"故乡"的失落

——鲁迅《故乡》赏析

鲁迅的《故乡》中写了三个"故乡":一个是回忆中的,一个是现实的,一个是理想中的。第一个是"过去时"的,第二个是"现在时"的,第三个是"未来时"的。小说突出描绘的是现实的故乡。

一、回忆中的"故乡"

"我"回忆中的故乡是一个带有神异色彩的美的故乡。

它的"美",我们至少可以从以下几个方面感受得出来:

1. 它是一个五彩缤纷的世界。这里有"深蓝"的天空,有"金黄"的圆月,有"碧绿"的西瓜,少年闰土有一副"紫色"的圆脸,脖子上戴着"明晃晃"的、"银"色的项圈,海边有五色贝壳,"红的绿的"都有,鬼见怕也有,观音手也有,还有各种颜色的鸟类:稻鸡、角鸡、鹁鸪、蓝背……在这里,没有一种色彩不是鲜艳的、明丽的,任何两种色彩之间的对比都是鲜明的,它构成的是一幅"神异"的图画,一个五彩缤纷的世界。

2.它是一个寂静而又富有动感的世界。当"我"记起童年时的"故乡",浮现在脑海里的首先是深蓝的天空,金黄的圆月,海边沙地上的碧绿的西瓜,整个大自然是那么静谧,那么安详,但在这静谧的世界上,却有着活泼的生命。这活泼的生命给这个幽静的世界带来了动态的感觉。"一个十一二岁的少年,项带银圈,手捏一柄钢叉,向一匹猹尽力的刺去,那猹却将身一扭,反而从他的胯下逃走了。""月亮地下,你听,啦啦的响了,猹在咬瓜了。你便捏了胡叉,轻轻地走去……"这是一个幽静的世界,同时又是一个活泼的世界。它幽静而不沉闷,活泼而不杂乱。静中有动,动中有静,和谐自然,是一个令人心旷神怡的世界。

3.它是一个辽阔而又鲜活的世界。"我"回忆中的"故乡"是一个多么广阔的世界呵!这里有高远的蓝天,有一望无垠的大海,有广阔的海边的沙地。但在这广阔的天和地之间,又有各种各样的人和事物,有活泼的少年闰土,有猹、獾猪、刺猬,有稻鸡、角鸡、鹁鸪、蓝背,有五彩的贝壳,有金黄的圆月,有碧绿的西瓜……这个世界广阔而又鲜活,一点也不狭窄,一点也不空洞。

我们可以看到,"我"回忆中的"故乡"并不仅仅是一个现实的世界,同时更是一个想象中的世界,是"我"在与少年闰土的接触和情感交流中想象出来的一幅美丽的图画。它更是"我"少年心灵状态的一种折射。这颗心灵是纯真的、自然的、活泼的、敏感的,同时又是充满美丽的幻想和丰富的想象力的。它没有被"院子里高墙上的四角的天空"所束缚,而是在与少年闰土的情感交流中舒展开了想象的翅膀,给自己展开了一个广阔而又美丽的世界。

那么，少年"我"的这个广阔而又美丽的世界是怎样展开的呢？是因为两颗童贞的心灵的自然融合。少年"我"是纯真的、自然的，少年闰土也是纯真的、自然的。他们之间的关系不是用封建礼法关系组织起来的，而是用两颗心灵的自然需求联系起来的。少年闰土不把少年"我"视为一个比自己高贵的"少爷"，少年"我"也不把少年闰土视为一个比自己低贱的"穷孩子"。他们没有人与人之间的不平等的观念。他们之间的情感交流是畅通无阻的，是没有任何顾忌和犹豫的。我们可以重新读一读他们之间的对话，就可以感到，他们之间是想到什么便说什么的，想到哪里就说到哪里的。他们不是为了讨好对方而说，也不是为了伤害对方而说，而是说的双方都感兴趣的话。两个人的心灵就在这无拘无束的对话中融合在一起了，也在这融合中各自都变得丰富了。少年闰土来到城里，"见了许多没有见过的东西"；少年"我"通过与少年闰土的谈话，也像看到了过去自己从来没有看到过的世界。

总之，"我"回忆中的"故乡"是一个美好的世界，这个世界实际是少年"我"美好心灵的反映，是少年"我"与少年闰土和谐心灵关系的产物。但是，这种心灵状态不是固定的，这种心灵关系也是无法维持久远的。社会生活使人的心灵变得更加沉重，使人与人之间的关系变得复杂起来。当成年的"我"重新回到"别了二十余年的故乡"时，这个回忆中的"故乡"就一去不复返了。在这时，他看到的是一个由成年人构成的"现实的故乡"。

二、现实的"故乡"

现实的"故乡"是什么样子的呢？我们可以用这样一句话概括我们对这个"故乡"的具体感受：它是在现实社会生活的压力下失去了精神生命力的"故乡"。

这时的"故乡"是由三种不同的人及其三种不同的精神关系构成的。

1.豆腐西施杨二嫂。

豆腐西施杨二嫂是一个可笑、可气、可恨而又可怜的人物。

她为什么可怜呢？因为她是一个人。一个人是需要物质生活的保证的。当一个人无法通过自己正常的努力而获得自己最起码的物质生活保证的时候，为了生命的保存，就要通过一些非正常的、为人所不齿的手段获取这种保证了。在这个意义上，她是值得同情的。她原来是开豆腐店的，为了豆腐店能够赚到更多的钱，她擦着白粉，终日坐着，实际上是用自己的年轻美貌招徕顾客，"因为伊，这豆腐店的买卖非常好"。"美"，在豆腐西施杨二嫂这里已经不再是一种精神的需要，而成了获取物质利益的手段。物质实利成了她人生的唯一目的。为了这个目的，她是可以牺牲自己的道德名义的。当自己的青春已逝，美貌不再的时候，她就把任何东西都拿来当作获取物质实利的手段了。她的人生完全成了物质的人生，狭隘自私的人生。这样一个人，亲近的只是物质实利，对别人的感情已经没有感受的能力。在这类人的感受里，"利"即是"情"，"情"即是"利"，"利"外无"情"，天地间无非一个"利"字。她感受不到别人的真挚的感情，对别人也产生不了这样的感情，

287

"感情"也只成了捞取好处的手段。她的眼里只有"物"，只有"利"，只有"钱"，而没有"人"，没有有感情、有道德、有精神需要的人。在这个世界上，她是能捞就捞，能骗就骗，能偷就偷，能抢就抢。但人类社会是在相互关联中存在和发展的，人类为了共同的生存和发展，需要心灵的沟通，需要感情的联系，需要道德的修养，需要精神品质的美化。像豆腐西施杨二嫂这样一个毫无道德感的人，时时刻刻都在做着损人利己的勾当，是不能不引起人们的厌恶乃至憎恨的。所以，就她本人命运的悲惨，她是可怜的，而就其对别人的态度，她又是可气、可恨。她的可笑在于长期的狭隘自私使她已经失去了对自我的正常感觉。她把虚情假意当作情感表现，把小偷小摸当作自己的聪明才智。她是属于世俗社会所谓的"能说会道"、"手脚麻利"、"干净利索"、"不笨不傻"的女人。但在正常人眼里，她这些小聪明、小把戏都是瞒不了人、骗不了人的。所以，人们又感到她的言行的可笑。人们无法尊重她、爱戴她，甚至也无法真正地帮助她。她是一个令人看不起的人。

如果说少年"我"和少年闰土的一切言行的总体特点是自然、纯真，豆腐西施杨二嫂的一切言行的总特点则是"不自然"、"不真挚"。在她这里，一切都是夸大了的，是根据自己的实利考虑变了形的。她一出场，发出的就是一种"尖利的怪声"，"突然大叫"，这是她不感惊奇而故作惊奇的结果。她的面貌特征也是在长期不自然的生活状态中形成的，她一生只练就了一个"薄嘴唇"，"能说会道"，脸相却迅速衰老下来，只留下一个"凸颧骨"，没有了当年的风韵。她的站姿也是不自然的，故意装出一副不可一世的样子，实际上她早已失去了自己的自信心，失去了做人的骄傲，但又希望别人看得起她，尊重她。她对"我"没有怀恋，没有感情，但又故意装出一副有感情的样子。她能说的只有"我还抱过你咧！"这样一个微不足道的事实，但却把这个事实说得非常严重，好像这就对"我"有了多么大的恩情，好像"我"必须对她感恩戴德、牢牢记住她对"我"的重要性。她不关心别人，因而也不会知道别人的生活状况，不会了解别人的思想感情。她通过自己的想象把别人的生活说得无比阔气和富裕，无非是为了从别人那里捞取更多的好处。

豆腐西施杨二嫂体现的是"我"所说的"辛苦恣睢而生活"的人的特征。她的生活是辛苦的，但这种辛苦也压碎了他们的道德良心，使她变得没有信仰，没有操守，没有真挚的感情，不讲道德，自私狭隘。

2. 成年闰土。

少年闰土是一个活泼可爱的孩子，是一个富有表现力的少年。"他的父亲十分爱他"，他的生命是有活力的，他的思想是自由的，他的心地也是善良的。"这不能，须大雪下了才好。我们沙地上，下了雪，我扫出一块空地来，用短棒支起一个大竹匾，撒下秕谷，看鸟雀来吃时，我远远地将缚在棒上的绳子只一拉，那鸟雀就罩在竹匾下了。什么都有：稻鸡，角鸡，鹁鸪，蓝背……""现在太冷，你夏天到我们这里来。我们日里到海边捡贝壳去，红的绿的都有，鬼见怕也有，观音手也有。晚上我和爹看西瓜去，你也去。""不是。走路的人口渴了摘一个瓜吃，我们这里是不算偷的。要管的是獾猪，刺猬，猹。月亮地下，你听，啦啦的响了，猹在咬瓜了。你便捏了胡叉，轻轻地走去……""有胡叉呢。走到了。看见猹了，你便刺。这畜生很伶俐，倒向你奔来，反从胯下窜了。他的皮毛是油一般的滑……"在这些话里，跳动着的是一个活泼的生命。少年闰土较之少年"我"更是一个富于表现力的少年，是一个有更多的新鲜生活和新鲜感受要表达的少年。少年"我"的知识更是从书本当中获得的，少年闰土的知识则是从大自然中、从自己的生活实感中获得的。他生活在大自然中，生活在自己的生活中，他比少年"我"更像一个语言艺术家。他的语言多么生动，多么流畅，多么富有感染力啊！它一下子就把少年"我"吸引住了，并给他留下了至今难以磨灭的印象。但这个富于生命力和表现力的少年闰土，到了现在，却成了一个神情麻木、寡言少语的人。"只是觉得苦，却又形容不出"。为什么他在少年时就能有所感而又形容得出，现在却形容不出了呢？因为"那时是孩子，不懂事"，但"不懂事"的时候是一个活泼泼的人，现在"懂事"了，却成了一个"木偶人"了。这是为什么呢？因为这里所说的"事"，实际是中国传统的一套封建礼法关系，以及这种礼法关系所维系着的封建等级观念。

维系中国传统社会的是一套完整的封建礼法关系，而所有这些封建礼法关系都是建立在人与人不平等的关系之上的。帝王与臣民，大官与小官，官僚与百姓，老师与学生，父亲与儿子，兄长与弟弟，男性与女性，都被视为上下等级的关系。他们之间没有平等的地位，也没有平等的话语权力。上尊下卑。"上"对"下"是指挥，是命令，是教诲；"下"对"上"是服从，是驯顺，是听话。闰土之所以说小的时候是"不懂事"，是因为按照现在他已经懂得了的礼法关系，"我"是少爷，他是长工的儿子，二者是不能平等的。"我"尊，闰土卑，他那时没有意识到自己的卑贱地位，在"我"面前毫无顾忌地说了那么多的话，都是极不应该的。但那时年龄小，可以原谅，一到成年，中国人都要遵守这样一套礼法关系。不遵守这套礼法关系，就被中国社会视为一个不守"规矩"、不讲"道德"的人了，就会受到来自社会各个方面的惩罚。闰土就是在这样一套礼法关系的教育下成长起来的，他是一个"老实人"，是一个讲"道德"的人。但一旦把这种礼法关系当成了处理人与人关系的准则，人与人之间的思想感情就无法得到正常的交流了，人与人的心灵就融合不在一起了。这就是在"我"和闰土之间发生的精神悲剧。"我"怀念着闰土，闰土也怀念着"我"，他们在童心无忌的状态下建立了平等的、友好的关系。这种关系在两个人的心灵中都留下了美好的、温暖的、幸福的回忆。"我"想到故乡，首先想到的是闰土，闰土实际上也一直怀念着"我"。"他每到我家来时，总问起你，很想见你一回面。"只要想到他和"我"在童年一起玩耍的情景，我们就能够想到，闰土的这些话绝不是一般的客气话。两个人重新见面时，"我""很兴奋"，闰土也很兴奋，"脸上现出欢喜和凄凉的神情；动着嘴唇"，说明他心颤抖着多少真挚的感情呵！但封建的礼法关系却把所有这些感情都堵在了他的内心里，形容不出来了，表现不出来了。

> 他的态度终于恭敬起来了，分明的叫道："老爷！……"

在这里，我们能够听到两颗原本融合在一起的心灵被生生撕裂开时所发出的那种带血的声音。闰土不再仅仅把"我"视为平等的、亲切的朋友了。他把"我"放在了自己无法企及的高高在上的地位上，他自己的痛苦、自己的悲哀，在这样一个高高在上的人面前已经无法诉说，无法表现，这个称呼带着一种"敬"，但同时也透着一股"冷"。在这种"冷"的氛围中，"我"的感情也被凝固在了内心里。两颗心灵就被这个称呼挡在了两边，无法交流了，无法融合了。所以"我""打了一个寒噤"，知道两个人之间已经隔了一层"可悲的厚障壁"。

《故乡》让我们看到，只有少年闰土和少年"我"的关系才是符合人性的，后来这种封建礼法关系不是人的本性中就具有的，而是在社会的压力之下形成的，是一种扭曲了的人性。人在自然的发展中不会把自己视为一个卑贱的、无能的人，像闰土这样一个人的封建礼法观念是在长期的强制性的压力下逐渐形成的。社会压抑了一个人的人性，同时也压抑了他的自然的生命力，使他习惯了消极地忍耐所有外界的压力，忍耐一切精神的和物质的痛苦。那个手持胡叉向猹刺去的闰土是多么富有朝气，富有生命的活力呵！是多么勇敢呵！但封建的礼法关系逐渐压抑了他的生命力，使他在一切困苦和不幸面前只有消极的忍耐。只有意识到闰土已经没有了少年时的旺盛的生命力，我们才能够理解，为什么"多子，饥荒，苛税，兵，匪，官，绅"，能够"苦得他像一个木偶人了"。他已经没有反抗现实的不幸的精神力量。他把所有这一切都视为根本不能战胜的。他只能承受，只能忍耐，他尽量不去思考自己的不幸，尽量迅速地忘掉自己的困苦。他不再敢主动地去感受世界、思考生活、思考自己。久而久之，他的思想干瘪了下去，他的感受力萎缩了下去，他的表现力衰弱了下去，他的精神一天天地麻木下去，他已经成为一个没有感受力、没有思想能力和表现能力的木偶人。只有宗教还能给他带来对未来的茫远的、朦胧的希望。他的精神已经死亡，肉体也迅速衰老下去。

成年闰土体现的是"我"所说的"辛苦麻木而生活"的一类人的特征。这些人是善良的、讲道德守规矩的人。但传统的道德是压抑人的生命力的。他们在封建道德的束缚下丧失了生命的活力，精神变得麻木了。

3. 成年"我"。

"我"是一个现代知识分子，他在自己的"故乡"已经失去了存在的基础，失去了自己的精神落脚地。他像一个游魂，已经没有了自己精神的"故乡"。

中国古代的知识分子是官僚地主。在经济上是地主，在政治上是官僚，是有权有势的阔人。但现代的知识分子是在城市谋生的人。他已经没有稳固的经济基础，也没有政治的权力。在豆腐西施杨二嫂的心目中，值得惧怕和尊敬的是放了"道台"，"有三房姨太太"，出门坐"八抬的大轿"的"阔人"。现在"我"不"阔"了，所以也就不再惧怕他，尊重他，而成了她可以随时掠夺、偷窃的对象。他同情豆腐西施杨二嫂的人生命运，但豆腐西施杨二嫂却不会同情他。他无法同她建立起精神的联系。他在她那里感到的是被歧视、被掠夺的无奈感。闰土是他在内心所亲近的人物，但闰土却仍然按照对待传统官僚地主知识分子的方式对待他，使他无法再与闰土进行正常的精神交流。他在精神上是孤独的。他寻求人与人之间的一种平等关系，但这种关系在现在的"故乡"是找不到的。

总之，现实的"故乡"是一个精神各个分离，丧失了生命活力，丧失人与人之间的温暖、幸福的情感关系的"故乡"。

三、理想中的"故乡"

回忆中的"故乡"是美的，但却是消失了的，回忆中的，想象中的，不那么"真实"的。因为它只是在少年童贞心灵感受中的"故乡"，而不是一个承担着生活压力和社会压力的成年人感受中的故乡。这种童贞的心灵是脆弱的，是注定要消失的。少年可以不承担物质生活的压力，不必养家糊口，也不必介入到成人的社会关系之中去。但人注定是要从少年成长为成年人的。成年人注定是要独立谋生的。所以成年人眼中的"故乡"才是一个更重要的也更真实的"故乡"，因为它不但决定着成年人的命运，同时也决定着一代一代孩子们的前途。但是，这个现实的"故乡"却是痛苦的，缺乏生命力量的，缺乏发展的潜力的。豆腐西施杨二嫂用自己的自私狭隘、用自己物质实利的欲望腐化着"故乡"的精神，瓦解着"故乡"的前途，闰土则用自己的忍耐维持着现实的苦难，使现实的一切不可能向着美好的前途转化。但是，我们却不能不希望"故乡"有一个美好的前途，不能不产生改变现实的"故乡"的愿望。这不但因为它毁灭了自己回忆中的那个美好的"故乡"，更因为现实的"故乡"决定着一代一代故乡人民的命运。

真正的理想不是凭空设计出来的，也不是别人告诉自己的。我们常常这样认为，但那不是一个人的真正的理想。那样的"理想"对一个人的精神发展起不到重要的作用，因为它无法深入到一个人的心灵深处去，是一个人可有可无的东西，一遇困难他就会轻易放弃它。一个人的真正的理想是在自己不同生活感受的差异中产生出来的，是从对现实生活状况和社会状况的不满中产生出来的。具体到《故乡》中来说，"我"有一个回忆中的美好的"故乡"，也有一个令人感到痛苦的现实的"故乡"。前一个是美好的，但却不是"故乡"的现实，不是全体"故乡"人民实际生活中的"故乡"。而现实的"故乡"却是令人难以忍受的。"我"就很自然地产生了一种希望，希望现实的"故乡"也像回忆中的"故乡"那么美好，希望现实的"故乡"中的故乡人也像回忆中的"故乡"中的少年闰土那么生意盎然、朝气蓬勃，像少年"我"与少年闰土那样亲切友好、两心相印。但是，现在的"故乡"已经成了现在这个样子，现实是无法改变的，改变的只能是未来。在这时，"我"就有了一个理想的"故乡"的观念。只有这种理想，才是"我"的最真切的理想，因为它是从自我的生活感受、社会感受中自然形成的，是从自己心灵深处升华出来的。这种理想一旦产生，"我"就永远不会放弃它。"我希望他们不再像我，又大家隔膜起来……然而我又不愿意他们因为要一气，都如我的辛苦展转而生活，也不愿意他们都如闰土的辛苦麻木而生活，也不愿意都如别人的辛苦恣睢而生活。他们应该有新的生活，为我们所未经生活过的。"这就是"我"对故乡的理想。

这个理想能够不能够实现呢？"我"没有给出明确的回答。实际上，任何的理想都是无法作出确定无疑的回答的。因为"理想"是要人去具体地实现的，是要很多人的共同努力才能实现的，而人又是变化着的，并且是有各种不同的发展变化的可能的，这就使任何一个人任何一种理想都难以得到确定无疑的实现。但"我"的理想又绝对不是没有实现的可能的，因为人类自身永远存在着向上追求的力量。在《故乡》中，那就是水生和宏儿的友谊。它像少年闰土和少年"我"的关系一样，也是脆弱的，也是可以瞬时即逝的，但他们到底还没有被社会压榨成像成年闰土、成年"我"或豆腐西施杨二嫂这样的人物，他们是有可能变得比现在的人们更好、更有朝气、更有美好的心灵的。

> 我想：希望是本无所谓有，无所谓无的。这正如地上的路：其实地上本没有路，走的人多了，也变成了路。

也就是说，谁也不能断定一种理想能不能最终得到实现。关键在于有没有人去追求，有人去追求，有更多的人去追求，就有希望；没有人去追求，或者只有极少的人去追求，就没有希望或没有更大的希望。

作者没有给我们作出美好未来的许诺。所有关于未来的许诺都是虚幻不实的。他让我们去追求，去追求美好的未来，去创造美好的未来。

在《故乡》中，三个"故乡"的关系是：

过　去	现　在	未　来
少年闰土 少年"我"	成年闰土 成年"我" 豆腐西施杨二嫂 少年水生 少年宏儿	成年水生 成年宏儿
回忆中的"故乡"	现实中的"故乡"	理想中的"故乡"

四、"故乡"与"祖国"的同构

　　真正好的文学艺术作品，是有对自身的超越力量的。也就是说，它写了一些人、一些事，但表现的却不仅仅是这些人、这些事。它能使我们感受到更多、更大、更普遍的东西。它只是一个发光体，但这个发光体所能够照亮的范围却是无限广大的。在这里，我们首先应当看到的，《故乡》具体描绘的是"我"回故乡时的见闻和感受，但表现的却不仅仅是这些。什么是"故乡"？"故乡"就是一个人曾经生活过的地方，特别是儿时生活过的地方。但这个"故乡"的范围却是可大可小的。在杭州，绍兴就是鲁迅的故乡；在北京，浙江就是鲁迅的故乡；而到了日本，中国就是鲁迅的故乡。在这时，"故乡"和"祖国"就成了同一个概念。所以，在有的民族的语言里，"故乡"和"祖国"是同一个词，第一个字母大写就是"祖国"，第一个字母不大写就是"故乡"。也就是说，《故乡》具体写的是"故乡"，但它表现的却是鲁迅对"祖国"的感受和希望。

　　在我们的观念里，"故乡"好像只是一个物质的存在，好像一个人对自己故乡的热爱是天然的，是一种责任、一种义务，是不会改变、也不应当改变的。实际上，"故乡"对于每一个人都是时时变动着的精神的实体，它是在一个人与它的精神联系中逐渐形成和发展的。在《故乡》中，"我"与"故乡"的精神联系首先是由于有了少年"我"与少年闰土的友好和谐的关系，在这时，"故乡"在他的观念中是美好的、亲切的。但当他再次回到"故乡"，这种精神联系淡漠了，"故乡"的观念就变化了，在这时，他对"故乡"的现实是厌恶的、反感的，但"我"到底是曾经与故乡人有过亲密的情感联系的，他无法忘却自己记忆中的那个美好的故乡，无法对故乡人的痛苦生活采取完全冷漠的态度，所以他希望自己的故乡好起来，希望自己故乡的人有一个美好的前途。不难看出，这表达的也是鲁迅对自己祖国的痛苦的爱。鲁迅的生命是在自己的祖国成长发展起来的，他曾经在自己的祖国感受到爱，感受到人与人关系中的温暖。但当他离开自己的童年，作为一个成年人进入了社会，有了更广阔的生活视野和社会视野，经历了人生的艰难，看到了中国社会的落后和破败，感受到了中华民族在现代世界的痛苦命运和严重危机，感到了中国人民生活的艰难和命运的悲惨，他对"祖国"的感受发生了根本的变化。他的精神中的"祖国"失落了，物质"祖国"仍然存在着，但在这个"祖国"中却再也找不到自己精神的归宿。在这时的"祖国"，主要是由两种人组成的。一种是像豆腐西施杨二嫂一样只有物质欲望的中国人。他们是没有信仰、没有道德、没有固定的操守，极端狭隘自私的人。他们虚情假意，把任何一个人都视为自己掠夺、偷摸的对象，对人没有真挚的感情，关心的只是个人眼前的物质实利。他们没有"别人"的观念，更没有"祖国"的观念，他们是社会腐败、人与人关系混乱的精神根源。中国物质文化的落后更加重了部分中国人对单纯的物质实利的关心，加重了这些人的狭隘和自私。他们是中国社会中的一些"不老实"的人。但像成年闰土这样的"老实人"，又是被中国传统宗法伦理道德严重束缚着的人。他们已经没有旺盛的生命力量，没有争取自己美好前途的奋斗意志和智慧才能。他们消极地忍受着生活的重压。有能力的不讲道德，讲道德的没有能力。彼此没有起码的同情和理解，更没有团结奋斗的精神。他对这样一个"祖国"不能不感到严重的失望。但这种失望又是在关切着它的时候产生的。豆腐西施杨二嫂没有失望的感觉，因为她并不关心自己的祖国；闰土也已经感觉不到对社会、对祖国的失望，因为他只有在忘却中才有刹那的心灵的平静，他已经没有正视现实的勇气。正是这种失望，使他产生对祖国未来的理想，并切实地思考着祖国的未来。鲁迅的"爱国主义"不是虚情假意的"爱国主义"，也不是狭隘自私的"爱国主义"，而是通过对"祖国"现实命运的切实关心、对"祖国"前途的痛苦思考体现出来的。

假若我们把鲁迅的《故乡》提高到对"祖国"前途和命运的关切的高度来体验、来感受，那么，《故乡》与我们当代的读者也就有了密切的精神联系。一个民族，一个社会，都是在发展过程之中的，人的成长也是缓慢的、曲折的。童年的梦都是美的，成年人的发展则是受到社会人生的严重制约的。每个人都必须获得物质生活的保证，但物质利益随时都可以把大量的社会成员变成一些不讲道德、没有感情、狭隘自私、损人利己的人，他们在任何历史条件下都会成为腐化社会、破坏人与人和谐关系的力量，而人与人的社会竞争又会把社会不平等的关系保持下来，压抑广大社会群众的生存意志和奋斗意志，使之成为像成年闰土那样精神麻木的木偶人。既不成为豆腐西施杨二嫂那样的人，也不成为成年闰土那样的人并不是那么容易的。

人类发展的过程不也是这样的吗？一千年以后还会有豆腐西施杨二嫂这样的人，也会有成年闰土这样的人，有良知的知识分子还会像成年"我"一样在社会上找不到自己精神的归宿。

《故乡》的意义将是常青的。

五、悠长的忧郁，悠长的美

即使在鲁迅小说里，《故乡》的美学风格也是独树一帜的。《狂人日记》有压抑的愤懑，它像一颗颗连发的炮弹一样把自己对传统伦理道德的愤懑发射出去。它是对整个中国旧有文明、旧有文化的总攻击，打的是阵地战。这里只有反抗，没有留恋；只有愤懑，没有忧郁。《孔乙己》是写一个人物的命运的，这里有同情，也有讽刺。作者同孔乙己是保持着一定思想感情的距离的。作者从来没有、也不会与孔乙己这样的知识分子建立起像同少年闰土那样的亲密无间的感情联系，这样的感情联系是只有在完全平等的基础上才有可能产生的，孔乙己的等级意识把别人的这种感情关在了自己的心扉之外，不但他自己产生不了这种感情，就是别人也无法产生对他的这种感情。他对孔乙己的同情只是一个人对另一个人的同情，一个中国知识分子对另一个中国知识分子的同情，除此之外没有完全个人化的因素。《孔乙己》完成的只是一个简短的记事，一个人一生命运的"报道"。它简洁得有些冷峻，短小得有些愤懑。《故乡》则不同了。作者对"故乡"的感情不仅仅是人与人之间一般的感情，同时还是带有个人色彩的特殊感情。在对"故乡"没有任何理性的思考之前，一个人就已经与它有了"剪不断，理还乱"的精神联系。童年、少年与"故乡"建立起的这种精神联系是一个人一生也不可能完全摆脱的。后来的印象不论多么强烈都只是在这样一个基础上发生的，而不可能完全摆脱开这种感情的藤蔓。具体到《故乡》这篇小说中来说，"我"对"故乡"现实的所有感受都是在少年时已经产生的感情联系的基础上发生的。"我"已经不可能忘掉少年闰土那可爱的形象，已经不可能完全忘掉少年时形成的那个美好故乡的回忆。此后的感受和印象是同少年时形成的这种印象叠加胶合在一起的。这就形成了多种情感的汇合、混合和化合。这样的感情不是单纯的，而是复杂的；不是色彩鲜明的，而是浑浊不清的。这样的感情是一种哭不出来也笑不出来的感情，不是通过抒情的语言就可以表达清楚的。它要从心灵中一丝一丝地往外抽，慌不得也急不得。它需要时间，需要长度，需要让读者去慢慢地咀嚼、慢慢地感受和体验。这种没有鲜明的色彩而又复杂的情感，在我们的感受中就是忧郁。忧郁是一种说不清、道不明的情感和情绪，是一种不强烈但又轻易摆脱不掉的悠长而又悠长的情感和情绪的状态。《故乡》表现出来的是一种忧郁的美，忧郁是悠长的，这种美也是悠长的。

"悠长"是《故乡》整篇小说谋篇布局的特点。可以说，小说所要表现的无非是"我"重回故乡的见闻和感受，但这种感受是无法脱离开原来对"故乡"的印象和感受的。小说一开始，并没有直接进入对现实"故乡"的描写，而是用较长的篇幅写了路上的感受和这次回故乡的缘由。回到"故乡"后仍然没有直接进入对故乡现实的刻画，而是由母亲的话引起儿时的回忆，用更长的篇幅记叙了儿时与少年闰土的交往。这些描写都表现出了一种不急不躁的作风和态度。作者并不急于进入现实见闻的描写，他一寸一寸地接近它，半步半步地接近它，而不是一步就跨入小说的中心。在这个过程中，作者酝酿的是一种情绪，一种基调，它渐渐使读者的心灵进入到"我"回"故乡"时的心境中去，因为只有这样，才会像"我"那样感受现实的见闻。离开"故乡"的描写同回"故乡"的过程的描写有着相同的特点。作者没有急于结束这篇小说，而是比较详尽地记叙了离开故乡时的情景和心情。有一个外国学者认为，《故乡》结尾时的议论是不必要的。我认为，这结尾时的议论不仅仅是要表达某种思想认识，它更是一种抒情的必要。如果说开头部分给人以身未到"故乡"而心已到"故乡"的感觉，这里给人的则是身已离"故乡"而心尚未离"故乡"的感觉。整篇小说像一座弧形的桥梁，前边是一段长长的拱桥，中间是主桥，后边又是一段长长的拱桥，弧度很小，但桥身很长，给人产生的是悠长而又悠长的感觉。在这个过程中流动着的是越来越浓郁的忧郁的情绪。直到结尾，这种忧郁的情绪仍然是没有全部抒发馨尽的。鲁迅没有给读者一个确定无疑的结论，没有指明"故乡"的或悲或喜的固定前途。"故乡"的前途仍然是一个未知数，一个需要人自己去争取的未来。它把人们对"故乡"的关心永久地留在了人们的心中，把对"故乡"现实的痛苦感受永久地留在了人们的心中。人们没有在结尾时找到自己心灵的安慰，它继续在人们的心灵感受中延长着，延长着，它给人的感觉是悠长而又悠长的，是一种没有尽头的忧郁情绪，一种没有端点的历史的期望。这是一种忧郁之美。

这种忧郁的美感不仅表现在小说的谋篇布局上，还表现在它的语言特色上。小说开头和结尾的语言带有明显的抒情性，它们把中间的小说叙事置于了一个封闭的抒情语言的框架中，为其中的叙事谱上了忧郁的曲调。小说中唯一欢快的语调出现在对儿时回忆的描写中，但它接着就被对"故乡"现实描写的低沉空气驱散了，剩下的只是一种忧郁和感伤。在前后两段的描写中，句式是悠长的，虽有起伏，但造成的不是明快的基调。它们像飞不起来的阴湿的树叶子，一片一片，粘连在一起，你压着我，我压着你，似断又连，都有一种悠长而又沉重的感觉。

> 我所记得的故乡全不如此。我的故乡好得多了。但要我记起他的美丽，说出他的佳处来，却又没有影像，没有言辞了。仿佛也就如此。于是我自己解释说：故乡本也如此，——虽然没有进步，也未必有如我所感的悲凉，这只是我自己心情的改变罢了，因为我这次回乡，本没有什么好心绪。

整整这一段，还是没有说清过去的故乡到底是不是比现在美丽，实际上这两种感觉已经叠合在一起，怎么分也分不开了。它造成的只是一种忧郁的心情，而不是任何一个明确的结论。它的语言也和这种心情一样，没有跳跃性，你牵着我，我牵着你，似有停顿，又停不下来，整整这一段似乎只是一个句子，把"我"那种忧郁的心情很好地传达了出来。

忧郁是一种悠长的情绪，又是一种昏暗的、阴冷的、低沉的情绪。整个《故乡》的色调，也是昏暗的、阴冷的、低沉的。时候是"深冬"，大气是"严寒"的、"阴晦"的，刮着"冷风"，声音是"呜呜"的，看到的是"萧索的荒村"。即使结尾处那些议论性的语言，也带着昏暗的色彩、阴冷的气氛和低沉的调子。它不是痛苦的怨诉，也不是热情的呼唤；不是绝望的挣扎，也不是乐观的进取。一切都是朦胧的、模糊不清的。如果说红色是热情的，蓝色是平静的，绿色是清凉的，黑色是沉重的，灰色就是丰富的、复杂的。它是多种色调的混合体。它包含着所有色调，而又没有任何一种色调取得压倒的优势。忧郁就是这样一种复杂的情绪。忧郁是灰色的，《故乡》的主色调也是灰色的。

自然·社会·教育·人

——鲁迅回忆散文《从百草园到三味书屋》赏析

一

鲁迅的《从百草园到三味书屋》是一篇回忆散文。所谓"回忆散文"，我认为，至少有两个因素是不能忽略的：其一是对于往事的记忆，其二是现在对往事的感受。往事，并不都能留在作者的记忆里，大量的往事是早已被忘却了的，为什么独有这些还留在作者的记忆里，还能如此鲜明地呈现在作者的脑海里呢？这说明这些往事较之所有已经忘却的往事在事发的当时就已经深刻地影响了作者，或者给予过他意外的惊喜，或者给予过他意想不到的痛苦；或者使他产生过浓厚的兴趣，或者使他感到过厌恶或厌倦。虽然随着时间的流逝这些情绪都已经没有当时强烈，甚至在现在的心境中已经发生了各种色调的变化，但在当时，一定是格外深刻的。从写作的角度来说，作者的记忆就是一种自然的选材方式，通过记忆的过滤，作者已经把那些对自己的心灵没有影响或极少影响的事情和事情的细节排除在外，留下的就是那些曾经深刻地影响过作者心灵的事情或事情的细节了。所以，对于一篇回忆散文，假若它没有使我们感到过于的张扬或过于的拘谨，没有使我们产生虚假感或遮掩感的话，我们就得细细体味其中的事情以及各个细节对作者当时心灵的影响。这种影响不可能是单纯的，不可能仅仅用一种理性的语言完全表达清楚，但这种影响却一定是存在的，并且一定是十分深刻的。

回忆散文写的是对往事的回忆，但却不仅仅是对往事的回忆，而同时是作者现在对往事的感受。每一个人都有很多往事的记忆，但他为什么只写出这件事或这些事来给读者阅读，肯定作者在写作的当时对这些往事是有深刻的感受的。对于过去的感受来说，这时的感受是二度感受，是对感受的感受。这个二度感受是在现实的背景上，在现在的文化心理的基础上产生的新的感受。回忆中的事情或事情的细节一定是有意义的，但并不是所有的回忆散文都是优秀的回忆散文，这就取决于散文作者现在对往事的感受的深度。与此同时，在写作上，各个细节取决于对过去的记忆，但对于这些细节的组织和叙述则取决于作者表现现在更新的、更深刻的感受的需要。所以，对于回忆散文，我们必须同时在两个层面上都能感受到它的意义和价值，一是事情或事情细节对过往作者的影响，一是现在的作者对这种影响的感受或理解。

二

"我家的后面有一个很大的园，相传叫作百草园。"关于百草园的描写，不论是教师还是学生，都能感到是一段极其美丽的景物描写，但这里的百草园是不是一个我们平时所认为的"真实的"、"客观的"百草园呢？鲁迅在开头一段就动摇了我们的这种想法。在成年的"我"看来，"其中似乎确凿只有一些野草"。

自然"其中似乎确凿只有一些野草"，为什么"那时却是我的乐园"呢？

因为对于儿时的"我"，那是一个自由的世界，是一个自由嬉戏的场所。

在自由的心灵中，世界是美丽的，是魅力无穷的。

"自由"是什么？"自由"就是自己的心灵不受任何的约束、任何的限制，就是自己所有的感觉器官都不受任何约束、任何限制地自由活动着，外部的世界和心灵的世界进行着畅通无阻的交流，没有外和内的差别，没有天和人的界限，外部世界就在自己的感觉中，自己的心灵就在外部的世界中："碧绿的菜畦，光滑的石井栏，高大的皂荚树，紫红的桑椹"，一个个不同的事物、不同的形象，迅速地、不间断地呈现在"我"的视觉里，形象鲜明而突出，色彩各异，形状各异。外部世界的形象是跳动着进入"我"的眼帘的，"我"的心灵也就跳动在外部世界的不同事物上："鸣蝉在树叶里长吟，肥胖的黄蜂伏在菜花上，轻捷的叫天子（云雀）忽然从草间直窜向云霄里去了"，听觉、视觉一起活动着，声音、形象一起呈现着，动态的和静态的几乎同时被"我"所感知。我们感到了外部世界的丰富多彩和生动活泼，同时也感到了"我"的心灵世界的丰富多彩和生动活泼。这不是两个世界，而是一个世界，是心灵世界和外部世界融为一体的美的世界。"油蛉在这里低唱，蟋蟀们在这里弹琴"，在这里，"我"只能听到声音，但却看不到发出声音的"油蛉"和"蟋蟀们"的形体，这就招引"我"去寻找藏在草丛里、断砖下的这些昆虫，但翻开断砖，找到的却不一定是原来要找的"油蛉"和"蟋蟀"，反而可能是也在那些地方藏匿着的蜈蚣。这是一种意外的发现，一种在意外的发现中的意外的乐趣。"还有斑蝥，倘若用手指按住它的脊梁，便会啪的一声，从后窍喷出一阵烟雾。"多么奇异！多么有趣！"我"玩得多么专注，多么舒畅！没有父母的指导，没有教师的教诲，他对外部世界的兴趣自然地吸引着他去观察各种事物，认识各种事物，手脑并用，在不经意间，就获得了在教科书中根本无法获得的具体、细致的知识。"何首乌藤和木莲藤缠络着，木莲有莲房一般的果实，何首乌有臃肿的根"，他对不同事物的不同特征的把握是多么准确、多么细致呵！但这不是在教科书里学到的，不是由别人教会的，而是他自己的观察、自己的"发现"。在这种观察和"发现"里，他不会产生被动接受时的自卑和自馁，而是自然地增长着他感受世界、观察世界、认识世界的主动性和积极性。不是别人让他知道，而是他自己愿意知道。他要自己去看，去听，去触摸，去"探索"，去实验。"有人说，何首乌根是有像人形的，吃了便可以成仙，我于是常常拔它起来，牵连不断地拔起来，也曾因此弄坏了泥墙，却从来没有见过有一块根像人样。如果不怕刺，还可以摘到覆盆子，像小珊瑚珠攒成的小球，又酸又甜，色味都比桑椹要好得远。"一个多么忙忙碌碌的小家伙呀！但他忙得惬意，忙得愉快。

百草园是"我"的乐园，是"我"获得了无限乐趣的所在，这是"我"在童年时就感觉到的，但是，当作者重新回忆起这段往事的时候，他还不能不认识到，百草园同时也是他的一个知识的宝库，是他认识这个世界的开始。我们看到，就在这短短的一个自然段里，作者如数家珍般地叙述了多少种事物呵！菜畦、石井栏、皂荚树、桑椹、鸣蝉、黄蜂、叫天子、油蛉、蟋蟀、蜈蚣、斑蝥、何首乌、木莲、覆盆子，所有这些事物，都有鲜明的特点，都有神奇的色彩，都有旺盛的生命力量，它们共同组成了一个色彩缤纷、生气盎然的百草园。

这也是当时的"我"的心灵的写照。

三

百草园是一个自然的世界，但是这个自然的世界并不都是美好的，它同样隐伏着危险。

> 长的草里是不去的，因为相传这园里有一条很大的赤练蛇。

在过去，"我"曾把长妈妈讲给"我"听的美女蛇的故事仅仅作为一个封建迷信的故事来理解，认为它对"我"的影响是绝对有害的。"我"现在的认识发生了一些变化，"我"认为，要理解这个美女蛇的故事及其对"我"的影响作用，仅仅通过理性判断是不行的，必须通过"我"在当时的实际感受和对"我"的实际影响作用的分析。

在这里，我们首先应当提出的是，我们这个世界，包括我们所面对的自然世界，是不是完全美好的，对于人的生命的存在和发展是不是都是有益的，都是没有任何危险的？假若它不是完全美好的，对于人的生命，特别是弱小的生命不是没有任何威胁的，我们应该不应该让儿童知道这种危险性的存在，并且使他们知道如何自己保护自己呢？我认为，只要意识到这一点，我们就能够知道，长妈妈是在关心、爱护"我"的意识的支配下给"我"讲了这个美女蛇的故事的，是为了让我知道外部世界实际存在的危险性，从而有一种自我保护意识。在具体分析这个故事的内容之前，必须看到，这个故事是传达着长妈妈对"我"、对儿童、对弱小的生命的自然的、朴素的、亲切的感情的，是在与儿童的亲切的交流中讲给"我"听的一个有趣的故事。所以，尽管这个故事让"我"体验到的是恐惧的情绪，但这个故事在整体上却有一种奇诡的美感，对"我"是充满魅力的，是"我"愿听和乐听的。这些故事对我们的成长有没有实际的作用呢？我认为，正是这样一些故事，使我们在还没有力量战胜一切危险的时候，自然地避免了人生中的各种可能发生的危险，使我们在面临有可能发生危险的局面时，有所警惕，有所回避。待到我们长大成人，有了战胜危险的更大的力量，有了更多的现实经验，我们就知道这些故事是虚构的、想象的了，儿时的恐惧心理也慢慢地消失。这是一种艺术的教育，是用艺术的手段，用想象的故事，传达人类各种人生感受和人生体验的方式，而不是作为死的知识、作为永远不变的教条生硬地注入人们的头脑的。它的形式在人类现实经验的丰富过程中能够自然地显现出它的虚幻性来，但它的寓言性质却永久地给人类提供着有价值的人生感受和人生体验的内容。我认为，我们对于长妈妈的美女蛇的故事，也应当这样感受和认识。

"长的草里是不去的"，这是"我"自觉自愿地遵守的规则，没有任何的勉强，没有不自由的感觉，因为这出于他本人的自我保护意识。

当我们回到美女蛇的故事本身，我们就会看到，鲁迅在这篇散文里，绝对没有否定社会教育，否定人类更加切实地认识世界、认识事物、认识各类人的本质属性的必要性，他提出的是怎样更有效地进行人的教育的问题，而不是要不要教育的问题；是掌握什么样的知识的问题，而不是要不要知识的问题。人类是爱美的，是向往美的，美是在人类直感、直觉中感受到的，而不是在理性的认识中认识到的。但是，正因为人类是爱美的，美是在直感、直觉中呈现出来的，所以很多害人、吃人的东西都用美来引诱人、陷害人。"美女蛇"就是以美的形式引诱人的一个蛇精，一个"人首蛇身的怪物"。"能唤人名，倘一答应，夜间便要来吃这人的肉的。"要识破这样的妖怪，只靠直感和直觉是不行的，必须有透过现象看到本质的理性认识能力。那个读书人没有这种能力，险些被美女蛇所害，那个老和尚则能够看穿美女蛇的骗局，用法术制伏了美女蛇，救了这个没有经验的读书人。

　　　结末的教训是：所以倘有陌生的声音叫你的名字，你万不可答应他。
　　这故事很使我觉得做人之险，夏夜乘凉，往往有些担心，不敢去看墙上，而且极想得到一盒老和尚那样的飞蜈蚣。走到百草园的草丛旁边时，也常常这样想。但直到现在，总还是没有得到，但也没有遇见过赤练蛇和美女蛇。叫我名字的陌生声音自然是常有的，然而都不是美女蛇。

　　这里的议论，带有明显的幽默意味。幽默，都是兼有两层意思的。它表面上是对长妈妈故事的否定，而在更深层次上却是对它的肯定。美女蛇当然是不可能遇到的，但像美女蛇这样的人却是常常遇到的。对待美女蛇，可以用老和尚的飞蜈蚣，对待像美女蛇这样的人却是没有像飞蜈蚣这样的灵验的办法的。鲁迅一生经常受到所谓正人君子的围攻，他们打着维护公理、正义的旗号，对鲁迅进行的却是恶毒的人身攻击。这样一些人，也正像美女蛇一样，一当提到你的名字，就是为了伤害你。一不小心，就会落入他的圈套。这样一些人的存在，使人生变得十分险恶，使人无法轻易地相信人，必须对自己不了解的人有所警惕，有所戒备。所以，即使对于成年的鲁迅，长妈妈的故事也不是没有意义的。我们不能把这个故事仅仅理解为一个封建迷信故事，理解为对鲁迅思想的毒害。

四

最初的自然知识是在"我"与大自然的直接接触中获得的，最初的人生经验是在长妈妈这样的成年人所讲的民间故事中获得的，而最初的技能训练则是在闰土的父亲这样的成年人的指导下进行的。

薄薄的雪，是不行的；总须积雪盖了地面一两天，鸟雀们久已无处觅食的时候才好。扫开一块雪，露出地面，用一支短棒支起一面大的竹筛来，下面撒些秕谷，棒上系一条长绳，人远远地牵着，看鸟雀下来啄食，走到竹筛底下的时候，将绳子一拉，便罩住了。

这是游戏，但也是一种实际技能的训练。在这里，有经验，有方法，有过程。实际的操作，需要劳动也需要灵巧，需要细心也需要耐心，需要智慧也需要意志。"你太性急，来不及等它走到中间去。"对于儿童的身心，它是一种全面的训练。

一个活泼泼的儿童在一个活泼泼的世界上活泼泼地成长着——这就是我们从《从百草园到三味书屋》前半部分的描写中获得的整体印象。童年是美好的，因为童年是自由的。正是在这样一个意义上，他不能理解家里的人为什么要把他送进书塾里去，并且是全城中称为最严厉的书塾。但从成年的作者看来，那时的生活却不仅仅是快乐的，同时也获得了丰富的知识。自然的知识，人生的经验，实际的技能，都在充满趣味的游戏中得到了丰富和发展，身心是和谐的，求知欲是旺盛的。作者当然已经知道家里的人为什么要把他送进书塾去读书，但那不是从人的教育的角度出发的，而是从社会的功利目的出发的。仅仅从人的教育出发，把他从这样一个丰富多彩的世界里送到一个枯燥呆板的书塾中去读那些枯燥呆板的四书五经，实际是不合理的，是戕害了他的旺盛的求知欲望和活泼的生命力，而不是有助于他知识的增长。

童年的"我"感到的是游戏的乐趣，成年的作者重视的是人的教育。但在这个时期，二者是有机地融合在一起的。将这二者截然分开的是社会，是社会的功利主义目的。

五

……中间挂着一块匾道：三味书屋；匾下面是一幅画，画着一只很肥大的梅花鹿伏在古树下。没有孔子牌位，我们便对着那匾和鹿行礼。第一次算是拜孔子，第二次算是拜先生。

对于刚刚上学的"我"来说，学校的一切也是新鲜的，所以他很清楚地记得这些细节。而对于成年的作者来说，这些细节却有着更为丰富的含义，因为这些细节，恰恰是社会心理的反映，凝结着当时人们对教育、对文化的理解和运用。

必须看到，中国文化中是有很多做戏的成分的。做戏，是做给别人看的，而自己，却别有目的。"尊孔"就是中国文化中演的一出大戏。"尊孔"，应该是对孔子这个人的尊敬，是对孔子这个人的思想和品格的尊敬，并且自己也愿意成为像孔子这样一个人。但中国社会的"尊孔"却不是这样。中国绝大多数的知识分子并不想成为孔子这样一个人，并不想一生落拓，为实现自己的社会理想而奔波操劳。中国绝大多数知识分子的"尊孔"是因为学了孔子的书能够升官，能够发财，能够飞黄腾达、光宗耀祖，是为了个人的命运和前途。这实际上不是尊重孔子和他的思想人格，而是把孔子及其思想、人格作为自己升官发财的工具。鲁迅说："孔夫子之在中国，是权势者们捧起来的，是那些权者或想做权势者们的圣人，和一般的民众并无什么关系。然而对于圣庙，那些权势者也不过一时的热心，因为尊孔的时候已经怀着别样的目的，所以目的一达，这器具就无用，如果不达呢，那可更加无用了。在三四十年以前，凡有企图获得权势的人，就是希望做官的人，都是读'四书'和'五经'，做'八股'，别一些人就将这些书籍和文章，统名之为'敲门砖'。这就是说，文官考试一及第，这些东西也就同时被忘却，恰如敲门时所用的砖头一样，门一开，这砖头也就被抛掉了。孔子这人，其实是自从死了以后，也总是当着'敲门砖'的差使的。"（《且介亭杂文二集·在现代中国的孔夫子》）正因为孔子在中国官僚、中国文人手里只是一块"敲门砖",所以,孔子这个人以及他的思想和人格,在他们的心目中实际上是不占有重要位置的,在他们心目中真正占有重要位置的是权势和禄位。家长让孩子上学,也不是为了让他们成为像孔子那样的人,也不是为了让他们学习孔子的思想和人格,而是为了让孩子读书当官,成为一个人上人,成为一个权势者。在三味书屋里,"没有孔子的牌位",只挂着一张"画着一只很肥大的梅花鹿伏在古树下"的画。"鹿"者,"禄"也,当官也,发财也;"肥大的鹿",高官也,厚禄也;"伏在古树下","禄"在古书中也,"书中自有千钟粟,书中自有颜如玉"也。"没有孔子牌位"是不要紧的,但却不能没有这张象征着升官发财的"画着一只很肥大的梅花鹿伏在古树下"的画。

"我们便对着那匾和鹿行礼。第一次算是拜孔子,第二次算是拜先生。"这个"算"字用得很妙。拜的实际是学校和禄位,上学是为做官。所以拜学校也是拜禄位。尊重禄位、尊重权势,也就"算是"尊重孔子、尊重老师了。——若不想当官,还会尊重孔子、尊重老师吗?

家长让学生上学是为了做官,所以学校的教学就不必考虑儿童当下的兴趣和需要,只教给他们应付科举考试所需要的"知识"就够了。"我出世的时候是清朝的末年,孔夫子已经有了'大成至圣文宣王'这一个阔得可怕的头衔,不消说,正是圣道支配了全国的时代。政府对于读书的人们,使读一定的书,即四书和五经;使遵守一定的注释;使写一定的文章,即所谓'八股文';并且使发一定的议论。"(《且介亭杂文二集·在现代中国的孔夫子》)儿童是不可能对未来的升官和发财感到真正的趣味的,当然也不会对四书五经感到真正的趣味。他们的求知欲望在这样的教育中不是得到鼓励和发展，而是受到了漠视和抑制。我们看到，在上学之初，"我"是有着强烈的求知欲望的，对老师也怀着由衷的尊敬，认为老师能够教给他长妈妈所不可能知道的更多的事情。但作为老师，却认为与四书五经无关的一切都是没有"用"的知识，他不但不回答学生提出的问题，反而认为学生主动提出问题是极不应该的，是"不学好"的表现，从而也严重挫伤了儿童学习的积极性，抑制了他们本能的求知欲望。在天真活泼的儿童看来，这大概也是一种"怪哉"的现象。

实际上，学生并不绝对地厌恶书本知识，"怪哉"的问题也是在书籍中记载着的，也是一种"书本知识"，但这样的"书本知识"却不被当时的学校教育所承认。在学校让学生学的，都是学生根本无法理解也无法感到趣味的枯燥乏味的高头讲章，是"仁远乎哉我欲仁斯仁至矣"，是"上（初）九潜龙勿用"，是"厥土下上上错厥贡苞茅橘柚"，这是一些学生在自己的生活中根本不需要也无法理解的语言。

学生在读书中感觉不到趣味，就必然要到书籍之外去寻找趣味。所以，在先生不注意的时候，他们就跑到外面去玩耍：

> 三味书屋后面也有一个园，虽然小，但在那里也可以爬上花坛去折蜡梅花，在地上或桂花树上寻蝉蜕。最好的工作是捉了苍蝇喂蚂蚁，静悄悄地没有声音。

这仍然是儿童游戏本能的体现，但这里的游戏较之"我"在百草园中的游戏已经带上了一点破坏性和残酷性。在那时的学校里，没有体育课、美术课、音乐课、手工课，没有自然科学知识的课程，没有课间休息，到校后就在教室里读那些深奥枯燥的经书，一直读到吃饭的时候才放学，稍有不慎，就会受到老师的训斥或体罚。学校的生活是十分枯燥的，没有任何自由，精神受到压抑。在这种情况下，一旦得到一点自由，学生就会贪婪地抓住它，满足自己压抑已久的求乐欲望，而不会顾忌自己行为的后果。他们"爬上花坛去折蜡梅花"，就是在这种迫不及待的心情下产生的占有欲的表现，具有一种破坏的性质，这与"我"在百草园里的情况是不同的。在百草园里，"我"没有这种迫不及待的心情，不会想到要把自己喜爱的事物占为己有，因而也不会轻易毁坏它们。在学校里，学生的精神受到压抑，身体受到摧残，并且把这一切都视为合理的，他们感觉不到成年人对自己生命的爱护和顾惜，他们对比自己更弱小的生命也就没有了爱护和顾惜之情，"捉了苍蝇喂蚂蚁"，就表现着他们对更弱小的生命的态度，带有了一点残酷性。假若说"我"在百草园里的趣味是一种情趣，这时的趣味就带有一点恶趣的性质了。但是，这一切都是由于学校对儿童的禁锢，责任并不在儿童本身。在儿童本身，这些仍然只是他们活泼好动天性的表现，是可爱的，而不是可恶的。——假若连这点调皮精神也没有了，他们不就完全成为一些小绵羊了吗？

在读书中感觉不到趣味，他们在读书中就没有任何主动性了。老师让读书，他们就放开喉咙读一阵，读的是什么，读得懂不懂，他们是无暇顾及的。待到老师读书读得入了神，他们就偷着做他们的"小动作"了："有几个便用纸糊的盔甲套在指甲上做戏。我是画画儿……"在我们现在看来，前者是对手工技巧的爱好，后者是对绘画的爱好，都是应当受到鼓励的，但在那时的教育里，都只能"偷"着做，他们在这些方面的才能之无法得到充分的发展，则是可想而知的。

六

最后，我们得谈谈"先生"这个人物。

在"文化大革命"中，我们是把鲁迅的《从百草园到三味书屋》视为对反动教育路线的揭露和批判的，从而也把"先生"这个人物说成是忠实地执行了反动教育路线的一个反派人物。在当时，我曾写过一篇《如何正确评价〈从百草园到三味书屋〉中"先生"这个人物》，认为这个人物不是一个反派人物，而是鲁迅所尊重的一个"方正、质朴、博学"的老师。直至现在，我仍然坚持自己的观点。

在这里，我们首先要解决的是教育和教师的关系的问题。

教育，是培养教育一代代的儿童的，是由教师实际担当着教育的任务的，但教育的性质和任务却既不取决于受教育的少年儿童本身，也不取决于实际担当着教育任务的教师，而是取决于一个时代、一个社会对教育和文化的基本理解和运用。假如当时的社会就是以科举制度选拔人才的，假若学生的家长送学生入学读书就是为了自己的孩子能够通过科举考试获得一个更优越的社会地位，一个教师是不能不根据科举制度的要求培养学生的。也就是说，教师在整个社会教育观念和教育体制面前是没有自己的主动性的，我们评价一个教师不能仅仅从他施行的是什么样的教育，还应该看到他怎样具体地施行了这样的教育。我认为，只要意识到这一点，我们就会看到，《从百草园到三味书屋》中的"先生"这个人物（鲁迅的启蒙老师寿镜吾先生）对他的学生不是冷酷的，而是有着朴素的爱心的。这种爱心不可能不受到当时教育观念和教育体制的束缚，但我们仍然是能够感受得到的，对学生也有着潜在的影响作用。他对学生的态度在总体上是和蔼的，没有一副凶神恶煞的样子，学生也并不多么害怕他。"第二次行礼时，先生便和蔼地在一旁答礼"，这使学生在他面前的心情是轻松的。总体说来，三味书屋的气氛是沉闷的，但却没有严重的压抑感，他和学生之间的关系很难亲切起来、活泼起来，但二者也没有严重的对立情绪。"我"向他提出问题时他面有怒色，学生跑出教室玩耍时他在书房里"大叫起来"，其目的仍然是为了让学生专心读书，他的学生从他的表现中感觉不到恶意，所以对他还是尊敬的。"他有一条戒尺，但是不常用，也有罚跪的规矩，但也不常用，普通总不过瞪几眼，大声道：——读书！"当时的社会和家长赋予了他这些权力，但他不但没有滥用这种权力，并且表现出了尽量不使用这种权力的愿望，这说明他对学生还是相当温厚的。更为重要的是，当时的教育不但束缚着学生，也束缚着教师。教师教的很可能正是自己不愿意教的，教师做的很可能正是自己不愿做的，但在当时的社会教育观念和教育体制之下，教师却没有权力也没有能力按照自己的意愿进行教学活动。也就是说，教师也是受到它的压抑的。

　　铁如意，指挥倜傥，一座皆惊呢～～金叵罗，颠倒淋漓噫，千杯未醉嗬～～

　　从寿镜吾先生入神地读着的这些文句，我们可以感到，他内心也是有着自己的苦闷和不满的，但他在自己的学生面前，却无法表达自己内心的真实情感。他和学生之间，同样隔着一层厚障壁，使他和学生的心无法相通。这是学生的悲剧，也是教师的悲剧，社会的教育观念和教育体制把他们的心灵隔在了两端。

我之所以特地提出对"先生"这个人物的态度的问题，是因为自然与社会、社会与教育、教师与学生之间的矛盾不仅仅在中国古代的私塾教育中存在，即使在现在甚至在未来的教育中仍然会长期存在，社会总是以自己所需要的思想模式或知识结构要求于学校教育的，这种要求总是与儿童的自然需求和本能的求知欲望有所不同的，教师总是不能不按照当时社会的教育观念和教育体制的要求具体地从事自己的教育活动，因而教师的要求与学生的愿望之间也总是无法取得完全的一致的。二者的矛盾使教师在自觉与不自觉间就会限制学生的自由发展，将学生严重束缚在特定的教育目的上。这些矛盾只有在整个社会不断加强对儿童身心健康的关心和对儿童自然成长规律的认识的基础上才能得到相对完满的解决，只从批评教师的具体教学活动中的缺点和错误是不可能得到根本的解决的。鲁迅在《从百草园到三味书屋》中描写的是这样一种社会教育现象，而不是对寿镜吾先生本人的批评。即使对这样一种社会教育现象，鲁迅取的也不是无情的批判和揭露，而是在委婉的叙述中点缀着轻松的幽默，发人深省却不愤激恚怒。在教学中，教师和学生共同面对这样一篇批评学校教育的回忆散文，假若仅仅强调学生受束缚的一面，而认识不到教师同样受到当时社会教育观念和教育体制的束缚，很容易造成学生与教师之间不应有的思想对立。只有正确阐释这篇回忆散文中对寿镜吾先生的描写，才能加强教师和学生的相互理解和同情，完善和发展我们的教育观念，改革我们的教育体制，求得我国教育事业的更大发展。

语言的艺术

——鲁迅《青年必读书》赏析

一

"杂文"属于不属于文学，大概至今还是一个有争议的问题。我认为，这个问题本身并不那么重要，重要的仅仅在于文化的传承问题。如果中国的思想史家将鲁迅杂文像《论语》一样作为中国思想史的经典著作之一加以研究并代代传承下去，我们中国现代文学研究者不将其作为文学研究的对象其实也没有多大的关系。现在的关键在于，除了我们中国现代文学研究者之外，并没有任何一个研究领域将其作为重点的研究对象，而我们又是认为杂文，特别是鲁迅杂文对于中国现代文化的发展不是可有可无的，不是没有加以研究并代代传承下去的必要的，杂文就作为中国现代文学史的一个内容被传承下来，也成了我们中国现代文学研究者的一个重要的研究对象。

仅就我个人的观点，我还是将"杂文"作为"文学作品"而不是作为"论文"来看的。这里的原因很简单，就是"杂文"是"语言的艺术"而不是"语言"本身的直接运用，而"语言的艺术"就是文学。什么是"语言"？"语言"首先是指称的，而不是表现的，它指称一个具体的对象，是这个对象的语言符号。松树就是松树，柳树就是柳树，它不是指称的任何一个其他的对象。将这些单词按照一定的语法规则结合起来就能表达一个更加完整的意思，但这个"意思"也是指称性的，是指的某个确定的意思。读者或听众只能按照这个意思接受和理解这句话，而不能将其理解为别的意思。一个词语可以是抽象的，名词中有抽象名词，一个句子表达的意思也可以是抽象的，是一种抽象的观念、理念，但它仍然是指称性的，就整体而言，它只是自己的"所指"，而不是自己的"能指"。中国语言中的"道"可谓是抽象之至了，但它仍是指称"道"的，而不是指称"道"之外的某个别的事物。运用"语言"可以写成文章，写成一部煌煌巨制，其中可以包括很多很复杂的思想，但这些思想也都是有确定性的，因而也只指这种思想而不指其他的思想。仅就其中的一个思想，都是单义的，而不是多义的。

"语言"这种事物，有一个怪异的特征，即它本来就是一种艺术，像我们上面所说的"语言"倒是人类有了理性之后从"语言的艺术"中抽象出来的。所以不论在西方文化史上，还是在中国文化史上，都是先有文学，后有理论。在西方，首先出现的是神话、史诗和戏剧，然后才产生了像苏格拉底、柏拉图、亚里士多德这样的哲学家、思想家；在中国，也是先有神话传说和《诗经》里的诗，然后才有像老子、孔子、墨子这样的思想家。直至现在，"语言"这个概念还只是在那些语言学家的观念中的一种存在，这样的"语言"也更多地被运用于那些哲学家、理论家的文章或著述中，是他们理性地把握事物的一种方式。我们平常人所说的话，倒更是一种"语言的艺术"，是带有文学性的，是"言语"，而不是纯粹的"语言"。因为"语言"本身就是一种人的创造，是人意指事物的一种符号，而任何事物又都是首先在人的直观感受、直感印象或回忆、想象中呈现出来的，因而语言的符号就不仅仅是指称性的，同时还是表现性的，不但有其"所指"，而且有其"能指"。在这个意义上，松树不仅仅是松树，柳树也不仅仅是柳树，松树是坚贞的，柳树是灵活的；松树是个硬汉子，柳树是个温柔的女性，都是有多种意味的浑融整体，并且越是更多地出现在自己的经验世界中，其意味越是浓郁，含义越是丰富。与此同时，语言符号本身也是音和义的复合体，不是一种单质的存在，到了文字的语言，又有了"形"，成为形、音、义的复合体。其潜力就更为丰富和巨大了。我认为，所谓"语言的艺术"，所谓文学，实际就是不但运用语言符号的所指、同时也充分利用其能指以将人对事物的感受和理解更充分地表达出来，而联系这些所指和能指意义的不再是固定的语法关系和逻辑推理程序，而是人自由创造出来的各种特异的节奏和结构形式。这种表达不仅仅是指称的，还是表现的；不是单义的，而是多义的；不是一个确定的结论，而是一种浑融的意义。"问君能有几多愁，恰似一江春水向东流"，这里已经不是对任何一个具有确定性的事物或理念的指称，它说的已经不是"一江春水向东流"这样一个事实，甚至也不再仅仅是作者的"愁"的心情，而是一种有万般滋味、千种变化着的复杂心情，并且这种感受也已经不仅仅属于该词的作者，同时也流到了读者的心中。它把一种用"语言"无法直接表达的意思表达了出来。

实际上，鲁迅的《青年必读书》也是这样的"语言的艺术"，是"文学"，而不是直接运用"语言"进行的"论说"。

二

　　1925 年 1 月，《京报副刊》刊出启事，征求"青年爱读书"和"青年必读书"各 10 部的书目。所以，这个题目实际是一个"问题"，是《京报副刊》向像鲁迅这样的学界名流提出的一个需要回答的问题。显而易见，《京报副刊》的编者之提出这样一个问题，其意绝对不是为了为难像鲁迅这样的专家和学者，而是怀着尊敬和信任的态度向他们提出这样一个问题的，并且认为他们不但能够很轻易地作出自己的回答，而且他们的回答对于青年的读书以及青年的成长和发展肯定是有指导意义和实际帮助的。实际上，其他的专家和学者也确实已经按照编者的要求作出了自己的回答，开列了自己认为青年必读的书目。

　　这是《京报副刊》编者的期待，也是我们这些读者在阅读这篇文章时的期待。

　　但是，鲁迅并没有满足《京报副刊》编者的期待，也没有满足我们这些读者的阅读期待。

　　"从来没有留心过，所以现在说不出。"乍一听来，这个回答确实让人感到失望，也颇觉鲁迅辜负了《京报副刊》编者的美意。按照我们中国人向来的习惯，鲁迅这里的回答是有点不近人情的。但要从鲁迅一方面着想，我们也会产生另外一种感觉，也会感到鲁迅说的倒是一句更加实在的话、心里的话。为什么呢？因为大凡真正的读书人，真正爱读书的人，都是根据自己的兴趣和自己的需要读书的，并不关心别人或青年应该读什么书、不应该读什么书，更不会为了做青年的导师才去读书。所以鲁迅说"从来没有留心过"倒是读书人之常情，让人觉得自己对这个问题已经胸有成竹或认为自己能够作出正确的回答，反而是不合常理的。

在中国古代，是有过与"青年必读书"相似的问题的答案的，那就是宋明理学家为青少年规定的固定的教材："四书"（《论语》、《孟子》、《大学》、《中庸》）和"五经"（《诗经》、《书经》、《礼记》、《易经》、《春秋左传》），并且这个"必读书目"也曾与鲁迅有过关系。鲁迅说："我出世的时候是清朝的末年，孔夫子已经有了'大成至圣文宣王'这一个阔得可怕的头衔，不消说，正是圣道支配了全国的时代。政府对于读书的人们，使读一定的书，即四书和五经；使遵守一定的注释；使写一定的文章，即所谓'八股文'；并且使发一定的议论。"实际上，规定了人们的读书，也规定了人们的思想，起到的是束缚和禁锢人们的思想的作用。所以，鲁迅接着说："然而这些千篇一律的儒者们，倘是四方的大地，那是很知道的，但一到圆形的地球，却什么也不知道，于是和四书上并无记载的法兰西和英吉利打仗而失败了。"（《且介亭杂文二集·在现代中国的孔夫子》）

处在从中国古代文化向中国现代文化转换过程的鲁迅，重视的已经不是作为社会圣贤的人，而是各自的个性得到更加充分发展的人。当然，这样的人也要读书，也有一个选择读什么书的问题，所以《京报副刊》的编者征求"青年必读书"的书目至少在主观上并非为了束缚和禁锢青年的思想，但在这里，却有一个问题，即在鲁迅看来，对于现代的中国青年，还有没有一个离开各个青年的个性要求而"所有青年""必须"读而不能不读的书的问题，还有没有一个专家学者在不了解各个青年的个人兴趣和个人需要的情况下能够为"所有的青年"选择出一个"必须"读而不能不读的书的问题。特别应该指出的是,《京报副刊》的编者显然是在学校教育的固定教材之外而为青年提供阅读的书目的,它面对的是一般青年的自由阅读和青年学生的课外阅读,在这个范围中而又征求适用于所有青年的"必读书",这不是一个值得思考的问题吗?为读书不多的青年开列阅读书目并不是没有必要的,但显而易见,这必须建立在对特定青年的特定兴趣和特定需要有所了解的基础上,并且是在特定专家和学者所熟悉和了解的范围之内。鲁迅也曾为许世瑛开过一个书单(参看《集外集拾遗补编·开给许世瑛的书单》),并且至今有人以此作为否定鲁迅《青年必读书》一文的正面价值的论据。实际上,这是完全不同的两码事。许世瑛是鲁迅好友许寿裳的儿子,是鲁迅十分熟悉的一个刚刚考入中国文学系的青年,并且是应许世瑛本人的要求而开列的。关于这件事,许寿裳曾有过十分详细的记载:

吾越乡民,儿子上学,必定替他挑选一位品学兼优的做开蒙先生,给他认方块字,把笔写字,并在教本面上替他写姓名,希望他能够得到这位老师品学的熏陶和传授。1914年,我的长儿世瑛年五岁,我便替他买了《文字蒙求》,敦请鲁迅做开蒙先生。鲁迅只给他认识二个方块字,一个是"天"字,一个是"人"字,和在书面上写了"许世瑛"三个字。我们想一想,这天人两个字的含义实在广大得很,举凡一切现象(自然和人文),一切道德(天道和人道)都包括无遗了。后来,世瑛考入国立清华大学——本来打算读化学系,因为眼太近视,只得改读中国文学系,请教鲁迅应该看

些什么书，他便开示了一张书单……①

为许世瑛这个特定青年开列一个书单，以指导他在大学中文系的学习，鲁迅不但是有资格、有能力的，同时也是有义务、有必要的，但要为无主名、无分别的全体中国青年开列一个必读书目，那就俨然以青年的导师自居了。关于青年与导师的关系，鲁迅在此后写的《导师》一文中有更加明确的态度。在该文中，他首先指出，"青年"并不是一律的，而是各不相同的："但青年又何能一概而论？有醒着的，有睡着的，有昏着的，有躺着的，有玩着的，此外还多。但是，自然也有要前进的。"接着，他指出世间并不存在能够做青年的导师的人："要前进的青年们大抵想寻求一个导师。然而我敢说：他们将永远寻不到。寻不到倒是运气；自知的谢不敏，自许的果真识路么？凡自以为识路者，总过了'而立'之年，灰色可掬了，老态可掬了，圆稳而已，自己却误以为识路。假如真识路，自己就早进向他的目标，何至于还在做导师。"我之所以不惜篇幅将鲁迅这里说的话全部引用出来，因为时至今日，想做青年导师也自以为能够做青年导师的人不是更少了，而是更多了，因而他们对鲁迅的《青年必读书》也采取了一致的讨伐行动。实际上，只要重新读一读鲁迅的这些话，我们就会知道，鲁迅这里说的并没有什么难懂的地方，比那些自以为能够做青年导师的专家和学者的高头讲章更近人情，更是"人话"。如果认为鲁迅这里的话意在驳斥对方，难脱"强词夺理"的嫌疑，

---

① 许寿裳：《亡友鲁迅印象记·和我的交谊》，《鲁迅回忆录》上册，鲁迅博物馆、鲁迅研究室、《鲁迅研究月刊》选编，北京出版社1999年版，第286—287页。

那么，我们还可以引出鲁迅关于自己所说的一段话来。他说："倘说为别人引路，那就更不容易了，因为连我自己还不明白应当怎么走。中国大概很有些青年的'前辈'和'导师'罢，但那不是我，我也不相信他们。我只很确切地知道一个终点，就是：坟。然而这是大家都知道的，无须谁指引。问题是在从此到那的道路，那当然不只一条，我可正不知那一条好，虽然至今有时也还在寻求。"（《坟·写在〈坟〉后面》）所以，鲁迅的结论是：

> 青年又何须寻那挂着金字招牌的导师呢？不如寻朋友，联合起来，同向着似乎可以生存的方向走。你们所多的是生力，遇见深林，可以辟成平地的，遇见旷野，可以栽种树木的，遇见沙漠，可以开掘井泉的。问什么荆棘塞途的老路，寻什么乌烟瘴气的鸟导师！（《华盖集·导师》）

想到这些，我们就会感到，鲁迅对《京报副刊》编者征求的婉拒，恰恰能够引发读者对于"青年必读书"这个问题本身的思考。它不是没有意义的，而是意味深长的。它展开了一个更加广阔的思维空间。

但在当时，鲁迅对《京报副刊》编者活跃读书空气，引导读书风尚的好意还是理解的，也无意以自己的意见反对其他学者和教授开列自己认为青年应该阅读的书目的意图，所以鲁迅还是为这个问题留下了一个活口的。"所以现在说不出"，实际是一句并不以自己的"必无"否定别人的"必有"的婉转话：虽然以后我仍然可能"说不出"，但到底也有说出的可能，所以我也无法断定别人现在说得出还是说不出。

三

按照向来文章的"章法"，在"青年必读书"栏的"从来没有留心过，所以现在说不出"两句话，是正面回答《京报副刊》的征求的，是文章的标题所要求的主要内容，亦即是"紧扣主题"的，因而也是本文的"正文"，而"附录"栏中的一些话则只能是对"正文"的一些附带的说明或补充，是与主题没有直接关联的一些次要内容，因而也是不重要的。但是，在该文中，"正文"中的两句话却是对《京报副刊》的征求的婉拒，是没有回答的回答，因而其本身是没有实际内容的，是"无"。如果只有"正文"中的这两句话，它不但称不上一篇杂文，甚至也还不是一篇文章，因而它虽然处在"正文"的位置上却不是"正文"。而"附注"中的话却是板上钉钉的一些话，是有实际内容的，是"有"。正是因为有了这些话，这篇文章才成了一篇文章，这篇杂文才成了一篇杂文，因而它并不处于"正文"的位置，却是该篇杂文的"正文"。

在这里，我们可以看到，"青年必读书"的结构实际是对常见文章结构的一种颠覆，一种"反结构"。但这种"反结构"也是一种结构形式，只不过是鲁迅这篇杂文的独特的结构形式。这种结构形式利用与一般结构形式的差异而呈现出自己的特异性，同时也具有自己独立的结构功能。这种结构的功能是什么呢？具体到这篇杂文中，就是它扬弃了中国知识分子向来的读书为文的观念，而暗示了一种新的读书为文的观念。

中国知识分子向来的一种读书观念，就是到书中来寻求教诲、寻求启迪、寻求指导、寻求一种能够指引自己走向正确人生道路的正确思想理念。在中国古代，这种正确的思想理念就是"道"，就是"理"。那些最早著书的"圣人""先贤"则是最早悟了"道"、得了"道"的人，是首先懂得了人间"至理"的人。他们的书是载"道"的，讲的是人间"至理"，是没有错误的，是放之四海而皆准的普遍真理，是每一个人都必须遵从的思想信条和行为准则。后代的人，特别是少年和青年，都是无知的，他们的知识和才能，他们的思想和品德都是通过读书而获得的，他们通过读圣贤书而悟了"道"，知了"理"，成了知书达理之人。他们也要著书写文章，后来的人，特别是青少年也会读他们的书，并且通过他们的书成为知书达理之人，所以他们的书、他们的文，也必须是载"道"的、传"道"的，说的也必须是放之四海而皆准的真理，是每一个人都必须遵从的思想信条和行为准则，至少是与这些道理不相违背的。否则，就是贻误青年，害人子弟，祸国殃民，为人所不齿，所不许。对这样的人，人人得而诛之。但是，到了鲁迅这里，这种读书为文的观念发生了根本的变化。在纷至沓来的世界各种不同的思想学说和文学作品面前，鲁迅已经不认为哪一部书的作者就是圣人，就是完全正确的人；也不认为哪一个人的思想就是绝对正确的思想，就是放之四海而皆准的普遍真理。越是那些伟大的思想家，越是一些有个性的人，越是有不同于别人的思想追求和人生追求的人，其思想主张也与别人有着明显的差别；越是那些伟大的文学家，越是那些有着与别人不同的社会人生感受和体验的人，其作品也越是显现着与别人不同的思想风格和艺术风格。他们说的话，往往是别人不敢说或说不出的话，他们讲的故事，往往是别人不敢讲或讲不出的故事。这是他们著书为文的原则，他们与读者立于平等的地位上，而不是为了教训读者的，不是为了指导读者的，而是为了与读者进行交流的，因而他们讲的也不是绝对的真理，不是无所不包的"道"。面对这样一些书，再将其作为自己的修身教科书显然已经不可能了，再将其视为放之四海而皆准的真理也已经不可能了。他们的话都是一些"人"的话，都是一些"个人"的话，而不是"神"的话、"圣人"的话。对于他们的话，首先不能当作对自己的教诲和指导，而必须首先将其当作作者个人的思想或感情，当作他们个人的话来倾听、来了解、来感受、来理解。他们感受过的人生不一定是自己曾经感受过的；他们思考过的问题不一定是自己思考过的。当倾听了他们的话，读了他们的书，自己没有感受过的人生也感受过了，自己没有思考过的问题也思考过了，自己的思想感情就比以前更加丰富了，自己的感受能力和思维能力就比以前提高了。一个读者永远不能期望其中的哪一本书或几本书就能够告诉自己应该知道的一切，永远不能期望读过哪一本或哪几本书就使自己懂得了人生的真谛、知道了自己应该走什么样的人生道路以及应该怎样走自己的人生道路。自己的一切仍然应该由自己去感受、去体验、去选择、去追求，读书仅仅能够丰富自己的感受和体验，丰富自己的思想和认识，提高自己独立选择、独立追求的能力和自觉性，而不能代替自己的一切。在这种读书观念的支配下，一个读者首先要承认别人说话的权利，尊重别人说话的权利，尊重别人真实地表达自己的思想感情的权利、说实话的权利、说真话的权利，尊重别人的思想的自由和想象的自由，既不能要求别人都是圣人、都是上帝，说的都是绝对正确的话，也不能要求别人说的都是自己爱听的话、想听的话。

鲁迅的这种读书为文观，显然不是中国多数人的读书为文观。当时《京报副刊》的编者向学界名流征求的"青年必读书"，实际就是能够对青年起到更直接的指导作用的书，就是能够指引青年走上一条所谓"正确的"人生方向、人生道路的书，因而也是具有普遍的指导意义的书。在鲁迅的观念中，这样的书是不存在的，因而他也无法完全按照自己的感受和体验为青年开出这样一个书目；如果迁就别人的观念勉强开出一个书目，则更不是他的本意。总之，在这个问题面前，鲁迅是没有按照自己的观念说出自己想说的话的自由性的：他摆脱了这个问题本身的困扰，实际也是摆脱了一种向来的读书为文的观念。

在"附注"中，鲁迅才找到了按照自己的观念说话的自由，因而贯彻的也是自己的为文的原则。

在这里，还要附带说明这样一个问题，即"正文"与"附注"的内在连接的问题。

表面看来，该文是由"正文"和"附注"这两个"答非所问"的截然不同的部分构成的，其中的转折十分明显，也非常突兀，在结构上好像是不统一的，好像很难将其视为一篇内容统一、结构完整、条理清晰的所谓"好文章"。我认为，在这里，一个关键的问题是如何理解鲁迅对《京报副刊》编者征求"青年必读书"活动的感受和理解。实际上，鲁迅对《京报副刊》的这个征求活动并不是绝对否定的，因为他分明知道《京报副刊》这次征求活动的本意只是为了开展青年读书的活动，活跃青年读书的气氛，培养青年爱读书、读好书的习惯，除了扩大《京报副刊》的社会影响和销路的自身目的之外，也不无爱护青年、关心青年成长的良好意图，鲁迅不同意的仅仅是它的提问题的方式。正是在这里，鲁迅与《京报副刊》编者的征求活动有了相互呼应的渠道，也引发了鲁迅说出自己意见的积极性。鲁迅也是爱护青年、关心青年的成长的，也是关心青年的读书问题的，并且有自己想说而尚未说过的一些话。在这个意义上，鲁迅拒绝的仅仅是《京报副刊》提出的这个问题，而不是《京报副刊》开展的这个活动。对于这个读书活动，鲁迅不是比其他的人更不理解，而是比其他人有更切近的理解；鲁迅的回答并不是不符合《京报副刊》编者的意图，而是在更根本的意义上满足着《京报副刊》编者的希望。所以，"正文"和"附注"是在关心青年读书的根本意向上紧密联系在一起的，是气脉贯通、浑然一体的。

四

"但我要趁这机会，略说自己的经验，以供若干读者的参考——"

在"附注"中，鲁迅说的不是对青年的教诲、教导或教训，而是"自己的经验"。

时至今日，鲁迅的《青年必读书》仍然几乎受到中国知识分子的集体性的否定，甚至连我们这些鲁迅研究者当不得不提到这篇杂文的时候，也不得不承认这篇杂文是有"片面性"的，是"偏激的"，但我们很少想到这样一些问题，即：1. 一个人（包括鲁迅）有没有权利发表"个人的意见"，陈述"自己的经验"？ 2. 一个人的"个人的意见"、"自己的经验"是不是一定要符合当时流行的价值观念和价值标准？是不是一定要与当时占统治地位的意见或多数人的意见相同？ 3. 如果一个人有权利发表"个人的意见"，陈述"自己的经验"，而一个人的"个人的意见"、"自己的经验"又可以不符合当时流行的价值观念和价值标准，可以不同于当时占统治地位的意见和多数人的意见，那么，一个读者应该怎样看待和对待与自己的意见相左的这种别人的"个人的意见"或"自己的经验"呢？

在"五四"之后，绝对否定一个作者有权发表"个人的意见"、陈述"自己的经验"的人已经很少了，但绝大多数的中国人却仍然认为自己有权用一种代表当时多数人意见的更大、更抽象的标准对别人的"个人的意见"或"自己的经验"作出直接的判断，并且以此断定别人的是非曲直乃至善恶美丑。在这样的批评中，批评者一定是以多数人的代表者自居的，而这些所谓的多数人一定是有一个共同信奉的"道"或"理"的，批评者一旦握住了当时多数人共同信奉的"道"和"理"，就将自己上升到了审判者的位置上，批评者就成了审判者，他所批评的对象除非发表的是与多数人的"意见"和"经验"完全相同的"意见"和"经验"（我们知道，这实际并不是真正意义上的个人的"意见"和"经验"），否则就一定会落到批评者所判定的"非道""无理"（中国人常说的没有"道理"）的地位上。所以绝大多数的中国人虽然口头上承认别人可以发表"个人的意见"或"自己的经验"，但一个人如果真的发表了与当时大多数人不同的"个人的意见"或"自己的经验"，在中国社会上是很难得到别人的理解和同情的。

那么，对"个人的意见"、"自己的经验"就不能提出质疑了吗？当然不是！但是，在这里，必须有一个不变的前提，即这种质疑必须建立在承认对方有发表"个人的意见"和"自己的经验"的权利的基础上。也就是说，不论我们是否同意别人的"个人的意见"、"自己的经验"，我们的质疑都不应该导致对别人发表"个人的意见"、陈述"自己的经验"的权利的否定，因为我们批评对方的权利也是建立在这样一个基础之上的。否定了别人说话的权利，同时也否定了我们自己说话的权利，我们"质疑"的合理性也就不存在了。所以，对别人的"个人的意见"、"自己的经验"能够提出的最基本的质疑是他必须将"个人的意见"、"自己的经验"就当作"个人的意见"、"自己的经验"，而不能将其直接当作"集体的意见"、"集体的经验"。也不能直接将其当作别人的"意见"和"经验"。也就是说，他不能将"个人的意见"和"自己的经验"凌驾在"集体的意见"和"集体的经验"之上，也不能将其凌驾在"别人的意见"和"别人的经验"之上，不能强迫集体或别人必须接受或服从自己的"意见"和"经验"。在这里，我们可以看到，鲁迅在其《青年必读书》中的陈述是严密到无可再严密的，我们没有任何理由指责它是"片面的"、"不全面的"。所以，当鲁迅受到当时一些人的无端指责的时候，鲁迅不无愤怒地反驳道："我对于你们一流人物，退让得够了。我那时的答话，就先不写在'必读书'栏内，还要一则曰'若干'，再则曰'参考'，三则曰'或'，以见我并无指导一切青年之意。……"（《华盖集续编·聊答"……"》）不写在"必读书"栏内，就是并不是对青年的教诲、教导或教训，因而也并无强迫青年接受的意思；说的是"若干读者"，就是并不针对全体的青年，也并不确指青年中的哪些人，而是青年中那些能够理解鲁迅的"自己的经验"并从中受益的人；所谓"参考"就是不是提供的确定的结论，不是让人消极地照搬和机械地服从，而是在了解并理解了鲁迅的"自己的经验"之后根据自己的实际情况作出适于自己的选择。也就是说，鲁迅是将"个人的意见"、"自己的经验"严格地当作"个人的意见"和

"自己的经验"的。在这里，它是无懈可击的。

对于"个人的意见"、"自己的经验"的内容也是可以提出质疑的，但是，只要发表"个人的意见"、"自己的经验"的人是将其作为"个人的意见"、"自己的经验"发表的，并没有将其强加于人的意思，对其质疑的人也必须严格站在"个人"的立场上对其提出质疑，而不能自居于集体的或多数人的代表，或者自居于集体的或多数人信奉的一种抽象的理念的代表。这里的原因是不言自明的，即在同样一个社会共同体中的两个人对于这个共同体而言是有完全平等的权利的，其中任何一个人都有发表自己的意见的权利，而任何一个人也都没有代表这个社会共同体对另外一个人进行裁判的权利。在一个社会共同体中，只有受权执法的人有根据这个社会共同体制定的法律对违反社会法规的人进行审判的权利，他可以不理会受审者之所以违背社会法规的具体原因和理由而直接根据法规对违法者作出直接的裁判，其他任何一个人都没有这样的权利，并且法律是针对行为的，不是针对思想言论的。在思想言论中，任何人都只能代表个人，而不能代表社会共同体。所以，对于"个人的意见"、"自己的经验"是可以提出质疑的，但必须站在"个人"的立场上，站在与被质疑者平等的立场上，而这种平等的立场就是能够相互了解、理解和同情的立场，这就要求质疑者对于被质疑者的"个人的意见"、"自己的经验"首先要有充分的了解、理解和同情，首先要知道被质疑者为什么会产生这样的"个人的意见"和"自己的经验"，这是一个人对另外一个人的应有的尊重，也是一个人对另外一个人发表"个人的意见"、"自己的经验"的权利的承认，否则，他就没有权利对对方提出质疑，也不知道怎样对对方提出质疑，因为

"个人的意见"、"自己的经验"的基本根据就在其产生的原因和过程中，而不在国家主义或多数主义的集体意志中，更不在质疑者个人的想象中。

当质疑者真正了解、理解了被质疑者的"个人的意见""自己的经验"的产生原因和生成过程，质疑者仍然有从两个方面对被质疑者提出质疑的可能性：其一是被质疑者形成自己的"个人的意见"、"自己的经验"的根据只是自己一时的错觉，是没有事实基础的，因而其"个人的意见"、"自己的经验"也是不可靠的；其二是被质疑者在形成自己的"个人的意见"、"自己的经验"的过程中或表述过程中出现了错误，把原本不应形成的"意见"和"经验"当成了"个人的意见"和"自己的经验"。在这两种情况下，质疑者对被质疑者的"质疑"不但对于公众正确理解和对待被质疑者的"个人的意见"、"自己的经验"有益，对被质疑者修正自己的错误以形成真正属于自己的"个人的意见"和"自己的经验"也是有益的，但在这种情况下，只要被质疑者并没有将"个人的意见"和"自己的经验"强加于人的意图，质疑者仍然不是审判者，仍然必须站在与被质疑者完全平等的立场上，仍然不能做出一副"得理不饶人"的姿态，而应当充分说明被质疑者之所以形成这样的"个人的意见"和"自己的经验"的错误之所在。这里的原因也是不言而明的，因为质疑者与被质疑者都不是圣人，都不是不会犯错误的人，相互的交流是为了共同思考一个与彼此都有关系的社会人生问题，而这种思考不论是对于质疑者还是对于被质疑者都是有益的，而不是为了压倒对方或者消灭对方。——文化上的斗争不是也不应该是人与人之间的你死我活的斗争。

遗憾的是，时至今日，那些对鲁迅的《青年必读书》怀着莫名的恐惧感和憎恶感的中国知识分子，却根本不想了解、理解，更不想同情地理解鲁迅之所以形成并发表这样的"个人的意见"和"自己的经验"的原因，而只想居于审判者的立场上直接对鲁迅的"个人的意见"和"自己的经验"进行审判。

五

> 我看中国书时，总觉得就沉静下去，与实人生离开；读外国书——但除了印度——时，往往就与人生接触，想做点事。
>
> 中国书虽有劝人入世的话，也多是僵尸的乐观；外国书即使是颓唐和厌世的，但却是活人的颓唐和厌世。
>
> 我以为要少——或者竟不——看中国书，多看外国书。
>
> 少看中国书，其结果不过不能作文而已。但现在的青年最要紧的是"行"，不是"言"。只要是活人，不能作文算什么大不了的事。

这就是鲁迅在《青年必读书》中所说的"自己的经验"，也是至今被中国知识分子所诟病的一些话。

但是，只要我们不将其视为对全体中国青年的教诲、教导和教训，只要我们将其作为鲁迅"自己的经验"并从其产生的原因上试图了解和理解它，我认为，它实际是没有任何难以理解的地方的。

首先，鲁迅趁着《京报副刊》征求"青年必读书"的"机会"，说的虽然是"自己的经验"，但仍然是说给"青年"听的，不是说给章太炎、王国维、康有为、梁启超这些已经成为"国学大师"的人听的，也不是说给胡适、辜鸿铭、梁漱溟、黄侃这些当时已经成为文化名人的人听的，而是说给当时的知识青年听的，并且是关于"读书"的。在这里，就有一个问题，即"青年"为什么要"读书"？"读书"对于"青年"有什么实际意义？当然，"青年"也可以为了好玩而"读书"，为了升官发财而"读书"，为了长命百岁而"读书"，甚至可以为了争权夺利、钩心斗角、巧取豪夺、欺男霸女、谋财害命而"读书"，但所有这一切都与鲁迅没有关系，他也没有能力为其提供"自己的经验"。与鲁迅有关系而他又能为其提供"自己的经验"的"读书"，对于"青年"有什么意义呢？那就是"青年"可以通过"读书"而更多地了解人生、丰富自己的人生经验和人生知识，提高自己人生的自觉性，并以利于自我人生的改善。与此同时，对于当时这些知识青年，这样的人生应该是"实人生"，是社会人生，而不是虚幻的、像佛教文化讲的那种纯粹精神性的超世间的人生，因为当时多数的知识青年要进入现实的社会人生、"实人生"，而只有极少的人才会选择吃斋念佛的超世间的人生。这种人生既要吃饭、穿衣、结婚、生孩子，也要有相对充实的精神。用鲁迅在另外一篇文章中的说法就是"一要生存，二要温饱，三要发展"（《华盖集·忽然想到（六）》）。（《华盖集·北京通信》："我之所谓生存，并不是苟活；所谓温饱，并不是奢侈；所谓发展，也不是放纵。"）在这里，还有一点是应该引起我们的特别的注意的，那就是鲁迅首先关心的是当下的这些"青年"，而不是已有的那些"书"；他是在为当下的这些"青年"介绍应该读的书，而不是像很多教授学者那样将自己认为重要的"书"介绍给现代的"青年"——这二者是有严格区别的。

　　只要我们认为当今青年读书的意义是为了更多地了解人生，丰富自己的人生经验和人生知识，提高自己人生的自觉性，从而改善自己的人生，只要我们承认当今青年所面对的是"社会人生"，是"实人生"，那么，我们就不难理解为什么鲁迅说"我看中国书时，总觉得就沉静下去，与实人生离开"。只要我们对中国古代的书面文化有一个大致的了解，我们就会知道从春秋战国时期开始形成并逐渐繁荣发展起来的中国书面文化，不论是道家知识分子的书，还是儒家知识分子的书，都是让人"求适应"的：适应外部自然世界的要求，适应外部现实社会的要求。这样的文化不能不使人"沉静下去"，因为"适应"不需要人主动地去做什么，去争取什么，不需要改变外部的自然环境和社会环境，而是要使自己渐渐能够忍受外部世界给自己带来的不便，而在此基础上充分享受它给自己带来的利益和方便。这当然也不失为一种生活方式，但这种生活方式只适应于社会中的少部分人，即那些不用直接从外部自然世界取得物质生活保障的人。在这种情况下，大自然主要是自己感受、体验和欣赏的对象，即使现实社会，也是可去可留的生存空间，不必要求它一定适于人的生存和发展。实际上，在中国古代社会写书和读书的人，就是这些不用直接从外部自然世界取得物质生活保障的少数人，"沉静"对于他们不但是可能的，也是必要的。直至现在，多数学者在称道中国文化时仍然认为中国文化是崇尚"天人合一"的，但这种"天人合一"的精神境界却绝对不是所有的人都能够体验到的，那些必须以自己的力量承担自己的人生的人，在更多的情况下是无法将自己合并到"天"中去的。"天"不遂人愿，"地"不遂人愿，"社会"不遂人愿，"人"也不遂人愿，对于绝大多数人，特别是绝大多数青年倒是一个不变的实情。因为自然环境、社会环境固然有其自身的力量，它要求人要有适应自己的能力，但人也有其先天的欲望和要求，他无法适应自然环境和社会环境的所有要求。科举制度废除之后的中国当代知识青年，其情况发生了一个根本的变化。与其说他们的境遇与中国古代写书和读书的人更加接近，不如说他们的境遇与中国古代那些根本不写书、不读书的人更加接近。他们面对的已经不是一个永远可以保证他们的物质生活需要的富裕家庭，也已经不是一个永远可以保证他们的物质生活需要的官僚社会，而是一个必须以自己的力量牟取自己的生存和发展的现实社会。对于这样一个现实社会，仅仅像中国古代写书和读书的人那样"求适应"是不行的，仅仅盼望着"天"来与自己"合一"是不行的，仅仅满足于自己是一个"忠孝双全"的"君子"也是不行的。他必须得"做事"，必须得会"做事"，既要有适应外部自然环境和社会环境的一定的能力，也要有使外部的自然环境和社会环境更适于人的生存和发展的能力，即改善自然环境和社会环境的能力。得有点主动精神，有点创造能力，有点克服困难自求发展的能力。这样的社会人生，这样的"实人生"，是用自己的力量开辟出来的，不能仅仅依靠大自然的赏赐，更不能仅仅依靠当今皇上的恩宠。用自己的力量开辟自己生存和发展的道路，是现代中国青年无可逃避的历史宿命。显而易见，这样的人生知识和人生经验，在中国古代的书中是极难找到的：在道家的经典中难以找到，在儒家的经典中也难以找到。

为什么鲁迅说"读外国书……就与人生接触，想做点事"呢？只要我们不是从"面子"上着眼，不是在任何情况下都只能说中国的"好话"，只能说外国的"坏话"，而是真正从关心当时知识青年成长和发展的角度出发，那么，这也是不难理解的。外国书，特别是西方文艺复兴以后的书，都有哪些呢？无非有这么三大类：一类是文学艺术的书，一类是社会科学的书，一类是自然科学的书。这三类书都是与社会人生、与"实人生"直接相关的：文学艺术是表现人生的；社会科学是研究社会的；自然科学是研究自然的。这些都是一些与社会人生直接相关的"书"，也都是一些"事"，是需要人来做的，并且是需要人不断做下去的。能够做这些"事"的人，得是一些"活人"，一些自己能够"想"、能够"说"，也能够"做"的人。在中国古代，儒家文化也是劝人入世的，也是讲世界大同的。但它一方面讲父慈子孝，一方面又维护父亲对儿子的绝对权力；一方面讲君慈臣忠、民忠，一方面又维护君主对臣民的绝对权力；一方面讲男欢女爱，一方面又维护丈夫对妻子的绝对权力，所以它的世界大同的理想只是一句空话，是根本无法接近的梦幻世界。儒家文化也是主张乐观向上、反对消极厌世的，但它的"存天理、灭人欲"的主张却从根本上摧毁了中国青年蓬勃向上的生命活力，一个连自己的自然欲望都被窒息了的人的"乐观"还能乐观到哪里去呢？而那些依恃权力、超越道德底线的无法无天、骄奢淫逸的人们的"乐观"就更是"僵尸的乐观"了。也就是说，依靠自己的力量谋求自己的生存和发展的西方人，也会遇到根本无法克服的困难，产生颓唐和厌世的情绪，并且也会成为西方一些思想学说或文艺作品的思想基调或情绪基调，但这仍然是一些有生命活力的人的颓唐和厌世，它与那些怀着空洞的理想而根本不能以自己的力量开辟仅仅属于自己的人生道路的人的消极悲观是根本不同的。中国人好说"看破了红尘",一旦"看破了",他就任什么崇高的东西都不去争取了。

既然鲁迅认为青年读书的意义主要在于丰富自己的人生知识和经验,主要在于能够接触人生,想做事、会做事,既然鲁迅认为读中国书"就沉静下去",不想做事,也不会做事,既然鲁迅认为读外国书"就与人生接触"、"想做点事",那么,鲁迅认为中国青年"要少——或者竟不——看中国书,多看外国书",不也就是顺理成章的吗?

在这里,还有一个关键的问题,即鲁迅所说的"自己的经验"是不是真的是"自己的经验"的问题,亦即它是鲁迅根据"想当然"的推理而谎称"自己的经验"以应付当时青年的一些虚话、空话呢,还是确确实实是在自己亲身感受和体验的基础上对当时的青年说的"肺腑之言"呢?是仅仅为了显示自己的不同凡响而杜撰出来的一些惊人之语呢,还是切切实实从关心当时青年生存和发展出发而说的实在话、真心话呢?这个问题之所以重要,就因为它是感受、理解和评价一个语言文化作品的根本的尺度。我们可以很轻易地否定掉一部引经据典、罗列事实的皇皇巨著,如果它只是一些与作者的人生经验和思想认识无关的大话、空话和假话的话,但我们却不能否定一个婴儿的第一声啼哭,因为它体现了一个真实生命的存在,是这个活泼泼的生命的象征,是有真实的内涵和丰富的内容的。鲁迅说:"去年我主张青年少读,或者简直不读中国书,乃是用许多苦痛换来的真话,决不是聊且快意,或什么玩笑、愤激之辞。"(《坟·写在〈坟〉后面》)我认为,只要对鲁迅的思想和生平略有了解的人,都能够知道,鲁迅这里说的"自己的经验",是有他前半生的人生道路和生命体验予以验证的,也是有他后半生的人生道路和生命体验予以诠释的，这就是一句真话比所有空话、大话、假话更有不可辩驳的力量的原因之所在。

鲁迅说："孔孟的书我读得最早，最熟，然而倒似乎和我不相干。"（《坟·写在〈坟〉后面》）这个"不相干"，是他的"经验"，并且这个"经验"的真实性是不容置疑的，因为他确凿无疑的是离开了中国传统"读书做官"道路的一个知识分子。鲁迅说："孔夫子之在中国，是权势者们捧起来的，是那些权势者或想做权势者们的圣人，和一般的民众并无什么关系。然而对于圣庙，那些权势者也不过一时的热心。因为尊孔的时候已经怀着别样的目的，所以目的一达，这器具就无用，如果不达呢，那可更加无用了。在三四十年以前，凡有企图获得权势的人，就是希望做官的人，都是读'四书'和'五经'，做'八股'，别一些人就将这些书籍和文章，统名之为'敲门砖'。这就是说，文官考试一及第，这些东西也就同时被忘却，恰如敲门时所用的砖头一样，门一开，这砖头也就被抛掉了。孔子这人，其实是自从死了以后，也总是当着'敲门砖'的差使的。"（《且介亭杂文二集·在现代中国的孔夫子》）我们看到，不论是在事实上，还是在主观意图上，鲁迅都已经不是一个"权势者"，并且也不再想成为"权势者"，所以不但这"敲门砖"与他"不相干"，就是孔子的思想学说本身也与他没有了多大的关系。鲁迅说："孔夫子曾经计划过出色的治国的方法，但那都是为了治民众者，即权势者设想的方法，为民众本身的，却一点也没有。"（同上）"治国的方法"就是"治臣民"的方法，是从"君"的需要出发的，而不是从臣民的角度出发的，更不是从其中每个人的生存和发展的需要出发的。与中国传统文化不同，西方的近现代文化是由西方的知识分子创造出来的，并且不是为当时的执政者筹划的"治国的方法"，而是站在个人的立场上表达的自己对自然、社会和人生的感受、体验和认识，是"做事"的，而不是"治人"的，是为民众"做事"的，而不是"治民众"的，即使与政治有关的一切，也只是一些社会事业，并且是与其他社会事业完全平等的社会事业。"现在的外来思想，无论如何，总不免有些自由平等的气息，互助共存的气息……"（《热风·"圣武"》）鲁迅正是因为接触了西方文化，才离开了中国传统知识分子"修、齐、治、平"的思想理想——一种"治民众者"的理想，一种在"劳心者治人，劳力者治于人"（《孟子·滕文公上》）的思想基础上建立起来的思想理想。他的一生，想的不是怎样"经世治国"，不是怎样"治理民众"，而是怎样为社会"做事"，为民众"做事"：他的仙台学医"预备卒业回来，救治像我父亲似的被误的病人的疾苦，战争时候便去当军医，一面又促进了国人对于维新的信仰"（《呐喊·自序》），是"做事"；他的弃医从文"提倡文艺运动"（同上），是"做事"；他的写小说"揭出病苦，引起疗救的注意"（《南腔北调集·我怎么做起小说来》），是"做事"；他的杂文"是匕首，是投枪，能和读者一同杀出一条生存的血路"（同上《小品文的危机》），也是"做事"。

总之，只要我们不从自己的先入之见出发，而是从切切实实地感受和理解鲁迅、感受和理解鲁迅的人生道路和思想道路出发，我们就会感到，鲁迅在《青年必读书》中对当时的青年所告白的，不仅仅是"自己的经验"，甚至还是决定了鲁迅一生前途和命运的最关键、最重要的"经验"。用句中国老百姓说的话来说，他在这里对当时的青年说的是"掏心窝子"的话、真心话、良心话。仅此一点，我们就只有感受它、理解它的权利，而没有歧视它、否定它的理由。

<h1 style="text-align:center">六</h1>

鲁迅的《青年必读书》一经在《京报副刊》发表，立刻就招来了激烈的反对，这种反对其实是至今未息的，其理由大概也都没有什么两样：不客气的斥之为"卖国"，客气的斥之为"贬低中国文化"。

　　唉！是的！"看中国书就沉静下去，与实人生离开，读外国书，就与人生接触，想做点事"，所谓"人生"，究竟是什么的人生呢？"欧化"的人生哩？抑"美化"的人生哩？尝听说，卖国贼们，都是留学外国的博士硕士。大概鲁迅先生看了活人的颓唐和厌世的外国书，就与人生接触，想做点事吗？

　　哈哈！我知道了，鲁迅先生是看了达尔文罗素等外国书，即忘了梁启超胡适之等的中国书了。不然，为什么要说中国书是僵死的？假使中国书（是）僵死的，为什么老子，孔子，孟子，荀子，尚有他的著作遗传到现在呢？

　　喂！鲁迅先生！你的经验……你自己的经验，我真的百思不得其解，无以名之，名之曰："偏见的经验。"（柯柏森《偏见的经验》，作为鲁迅《集外集拾遗·聊答"……"》一文的"备考"收入1981年版的《鲁迅全集》第7卷）

当我们作为一个读者直接阅读鲁迅的《青年必读书》这篇短文的时候，我们感到它是简单易懂、没有什么深奥的意义的，鲁迅只不过是对当时的青年说了他想说的话，只不过是觉得多读外国书对青年更加有益，并没有什么了不起的东西，甚至连他的话本身也未必那么在意，而恰恰是在它遇到这类猛烈攻击的文字时，只要我们仍然保留着一般读者那种自然朴素的心态，我们才能够感到，鲁迅的这篇杂文实际是包含着更多、更丰富的内容的。

　　在这里，我们首先感到，仅就鲁迅说了这么几句话，就暗示鲁迅是"卖国贼"，至少是有些过分的。在这里，就有了一个反差，即鲁迅即使说的话不是完全正确的，但到底是说的自己的话，没有倚势压人的意思，而对方倒是有一副咄咄逼人的姿态，好像鲁迅就不能说，至少不能这么说。

　　那么，这种反差是怎样出现的呢？显而易见，鲁迅发表的只是自己的意见，只是自己的感受和体验，"自己的经验"就是"自己的经验"，并没有一个更高的标准，所以也无法断定它是"正见的经验"还是"偏见的经验"，而它的反对者倒是有所倚恃的，倒是以为自己抱住了一条大腿、掌握了一个"更高的原则"，正是因为他自以为掌握了这样一个"更高的原则"，所以他才能够判定鲁迅的"自己的经验"不是"正见的经验"而是"偏见的经验"。

　　这个"更高的原则"是什么呢？就是"爱国"。这里的"爱国"不是亲自上前线杀敌，也不是捐献出自己的钱买飞机、大炮，而是口头上的，文化上的。我们可以称之为"文化爱国主义"。这种"文化爱国主义"是有自己的标准的，那就是不能说中国文化的坏话，不能认为外国文化比中国文化好。

鲁迅说"少看或不看中国书","多看外国书",是与这样一个原则直接相违背的,所以不论鲁迅说的是不是实话、真话,都是不能忍受的,都是鲁迅"不爱国"的表现。"不爱国"就是"卖国"——至少在"性质"上是如此。

我们看到,正是因为这位作者自以为站在了一个"更高的原则"上,所以他有了对鲁迅及其"经验"直接下判语的权利。实际上,当一个平常人表达对别人或别人的意见的看法时,一个最起码的要求就是要对别人和别人的意见有较之一般人更透彻的了解和理解,因为一个人根本无法对自己并不了解的对象做出自己的批评,更莫说是做出如此清晰的、斩钉截铁的否定性判断,但这位作者却认为没有必要了解和理解鲁迅为什么发表了这样的意见,而没有发表他认为不容置疑的正确的、合理的意见,所以尽管他说对鲁迅的"自己的经验""真的百思不得其解",他还是断定鲁迅的"自己的经验"不是"正见的经验"而是"偏见的经验",并且是带有"卖国"的性质的。

但是,正是因为这位作者并没有了解和理解鲁迅及其"自己的经验"的意愿,所以他也进入了对鲁迅《青年必读书》理解的盲区、误区。在这时,也只有在这时,我们才能够感到,鲁迅本文的内容并不仅仅是甚至也主要不是要当时的青年"少看或不看中国书","多看外国书",亦即并不仅仅甚至也主要不是这个"结论",因为鲁迅这样说是有条件的,是有前提的,那就是看中国书时"总觉得就沉静下去,与实人生离开",而看外国书时"往往就与人生接触,想做点事"。在鲁迅的这篇杂文中,这个"条件"、这个"前提"实际比它的"结论"更重要,因为正是这个"条件"、这个"前提"才是鲁迅这样说而不那样说的原因；它的"结论"是可以变化的，但这个"条件"和"前提"却不能变化。为什么呢？因为它才是当今中国青年"读书"的真正价值和意义，是与当今中国青年的成长和发展密切相关的。也就是说，在鲁迅的观念中，当今的中国青年看什么书并不是最重要的，最重要的是要"与人生接触，想做点事"。而这是从当今中国青年的成长和发展出发的，所以归根结底，鲁迅关心的还是当今的中国青年，而不是"外国书"。而那位作者在声色俱厉地指斥鲁迅的时候，首先关心的却仅仅是鲁迅的那个"结论"，是"少看或不看中国书"和"多看外国书"，至于鲁迅这个"结论"有没有前提条件以及前提条件是什么，并不是他关心的对象，因而他也并不重视鲁迅真正关心的是什么。如若如此，尽管他仍然不一定同意鲁迅那个"结论"，但至少不会将事情扯到"卖国"与"爱国"这类不相关的事情上去。

如果我们再往深处想一想，为什么这位作者更关心鲁迅的那个"结论"而没有感觉到鲁迅实际关心的是当今中国青年的成长和发展呢？这里的原因分明是因为他更关心的是鲁迅对"中国书"的态度，而不是鲁迅对当今中国青年的态度。从他的文字中，我们能够清楚地感到，他分明没有认真思考过当今的中国青年为什么需要读书，需要读些什么样的书，这些书对当今的中国青年会发生什么样的实际影响，以及这些影响对当今中国青年的成长和发展有无实际的意义等等这一系列的问题，而是一看到鲁迅对"中国书"持有大不敬的态度就激动起来。在这里，实际表现出的是两种文化观的不同：鲁迅和这位作者的关心都不在外国，而在中国，只不过鲁迅首先关心的是当今中国的青年，是人，是人的生存和发展，而这位作者首先关心的则是"中国书",大而言之,就是"中国文化"。鲁迅的文化观是以人为本位的文化观,这位作者则是以"中国书"、"中国文化"为本位的文化观,是"文化爱国主义"的文化观。

正因为这位作者首先关心的是"中国书"、"中国文化",首先关心的是人对"中国书"、"中国文化"的态度,所以他也不再将"中国书"、"中国文化"、"外国书"、"外国文化"作为当今中国青年的阅读和接受的对象来思考,而鲁迅首先关心的是当今的中国青年,是当今中国青年的生存和发展,所以不论是"中国书"、"中国文化"还是"外国书"、"外国文化",在他的观念中,首先都是当今中国青年阅读和接受的对象。其"弃"其"取"都是以当今中国青年的实际需要为根据的。我认为,只要我们意识到这种差别,我们就会知道,鲁迅的《青年必读书》绝对不像它在"文化爱国主义者"的观念中那样"过激"和"片面"。在这时,也只有在这时,我们才能更加清楚地意识到,鲁迅所面对的当今的中国青年,绝对不再是也不应该再是中国古代那样的封建官吏的后备军,甚至也已经不仅仅是中国现代书斋知识分子的后备军,他们中的绝大多数人都要到社会上独立谋生,都要以自己的力量开辟自己的人生道路。中国的社会越发展,中国的教育越进步,中国的文化越普及,中国的青年越不能仅仅依靠中国古代四书五经中那套"修、齐、治、平"的大道理生活,越要有在当今的现实社会中求生存、求发展的能力,越是要有"做事"的能力。文化爱国主义者常常举出像章太炎、王国维、陈寅恪这些"国学大师"的榜样来否定"五四"新文化的传统,岂不知即使这些"国学大师",在中国现当代社会也已经不是像孔子那样的"圣人"，不是像朱熹那样的"国师"，不是像中国古代官僚那样的为当今皇帝出谋划策的谋士、为皇权政治卖命卖力的工具。他们也是"做事"的，只不过他们做的是研究中国古代文化这件事。他们的研究，是在中国现代文化、现代教育体系中特定系科的专业研究，并且中国现当代的青年不能也不会都成为这样的"国学大师"——中国社会盛不下这么多的"国学大师"。鲁迅的《青年必读书》不是说给这些极少数的"国学大师"和准备做"国学大师"的青年听的，而是说给更广大的知识青年听的。对于这些更广大的正在成长着的当今中国青年，对于这些必须到社会上自求发展的当今中国的知识青年，鲁迅说："最要紧的是'行'，不是'言'。只要是活人，不能作文算什么大不了的事。"也就是说，成不了"国学大师"算什么大不了的事。正是在这个意义上，西方近现代表现社会人生的文学作品、研究社会问题的社会科学著作、研究自然科学的自然科学成果，不是对于他们有着更切近的性质吗？因为它们不是"维稳"的，而是"做事"的；"维稳"的要"沉静"，"做事"的要热情，鲁迅认为要"少看或不看中国书"，"多看外国书"，其理由是看中国书"就沉静下去，与实人生离开"，看外国书则"与人生接触，想做点事"，不是顺理成章、理所当然的吗？有何"过激"之处，有何"片面"可言呢？

与此同时，鲁迅的《青年必读书》是不是像那些"文化爱国主义者"所担心的那样就从根本上否定了"中国书"和"中国文化"呢？在这里，我们首先必须意识到，鲁迅不但不是将"自己的经验"作为对当今青年的教诲、教导和教训而直接要求他们服从的，而且他面对的不是中国社会上的所有人，而只是当时的知识青年。中国社会上更多的中年和老年人，读什么书与不读什么书，鲁迅管不了也不想管，他的"经验"对他们不起作用；与此同时，鲁迅也不认为当今的青年当有了实际的人生经验，已经想做点事，因而也有了自己独立的思想追求和人生追求之后，就不必再看中国书，就不必研究中国文化，就一定不做"国学大师"；再者，有当时的青年，也有未来的青年，当未来的青年选择自己的阅读对象的时候，"中国书"的整体状况是怎样的，"外国书"的整体状况是怎样的，是不是看中国书仍然让人"沉静下去，与实人生离开"，看外国书就"与人生接触，想做点事"，也不在鲁迅《青年必读书》所涉及的范围之内。也就是说，在鲁迅的《青年必读书》中，完全确定的只有一点，即青年应该多看那些让自己"与人生接触，想做点事"的书，要少看或不看那些让自己"沉静下去，与实人生离开"的书。他没有宣判"中国书"、"中国文化"死刑的权利，也没有宣判"中国书"、"中国文化"死刑的能力，与其说他认为两千年的中国文化传统太虚弱，不如说他认为两千年的中国文化传统太强大；与其说他认为当今的中国青年太容易背离两千年的中国文化传统而成为西方文化的附庸，不如说他认为当今的中国青年太容易成为两千年中国文化传统的奴隶而丧失自我、丢失个性、自闭自封而不思进取。

从"文化爱国主义者"的角度，鲁迅的《青年必读书》是有"全盘西化论"的嫌疑的，这恐怕是连我们这些鲁迅研究者也不得不承认它有"过激"倾向的原因。但是，我们恰恰没有看到，"全盘西化论"与"文化爱国主义"才是一对孪生兄弟，因为它们都是以"书"、以"文化"为本位的："文化爱国主义"是以中国书、中国文化为本位的，全盘西化论是以西方书、西方文化为本位的。鲁迅则不同，他是以"人"为本位的。他在《青年必读书》中关心的是人，是当今的中国青年。这些青年是中国青年，不是外国青年；他希望中国青年要与人生接触，想做点事，是与中国的社会人生接触，为中国社会做点事，而不是到外国去与外国的社会人生接触，为外国社会做点事。在这里，外国书像是发动机，它发动起来的是中国青年的生命活力和追求热情，是在中国社会求取生存和发展的意志力量，并以自身的存在和发展带动整个中国社会的存在和发展。他并不认为西方人已经给中国社会、中国文化画好了一张社会蓝图，中国青年只要按照这样一张蓝图建设中国社会就万事大吉了。中国青年的路要靠中国青年自己来走，中国社会的事要靠中国青年自己来做，这与"全盘西化论"是风马牛不相及的。后来的事实也充分证明，鲁迅并没有成为陈序经"全盘西化论"和胡适"充分青年的西方化论"的追随者，他走的是一个中国知识分子的自己的路。

所有这一切，都是怎样呈现出来的呢？都是依靠鲁迅《青年必读书》这篇杂文的文本本身呈现出来的。在这里，我们可以看到，它虽然短小，但却不只是，甚至也主要不是一个判断、一个结论，不是仅仅告诉我们要"少看或不看中国书"和"多看外国书"，而是一个具有自己的所指和能指的全部内容的"结构"。它是动态的，不是静态的，因而也是有自己的动能的，是在当今中国青年成长和发展需要的基础上并通过这种需要得出的一个具体结论。这里有三个环节：当今的中国青年；当今中国青年成长和发展的需要："与人生接触，想做点事"；结论："少看或不看中国书，多看外国书"。这三环是紧密相扣的，构成的是一个"思路"，而不仅仅是一个"观点"，其中任何一环都是不可或缺的，并且各有各的独立作用和意义，一环变环环皆变，不容人们对它做出任意的解释，尤其不容人们将其仅仅作为一个"结论"，一个"观点"。当我们将这个"结构"作为一个完整的"结构"固定下来并试图理解它和解读它的时候，这个"结构"又是具有自己的势能的。也就是说，只要我们不以自己的先入之见轻率地对其进行否定性的判断，只要我们愿意理解鲁迅为什么会有这样的"经验"，我们就会更切实地考虑当今中国青年的社会处境和文化处境，就会更切实地关心他们在这样的社会处境和文化处境中的命运和前途，就会更切实地考虑他们的实际需要，同时也会更切实地思考中国书、中国文化和外国书、外国文化。所有这一切都可以成为我们在自己的人生道路上不断感受和理解的"问题"，从而也会依靠自己的亲身感受和体验不断丰富这篇杂文的具体内容。我们甚至可以认为，它是一种新的人生观念、文化观念生成的基点，也是一些新人的思想出发点。与此同时，它又不是鲁迅强加给我们的，而只是以他"自己的经验"从我们自己的感受和体验中引发出来的。——鲁迅没有正面回答《京报副刊》编者提出的问题，但却以"附注"的形式超完满地回答了这个问题。

七

最后，我们还能看到，鲁迅《青年必读书》不但有着自身的完整性和谨严的结构，有着为论敌无法颠覆的思想力量（在这个角度上，它像一座城池，布局巧妙且严密，在其内部，有着简单、朴素、和平，甚至可以说是亲切的氛围），它有着鲁迅对当今青年的关心，有着鲁迅与当今青年略无隔阂的心态，有着鲁迅轻松乃至有点诙谐的口吻，因而也是为外力所难以攻破的。但与此同时，它作为一个完整的结构，又取着明显的对外攻击的姿态。不是八面玲珑的，不是没有棱角的。实际上，它的自身形态，就呈现出与"文化爱国主义"对峙、对立的状态，就是对"文化爱国主义"以"中国书"、"中国文化"为本位的文化观进行的一次公开的挑战。"我以为要少——或者竟不——看中国书，多看外国书。""中国书虽有劝人入世的话，也多是僵尸的乐观；外国书即便是颓唐和厌世的，但却是活人的颓唐和厌世"，这些话，从与鲁迅有同感的青年来说，不无痛快淋漓之感，不无诙谐幽默的意味，但从那些"文化爱国主义"者的角度，则是大逆不道的，也是难以忍受的，因而也会激起他们的反对。这种反对恰恰能使他们原本混沌的面目更加清晰起来，从而使愿意理解鲁迅《青年必读书》的读者在更切近地理解鲁迅《青年必读书》的意义的同时也更清醒地看清"文化爱国主义"者的真实面目。也就是说，鲁迅的《青年必读书》不但充分呈现了鲁迅的"自己的经验"，同时也暗示着一个自己的论敌；不但表现了一种以"人"为本位的文化观，同时也隐含了它的对立面——"文化爱国主义"的文化观。二者通过对立相得益彰、通过辩驳相互发明：读者越是更深入地感受和理解了鲁迅以人为本位的文化观，也越是能够更清醒地看清"文化爱国主义"的文化面目；越是能够更深刻地看清"文化爱国主义"者的文化面目，也越是能够更清醒地感受和理解鲁迅以人为本位的文化观。这大大拓展了鲁迅《青年必读书》的思想内涵。

在这里，存在的是一个文化与人的关系的问题：在以

"人"为本位的文化观看来，"文化"是为"人"、为"人"的生存和发展、为"人"的尊严和幸福而存在的，而在"文化爱国主义者"看来，"人"是为本民族的文化传统而存在的。

在一个民族的文化处于相对停滞的状态的时候，这个民族的文化传统是具有温柔敦厚的特征的，它是在这个社会的统治阶层的有形与无形的保护下相对平和地运行的，绝大多数人满足于这种文化传统所能够给自己提供的有限的自由空间，而对在这种文化传统中所无法实现的一切则取着隐忍的态度，而那些极少因违背这种传统而受到惩罚乃至被夺去生命的人则被绝大多数人视为他们个人的原因从而引不起整个社会的关注。整个社会呈现着波澜不惊的状态，社会生活有起伏，有动荡，甚至有着惨烈的历史事实、惊心动魄的历史变故，但影响不到这种文化传统的稳定性。在这时候，整个社会都是以这个民族的文化传统为本位的，人必须接受传统的制约，这个民族的文化传统以其自己的价值体系制约着整个社会的人，人的是非曲直、善恶美丑是在这种传统的价值标准之下得到衡量的。

一个民族文化的发展是在这个民族的少部分人意识到自己的权益的合法性和合理性并因此而公开争取自己的合法权益的时候，这少部分人开始以"人"的现实需要及其合法性、合理性而公开反抗固有的文化传统，因而固有的文化传统也无法继续维持自己表面的温良恭俭让的特征，而开始以自己的力量遏制、扑灭这种新的文化倾向的生成与发展。在这时，也只有在这时，这种文化传统的非人性乃至反人性的一面才在自己论敌的面前暴露无遗，并激起自己论敌的决绝的反抗。

"五四"新文化运动就是中国少数接受了西方文化影响从而自觉意识到自己作为"人"、作为"个人"的合法权益的知识分子发动的。具体到鲁迅的《青年必读书》就是切切实实从当时青年具体的生存和发展的需要出发，关心的是这些"人"、这些"个人"的"实人生"，鲁迅是在西方文化的影响下才有了这种关于"人"、关于"个人"的自觉的，所以他也劝当今的中国青年多看"外国书"，从而与中国固有的文化传统发生了"擦枪走火"的现象。但当"文化爱国主义"者"挺身"出来维护中国固有的文化传统的时候，中国固有文化传统对"人"、对"个人"权益的冷漠乃至冷酷就暴露出来了。实际上，当没有人从"人"、从"个人"的切身利益出发向传统发起挑战的时候，当所有的人甚至连自己的亲人都不得不从一种凌驾于"人"、"个人"的切身利益之上的抽象的道德理念评判一个人的言行举止的时候，一个人是感觉不到或者分辨不出周围人对自己的关切爱护与冷漠冷酷的区别的，但当有人从一个人的切身利益出发表达了一种与传统观念不同的观念，而这个人又感到它是亲切而切实的，所有其他人对这个人的冷漠乃至冷酷就显现出来了。在这里，人们开始意识到以"人"、"个人"为本位的文化观与"文化爱国主义"文化观立足点的根本不同。"文化爱国主义"者的文化观不是从任何确定的"人"、"个人"的现实需要提出问题和解决问题的，而是从根本无法落到实处的一些抽象理念或"传统"、"国家"、"集体"、"多数"等集合性概念出发的，所以"文化爱国主义"者赖以压制论敌的都是像数典忘祖、离经叛道、卖国求荣、里通外国等这些根本不容对方说话的"大帽子"，并且常常是具有一些法律效应的道德律令。这不但表现出了对所议论对象的习惯性的冷漠，更表现出了对论敌必欲除之而后快的冷酷心情。也就是说，在这时，也只有在这时，一个民族的固有传统才真正撕下了它温情脉脉的面纱，而暴露出了它扼杀人性、扼杀个性的本来面目。它不是中国古代某个思想学说的自身本质，但却是当它被作为一种传统凝固下来之后所导致的必然结果。

"文化爱国主义"是在中国知识分子中间生成与发展起来的一种文化思想，它常常是以一种学术思想的面目出现并得到流传的，但它本质上不是一种学术思想，而是一种朦胧的传统观念，是一个民族的绝大多数成员不须经过个人的思考和研究就从这个民族的传统中盲目接受下来的一些固定观念，这些观念彰显了一些人人可见的事实，但也掩盖了不为人所见的大量事实，或者干脆对大量可见的事实也采取闭眼不看的态度，因而它也无法上升到真正学术研究的高度。直至现在，中国的"文化爱国主义"者仍然仅仅从一种抽象理念出发将中国古代社会描绘成一种美满或者近于美满的社会，并以此将一些抽象的文化理念绝对化，从而造成了中国固有文化传统不用变、不能变的假象。事实上，任何一个人的思想学说的作用和意义都是有限的，它不可能解决社会人生中的所有问题，人、人类必须面对自己的现实处境，重新感受和思考自己的人生，从而也以自己的感受和思考充实和丰富整个人类的文化。任何将一个民族已有的文化传统绝对化的企图，都必然遮蔽了这个民族社会历史发展过程中的大量事实。所以鲁迅在反驳上文提到的那篇文章的作者的时候，说他"其实是连近时近地的事都很不了了"："但有一节要请你明鉴：宋末，明末，送掉了国家的时候；清朝割台湾，旅顺等地的时候，我都不在场；在场的也不如你所'尝听说'似的，'都是留学外国的博士硕士'；达尔文的书还未介绍，罗素也还未来华，而'老子，孔子，孟子，荀子辈'的著作却早经行世了。钱能训扶乩则有之，却并没有要废中国文字，你虽然自以为'哈哈！我知道了'，其实是连近时近地的事都很不了了的。"（《华盖集续编·聊答"……"》）

"文化爱国主义"是在中国近现代民族危机的条件下发展起来的一种文化潮流，是依附在政治爱国主义的躯体上生成与发展起来的，但它又与政治爱国主义有着截然不同的特征：政治爱国主义是有一系列清晰可辨的外在特征的，并需要提倡者自己做出实际的贡献乃至牺牲，而"文化爱国主义"则只是一些话语形式，主张者不但不须做出自己实际的贡献和牺牲，而且还可以著书立说，立身扬名。"文化爱国主义"有一个著名的文化命题，曰："文化同化说"。按照这种学说，中国文化同化了周边的各少数民族，甚至连历史上满洲入侵也不是满洲灭亡了中国，而是中国文化同化了满洲。这当然也不失为一种说法，但从以"人"、"个人"为本位的文化观念看来，这种同化却是用中国大量社会群众和那些死于清朝文字狱的大量知识分子的生命和鲜血换来的，并且清王朝的政权到头来还是用孙中山领导的国民革命的大量志士仁人的鲜血和生命推翻的。充其量，"文化同化论"只是"文化爱国主义"者的一个梦，这个梦用于中国古代历史或许还有点温暖人心的作用，而在现当代的世界还要继续做这种梦，就未免显得滑稽了。从1931年日本侵略者占领东北三省，到1945年抗日战争胜利，日本侵略军在华十余年，也没有被中国传统文化所同化，倒是日本文化同化了好多中国人。这种想用中国文化征服世界的愿望，在略有一点现代世界知识的人的眼光里，都不能不是荒诞不经的。

一篇文章的一种观点，只要能够牢牢地立在读者的头脑中，它就将与现实社会各种不同的思想观念相遭遇、相遇合，并且在这种遭遇或遇合中思考一系列相关的问题。鲁迅的《青年必读书》也是这样。鲁迅《青年必读书》中的这些新异的议论一旦进入读者的心灵，当它遭遇到中国社会无处不在的文化爱国主义的论调，自然就会有一番比较，有一番思考，所以鲁迅这篇杂文的价值和意义也将有不断拓展的可能。

　　时世不论发生什么样的变化，外国文化和中国文化的关系无论发生什么样的变化，但鲁迅《青年必读书》所昭示给我们的这样一个理念则是不变的：

　　青年应该看哪些书？"要少——或者竟不——看"那些让你"觉得就沉静下去，与实人生离开"的书，"多看"让你"就与人生接触，想做点事"的书。

触摸语言

——徐志摩《沙扬娜拉——赠日本女郎》赏析

　　文学是语言的艺术，不论是文学作品的思想性还是文学作品的情感性，都是通过对语言及其形式的感受和理解获得的。脱离开对语言及其形式的感受和理解，思想性就是一些抽象的教条，情感性就是一些空洞的抒情。这样的思想性和情感性严格说来还不是文学作品的思想性和情感性。所以，我们语文教学的任务，首先是引导学生感受和理解文学作品中的语言及其形式，过去那种跨越语言直取思想、直取情感的方式是要不得的。

　　诗歌是一种更纯粹的语言艺术，它没有小说的虚构的故事情节，没有散文的具体的事件和人物，更没有戏剧的舞台演出，我们在诗歌中接触的几乎只有语言，我们对诗歌的感受和理解，主要是对诗歌语言的感受和理解。所以，在诗歌的教学中，引导学生感受和理解诗歌的语言几乎是唯一重要的教学内容。

　　在这里，我想通过徐志摩的《沙扬娜拉——赠日本女郎》一诗的赏析说明这个问题。

　　在徐志摩这首小诗里，几乎没有对人物的细致描写，也没有对人物心理的着意刻画，更没有作者情感的直接表现。但所有这一切，在我们每个读者的感受里却是异常清晰明确的。首先，我们不会认为这个日本女郎有着修长的身材，有着西方女性常有的结实的肌肉和健壮的体魄，但她也不是矮小的、瘦弱的，而是娇小而丰满的；她的脸色不是红润的，但也不是苍白的，而是白皙光洁的；她穿的衣服不是紧身的、把身体的每一个曲线都能够绽露出来的现代西方的服装，但也不是臃肿得无法感到女性的曲线美的那种只有老太婆才爱穿的衣服；她的服装的颜色不是鲜艳的红色和绿色，但也不是朴实无华的蓝色或灰色；她不华贵，但也不粗俗；她不矜持，但也不放荡……那么，这么一个日本少女的形象我们是怎样感觉出来的呢？我们不是仅仅从徐志摩对这个日本女郎的具体描写中感觉出来的，而更是从对这首诗、对这首诗的语言的感觉中感觉出来的。我们简直可以说，这首诗的本身就是这个日本女郎的形象。它小而美，构成的也正是这个日本女郎娇小而美丽的身体的形象。它使我们想象不出一个修长硕大的身躯来。"最是那一低头的温柔"，写的是这个日本女郎的"温柔"，写的是她微微低头时给人的温柔、温馨的感觉，但是，仅有这样的描写，还是无法构成这个日本女郎的整体的温柔、温馨的形象的。这个日本女郎温柔、温馨的形象更是从全诗语言的"温柔"中实际感到的。我们可以看到，全诗没有一个像铁、石这样一些给人带来沉重感、冷硬感的词语，也没有像辉煌、昂扬这样响亮的词语，只有"珍重"的"重"字可以给人带来沉重感，但它在"珍重"一词里处在轻音的位置上，读出来的"珍重"这个词给人的却是关切的、温暖的感觉。"道一声珍重，道一声珍重"，这种反复的致意，并且是从一个美丽的日本少女的口里徐徐地吐露出来，给人的感觉就更加温暖和温馨。"凉风"在词义上是"凉"的，但读起来却并不感到凉意，倒像是更加衬托出了全诗给人的温暖。全诗的每一个词都好像没有多么大的重量，每一个音都不会给人产生强烈的刺激，它押的是"ou"韵，而"ou"韵则既不是太响亮的，也不是太沉闷的，它本身就给人一种舒服的、温柔的感觉。只要我们反复读一读这首诗，我们就会感到这首诗的语言在整体上就是温柔、温馨的。我们感受着这首诗的语言，同时也是在感受着这个日本女郎的身体形象，它托住了我们的温柔的、温馨的感觉，同时也托住了这个日本女郎的温柔的、温馨的形象。——我们是在这首诗的语言给我们的心灵感觉里想象这个日本女郎的具体的身体形象的。

在徐志摩这首小诗的语流中，"最"字是一个独特的存在，它不仅把作者对这个日本女郎"一低头"的神态的心灵感触突出了出来，而且在全诗中是唯一一个短促的收口音，在某种程度上也有力度感，它突如其来，好像轻轻地推了我们一下，一下子把我们推到了这首小诗的世界里，推到了这个日本女郎的面前，起到的是"无"中生"有"的作用。"最"字以后的所有字词，几乎都是有尾音的音，这种尾音把前一个音与后一个音很自然地联系在一起，整首诗除了在一个句子结束时有一个轻轻的停顿之外，其他语词都呈现着一种连绵不断的变化状态，它不像"这是一沟绝望的死水"（闻一多《死水》）一样是一个词一个词地决然地顿开的，也不像"冷冷清清，戚戚惨惨戚戚"（李清照《声声慢》"冷冷清清"）一样是前后重叠、在一个音或相近的音上蹉跎盘旋的，它时时变化着，但我们却感觉不到它的转折性的变化，从一个音向另一个音的过渡都非常自然，往往是上一个音的结束正好易于下一个音的发音，不用重新调整发音的部位。没有佶屈聱牙感，没有不能不决然顿开的地方，整首诗的语言，都使我们感到一种轻柔的曲线美，一种轻盈感，一种飘逸感。这种轻柔的曲线美，这种轻盈感，这种飘逸感，也是我们在想象中重构这个日本女郎形象的心理基础。所以，我们想象中的日本女郎，绝不会是西方那种健美女郎的形象，也不是中国古代那种瘦弱多病的贵族女郎的形象；她穿的不是西方绽露着身体的每一条曲线的紧身衣，也不是根本无法表现女性身体曲线美的臃肿厚重的衣服，而是相对宽松但却有着轻盈感、飘逸感的日本和服。

在这首诗里，只出现了两种色彩：白和红。白是水莲花那种滋润、致密、光洁的"白"，红是在水莲花整体滋润、致密、光洁的白色的底色上透露出的微微的、淡淡的、浅浅的红色。"像一朵水莲花不胜凉风的娇羞"直接把"水莲花"和这个日本女郎连接起来、等同起来。"像一朵水莲花"是用水莲花比喻这个日本女郎，不胜凉风的"娇羞"则又是用这个日本女郎的颜面比喻水莲花，这就把水莲花和这个日本女郎的形象同时表现出来。实际上，整首诗的其他语言是一种无色之色，不论看起来还是读起来，读者都能感到它在整体上的清淡和纯净，而不会产生浑浊、芜杂的感觉。必须看到，这种色彩感呈现了这个日本女郎的面容，同时也呈现了她的整体形象。她光洁照人，在素洁中透露着内在的美艳，在幽静中传达出内心的情意。她的衣服的颜色不是鲜艳夺目的大红和大绿，不是给人阴沉感的黑色，不是毫无光彩的灰色，也不是带有圣洁感的蓝色，而是在素的、淡的、光洁的底色上很自然地点缀着其他艳丽的色彩。她是纯洁的，但不是圣洁的；她是一种世俗的美，但不低俗和庸俗。她有一颗纯净的心灵，但也有一个少女的敏感的心灵和活跃着的感情。

在过去，我们曾经争论过徐志摩这首诗到底是不是"爱情诗"，我认为，这正是我们过去常常脱离开语言的感觉而直取思想、直取感情的结果。假若我们重视的不是理性判断中的思想或感情，而是对诗歌语言的感受和理解，我们就不会产生它是不是爱情诗的问题。实际上，在这首诗里，不论是这个日本女郎还是诗人本人，都没有明确地意识到什么，都没有想到自己爱还是不爱对方。这里写的只是一点感觉，一点一闪而过、一瞬即逝的感觉，一点似有实无、似无实有、谁也无法用明确的语言进行表达的刹那的感觉。但也正是因为如此，它才成了诗，成了一首脍炙人口的小诗。它把人们用理性语言很难传达的情感和很难述说的情景表达出来。日本女郎脸上呈现出的那点"不胜凉风的娇羞"，"道一声珍重，道一声珍重"语气里的那点"蜜甜的忧愁"，都在可见与不可见之间传达出了日本女郎内心的那点情感的悸动，但在这娇羞中又有一点凉意，在这忧愁中又有点甜蜜。娇羞透露出她对送别中的诗人的一点无意识的爱意、一点刹那浮现的情感，这种情感在送别以前未曾发生，在送别之后也不会继续发展，凉意则传达着她不会、不能也不想留住对方，留住自己这点情感的无意识中的失落感觉。甜蜜是由于这点爱意感觉，忧愁也是因为这点爱意感觉，爱意感觉本身就是甜蜜的，但这种感觉发生在送别时则不能不感到一点忧愁。所有这一切，都只发生在送别的这一刹那，仅在这一刹那的感受和回忆中保存着，没有过程，也没有发展；没有消失，也没有加强。对于这个日本女郎是这样，对于诗人也是这样。诗人的那点情、那点温馨的感觉和那点"蜜甜的忧愁"，全都包容在他对日本女郎那"一低头的温柔"的"最是"的感觉中，全都包容在他对那个日本女郎"道一声珍重，道一声珍重"的语气里那点"蜜甜的忧愁"的敏感中，正是他对这个日本女郎在送别的一刹那也有了一点莫名的爱意，所以他才从这个日本女郎的一低头中感到了温柔，在她的道别的语气中感到了"蜜甜"和"忧愁"。这里的"蜜甜"和"忧愁"，既是日本女郎的语气中所有，也是诗人自己的内心感觉。在这时，两个人的那点情意都是不自觉的，都是一瞬即逝的，但却在刹那间实现了彼此的沟通，发生了无言中的交流。我们所感到的温馨，我们所感觉到的美，恐怕就在这刹那的两心相遇吧。至于日本女郎那点"不胜凉风的娇羞"、那点"蜜甜的忧愁"，至于诗人那点温柔的感觉、那点与日本女郎相同的"蜜甜的忧愁"是不是"爱情"，对我们又有什么重要呢？只要我们重视对诗的语言的实际感受和理解，我们就会感到，"爱情"这个词对于这首诗太大、太重、太严肃了。

总之，文学的语言是有质感的语言，是可以用心灵触摸的语言，是可以摸到硬度、掂出重量、看到颜色的语言。语文教学要不断加强学生对我们民族语言的这种质感的感觉，学生感受、理解和运用我们民族语言的能力，在很大程度上取决于对我们民族语言的质感感觉的能力的提高上。

怎样感受人？怎样感受人与人之间的关系？

——简说莫泊桑的短篇小说《我的叔叔于勒》

　　莫泊桑的著名短篇小说《我的叔叔于勒》，我曾经读过多次。每一次读，心头就像压着一块石头，感到一种无法排泄的悲哀。

　　我想，假若让我对中学生讲解这个短篇小说，我将怎样讲呢？

　　我无法讲。

　　"让学生自己去感受吧！"——我会说。

　　我认为，仅仅这样说还不够，我们还应该说：

　　"让他们对我们、对我们的生活、对我们的心灵进行一次审判吧！"

　　不是吗？小说选取的不是我们成人的视点，而是一个与我们的学生年龄相仿的少年人的视点。

　　一个少年在用自己的眼睛、自己的心灵观察和感受我们成年人的世界，观察和感受我们成年人的"思想"和"感情"。

　　我们成年人看待世界、看待人，是与少年人有所不同的。

小说中的"我"是怎样看待于勒的呢？假若我们读过了全文，《我的叔叔于勒》这个题目就会给我们一个意味深长的感觉。小说中的一切都已经发生了，"我"已经知道了关于于勒的一切，但在这个少年人的心目中，于勒还是"我的叔叔"，而不是"我的不走正路的叔叔于勒"，也不是"骗子、流氓于勒"。在这个题目中，我们感到的是亲切，亲近，一点也没有疏远的感觉。在这里，于勒是作为一个"人"、一个与"我"有着密切关系的"人"而被称谓的，而不是作为一个值得尊重还是不值得尊重的人而被称谓的。"我看了看他的手，那是一只满是皱痕的手。我又看了看他的脸，那是一张又老又穷苦的脸，满脸愁容，狼狈不堪。"这是一个"人"，一个以当下的生存状态和精神状态呈现在"我"面前的"人"。他过去是不是"花花公子"，是不是"无赖"、"流氓"？他是怎样落到这么一个悲惨的境地的？对于"我"，都不重要，重要的只是当下这个"人"，这个"人"的生存状态和精神状态，并且这个"人"是与自己有着不可分割的联系的："这是我的叔叔，父亲的弟弟，我的亲叔叔。"三个同义反复的判断句，强调了这种自然的联系，这种联系存在的确实性。我们成年人经常提出一个人"值得"还是"不值得"同情的问题，但是，这只是我们成年人世界里的语言，而不是小说中"我"的语言，不是童稚心灵世界里的语言。在童稚的心灵里，不存在一个人"值得"还是"不值得"同情的问题，也不存在同情这样一个人对自己有好处还是没有好处的问题，而只有发生还是没有发生同情心的问题。面对落到了这样一种悲惨境地的人，并且这个人就是他的叔叔，"我"是感到由衷的同情的，在他代父亲付给于勒牡蛎钱时，给了他十个铜子的小费。在这时，他想到的根本不是自己，不是这样做对自己有什么好处，而是感到应当这样做，必须这样做，不这样做心里就感到不安宁、不舒服。"前因"和"后果"这种离开当下情景的回忆和推论，"值得"还是"不值得"这种以利益为基础的理性考虑，在这种自然发生、自然流露的同情心中，是没有任何的地位和作用的。

于勒"值得"还是"不值得"同情的问题只发生在我们成年人的世界里。在我们成年人的世界里，有一个人与人的情感关系的问题，也有一个人与人的利益关系的问题，因为我们成年人不仅仅生活在人与人的情感关系中，更生活在现实生活的物质的和金钱的关系中。在情感的世界里，人与人的苦乐是相通的，忧喜是相连的，别人的痛苦也能引起自己的痛苦的感觉，别人的欢乐也能引起自己的欢乐的心情，而在物质的和金钱的世界里，人与人则是各个分离的。它不但区分了富人和穷人，而且区分了这个家庭和那个家庭，这个人和那个人。别人的利益不是自己的利益，别人的体面不是自己的体面。每一个人都必须关心自己的利益，并且以个人的得失为得失。趋利避害，权衡轻重，即使付出，也是为了最终的获得。这样，也就有了一个"值得"还是"不值得"的问题。在这个意义上，我们完全可以说，对于勒的任何同情和理解，对于勒的任何微不足道的帮助，都是"不值得"的。首先，于勒现在的悲剧命运，完全是由他自己的行为造成的，不是"我"的父母剥夺了他的遗产，而是他"把自己应得的部分遗产吃得一干二净之后，还大大占用了我父亲应得的那一部分"。用句我们成人世界里常常说的话，那就是他"咎由自取"、"罪有应得"，任何人对他的这种悲剧性的后果也没有、更不必担负道义上的责任。其二，在一般的情况下，对于勒这样的人的同情，对自己是没有任何好处的。它要求自己的付出，而无法从对方身上获得应有的回报。"别叫这个小子又回来吃咱们！"不能不说"我"的母亲的担心并不是没有根据的。其三，不论是从"我"的父母的眼中，还是从"我"的眼中，都没有看出现在的于勒有任何"悔过自新"的表现。在我们的观念里，假若通过我们的同情和理解，通过我们的感化和教育，一个不好的人变得好了，一个堕落的人不堕落了，对这个人的同情也是"值得"的，但这种情况也没有发生在于勒身上。所以，从利益的关系出发，于勒是不"值得"同情的。

我们生活在一个物质的世界里，一个以金钱关系组织起来的世界里，我们每一个成年人都不能不首先承担起个人的和家庭的经济重担，都不能不重视金钱的作用。正是这种对金钱的重视，对财富的关心，使我们越来越淡漠了对人的关心，对人的感情。甚至在我们对人的关心里，也渗透着大量对自我利益的考虑，对金钱和财富的关心。只要我们承认这样一个基本的事实，我们就不能不承认，不论我们意识到还是没有意识到，不论在实际的生活中表现出来还是没有表现出来以及表现的程度如何，我们成年人都不能没有这种对自我利益的关心，我们这种对自我利益的关心都不能不导致我们同情心的淡漠。在这里，直接关系到我们如何感受和评价小说中"我"的父亲和母亲的问题。我们生活在一个重视个人道德的国家，我们常常把道德问题仅仅视为一个个人修养的问题，因而我们习惯于追究个人的道德责任，嘲笑那些公开表现出了狭隘自私倾向的个人。但莫泊桑不是一个中国作家，他是一个法国的现实主义作家，一个人道主义者，一个从现实社会生活本身思考人的道德发展状况的知识分子。在这篇小说里，他是以"我"的眼光环视周围的人物的，他同情、理解于勒，也不可能不同情和理解自己的父母。他不可能站在一个旁观者的立场上嘲笑自己的父母。与此相反，小说中的大量描写都集中在对"我"的父母的理解和同情上。"我"的父母不是不想成为一个"体面"的人，一个有道德修养、有高雅趣味的人，甚至他们也不是不爱自己的亲人，他们对自己子女的前途是十分关心的，只不过这种关心也不能不首先落实到对家庭经济状况的关心上。"我母亲对我们的拮据生活感到非常痛苦。那时家里样样都要节省，有人请吃饭是从来不敢答应的，以免回请；买日用品也是常常买减价的，买拍卖的底货；姐姐的长袍是自己做的，买十五个铜子一米的花边，常常要在价钱上计较半天。""不为穷困宁有此"，贫穷使他们不能不斤斤计较每一个小钱，不能不把自己生活的目标放在经济状况的好转上。我们每一个成年人，每一个教师，都不能不生活在这样一个经济的世界里，生活在经济世界的金钱关系中，我们也不能不时刻关注着自己的经济的利益，不能不重视金钱的作用。所以，我们对他们的经济处境和在这种经济处境中所形成的生活习俗、思维习惯没有理由采取嘲笑的态度，没有理由把他们身上的弱点仅仅视为他们自己道德上的弱点。

我们与"我"的父母有什么不同呢？不同不在于我们不生活在一个物质的和金钱的世界上，不在于我们不像"我"的父母那样关心自己家庭的经济状况，不关心"钱"的问题，而在于我们没有像于勒这样一个能够从根本上颠覆自己家庭的经济基础、使我们不是越来越富裕而是越来越贫穷的亲人，一个我们中国人所说的"败家子"的弟弟。而没有这样一个人，是无法挖掘出经济世界里的金钱关系对我们人性的扭曲的，是无法显示出我们成年人心灵的本真状态的。在这里，我们看到的是小说艺术的作用。"于勒"这个人物的设置，是这篇小说之所以能够揭示出我们成年人内心世界的秘密的关键所在，也是莫泊桑的艺术匠心之所在。借助于勒，揭开了覆盖在我们心灵表面的东西，使我们看到了我们在这个物质的、金钱的世界里内在心灵发生的自觉的或不自觉的变化，使我们看到了物质和金钱对我们心灵的扭曲和腐蚀。与此同时，"我"这个少年人的视角的选取也是具有关键的意义的。正因为我们和"我"的父母一样，也生活在一个物质的和经济的世界上，也生活在人与人的金钱关系之中，所以我们很容易仅仅站在"我"的父母的角度看待于勒，看待"我"的父母与于勒的关系。"我"则改变了我们平时感受人、评价人的视角，把我们的视角转移到"我"的视角上来。而"我"还不是一个成年人，还没有我们成年人所不能没有的强烈的经济意识和金钱意识。他对人的感情还是朴素的、自然的，是从人与人的自然联系中产生的，既不像"我"的父母那样仅仅从金钱关系中看待于勒、看待于勒在现实世界的失败，也不像我们成年人中一些假道学者一样用严酷的道德眼光看待"我"的父母，看待他们在这个物质的、经济的世界上所极难避免的人性的弱点。这样，就把小说的主题完全集中在现实社会的金钱关系对人、对人性的扭曲与破坏上，强化了小说对社会现实的批判力量。在这里，也显示着小说作者高超的艺术技巧。

只要我们不能不重视金钱的作用，只要我们不愿穷下去而愿富起来，外部的世界，其中也包括人，便不能不与我们构成物质的和金钱的关系，而在这时，我们看到的就不再是对象的本体，而是它的经济的价值，是它与我们的物质利益的关系。

于勒在"我"的父母的眼里，就成了这样一个符号。他们有时把于勒称为一个"行为不正，糟蹋钱"的"坏蛋"、"流氓"、"无赖"，有时又说他是一个"正直的人"、一个"有良心的人"。当他们认为于勒能够给他们带来实际的利益、带来更优裕的物质生活的时候，于勒是他们的希望，是他们的骄傲；当他们感到于勒不但不能给他们带来实际的利益，而且会成为他们的生活负累的时候，于勒就是他们的灾祸、他们的恐怖。一个真实的于勒在他们面前消失了，作为一个"人"的于勒在他们眼前消失了。

自然"我"父母眼中的于勒已经不是一个真实的于勒，我们就只能通过我们的想象重新复制出一个真实的于勒来。创作小说需要想象，阅读小说也需要想象。在小说描写的基础上进行丰富的想象，是读者能够激活文学艺术作品并且参与艺术作品的再创造的基本形式。而一个作品的读者之所以能够参与这个作品的再创造，归根到底还是因为作品的作者给读者留下了丰富的想象空间。他没有把所有的事情都告诉我们，我们必须用自己的人生经验丰富它，充实它。我认为，这也是这篇小说能够成为一个世界小说名篇的原因之一。它短小，它简练，它含蓄，它的外部尺幅很小，而内部的尺幅极大，耐人寻味，余音袅袅，与它的这种处理方式是有极大关系的。那么，于勒到底是一个怎样的人呢？显而易见，于勒是与"我"的父母截然不同的。"我"的父母是懂得金钱的重要性的人，是把每一个小钱都看得非常重要的人，因而也是精于金钱上的算计的人，而于勒则不像他们那样懂得金钱的重要，因而也不精于金钱上的算计，但在我们成年人生活着的物质的、金钱的世界上，他的不精于算计也就成了他悲剧命运的总根源。"在有钱的人家，一个人好玩乐无非算作糊涂荒唐，人家笑嘻嘻地称他一声'花花公子'。在生活困难的人家，一个人要是逼得父母动老本，那就是坏蛋，就是流氓，就是无赖了。"所以于勒并不像"我"的母亲所说的是一个"贼"，也不像老船长所说的是个"老流氓"，只是他不像社会上的一般人那样爱惜金钱，才把自己有限的遗产挥霍罄尽。他的哥哥和嫂嫂为了不受他的经济的拖累，把他"送上哈佛尔到纽约的商船，打发他到美洲去"。于勒并不像他的哥嫂那样看重金钱，因而也不像他们那样寡于人情。他到了美洲之后，经济上略有好转就写信回来，表示愿意赔偿哥嫂的损失，表达了他对哥嫂的怀念之情。他破产之后，又给哥嫂写了一封信。这封信虽然简短，但是细心体会，实际上是很感人的。他隐瞒了自己破产的事实，但不是为了自己，而是以为哥嫂仍然关心着他，让他们不要担心他的健康和他的前途。他希望赚了钱之后，再回到自己的家乡，和哥嫂"一起快活地过日子"。在此之后，他过着穷愁潦倒的生活，但却没有回到哥嫂身边来，因为他不愿成为哥嫂生活的负担。这与"我"的父母处处从自己的利益出发，形成了一个鲜明的对照。总之，于勒是个不会过日子的人，但却不是一个寡情薄义的人。

经济的世界，金钱的关系，毁灭了像于勒这样一些没有金钱意识的人的生活，把他们推入了人生悲剧的深渊，使他们不但失去了生活的经济的基础，也失去了亲人的爱和社会的关心；经济的世界，金钱的关系，扭曲了像"我"的父母这样一些不能不重视金钱的人的精神，使他们淡漠了对人的爱和同情，使他们变得庸俗、狭隘和自私。

这一切，都通过一个少年"我"的眼光和心灵折射出来。

这个"我"既同情于勒的悲剧命运，也同情父母的悲剧处境，但对金钱关系对成人社会人与人情感关系的破坏却有着较之我们成年人更加敏锐的感受。

我们无法嘲笑于勒，也无法嘲笑"我"的父母。小说让我们反思我们的生活，反思我们的人生，反思金钱关系对我们人性的扭曲和破坏，并且在这种反思中把我们的灵魂从现实的物质的、金钱的关系中升华出来，不要失去对人的真诚的爱心和同情。

它对像"我"这样的少年人有什么影响作用呢？

它可以让一代代的儿童都不要忘记、更不能轻视自己少年时期的人生观察和人生体验，并把自己对人的自然、朴素、真诚的爱和同情保留到自己的成年，不要被现实的金钱关系所异化，因为只有这样的心灵，才是人类最健全、最美好的心灵。

由法布尔的《昆虫记》引发的一些思考

一

花城出版社出版了法布尔《昆虫记》的全译本，这堪称中国文化的"世纪工程"。我之称它为"世纪工程"，主要不是就其工程的规模而言，而是就其完成这一工程所经历的时间而言。1923年1月，周作人在《晨报副镌》发表了他的《法布耳的〈昆虫记〉》，第一次向中国读者介绍了这部世界名著，此后便陆续有各种选译本出版，直到2001年1月花城出版社这个全译本出版，已经整整78年的时间了，还不足以称为"世纪工程"吗？

我之知道法布尔的《昆虫记》，是通过鲁迅的作品。从中学时代起，在我的印象中，法布尔就是和伽利略、牛顿、达尔文、爱迪生同样伟大的名字。这种印象肯定是通过鲁迅作品形成的，因为除此之外，再也没有第二个渠道使我产生这样的印象了。

1925年4月，鲁迅写了他的杂文名篇《春末闲谈》，其中就讲到了细腰蜂的故事。"细腰蜂"在中国古代的典籍中称作"果蠃"。据中国的博物家说，果蠃"纯雌无雄，必须捉螟蛉去做继子的。她将小青虫封在窠里，自己在外面日日夜夜敲打着，祝道'像我像我'，经过若干日，——我记不清了，大约是七七四十九日罢，——那青虫也就成了细腰蜂了，所以《诗经》里说：'螟蛉有子，果蠃负之。'"在中国，也有认为果蠃自能产卵，其捉青虫放在窠里是给孵化出来的幼蜂做食物的，但中国的老先生却宁肯相信果蠃捉螟蛉做继子的"趣谈"，没有人去做细致的观察，弄清到底是怎么一回事。"当长夏无事，遣暑林阴，瞥见二虫一拉一拒的时候，便如睹慈母教女，满怀好意，而青虫的宛转抗拒，则活像一个不识好歹的毛鸦头。"鲁迅这里说的，就是中国一般文人对自然事物的态度。他们不愿也不想了解事物的真相，宁愿相信各种虚幻不实但却趣味有加的想象性、杜撰性的解释，并在这种解释中闭上眼睛，求得自我心灵的刹那的满足。这就是中国文人常常说的"情趣"。在这时，鲁迅举出了法布尔。他说："但究竟是夷人可恶，偏要讲什么科学。科学虽然给我们许多惊奇，但也搅坏了我们许多好梦。自从法国的昆虫学大家发勃耳（Fabre）仔细观察之后，给幼蜂做食料的事可就证实了。而且，这细腰蜂不但是普通的凶手，还是一种很残忍的凶手，又是一个学识技术都极高明的解剖学家。她知道青虫的神经构造和作用，用了神奇的毒针，向那运动神经球上只一螫，它便麻痹为不活不死状态，这才在它身上生下蜂卵，封入窠中。青虫因为不死不活，所以不动，但也因为不活不死，所以不烂，直到她的子女孵化出来的时候，这食料还和被捕当日一样的新鲜。"鲁迅这里说的，就是法布尔《昆虫记》花城出版社的全译本第1卷中关于节腹泥蜂几章特别是《高明的杀手》一章中所叙述的内容。

花城出版社为法布尔《昆虫记》的出版所发布的新闻稿中指出：法布尔的《昆虫记》"一方面用人性关照虫性，在昆虫身上倾注了深刻的人文关怀，另一方面又用虫性反观人类生活，思考人类的生存状态、生活态度、价值观念等等，睿智的哲思跃然纸上"。鲁迅是一个人性和国民性的解剖者，他在法布尔《昆虫记》中所获得的启发，主要用于对人性和国民性的解剖。虫类的生存动力几乎全部来源于本能，人类虽然创造了自己的文化，并常常用自己创造的文化标榜自己，掩盖自己的本能欲望，但人类的文化仍然是在本能的基础上建立起来的，在许许多多的场合都还没有脱离纯粹动物本能的层次。人类的可笑与可悲不在于人类有本能，而在于人类常常用一种高雅的文化外衣掩盖起自己纯粹的动物本能欲望。人们无法发现各种文化外衣背后的本能欲望，也就无法识破这种文化的本质。鲁迅在《春末闲谈》中就指出，中国古代的圣君、贤臣、圣贤和圣贤之徒的"黄金世界"的理想，其实也就像细腰蜂一样，是完全自私的，是损人利己的。什么"唯辟作福，唯辟作威，唯辟玉食"了，什么"君子劳心，小人劳力"了，什么"治于人者食人，治人者食于人"了，无非只是一些细腰蜂的毒针，让广大社会群众承认他们的特权地位，承认他们作威作福的权利，而甘愿为他们骄奢淫逸的生活做牺牲，老老实实地听他们摆布，死心塌地地为他们服务。他们是人类的最高明的杀手，也希望把自己杀戮的本领锻炼到像细腰蜂那样完美无缺的地步。但是，他们面对的到底是同样有感受、有思想能力的人，无论如何也无法达到细腰蜂的水平。"要服从作威就须不活，要贡献玉食就须不死；要被治就须不活，要供养治人者又须不死。人类升为万物之灵，自然是可贺的，但没有了细腰蜂的毒针，却很使圣君，贤臣，圣贤，圣贤之徒，以至现在的阔人，学者，教育家觉得棘手。将来未可知，若已往，则治人者虽然尽力施行过各种麻痹术，也还不能十分奏效，与果蠃并驱争先。即以皇帝一伦而言，便难免时常改姓易代，终没有'万年有道之长'；'二十四史'而多至二十四，就是可悲的铁证。"正是利用细腰蜂的生活习性，鲁迅入木三分地揭示了古今中外所有那些为维护现实政治统治权力而编造出来的文化理论和文化学说。"遗老的圣经贤传法，学者的进研究室主义，文学家和茶摊老板的莫谈国事律，教育家的勿视勿听勿言勿动论"，都是这样一些既要人不活，又要人能为上等人服务的理论。所有这些理论，都集中于两点，一是"不准集会"，二是"不许开口"。鲁迅指出，这些统治术，虽然不能说没有任何的效果，但最终是免不了破产的命运的，因为它们根本无法达到细腰蜂毒针的那种效果。

1925年，在与徐炳昶的通信中，鲁迅当谈到中国的思想启蒙的问题时说，民众"不是区区文字所能改革"的，当时的改革只好先从知识阶级先行设法，"民众俟将来再谈"。知识分子的启蒙，首先要有好的读物，而在适于青年的读物之中，鲁迅就特别提到了法布尔的《昆虫记》。他说："单为在校的青年计，可看的书报实在太缺乏了，我觉得至少还该有一种通俗的科学杂志，要浅显而且有趣的。可惜中国现在的科学家不大做文章，有做的，也过于高深，于是就很枯燥。现在要 Brehm 的讲动物生活，Fabre 的讲昆虫故事似的有趣，并且插许多图画的；但这非有一个大书店担任即不能印。至于作文者，我以为只要科学家肯放低手眼，再看看文艺书，就够了。"在这里，鲁迅是把法布尔及其《昆虫记》同那些"踱进研究室"的学者和"搬入艺术宫"的文人相对举而言的。显而易见，鲁迅是不会绝对否认学者的研究和文人的艺术创作的，关键在于，一个学者的研究和一个文人的创作是建立在个人的所谓"成就"感之上，还是建立在中国社会的进步之上。中国社会正是利用中国知识分子的这种个人的"成就"感，把新旧两派的知识分子都从整个中国社会中孤立出来，使之成为有利于独裁政治而不是不利于自己独裁政治、有利于愚弄社会群众而不是有利于思想启蒙的现代文化摆设。鲁迅说："前三四年有一派思潮，毁了事情颇不少。学者多劝人踱进研究室，文人说最好是搬入艺术之宫，直到现在都还不大出来，不知道他们在那里面情形怎样。这虽然是自己愿意，但一大半也因新思想仍中了'老法子'的计。我新近才看出这圈套，就是从'青年必读书'事件以来，很收些赞同和嘲骂的信，凡赞同者，都很坦白，并无什么恭维。如果开首称我为什么'学者''文学家'的，则下面一定是谩骂。我才明白这等称号，乃是他们所公设的巧计，是精神的枷锁，故意将你定为'与众不同'，又借此来束缚你的言动，使你于他们的老生活上失去危险性的。不料有许多人，却自囚在什么室什么宫里，岂不可惜。只要掷去了这种尊号，摇身一变，化为泼皮，相骂相打（舆论是以为学者只应该拱手讲讲义的），则世风就会日上，而月刊也办成了。"（《华盖集·通讯》）

1933年，鲁迅写了《"人话"》一文，以法布尔《昆虫记》为例，说明读书观文要能够读出作者的立场来，虽是谈天说地，讲动物植物，也仍然离不开作者个人的立场。鲁迅说："虽是意在给人科学知识的书籍或文章，为要讲得有趣，也往往太说些'人话'。这毛病，是连法布耳（J.H.Fabre）做的大名鼎鼎的《昆虫记》（*Souvenirs Entomologiques*），也是在所不免的。"接着，鲁迅讲了一个中国作者讲动物生活的例子。这个作者在讲到鸟粪蜘蛛的时候说，鸟粪蜘蛛形体像鸟粪，又能伏着不动，"假做"鸟粪的样子；还说动物界中，"残食"自己"亲丈夫"的很多。鲁迅说："这也未免太说了'人话'。鸟粪蜘蛛只是形体原像鸟粪，性又不大走动罢了，并非它故意装作鸟粪模样，意在欺骗小虫豸。螳螂界中也尚无五伦之说，它在交尾中吃掉雄的，只是肚子饿了，在吃东西，何尝知道这东西就是自己的家主公。但经用'人话'一写，一个就成了阴谋害命的凶犯，一个是谋死亲夫的毒妇了。实则都是冤枉的。"鲁迅并不是反对用"人话"写动物，而是要人们分清哪些是对动物习性的科学描述，哪些是"人话"，以及是什么人的"人话"。法布尔的《昆虫记》中也有很多"人话"，对这些"人话"也要有所了解，也要与动物本身的性质有所区别，但那是一个热爱昆虫、尊重昆虫的生命、对昆虫的生活习性充满好奇感的人的"人话"，而中国这个作者却把中国固有的伦理道德感也注入了对动物习性的描写，不但把动物写坏了，使之带上了人的道德色彩，同时也把坏人写好了，使坏人带上了动物的可爱的色彩，反映出作者潜在的伦理观的陈旧和动物观的狭隘。所以鲁迅特别强调了"人话"与"人话"的区别："'人话'之中，又有各种的'人话'：有英人话，有华人话。华人话中又有各种：有'高等华人话'，有'下等华人话'。"

直至现在，在中国知识分子写给青少年的读物（其中也包括科普读物）中，总是充斥着很多成人世界的道德教训。这反映着中国的成人对青少年的一种以教导者自居的极不平等的态度。这样的道德教训，原本是应当写给成年人的，特别是写给那些有更高地位的成年人的，但中国知识分子没有资格、也不敢认为自己有资格教训那些比自己的社会地位更高的成年人，所以在写给成年人的读物中，更多的是谦卑的态度，躲躲闪闪的语言。这些道德教训，原本是不适于青少年的，青少年原本不会也没有条件违背或维护这样的道德信条，但因为中国知识分子认为自己有资格也有责任教诲青少年，并且在这种教诲中才能感受到自己的优越、自己的价值，所以中国知识分子教训起青少年来，从来是没有半点谦恭，半点唯唯诺诺、吞吞吐吐的。但是，鲁迅是有识别这类读物的"秘方"的，那就是追问其中说的是哪一种人的"人话"。鲁迅在《"人话"》一文的最后说："现在很有些人做书，格式是写给青年或少年的信。自然，说的一定是'人话'了。但不知道是那一种'人话'？为什么不写给年龄更大的人们？年龄大了就不屑教诲么？还是青年和少年比较的纯厚，容易诓骗呢？"

1935 年，鲁迅在《名人和名言》一文中，针对中国的名人崇拜阐述了名人与名言的关系。鲁迅指出，"名人的话并不都是名言"，"应该分别名人之所以名，是由于那一门，而对于他的专门以外的纵谈，却加以警戒"。其中也谈到了法布尔的例子。"德国的细胞病理学家维尔晓（Virchow），是医学界的泰斗，举国皆知的名人，在医学史上的位置，是极为重要的，然而他不相信进化论，他那被教徒所利用的几回讲演，据赫克尔（Haeckel）说，很给了大众不少坏影响。因为他学问很深，名甚大，于是自视甚高，以为他所不解的，此后也无人能解，又不深研进化论，便一口归功于上帝了。现在中国屡经绍介的法国昆虫学大家法布耳（Fabre），也颇有这倾向。他的著作还有两种缺点：一是嗤笑解剖学家，二是用人类道德于昆虫界。但倘无解剖，就不能有他那样精到的观察，因为观察的基础，也还是解剖学；农学者根据对于人类的利害，分昆虫为益虫和害虫，是有理可说的，但凭了当时的人类的道德和法律，定昆虫为善虫或坏虫，却是多余了。有些严正的科学者，对于法布耳的有微词，实也并非无故。但倘若对这两点先加警戒，那么，他的大著作《昆虫记》十卷，读起来也还是一部很有趣，也很有益的书。"

鲁迅顺便提到法布尔及其《昆虫记》的地方当还有一些，不论是赞肯，还是批评，都说明鲁迅是把法布尔的《昆虫记》作为一部世界名著对待的，并且对之表现出了一种超常的热情。我对法布尔的印象，就是在鲁迅这些论述的基础上形成的。

现在知道，鲁迅从二十年代起一直到逝世前为止，都在想方设法搜购着法布尔的《昆虫记》，这在他的日记中就有清楚的反映：

1924 年 11 月 28 日："下午往东亚公司买《辞林》一本，《昆虫记》第二卷一本，共泉五元二角。"

1924 年 12 月 16 日："东亚公司送来亚里士多德《诗学》一本，勖本华尔《论文集》一本……《昆虫记》第一卷一本，共泉六元四角。"

1927 年 10 月 31 日："上午得淑卿信，二十四日发，又《昆虫记》二本，书面一枚。午后往内山书店买《昆虫记》一本，文学书三本，共泉八元。"

1930 年 2 月 15 日："午后往内山书店买《昆虫记》（分册十）一本，六角。"

1930 年 5 月 2 日："往内山书店买《昆虫记》（五）一本，二元五角。"

1930 年 12 月 23 日："下午往内山书店买小说二本，《昆虫记》二本，计泉八元。"

1931 年 1 月 17 日："往内山书店买《昆虫记》（六）一本，二元五角。"

1931 年 2 月 3 日："买《昆虫记》（六至八）上制三本，共 10 元……"

1931 年 9 月 5 日："午后往内山书店，得《书道全集》（二十二）一本，《岩波文库》本《昆虫记》（二、一八）二本，共泉三元六角。"

1931 年 9 月 29 日："午后往内山书店买《世界裸体美术全集》（二及五）二本，十五元；丛文阁版《昆虫记》（九）一本，二元二角。"

1931 年 11 月 4 日："午后往内山书店买《书道全集》（一）、《昆虫记》各一本，共泉五元。"

1931 年 11 月 19 日："下午往内山书店买《昆虫记》布装本（九及十）二本，共七元……"

鲁迅藏书中现存的法布尔《昆虫记》的日译本就有三种：一为大正十三年至昭和六年（1924—1931）东京丛文阁版精装本，大杉荣等译；一为昭和三年至六年（1928—1931）东京丛文阁版平装本，大杉荣、椎名其二译；一为昭和五年至十七年（1930—1942）东京岩波书店出版的《岩波文库》本，林达夫、山田吉彦译。（据《鲁迅日记》"法布尔"条注释）在鲁迅生命的最后一年，还从欧洲陆续邮购《昆虫记》的英译本，计划与其三弟周建人合译出来。

时至今日，法布尔《昆虫记》的全译本已经由花城出版社出版，鲁迅重视法布尔《昆虫记》的事实已经变得不那么重要了。我认为，重要的是，鲁迅在当时为什么对法布尔的《昆虫记》倾注了这么高的热情。它对我们当代的知识分子还有没有一定的启示作用？

二

毋庸讳言，较之西方文化，中国古代的科学传统是十分薄弱的。儒家文化讲"礼"，法家文化讲"法"，它们都是政治治理的一种方式。它们讲的道理都很"实在"，但这种"实在"还不是科学，而是一种需要。每一个王朝的开国皇帝都是在动乱中夺取皇位的，都不是那么温文尔雅的，但却没有一个已经做成了皇帝的人希望社会再发生新的动乱，希望别人对自己那么不温文尔雅。他们需要"安定团结"，至于下面的人为什么还安定不下来，他们是较少考虑的。即使他们知道社会之所以无法安定的原因，在行动上也不会容忍那些不安定因素的存在。正是这种"需要"，决定了法家文化的"法"，儒家文化的"礼"。"礼"体现了正常的封建专制秩序，"法"则是对破坏这种秩序的人的镇压措施。"礼"被中国古代知识分子称为"王道"，是为王之道；"法"被中国古代知识分子称为"霸道"，是为霸之道。但不论是为王、为霸，都是政治统治的一种方式，并且二者是互补共存的。皇帝需要安定团结，已经当了官的知识分子需要安定团结，衣能蔽体、饭能果腹的多数老百姓也需要安定团结，但这并不意味着社会的共同利益，因为这种安定团结对于不同的人是有不同的意义的。它也不是科学，因为它无法从根本上保证皇帝不昏庸下去，官僚不腐败下去，社会不再一次动乱起来。道家文化关心的不是政治，不是社会，而是人和自然的关系，从现在看起来，它提出的问题与人类的发展有着更直接的关系，但道家文化仍然不是建立在科学基础之上的，仍然是缺乏科学意识的。它并不重视对自然世界的认识，重视的更是人对自然世界的消极适应关系。他们"热爱"自然，但并不主动保护自然，对于那些在掠夺自然、残害生命的基础上建立起自己骄奢淫逸生活的达官贵人没有积极的遏止作用。中国古代散碎的科学成果倒是在本质属于民间文化的道教文化中孕育成熟的，但中国古代的道教文化在思维方式上更带有非科学的虚幻的乃至迷信的性质。它带来了中国古代科学的缓慢发展，但也带来了人对自然世界的破坏。吃人心壮胆，吃燕窝补体等等残害生命的方术也是在道教文化中发展起来的。科学意识的薄弱是中国古代文化的一大特征，也是一大弱点。这一点，我们不承认是不行的，不正视也是不行的。

中国人对科学的真正重视是在鸦片战争后受到西方文化影响之后的事情。但是，中国知识分子对西方科学的重视是在自己特定条件下发生的，因而我们对西方科学的接受也不能不受到这种特定条件的限制。首先提倡学习西方科学技术的是洋务派的官僚知识分子。他们是官僚，他们对西方科学技术的重视不是出于个人的爱好，不是出于自我人性的需要。他们之重视西方的科学技术是因为清王朝的政治统治受到了西方帝国主义侵略的威胁，是为了在新的历史条件下维护现实政治权力的稳定性。较之当时的保守派、复古派的官僚知识分子，他们是更有远见、更有现实责任感的一批官僚。但是，西方的科学却不是在维护政权、巩固政权的国家主义的目的下产生和发展起来的。在西方，科学首先不是一种国家、政治的需要，而是人性的一种自然趋势。人，就其自然的趋势就有在理性上把握世界、把握各种不同的事物的倾向，就有认识自然、发现自然世界的规律性的一种乐趣。当古希腊的数学家、植物学家、动物学家、物理学家为西方的科学传统奠定了最初的基础的时候，不是为了富国强兵，甚至也不是为了一己的物质需要，而是为了满足自己的认识乐趣。当文艺复兴时期的自然科学家重新唤醒西方沉睡了近十个世纪的科学意识的时候，不是为了维护当时的政治统治，也不是为了颠覆当时的政治统治。他们是在个人认识趣味的推动下走向科学的道路的。他们的才智和力量来自自己的内部，而不是来自外部的压力。他们从事科学研究，同时也热爱科学研究。他们研究活动的本身就充满着艺术的精神。在那时，人文主义和科学主义不是两个对立的概念，当时的科学家同时也是人文主义者，当时的人文主义者同时也是科学的倡导者，二者没有对立的关系，它们共同反叛的是禁锢人性的中世纪宗教神学。他们重视人，重视人的生命，重视人的幸福，重视人自身智慧和才能的表现。我认为，直至现在，西方尽管也有人文主义和科学主义之争，但真正体现西方科学传统的，像哥白尼、布鲁诺、伽利略、牛顿、居里夫人、爱迪生、爱因斯坦，都不是我们理解中的科学主义者。他们是科学家，同时在精神上也是一些真正的艺术家，是比那些蹩脚的艺术家更具有艺术精神的人，只不过他们在语言的表述方式上建立了一套以数理逻辑为主的语言体系。这个体系是将他们的科学研究成果以最简洁的形式表述出来的方式，不是他们思维的唯一形式，更不是他们自身生存和发展的形式。他们的生命不是在他们运用的干瘪的公式里，而是在发现公式、运用这些公式的过程中。在他们那里，科学技术是和人的生命存在形式无法分离的东西，科学技术的发展是人类尊重自己的生命、热爱自己的生命的表现，同时又是滋养生命、发展生命的一种文化形式。但到了中国洋务派知识分子这里，科学技术主要成了富国强兵的手段，成了维护现实政治统治秩序的手段。他们重视的不是科学家从事科学研究的人性基础，而仅仅是西方科学技术成果的直接使用价值。这带来了中国近现代科学发展的畸形化，也带来了中国国民对于科学技术的畸形化的意识形式。我们在表面上也非常重视科学，但我们重视的往往不是科学的本身，而是被我们自己改篡了的一个"科学"的概念。这种改篡，仅就我想到的，至少有下列几种形式。

首先，我们并不把科学理解为科学家所从事的一种有利于全人类、全民族、全社会的独立的社会事业，而是理解为一种直接为国家、政治服务的社会力量。这种力量是为国家政治所掌握，为国家政治所利用，为国家政治所左右的。

如前所述，在近代中国，现代科学首先是从开明的官僚知识分子富国强兵以维护现实政治统治的需要，而不是从自然科学家的自然的认识趣味中生长出来的。这使得中国的国民把科学技术直接同国家政治的需要联系了起来。直至现在，我们仍然是从为国家政治服务的角度教育青少年掌握现代先进的科学技术的。似乎只有让青少年知道了科学技术对于国家政治的作用，他们才会热爱科学技术事业，努力掌握现代先进的科学技术。而在学生的家长，则更是以学生个人的"前途"鼓励青少年学习科学技术的积极性的，他们也不把理性地认识世界、认识各种不同的自然现象当作青少年自身的需要。我们的教师则依违于二者之间：在郑重的场合用国家政治的利益、在一般的场合用学生个人的"前途"，他们也不认为掌握科学技术是青少年自身的人性需求。甚至在我们成人的思想观念中，科学技术也仅仅是国民服务于国家政治的一种形式，自然科学家的工作是以对国家政治的作用而受到肯定的。当然，在中国的具体历史条件下，科学技术的发展是离不开国家、政治的支持的，国家、政治的需要也确实是中国现代科学技术发展的主要动力。但这并不意味着国家政治与科学技术的关系就是主从关系或服务与被服务的关系。国家的强盛、政治的安定有赖于科学技术的发展，但却不仅仅依赖于科学技术的发展；科学技术的发展有赖于国家、政治的重视，但科学技术的发展也不仅仅依赖于国家政治的重视。二者是两项社会事业的对立统一关系，而不是一个决定一个的偏正关系。在中国古代，不是具有先进科学技术的中原政权打败了科学技术相对落后的边疆的入侵者，而是科学技术相对落后的边疆的入侵者打败了科学技术相对先进的中原政权。在近代中国，中华民族在西方列强面前的失败，科学技术的落后是一个原因，但却不是唯一的原因。中日甲午战争的失败不是由于中国的造船技术的落后和军事舰船数量的劣势，中国共产党革命的胜利也不是由于掌握了较之国民党军队更先进的军事武器。与此同时，科学技术的进步依赖于国家政治的支持，但国家政治的需要又往往是科学技术发展缓慢的原因。大量的科学技术成果并不有利于或并不直接有利于国家政治的现实需要。毕达哥拉斯的黄金分割与当时国家政治的需要几乎没有任何的关系，哥白尼的天体运行论则是引起当时思想动荡的现实因素。假若仅仅从国家政治的需要看待科学技术的发展，更大量的科学技术成果是不可能发展起来的。科学有科学的标准，科学有科学的运作方式和接受方式。只有用科学的方式接受科学的成果，科学才能得到更顺利的发展。对于科学的意识，就是对于理性把握世界、把握事物的人性需要的意识，就是对科学的思维方式、运作方式、接受方式和运用方式的意识。这种意识不能仅仅用它对国家政治的现实作用来代替。

第二，我们有着对科学技术的过量崇拜但却缺乏对科学技术自身的直接意识。

洋务派官僚知识分子是在西方列强的军事入侵的情况下认识到科学技术的重要性的，是在维护清王朝政治统治的需要中接受现代的科学技术的。在他们中间，首先发展起了对现代科学技术的崇拜，他们认为，只要中国有了先进的科学技术，有了对付帝国主义入侵的力量，中国社会的问题就什么都解决了。对于这些官僚知识分子，对于这些以维护国家独立、民族富强、政治安定为己任的官僚知识分子，这种认识并不是没有道理的，甚至也是极为超前的。但是，只要我们把科学重新放回到西方的社会历史和社会环境中来认识，我们就会看到，这种对科学技术的崇拜和期待并不建立在对科学技术自身的直接感受和理解上，而是建立在对国家富强、政治稳定的主观需要上，有着一种临时抱佛脚的味道。恰恰是在科学技术更为发达的西方社会，是较少盲目的科学技术崇拜的。西方科学的发展并没有排斥西方文学艺术的发展，并没有导致对但丁、莎士比亚、拜伦、雪莱、普希金、雨果、巴尔扎克、列夫·托尔斯泰、米开朗基罗、拉斐尔、梵高、毕加索、贝多芬、施特劳斯等等这些伟大的文学家、艺术家的轻视。在西方，也有对文学家、艺术家的迫害，但对文学家、艺术家的迫害同时也伴随着对科学家的迫害。在西方，文学家、艺术家、科学家有着更紧密的联系，有着更多的共同的社会感受。而在中国，几乎从曾国藩、张之洞等洋务派官僚开始，就把现代的科学技术同现代的文学艺术对立了起来。现代的科学技术专家成了国家政治首先予以重视的对象，现代文学艺术则成了包括洋务派官僚在内的整个国家政治体系重点防范的对象。正是这种"中学为体，西学为用"的文化战略，把中国的科学技术专家从整个中国知识分子中孤立了出来，使科学技术专家越来越国家化、体制化，而文学艺术则朝着非国家化、非体制化的方向发展。"学会数理化，走遍天下都不怕"是在中国社会广为流传的一种文化思想，它反映着中国社会对自然科学的崇拜心理和对文学艺术的排斥心理。直至现在，还经常出现因学生家长强迫孩子报考理工类大学而演出的悲剧。作为一个文学研究者，我对"科学技术是第一生产力"这个命题是持有保留态度的。它在纠正"文化大革命"及其以前的轻视科学、轻视科技知识分子的偏向上无疑是有巨大的历史作用的，但作为一个政治经济学的命题，它是否是合理的，我认为还有讨论的余地。科学首先是作为理性地把握世界、把握各种不同的具体事物的方式而存在和发展的，在这样一个层面上，它同文学艺术是作为感性地、情感地、情绪地把握世界、把握各种不同的社会现象的方式是有同等的价值和意义的。科学、技术通过人的接受和运用可以转化为改造现实世界的实践力量，文学艺术同样可以通过人的接受和运用转化为改造现实世界的实践力量，在这样一个层面上，二者也有同等的价值和意义。与此同时，文学艺术可以在不同的人那里得到不同的接受和运用，而科学技术同样也可以在不同的人那里得到不同的接受和运用。几乎在任何一个科学技术的领域里，都会产生两种或两种以上的接受方式和运用方式。军事武器可以用于抵抗外来的侵略，也可以用于侵略其他的国家；医学知识可以用来治病救人，也可以用来谋财害命。总之，作为文化形态的科学技术与同样作为文化形态的文学艺术，对于社会实践具有同样的价值和意义，也同样具有其复杂性，把科学技术从整个文化中孤立出来不但在理论上是值得探讨的，在长远的社会实践中也未必有益。我认为，当前中国开展的人文主义和科学主义的讨论，与西方在同样命题之下开展的讨论是并不相同的，它反映的是科学技术专家同人文知识分子之间的心理隔阂，而不仅仅是科学技术本身同人文文化的差异和矛盾。在科学意识和科学技术都相对落后的中国，中国人文主义知识分子不应当把科学技术的发展和科学意识的建立同人文文化的发展直接对立起来，但与此同时，科学技术专家也应意识到，中国的现代性发展不能仅仅停留在科学技术的片面发展之上，科学技术的片面发展必将导致科学技术自身的片面发展，并在整体上影响到中国科学技术事业的性质、作用、规模和速度。

第三，我们常常脱离开整个社会的发展片面地强调科学技术的发展，并把科学技术的发展就视为整个社会的发展，这不但导致了我们社会观念的畸形化，也导致了中国科学技术体系的畸形化。

如前所述，中国对科学技术的重视是从晚清洋务派官僚知识分子开始的，这不但影响到后来中国国民对科学技术的意识，同时也影响到后来中国科学技术的运用和发展。洋务派官僚富国强兵的思想是在抵御西方列强的目的下发展起来的，但它之被整个官僚结构所接受则是在镇压太平天国起义，即进行民族内部的斗争中实现的。在相当长的一个历史时期，先进的科学技术并没有起到有利于本民族生存和发展的积极作用，相反，它却大大加强了民族内部斗争的残酷性。曾国藩及其洋务派官僚在中国经济、科技现代化发展的过程中所起的推动作用是不容忽视的，但与此同时，他们在加深内部的社会矛盾、造成后来军阀混战局面、强化内部斗争的残酷性诸方面所起的作用也是不可回避的。在民族主义富国强兵的旗帜下对民族内部的反对派进行较之古代社会更加有效的残酷镇压几乎是中国近现代政治统治的主要特点。这与科学技术与民族内部斗争宽松性同步发展的西方社会恰成一个鲜明的对照。洋务派官僚的科学技术体系是以军事的现代化为核心的，紧靠核心的是经济的现代化。正像洋务派官僚的军事现代化强化了民族内部斗争的残酷性一样，洋务派官僚的经济现代化也强化了民族内部经济斗争的残酷性。结果往往是这样：当整个国民经济的发展程度较之西方国家还极为低下的时候，中国的官僚集团却早已把经济的胃口扩大到与西方的官僚集团相等或更高的程度，这导致了官僚集团的迅速腐败，也导致了社会上下各个阶层之间矛盾的加深。由于经济的现代化走在社会观念的现代化之前，民族内部的经济竞争是在没有现代法规约束的竞争，这就大大加强了经济竞争的无序性，造成了掠夺性的财富积累，它表面上带来了经济的繁荣，但却也带来了更严重的社会危机。只是在军事现代化、经济现代化更加外层的空间里，才存在着科学技术现代化的问题。洋务派官僚对科学技术现代化的重视从根本上不是对科学技术本身的重视，而是从军事现代化和经济现代化的要求中派生出来的，因而他们所要求的科学技术的现代化也不是完整的、全面的。在中国，科学技术的现代化成了加强社会控制的手段，而不是像西方一样，成了促进整个社会现代化的手段。教育的现代化更在科学技术的现代化的外层空间，因为在我们的观念里，教育的现代化是为科学技术的现代化服务的，并间接服务于经济的现代化和军事的现代化。现代人文文化几乎只是教育现代化的一种附属物，是在被动学习西方现代教育体制的过程中夹带过来的。洋务派官僚知识分子并不需要现代的人文文化，广大的社会群众也还意识不到现代人文文化对于自己生存和发展的重要性。这两个社会阶层体现着整个中国社会的需要，而他们对人文文化的需求都没有超过中国固有文化传统的范围。这甚至也影响到中国科学技术领域的知识分子。时至今日，中国科技知识分子对于中国古代琴棋书画的需求仍大大超过对中外现当代文学艺术作品的需求，人文文化的滞后性同科学技术的超前性的畸形结合，仍是中国大多数科技知识分子文化心理的主要特征。而在科学技术的内部，技术的现代化是放在科学的现代化之前和之上的，因为技术的现代化与经济的现代化、军事的现代化有着更直接的联系。不能不说，这样一个现代化的思想体系以及在这样一个思路之上建立起来的中国科学技术体系不能不是畸形化的。我们不能不承认鸦片战争之后中国科学技术事业的巨大发展，我们不能低估这种发展对整个社会发展的重要作用，但我们也不能仅仅从科学技术本身的发展说明整个中国社会的发展，因为绝对不是科学技术任何形式的"进步"都体现着中国社会的"进步"。这里还有一个科学技术成果的运用问题。关于这一点，鲁迅在二三十年代就有所警觉，他曾说：

　　前年纪念爱迪生，许多人赞颂电报电话之有利于人，却没有想到同是一电，而有人得到这样的大害（指受电刑而导致身体终生伤残——引者），福人用电气疗病，美容，而被压迫者却以此受苦，丧命也。

外国用火药制造子弹御敌，中国却用它做爆竹敬神；外国用罗盘针航海，中国却用它看风水；外国用鸦片医病，中国却拿来当饭吃。同是一种东西，而中外用法之不同有如此，盖不但电气而已。（《伪自由书·电的利弊》）

直至现在，我们往往只注重我们科学技术的"进步"，而不注意我们的科学技术的具体运用及其运用结果，这使我们更严重地把科学技术同人文文化对立了起来，有的用人文文化否定现代科学技术的发展，有的用现代科学技术否定人文文化的发展。

第四，科学是人类认识世界的过程，而不是一些固定的教条，不是人类必须遵守的伦理道德标准或法律条文。它既与形形色色的神秘主义有相区别的一面，也有彼此相互联系、相互促进的一面。科学是在反对形形色色的神秘主义中发展的，但它永远也不可能实现对世界的终极认识，因而也永远不可能最终地战胜神秘主义。

在西方，文艺复兴时期的著名科学家几乎都是基督教的信徒，他们的科学思想既是在反抗着宗教压迫的过程中发展起来的，同时也是在固有的宗教人生观的内部孕育成熟的。只要在那个现代科学诞生的时刻思考宗教与科学的关系，我们就会感到，宗教神秘主义与现代科学的关系更像母亲的子宫与新生儿的关系。宗教是什么？宗教实际是人类的先民对宇宙人生的整体性的猜测和说明。这个整体性的猜测和说明不可能是科学的，因为科学说明的不是宇宙人生的整体，而是宇宙人生中带有特定性的那些现象或事物，以及它们的特定的联系和联系方式。科学就是在这样一个整体的猜测和说明的大背景上具体地、精确地认识其中的各个特定的现象和事物的。在当时，不是科学家排斥宗教，而是宗教排斥科学。科学依照对特定事物的具体的、精确的说明发展起来，宗教对科学的禁锢失去了效用，但科学并没有完全代替宗教，宗教仍然依其对宇宙人生的整体猜测和说明在科学无法给以精确说明的领域发挥着自己的作用，容受着自己的信众。像牛顿这样伟大的科学家仍然同时是宗教的信徒，像爱因斯坦这样现代的科学家仍然保留着某些神秘主义的倾向。中国不是一个宗教的国家，当洋务派官僚知识分子引进西方的科学技术的时候持有的完全是实利主义的目的。他们把富国强兵的希望完全寄托在科学技术的发展之上，这就把科学技术绝对化了。在他们那里，科学成了一些教条，成了某种固定不变的东西。直至现在，我们仍然认为，科学能够说明一切的事物，对所有事物的认识都必须是科学的，否则就是愚昧、就是有害的，甚至是大逆不道的。在中国，"科学"与"不科学"、"反科学"甚至成了两个固定的标准。"科学"是有益的、正确的、不容怀疑的、不容违背的思想，"不科学"则是有害的、不正确的、必须克服的思想，"反科学"甚至带有了"反革命"的意味，成了一种非法性的思想。在当代的中国语言中，"相信科学"成了一个固定的词组，实际上科学就是为了让人相信的，说"相信它能够让你相信"是没有意义的。你不能让我信从，我怎么断定你的结论就是科学的结论？你能让我信从，我自然就会信从，还有什么相信和不相信的问题？实际上，直至现在，科学所能够说明的事物仍然是十分有限的，即使在这个有限的范围中，也不是所有人都已经了解或能够了解的。一个物理学家不一定同时是一个医学家，他无法保证自己不会病笃乱投医、死在医生的一时疏忽之中。甚至在他的物理学的研究中，他也无法断定自己能不能取得他所希望取得的科学成就。对于任何一个人，这个世界仍然是十分神秘的。但也正是这种神秘感，吸引着科学家不断努力去说明那些尚无法说明、把握那些尚无法把握的事物。一个对世界没有任何神秘感，对已有科技成果感到了完全满足的人，是不可能在科学技术事业中做出较为重大的贡献的。在这个意义上，神秘主义同科学主义是同体共存的，那些相信用现有的科学成果能够完全批倒神秘主义、批倒宗教和宗教意识的人，至多只是有更多现成的科学知识的人，而不可能是一个真正意义上的现代科学家。与此同时，科学主要不是科学研究已经取得的那些成果，科学更是一种思维方式和陈述方式。科学是诉诸理性的，是为了让人理解和相信的。科学对神秘主义的反叛是通过科学说明有关的事物而实现的。科学本身无法反对迷信，科学反对迷信的方式是具体地、精确地说明迷信者所迷信的事物本身。人类对日蚀和月蚀的恐惧心理是在人类了解了日蚀和月蚀产生的实际原因之后逐渐消失的，仅仅判定人类为了排解自己的恐惧心理而做出的各种虚幻的说明为"迷信"、为"不科学"、为"反科学"是无济于事的。总之，"科学"不是一个法律的标准，也不是一个伦理道德的标准，而是一种思维方式和语言陈述方式。一个民族科学意识的增强需要的是科学知识的普及和科学教育的发展，法律的制裁和道德的谴责是无济于事的。

三

　　科学，除了自然科学之外，还有社会科学。在中国，"社会科学"和"学术"这两个概念几乎是相同的，但"学术"更属于中国固有的，"社会科学"则更是从西方传来的，更反映西方这种类别的文化活动及其成果的性质和作用。在这里，也存在着一个科学意识的问题，即社会科学的意识问题。

　　在西方，我们所意识到的这类文化活动和文化成果之所以更属于社会科学的范围，因为它们与自然科学的发展有着更紧密的联系。文艺复兴时期，新生的西方文化主要集中于两种形态：文学艺术和自然科学。在那时，严格的社会科学还没有产生。但是，自然科学的研究产生了与宗教神学迥然不同的思维方式，即科学的思维方式，这种思维方式一旦成为一种思维方式，就不再仅仅停留在自然科学的领域，而成了一个人观照外部世界的方式，成了具有普遍性的方法论，成了"哲学"。西方近代最初的哲学家都同时是自然科学家，他们是在自己的自然科学研究的基础上形成自己的方法论、形成自己的世界观、形成自己的"哲学"的。笛卡尔主要是一个数学家，他的哲学观念主要是在数学研究的基础上形成的；培根主要是一个物理学家，他的哲学主要是在物理学研究的基础上形成的。它们成了当时欧洲哲学的两大派别，但它们的共同基础却都是建立在现代自然科学的发展之上的。到了十八世纪法国启蒙运动时期的思想家那里，便开始自觉地把这种在自然科学基础之上形成的方法论运用于人类社会的研究，形成了西方近代社会科学的传统。运用在自然科学基础之上形成的科学方法论观察、思考社会和人生现象就是这种社会科学的特征。在此之后，西方的社会科学虽然屡有变迁，流派纷繁，但其基本的特征是没有发生变化的，它们从事的仍然是理性地考察和认识社会人生的事业。但是，中国近现代的"社会科学"却不是这样产生的。中国近现代的"社会科学"是在十九世纪末期的维新运动的基础上产生的。维新运动中那些中国伟大的启蒙思想家同十八世纪那些西方伟大的启蒙思想家不同。十八世纪的西方启蒙思想家是在接受了近代自然科学和自然科学的方法论的基础上转而对社会人生进行思考和理解的，他们的启蒙思想是以自己的思维方式考察社会人生诸问题的基础上产生的。十九世纪中国启蒙思想家则不同，他们也像洋务派官僚知识分子一样，是在救国救民的政治热情中产生的。他们对人类社会自身并没有多么高的认识趣味，对中国社会、中国政治、中国社会政治的现状并没有真正切实的研究和了解，他们对西方自然科学和社会科学的了解还是初步的，主要停留在知识论的层面上，不论是康有为还是梁启超，就其思维方式还是儒家文化治国平天下的思维方式。他们的社会观念不是在自己的人生道路的基础上具体地研究和考察中国社会所得出的必然结果，而是从西方文化中直接接受过来的。他们是在野的知识分子和一些没有实权的新近官僚，但他们为了实现治国平天下的人生理想却必须通过政治的手段。他们从事的是实践的政治活动，他们的所有思想观念无非只是为他们的政治实践活动服务的。这样，在他们这里，所有的社会科学就都带上了实践政治的色彩。他们的这一特征对中国后来的社会科学有着无法磨灭的影响，同时也决定了整个中国社会对于社会科学的理解和把握。直至现在，我们仍然主要是以实践政治标准来意识社会科学的性质和作用的，而不是以社会科学的标准来意识社会科学的性质和作用的。这极大地模糊并扭曲了我们的社会科学的观念。

假若我们细心地体察我们的社会科学观念，就会看到，我们对社会科学实际并不主要是按照具体的研究对象和研究者赖以从事研究活动的方法论进行分类的，而是依照与现实政治权力的关系进行分类的。这里又有着各自不同的立场。但在各种不同的立场上都自觉或不自觉地把社会科学分为三个大的派别：一派被认为是站在维护现实政治权力的立场上从事所谓社会科学研究的，一派被认为是站在反对现实政治权力的立场上从事所谓的社会科学研究的，而第三派则被认为是为学术而学术的。实际上，这种派别分类方式的本身就模糊了社会科学研究的性质、目的和作用。社会科学首先应当是科学，它虽然在研究对象、研究方式、陈述方式上与自然科学有着明显的不同，但其总的特征却是基本相同的。自然科学完成的是理性地把握自然世界的任务，社会科学完成的则是理性地把握社会人生诸问题的任务。它们的前提都不能是一个彼此无法达成共识的观念，它们的推理过程都必须依照大家公认为合理的逻辑过程，它们起到的都应是不同人、不同阶层、不同派别相互沟通的作用，而不是相互排斥的作用，尽管这种作用并不是能够完全实现的，但每一个社会科学的研究者必须以此为自己最高的原则。这与社会的政治实践有着根本的差别。政治家也需要社会科学，需要提高自己对社会人生诸问题，特别是对社会政治问题的自觉性，但社会科学却不是专属于一个政治家或一派政治家的，他所借以提高自己对社会人生问题自觉性的社会科学成果同样也可以被敌对派别的政治家所利用，正像自然科学的成果可以被反法西斯阵营所利用，也可以被希特勒所利用一样。从社会科学中得益的是通过社会科学研究的成果提高了对社会人生诸问题的自觉性的一方，而不是此前已经固定好了的一方。它自身无法维护任何一个政权，也无法颠覆任何一个政权，而它又可以有益于任何一个通过它而提高了自己对于社会人生的自觉性的读者。社会科学就是通过它的接受者而实现或部分实现自己所意欲实现的目标的。社会科学是以相互沟通为目的的，政治权力的斗争则是以相互排斥为目的的。政治权力斗争的前提不是彼此可以认可的公理，而是彼此无法沟通的不同的目的。在这个意义上，所有真正的科学研究在本质上都是缓和政治权力之间的斗争、降低政治权力斗争之间的残酷性的社会对话方式，而不是强化政治权力之间的斗争、提高政治权力斗争的残酷性的社会话语方式。它是以提高彼此对社会人生问题自觉性的方式实现或接近实现这一目的的。一个政治派别之间有时候也要求思想的统一，但这种思想的统一的真正目的是行动的统一，而行动的统一却不一定建立在思想统一的基础之上。政治实践的现实性、迫切性不容通过社会科学的方式而实现，它依靠的更是政治宣传的作用。政治宣传是与社会科学完全不同的一种对话方式。宣传是完全站在自己一方，以强化对自己有利的因素、弱化对自己不利的因素的方式实现自身内部的统一的。宣传是强化不同政治派别之间的矛盾斗争的对话方式，是强化本派别内部行动上的一致性的话语方式。为了内部行动上的一致性，宣传要求舆论上的一律，这种舆论的一律不是或不仅仅是通过社会科学的方式实现的，而同时伴随着权力的关系，因而政治的宣传实质是一种权力话语。社会科学是要求理解的，而不是要求服从的，因而它不是一种权力话语。……在所有这些方面，社会科学都与政治权力斗争有着根本的不同，从政治权力斗争的角度对社会科学的分类只能模糊我们的社会科学意识，而不能使之明确化。社会科学是研究社会人生的，政治生活也是影响社会人生的一个异常重要的因素，社会科学不能无视或故意回避对政治问题的研究。所以，为学术而学术也不符合社会科学的基本要求。

　　对社会科学的分类方式直接影响到社会科学研究规范的建立。任何一个领域，都是有自己无法超越的基本规范的，这种规范是处理其内部可能发生的矛盾和斗争的方式，是防止因不规范的行为导致这个领域陷入无序状态并最终趋于瓦解的方式。这种规范的建立，不能不和分类方式紧密相连，不同的分类意味着要处理的是不同的关系，而处理不同的关系是有不同的规范的。当我们从政治斗争的角度意识社会科学的性质、作用和意义而不是从社会科学的角度意识它的时候，社会科学研究领域的规范就从根本上被破坏了。社会科学研究中也是有各种矛盾和分歧的，也是有斗争乃至异常激烈的斗争的，但这种斗争也是加强人类对社会人生诸问题的自觉性的方式，是实现或接近实现不同派别、不同阶层、不同阶级的人之间的思想沟通的方式。对社会人生诸问题，由于各种不同的复杂原因，彼此的感受和理解是不相同的，在彼此没有对话的渠道的时候，各自的感受和理解是无法改变的；正是因为彼此之间有了对话，正是因为各自都能在彼此可以达成共识的基础上用相互都能接受的推理形式更清楚、更条理地表述自己的看法，彼此才不但了解了自己，同时也了解了对方，丰富了自己对社会人生的认识和理解，提高了自己对复杂的社会人生的自觉性。在彼此这种丰富化了的认识和理解的基础上，彼此就有更大的可能找到共同生存和发展的基础，而在新的基础上构成的是新的关系，新的关系则开辟出新的社会人生境界，开辟出各自发展的新的可能性。实质上，社会的进步就是在这样一种形式下实现的。社会科学研究则是整个社会发展过程中不可或缺的一环。它无法代替社会的实践，但社会的实践也无法完全代替它。与社会人生实践没有任何联系的"社会科学"只是一些文字游戏，与社会科学没有任何联系的社会实践则是毫无实质意义的社会动乱，它造成的是社会的循环，而造不成社会的发展。社会科学在本质上是一种社会对话，这种对话是建立在科学方法论基础之上的，是建立在彼此可以理解、可以接受的基础之上的。它不是一个简单消灭一个的关系，消灭了对话的对象也就消灭了自己存在的价值和意义。所以，真正的社会科学研究不能引进政治的权力和经济的压迫，政治的权力和经济的压迫是用物质的力量战胜对方的方式，而不是在理性上战胜对方的方式。在西方，唯物主义和唯心主义哲学的矛盾和斗争从十七世纪持续到十九世纪末，其最终的结果既不是唯物主义消灭了唯心主义，也不是唯心主义消灭了唯物主义，而是二者在矛盾中共存，在斗争中发展的关系。其中是有起伏的，但没有绝对的胜利和失败。因为这种平等对话的关系总能从对方找到丰富自己的方式，从而把自己的哲学提高到新的境界、新的高度。西方当代的哲学不是在一个消灭了另一个的基础上产生的，而是在离开了二者斗争的焦点之后产生的。二者都把自己的成果转移到新的基础上来，构成了西方当代哲学建构的基础因素。但当把社会科学从政治斗争实践的角度进行分类之后情况就大不相同了。实践的政治斗争实现的不是平等对话的关系，而是一个代替一个、一个排斥一个、一个推翻一个的现实目标。即使西方的竞选制，最终当选的仍然是一个总统，整个竞选的过程都是围绕着一个排斥掉一个的这个最终目标进行的。在进行这种一个排斥一个的斗争过程中，不能不大量引进政治权力和经济压迫的手段，把科学的斗争转化成了物质实利之间的斗争。科学研究的规范被从根本上破坏了，社会科学领域里充斥的实际不是科学研究的成果，而是大量的政治宣传品。当最终实现了一个消灭一个的现实目标，对方消失了，自己的存在也失去了价值和意义的依托，实际上自己也被消灭了。

中国古代没有"社会科学"的传统，只有"学术"。所谓"学术"，就是对已有的书本文化的搜集整理和阐释。它并不是依照在自然科学中形成的科学方法论的方式进行研究的，并不是由已知求未知的过程。在中国古代知识分子的观念中，所有的真理性的认识都已经包含在中国古代的圣经贤传中，知识分子的任务就是在搜集、整理有关文献的基础上把古代圣经贤传的意义充分阐发出来。直至现在，我们仍然需要对中外文化典籍进行搜集、整理和阐发的工作，但它必须融入现代科学研究的整个体系之中去，必须用现代的科学方法论从事这些"学术"的工作。但是，从十九世纪末中国的维新运动开始的现代科学研究传统，仍然主要不是在知识分子认识社会人生的趣味性中产生和发展的，仍然是在传统的治国平天下的实践政治的需要中产生和发展的，因而从中国古代的学术向中国现代社会科学的转化工作仍未完成。中国没有真正的社会科学研究传统，但有一个很像社会科学的理学传统。这个理学传统是在宋代形成、在明代发展、影响直贯宋元明清各个朝代的一种学术传统。它占领了中国的教育阵地，并通过教育影响到几乎全部的社会文化。理学的传统不但不是真正的社会科学的传统，同时它还是一个在固有儒学基础上形成的更严密的伦理道德体系。理学传统的影响，不但把我们社会科学研究纳入现实的政治斗争之中来，同时也使我们的社会科学研究严重地伦理道德化了。这极大地破坏了社会科学的语言系统。社会科学的语言基础像自然科学的语言系统一样，是一种传达的方式，它是建立在具有共识的感受和理解的基础之上的。在马克思主义那里，工人阶级、资产阶级是对社会客观存在的特定阶级的一种指认方式，是为当时的资产阶级成员也无法否认的两个社会科学概念，它并不包含对其中所有成员的道德上的肯定或否定。但如果我们把这两个概念同时当成了一个道德的符号，要么，工人阶级的成员一定是一个比资产阶级成员更有道德的人，要么，资产阶级的成员则是比工人阶级的成员更讲道德的人。在这样的情况下，就不能真实地、客观地分析中国社会关系的职能，同时也失去了在不同阶级和阶层的成员之间达成社会共识的可能性。这种破坏是严重的，如果西方社会科学理论的语言进入我们的文化系统后被道德化了，具有了确定的道德色彩，就会失去进行社会分析的职能。我们就不是首先从一个社会科学家的著作吸取思想的养分，增益自己对社会人生的理解，而是首先关心这个社会科学家是一个好人还是一个坏人。而这个好坏往往不是从他的社会科学著作中感受到的，而是在其著作之外的私人生活中挑剔出来的。这实际已经不是社会科学研究，而成了彼此的人身攻击。

四

我们的新文学是在维新运动之后建立起来的。中国洋务派的自然科学观念和中国维新派的社会科学观念也不能不影响到中国新文学的发展。直至现在，我们仍然对中国现当代文学的

"现代性"争论不休。实际上，什么是文学的现代性？依我的理解，那就是建立在现代中国人的社会观念和人生观念之上创作出来的文学与尚未建立在这种观念之上创作出来的文学的不同特征。文学还是文学，文学还是诉诸直观、直感、直觉的，还是以文本的形式进行的感情、情绪、审美态度的交流。但它已经不是原始的文学，不是中国古代社会产生的文学。为什么？因为它已经沉淀着现代的理性，它的直观、直感、直觉也已经不是原始人或中国古代人的直观、直感、直觉。否则，文学就没有现代和传统之分。在《孔雀东南飞》那样的社会背景上，焦仲卿妻的形象就是一个近于完美的女性形象，而在现代社会的背景上，她就不会成为一个那么完美的女性形象了；在古代政治的背景上，包拯就是一个理想的政治官僚的形象，而在现代社会的背景上，他就不再是一个理想的政治官僚的形象了……社会状态变了，社会关系的状况变了，我们的一些观念也变了。这些观念构成了我们直观、直感、直觉的基础。在直观、直感、直觉中我们感觉不到它的存在，但它却已经是一个无法改变的感知事物的理性基础。鲁迅为什么在中国新文学的初期就创造了中国现代短篇小说的一个艺术高峰，不是因为他读了比别人更多的外国小说，不是因为他读了比别人更多的西方社会科学著作，也不是因为他学谁学得更像，而是因为他对自己，对自己的生活，对自己的内在情感和情绪的体验，对现代中国人，对现代中国人的生活和命运，对中国人的情感和情绪的表现，有着较之他人更真实的关切和更实在的观察。这使他不断强化、丰富着自己的感情体验和情绪体验，同时也不断积淀着自己的现代理性。真正理性的东西是扎根在自己的生命之中的，是在特定条件下自成系统、自我完满的东西。在中国古代的文化传统中，没有科学的启迪，没有理性精神的培养。一个知识分子没有权威的支持，没有朋友的赞和，没有群众的认同，他就无法最终证明自己的一个看法、一个作品是正确的还是错误的，是优良的还是低劣的。只有现代科学，只有现代理性，才给予了中国知识分子自我判断、自我肯定的方式。现代科学及其方法论就是这样一个自我判断、自我肯定的方式。即使一个中学生，只要他按照正确的运算方法对一道数学题进行了演算，只要他按照合理的验证方法对自己的演算进行了细致的验证，即使包括他的老师在内的周围的所有人都不承认他的演算的正确性，他也不会认为自己是错误的。他能够对自己的演算具有完全的自信心。科学方法、健全的理性使现代知识分子再也不必完全仰仗他人的判断。传统的神的权威和人（圣人）的权威被真理（实质是科学方法论）的权威所代替。人开始能够用自己的感觉支持自己的思想、用自己的思想支持自己的感觉而不假他求。鲁迅作为中国现代一个文学家和思想家的基本特征是什么？就是其坚韧性。正是这种坚韧性使他同西方那些最优秀的知识分子具有了共同的特征，使他同哥白尼、伽利略、布鲁诺、伏尔泰、卢梭、拜伦、雪莱、普希金、莱蒙托夫、左拉、马克思、列夫·托尔斯泰、柯洛连科、尼采这些西方知识分子在精神气质上有了相通之处。我们过去常说鲁迅的这一特征表现了"中国人的骨气"，实际上，与其说它是中国古代文人的那种"骨气"，不如说它是现代中国知识分子的理性精神的表现。中国古代文人的那种"骨气"是没有一种理性精神做基础的，是在固有的社会价值标准的基础上表现出来的。它自身不具有独立的个性的价值。而鲁迅的"骨气"则是在自己的独立选择中表现出来的，它自身就具有一种文化的意义。只有"科学"，才不是想怎么说就能怎么说的东西，才不是婆说婆有理、公说公有理的道理。它在相对主义的基础上建立起了绝对性，在偶然性的基础上找到了必然性，在没有确定性的背景上发现了确定性，从而为人类的进步，为人的生存和发展奠定了相对坚实的基础。没有科学，就没有真正的进步；有了科学，就有了真正的进步。人类的进步、人的发展是在有了科学之后才实现的，因为只有科学、只有理性，做的才不是一种循环往复的运动。鲁迅和西方近现代这些杰出的知识分子是在科学意识、理性精神的基础上建立起了内在的联系的。他们都是真理的发现者和真理的捍卫者。他们都不是仅仅为了博取社会的荣誉而谨小慎微地维持着自己的道德外观的伪君子、假圣人，他们都在科学意识、理性精神的基础上建立起了真正的自尊心、自信心。这种科学意识，这种现代理性精神，并没有影响他的直观、直感、直觉的敏感性，并没有降低他的激情的强度。相反，它们是使他能够进入更高的社会激情状态的坚实的基础。他还是一个文学家，但已经不是像中国古代那样的一些文学家。中国古代的文学家不可能创作出他的《呐喊》、《彷徨》、《野草》这样的作品来，也不可能成为一个像他那样的杂文家。他的文学创作是在现代理性的高度起跳的。

但是，并不是所有新文学作家都是以鲁迅这样的态度进入文学创作领域的。新文学领域的开拓为脱离开科举道路的中国知识分子重新找到了发挥自己才能和智慧并在现代中国社会立足的阵地，但其中的很多人对自己，对自己的生活状态和精神状态，对中国社会、中国人的精神发展并没有真正浓厚的兴趣和内在的激情。他们仍像中国传统知识分子一样，主要把文学作为显示自己的才华、获得社会接受和认可的方式。一当他们依靠成名前的那点人生体验和人生经验成了享誉社会的文学作家，他们便充满了志得意满的感觉，他们的人生体验和人生经验就在一层"名人"的雾霭里变得朦胧模糊了。他们是站在"名人"的立场上感受周围的世界，积累自己的人生经验的，但这不是读者需要感受和体验的世界。他们的思想和创作的根无法扎到人性的深处，而是作为一个"文学家"从别的文学家那里接受过来的。有的从中国古代的文学传统中接受过来，有的从外国文学传统中接受过来。他们把中外文学作家的作品作为自己的范本，把他们的经验当作文学创作的秘诀，认为从这样的范本中获得的这些秘诀就是把自己造就为伟大文学家的方式。他们创作的兴趣仅仅建立在公众的赞誉中，他们在任何人、任何形式的赞誉中都感到满足，感到被赏识的愉悦，而在任何人的任何形式的批评中都感到懊恼，感到被歧视的羞辱。他们寻找着"知音"，也被"知音"牵着鼻子走。在他们还有"知音"的时候，他们就不会对自己的思想和创作道路产生任何的怀疑，并对外部的批评采取着绝对排斥的态度。他们就把这种排斥态度视为自己的"个性"，视为自己的清高，但当遇到了真正的社会压迫，特别是政治权力、经济权力、群众舆论的联合压迫时，他们便会很轻易地放弃它们，并且在"转换立场"之后马上可以找到完全否定自己的理由。他们就把这种转变视为自己的"进步"，视为"虚心"接受别人批评的表现。有两种文体是中国现当代知识分子所独有的，即"大批判"文体和"自我检查"文体。前一种文体是得势时的文体；后一种文体是失势时的文体。这说明我们既不能科学地、客观地对待自己，也无法科学地、客观地对待别人。文学家是较之一般人有更丰富的感情的，是较之一般人有更丰富的想象力的，但这种感情和想象力却不能没有一定的理性基础，不能今天把一个人想象成一个救苦救难的菩萨，明天又把同一个人想象成一个十恶不赦的魔鬼；今天把自己想象得像是一个无所不知、无所不晓、毫无瑕疵的圣人，明天又把自己想象得像是一个一无所知、一无所晓、没有任何优点的小丑。当然，所有这一切，都与我们的社会处境有关，但却不能不说，我们自己缺乏必要的科学意识和理性精神也是导致这样的结果的一个重要原因。

　　科学意识和理性精神的缺乏不但是中国现当代文学家处世应人上的一个重要特征，同时也是中国现当代文学家文学作品上的一个重要特征。我们总感到鲁迅的思想是"偏激"的，但几乎只有他对中国人及其关系的描写是经得住历史考验的。为什么？因为他抓住的不是一个人物在一时一地的表现，而是决定着这种表现的内在精神基础。在这里，表现出了鲁迅对社会、对人生、对他笔下的人物及其行为真正的科学态度。他对他们是有各自不同的感情态度和审美态度的，但这种感情态度和审美态度却不是通过有意美化或丑化对象而实现的。他没有把鲁四老爷写得更坏，也没有把阿Q写得更好；没有把鲁镇上的短衣帮写得更善良，也没有把他们写得更残酷。因为他眼里的中国人就是这个样子的。直至现在，我们的文学家还常常是通过美化或丑化对象来表现自己的感情态度和审美态度的，并把这种故意美化或丑化称为文学的"典型化"，称为作家的"主体性"，岂不知恰恰是这种故意美化或丑化的方式，使我们的作品失去了整体的统一性，失去了真实感人的力量。文学艺术确实像一个"美丽的谎言"，但却不能仅仅是一个"美丽的谎言"，"服装表演"展示的服装不都是能够穿到大街上去的，但它至少在舞台上是可以穿的，不能是"皇帝的新衣"。

我们的文学艺术也是这样，它们不是生活教科书，不都能起到指导生活的作用，但至少作为文学艺术作品还能让人感到是真实的、真诚的，不能让读者感到作者是在制造一个有意欺骗他们的谎言。这就需要文学艺术作品有点真实性、真诚性，需要文学家艺术家有点直面现实、直面自己、直面人生的科学精神、理性精神。

在西方近现代文化的历史上，自然科学、社会科学、文学艺术原本是作为一个整体而出现的，是近现代人文主义思潮中的不同组成部分。但在中国，这三个部分似乎从来没有构成过一个整体。我们的文学艺术家、社会科学家向来是鄙视实利主义的，而我们的科学技术恰恰是在实利主义的目的下发展起来的。我们的自然科学家、社会科学家向来是鄙视浪漫、提倡理智、反对感情用事的，而我们的文学家艺术家却不能不有点感情用事、有点浪漫、有点不够理智的。我们的文学艺术家、自然科学家向来是厌恶高头讲章，厌恶抽象的理论的，而我们的社会科学家从事的恰恰是搞高头讲章、搞抽象的理论的工作的。"五四"刚过，我们就进行过一场"问题和主义"的论争，似乎"主义"和"问题"就是两个对等的、相互排斥的概念，似乎问题就不用上升到"主义"的高度来认识，似乎"主义"可以脱离开具体的社会问题来信仰、来主张。稍后我们又有科学与玄学的论战，似乎二者是可以截然分开的对立着的概念，似乎自然科学的方法论就不是"玄学"，不是现代哲学、现代社会科学构成的基础，哲学、社会科学的研究对象就不包括人类的科学技术活动。到了现在，我们还在进行着人文主义和科学主义的讨论，似乎科学技术不属于人文主义，人文主义也不包括科学技术。当然，在西方，也可能有过类似的讨论，但西方与我们是不同的。在西方文艺复兴后的几百年间，近代文学艺术、近代科学、近代社会科学是像一个合抱的大树一样一起生长的，它们共同着生命，共同着营养。只是当进入了资本主义的阶段，到获得了自己自由生长的权力，它们才分了枝，分了叉，成了相互制约而又不可能压抑彼此的正常发展的不同领域。而我们，几乎在根部就被分裂开来。它们之间缺少一个结合部、连接点，从而自觉不自觉地被纳入传统观念的控制之下，并因此加深了彼此的分裂，强化了彼此的矛盾，压抑了各自自由发展的机制，并构成了一种畸形的文化系统：就其每个部分，都像是现代的，但就其整体，仍是传统的、陈旧的。

在这种情况下，我们不能不更进一步思考鲁迅重视法布尔《昆虫记》所内含的意义。这种意义可能不是鲁迅自觉意识到的，但他的直觉也可能给我们许多的启示。

五

法布尔的《昆虫记》首先是一部伟大的自然科学著作，并且不是我们现在所认为的科普读物。科普读物是把科学家已经由其他自然科学家研究发现的自然科学的知识用浅显易懂、通俗自然的文字叙述出来的著作，它起的是将自然科学家的研究成果普及到更广大的社会群众中去的作用。科普读物的重要性是不容忽视的，但法布尔的《昆虫记》却不是或不简单是这样的著作。法布尔的《昆虫记》叙述的不是别人的发现，不是把原本很深奥的道理转化为通俗易懂的道理，而是他的研究成果本身。这样的著作理所当然地应被视为自然科学的著作，至少应当被视为自然科学著作的一种形式。在这里，它给我们的第一个启示是：什么是科学研究？是不是只有那些我们认为有更深奥科学技术知识的少数人进行的那些专门化很强的求知活动才能称得上是科学研究？我们是在没有一个明显的科学传统的历史中走过来的。当我们同西方科学刚刚接触的时候，西方科学已经有了几千年的发展历史，每一个研究领域都有了一连串的科学成果。我们需要把这一连串的科学成果尽快学到手，于是首先输入的是西方学校的教科书以及与教科书相类似的著作。于是我们有了《代数学》、《几何学》、《高等数学》、《物理学》、《化学》、《生物学》、《天文学》、《地理学》、《地质学》等等自然科学的教科书，并且把这些教科书理所当然地当作了数学、自然科学著作。其实，它们是数学、自然科学的著作，但却是把历史上积累下来的数学、自然科学成果联系起来的方式，而不是科学研究活动的本身。与此同时，由于我们是在西方自然科学发展的中途接受西方的科学的，在西方每一自然科学的部门，都已经积累了大量的自然科学研究的成果，每一个自然科学家的研究都是在这样一些成果的基础上进行研究的，他们的研究成果已经不能或很少能从基础概念开始叙述，他们是以公理、公式、定理的形式运用过往的研究成果的，并以这种形式表述自己新的发现，这就是我们现在常用的数学、自然科学的论文或著作。每一个这样的论文和著作，都是一个高度简化了的思维形式，它们把此前所有扑朔迷离、复杂多变的活生生研究过程都浓缩在了由公式、定理所体现的枯燥结论中，使它们成了用公理、公式、定理构成的一架架阶梯，只有登着这一个个阶梯，我们才能理解他们的新的研究成果。毫无疑义，以上两种形式确实是西方自然科学著作的两种形式，但却不是唯一的形式，更不是科学发生学意义上的形式。在我们这里，这大量的公理、公式、定理像一堵又高又厚的墙，把广大的社会群众、广大的青少年挡在了科学研究的大门之外。我们感到科学研究只是那些念完了这些教科书的硕士、博士的事情，是已有高深自然科学知识的自然科学家的事情，而不是我们这些普通人的事情。为了进行科学研究，我们必须通过自然科学教科书的大量公理、公式、定理的阶梯。所有这些，都只是为将来的科学研究进行的必要的准备。我们一代代的青少年必须首先掌握这些公式、定理，然后才有可能从事自己的科学研究。科学的道路就是这样一个先受教育后做研究的道路，在这个道路之外才是自己的生活，只有生活才是轻松愉快的；科学需要的是付出，是劳动，是艰苦，是一点一点积累知识的过程。直至现在，我们还不能绝对地否定这种认识的合理性，但当我们把法布尔的《昆虫记》纳入自然科学著作的视野中来之后，我们自然就会感到，科学研究并不仅仅是这样的，并且从根本上讲，科学也不应是这样的。科学，同文学艺术一样，是直接发源于生活的，发源于儿童的，正像每一个儿童从很小的时候起就开始用自己的语言努力把自己的所见所闻告诉别人，就在进行着最初的口头文学创作，他们也从很小的时候起就在开始感受和思考外部的自然世界，就在进行着本质属于科学研究的活动。科学研究就产生在儿童和整个人类的好奇心以及为满足这种好奇心而进行的实际观察和思考之中。当一个儿童开始用自己的观察和思考试图满足自己对自然世界的好奇心的时候，科学研究实际就在他那里开始了。法布尔对昆虫的研究不是在他掌握了大量公式、定理之后才开始的，而是在童年的时候就开始了。他出生在一个贫穷的农民家庭里，他的童年是与花草虫鸟一同度过的。不是任何实利主义的目的驱使他去观察研究这些昆虫的，也不是公式、定理给了他这种研究的可能，而是他对自然世界的好奇心，是他对昆虫的浓厚的兴趣。他要通过自己的眼睛观察，要用自己的头脑思考，要在自己的观察和思考的基础上明白一个究竟。实际上，这也是所有自然科学家所进行的科学研究活动的本质之所在。还在他六岁的时候，他就曾向自己提出过这样一个问题：我是用嘴巴还是用眼睛来享受这灿烂的阳光呢？为明白这个问题，他自己做了试验。他张大嘴巴，闭上眼睛，阳光在他面前消失了；他张大眼睛，闭上嘴巴，阳光又重新出现了。于是他明白了是眼睛而不是嘴巴能够享受阳光的灿烂。人类全部的自然科学研究都是在这样一个基础上建立起来的，而不是像我们在数学、自然科学的教科书和数学、自然科学的论文专著中所感到的一样，是在公理、公式、定理的基础上建立起来的。直至现在，儿童的好奇心和整个人类的好奇心仍然是一个较之现有的科学研究领域更广大无比的科学研究领域，在这个领域还会陆续产生与现有的学科不同的新学科、新领域。法布尔的成功是他始终保持了对昆虫世界这种童年的好奇心，为了满足这种好奇心始终坚持了对昆虫世界的观察和思考。他建立了属于自己的一个独立的研究领域，书写了属于自己的科学研究著作。我们仍然应当指出，这种形式不是唯一的科学研究形式，但却是一种可能的科学研究形式，是从发生学的意义上体现着自然科学研究特征的一种形式。因为所有的科学研究领域在最初建立的时候，都不是由大量公式、定理构成的，而是在实际的观察、体验和思考中建立的。

　　当我们充分思考了法布尔的《昆虫记》这样一部自然科学的著作，再返转来理解数学、自然科学的教科书一类的著作，我们就会感到，这些著作并不只是，甚至并不主要是知识的积累，而是一个个独立的研究课题和研究活动。只是这些研究课题和研究活动是前人已经完成的，有了比较确定的结果的。教科书所叙述的一切，可以是让青少年学生"学习"的，也可以是供他们"研究"的。数学、自然科学的教学活动可以是教师把前人的研究成果告诉学生、让学生记忆并运用的过程，也可以是在教师的引导下青少年学生根据已学过的知识独立地研究新问题、解决新问题的过程，是一个不断破解自然之谜的过程。我们现在说要重点培养学生的创造性思维的能力，这种能力是怎样培养起来的？是在学生自己观察、自己思考、自己破解自然之谜的过程中才能实际地培养起来的。虽然教科书上的"谜"都是已经有了谜底的"谜"，但这一个个解谜的过程却是学生进行创造性思维的过程。"学习"是中国固有的一个文化概念和教育概念，"子曰：'学而时习之，不亦说乎？'"这里的"学"是对别人的知识、才能、品性的效法；这里的"习"是把从别人那里学到的知识、才能、品性反复进行练习、学习。朱熹注曰："学之为言效也。人性皆善，而觉有先后。后觉者必效先觉之所为，乃可以明善而复其初也；习，鸟数飞也。学之不已，如鸟数飞也。"实际上，在我们的学校教育和社会教育中，流行的还是这样的"学习"的观念。这样的学习观念不但不能培养出国民的创造性思维能力，而且是扼杀国民创造性思维能力的手段。创造性思维能力是在研究活动中培养起来的，是通过自己的独立思考由已知求未知的能力，不论前人是否已经获得了这种知识，在研究活动中，新知都是自己独立思考的结果，而不是直接从别人那里接受过来的。我们可以称这个过程是二度创造过程，但一度创造过程（原创性过程）同二度创造过程几乎是相同的，只不过过程可能更复杂，道路可能更曲折，要求的想象力也更加丰富。总之，数学、自然科学教科书的叙述过程理应视为无数个像法布尔的《昆虫记》一样的科学研究过程的浓缩形式，而不是唯一合理的科学著作的形式。对于现在流行的数学、自然科学论文、论著的叙述方式，也应作如是观。

　　法布尔的《昆虫记》作为一部自然科学的著作，其特点之一就是不仅仅记录了他的观察的结果，亦即不仅仅有"科学的结论"，更展示了他观察的过程和观察的方法，亦即研究的过程和研究的方法。在这里，我认为它能给我们的第二个重要启示是：在自然科学研究中，到底是结论更重要，还是过程更重要？如前所述，我们之接受西方的自然科学，是在强烈的实用主义目的之下进行的。这种实用主义的目的首先重视的是结论而不是过程。而在我们当代自然科学的教科书和论文、论著中，出现的也主要是一个个研究的结论，即使在论述过程中使用的公式、定理也无不是前人已经证明是正确了的一些结论。对于结论的崇拜与对于过程的轻视就成了我们的一种习惯性的思维方式。实际上，从古以来，我们中国人就习惯了一种"语录式"的思维方式。我们中国的"圣经"《论语》就是一部语录式的作品。直至现在，我们的读书还常常是在书中寻找说得精彩的话，寻找语录。这些语录实际上就是各种不同的结论，各种不同的判断，我们的思维方式也常常是从这样一个语录蹦到那样一个语录的过程，最终证明的又是一个现成的语录的正确性，就像从这个山头蹦向另一个山头，最后又蹦上一个更高的山头一样。实际上，在自然科学以及所有的科学研究中，结论是重要的，但过程则更加重要。几乎每一个研究过程，都是极为复杂的，都显现着较之结论更丰富的意义。哥白尼所证明了的地球围绕太阳转的结论现在已经成为我们的常识，但哥白尼发现这一真理的过程却不是我们每一个人都能实现的；哥德巴赫猜想的结论已经被我们所了解，更重要的已经不是这个结论本身，而是证明它的过程；马克思、恩格斯的《资本论》最终证明的是资本主义必然灭亡、共产主义必然胜利的结论，但我们仅仅记住这样一个结论并不等于懂得了《资本论》，它的论述过程本身的意义比这个结论的意义不知要大多少倍。与此同时，同样一个过程是可以走向各种不同的结论的。达尔文根据自己的生物学研究得出的是物种进化论，而法布尔根据自己的昆虫学研究得出的是物种不变论，实际上，他们的结论的不同并没有影响他们研究过程的意义，他们都在生物学的研究中做出了巨大的贡献。而在我们这里，争论的常常是结论的意义，直到现在，我们还经常出现论证达尔文进化论正确与错误的文章。实际上，并不伴随具体、丰富的研究过程的这种争论，对我们是毫无意义的。像我们关于这种主义和那种主义的争论，充其量都只不过是一些名目的争论。各类科学研究的结论都必须同其研究过程结合起来进行理解和掌握，脱离开具体过程的结论往往只是一些没有实际意义的教条。"抓住实质"、"抓住思想的精髓"，是我们常常听到的教诲，而我们也常常是在这种"实质"、这种"精髓"上摔下来的。与此同时，一个科学成果的取得，可能经过几个世代的许多科学家的研究和探讨才能正式完成，在这整个过程中，很多科学家所做的都是逐渐趋近终点的工作，最终完成者的意义是巨大的，但在这个过程中做出了贡献的科学家的工作也是不容忽视的；成功者是重要的，但那些在失败中为最终的成功积累了有益的经验的一个个失败者也是重要的。而从人类认识世界的整个过程而言，我们所有的科学研究成果都是人类在认识世界过程中的一些环节，最终的结论是没有的，这个认识过程就是我们的一切。总之，结论是重要的，过程同样重要，甚至更为重要。法布尔的《昆虫记》对于我们有为其他的科学著作所无法代替的意义，因为它向我们展示的不仅仅是他的研究结论，更是他的研究过程和研究方法的综合体。它对形成我们完整的科学意识是有启迪意义的。真正的科学意识不是记住了多少科学的结论，不是背过了多少教条，而是对世界的真正的理性态度，是科学思维方式的形成与完善，是通过科学探讨过程发现真理的能力的提高。

西方近现代自然科学的发展走向了分解、分析，这是自然科学研究更加繁荣、更加深入的标志。我们从西方自然科学发展的中途接受了西方自然科学的影响，也就把西方这种研究方式输入到了中国。但是，这种分解、分析的方法却不是唯一合理的方法。法布尔的《昆虫记》采用的则是与当时大多数自然科学家不同的研究方式。关于这种方式，法布尔写道：

　　……这种遗憾的缺陷最重要的是由于人们普遍采用的方法是肤浅的。人们抓住一只昆虫，用一根长大头钉把它们钉在一个软木底的盒子里，在它的腿上系一个写着拉丁名字的标签，于是关于这个昆虫的一切都在上头了。我不满足于以这种方式了解昆虫史。人们告诉我，某种昆虫触角有多少关节，翅膀有多少翅脉，腹部或者胸部的某个区域有多少根毛，这都毫无用处。我只有在了解了它的生活方式，它的本能，它的习性后，才能真正认识这种昆虫。

在这里，法布尔所阐释的是两种不同的研究方法，一种是将对象分解、解剖，分别认识它的各个部分的研究方法，一种是将对象作为一个整体，考察这个整体的各种性能和表现的方法。具体到昆虫学的研究，前者是把昆虫作为一个没有生命的各个不同器官之和的方法进行研究的，后者则是把昆虫作为一个有生命的整体进行研究的。法布尔采取的是后一种的研究方式。正像鲁迅所指出的，我们不能简单地否定那种分解的、解剖的研究方式，但法布尔的《昆虫记》也向我们表明，我们同样也不能否认后一种研究方式，在某种意义上，后一种研究方式更带有基本的性质。认识事物，首先要认识它的整体，认识它的整体的性质、作用、机制和运动形式，只有在这样一个基础上，我们才有必要进一步认识它的各个部分，我们认识部分仍然是为了更具体、更细致、更精确地认识整体，认识以整体的认识方式不易发现的那些特征、那些效能。将一个整体以分解的形式进行的考察研究并不是对整体的考察研究，因为任何整体都不是部分之和，但我们可以通过把部分的认识返回整体，并考察它在整体中所发挥的具体作用，以及与其他因素的联系方式，将其转化为对整体的认识。所以，在整个认识过程中，整体的考察和研究是其基础，也是其终结，脱离开整体的部分的研究没有完全独立的意义和价值，并且有时候会导致对整体的谬误的判断。这种以部分代整体的思维方式，在我们的自然科学研究中有没有表现，我不知道，但如果应用在我们的社会科学研究中，也许就是一种社会科学灾难。如此一来，社会科学研究在任何一个场合下都能为流行的、权威的观点找到"科学"的依据，就其部分，这些依据可能都是真实的、科学的，但就其整体则不但不是真实的、科学的，反而更严重地扭曲了整体的性质和作用，对整体的发展起到的是破坏的作用。总之，法布尔的《昆虫记》在科学方法上对我们的启示也是重要的，它让我们永远不要把整体切割成碎块并以对这些碎块的研究代替整体的考察和研究。

六

法布尔的《昆虫记》不是在公理、公式、定理的基础上进行自然科学研究的，而是在自己实际观察的基础上进行研究的；他记述的不仅是他观察、研究的结论，而是他研究的全过程；他不把研究的对象分解成失去了整体感生命感的各个组成部分、各个没有生命的器官，而是把昆虫视为一个个有生命的整体，研究它们的生活方式、习性和本能。所有这一切，使他这一部自然科学著作同时具有了文学作品的性质。在这里，它给我们的启示是：文学和科学之间有没有一个不可逾越的界限？科学可以不可以同时是文学的？文学可以不可以同时是科学的？在我们受到西方帝国主义的炮击而认识到西方科学技术的"厉害"时，我们几乎是一次性地将文学艺术同科学技术分别开来。在那时，我们并不认为我们的文化中也有科学技术，也有"物质文明"，但我们有伦理道德，有诗歌绘画，有"精神文明"。而西方"长"的是科学技术，是"物质文明"。这两个东西好像是截然不同的两回事。现当代的教育和现当代社会的分工把我们这种观念更加强化起来、凝固起来，在我们的意识之中永远存在着科学技术同文学艺术之间的一道鸿沟。实际上，我们中国古代文化中并不是没有科学技术发展的基础，除了那些零散的专门的科学技术著作之外，我们中国古代诗人也有许多细致的自然观察，但被我们尊为圣贤的古代思想家关心的更是治国之术，关心的更是以尊君孝父为核心的伦理道德，为此目的他们在人与禽之间、人与物之间划了一道明确的界限，使我们诗人的自然观察仅仅停留在直感的印象之上，并无意不断完善对自然世界的认识，所有的自然观察只是浅尝辄止，上升不到更高的理性认识的层次。这种倾向对我们文学艺术的发展也不是没有影响的，现在我们已经能够清楚地感受到，压抑了科学技术发展的那些观念同时也是压抑着我们文学艺术发展的东西。对物、对禽的那种大而化之的了解，同时也带来了对人、对社会、对人生的大而化之的了解，在传统伦理道德基础之上建立起的粗疏的、扭曲的好人和坏人的观念直至现在仍然是阻碍我们文学艺术正常发展的主要原因，我们对人的生活方式，对人的本能的和社会的习性，对人的情感情绪的变化和发展，对人的心理的意识的状况，都缺少西方文学中自然可感的精细的观察和科学的了解，而在这样一个基础上建立起来的情感情绪的、审美的主体态度是不可能构成一个真正完整的文学世界的。与此同时，西方文学艺术的发展在多大程度上仰赖文学艺术自身又在多大程度上仰赖西方科学技术的发展，我们也是无法明确划分的。没有对人，对人类社会，对人的心理的、思想的、情感情绪的科学的了解，能有西方近现代小说、戏剧的持续发展和繁荣吗？总之，文学艺术和科学技术在其内在的精神上从来不是截然分开的。但是，当我们开始接受西方科学技术的成果时，科学技术的文体形式和文学艺术的文体形式到底发生了严重的分化。科学技术的文体抽去了研究者主体的精神，主体的情感情绪和审美的态度，留下的只是一个被高度抽象化、客观化了的符号体系，而西方的文学艺术则在强化其主体精神、强化其情感情绪特征的道路上得到了新的发展。这使我们在接受西方文化的影响时形成了彼此严重对立的感觉。而法布尔的《昆虫记》则是一个特例，几乎只有它才兼具了严格的自然科学性质和文学艺术性质这两重特征。它是一个特例，但这个特例却可以把现代科学和现代文学的联系异常鲜明地表现出来。

法布尔的《昆虫记》作为一部杰出的艺术散文的艺术性与作为一部杰出的自然科学著作的科学性实际上是同生共存、融为一体的。它的科学性表现为对昆虫生活方式、本能习性的几乎是超细致的观察，而这种超细致的精确观察在艺术上的表现就是它的超细致的精确的艺术描写，这是为任何一个专门的艺术家也无法达到的。细致而又精确就是一种美，就是一种理趣，因为只有较之前人更细致的观察和了解，才能发现常人所无法发现的东西，才能够出人意表，给读者一种惊异、一种感动。在这里，法布尔对于昆虫世界的描写有与巴尔扎克对于法国社会的描写的那种超细致性和超精确性，科学的细致性和精确性在他们这里都同时构成了艺术上的美感。真与美在这样一个境界中是统一的。科学原本是由已知求未知的过程，它不是静态的，而是动态的，在法布尔的《昆虫记》中，这种科学求知的动态过程同时也表现为艺术散文的情节因素，它随着一个自然科学家的研究过程而逶迤伸展，随着真实的研究过程而或滞或流，或缓或急。这就有了情节，有了情节的美感。科学家领着我们从昆虫世界的外层空间逐渐深入到它的内部空间之中去，这里有许多我们常人所未曾看到过的情境、未曾发现过的过程。它的艺术上的新鲜感不是凭空想象出来的，它的科学上的发现不是直接告诉我们的。我们同科学家一起经历了这个过程，一起体验了发现的乐趣。科学的发现同艺术的情节不仅是同构的，而且是同一的。这个同一的过程，是由观察者和被观察者一起构成的。观察者带着主体的情味进入这样一个观察实验的过程，被观察者在这个过程中向观察者逐渐呈现出自己的真实、自己的生活和习性。这里有一个观察者的心理流动线，也有一个被观察者在观察者面前表现自己的过程，主体与客体乍合乍离，把二者有机地组织在了一起。所有这一切，都把科学的研究同艺术的创作融合在了一起，使这部严肃的自然科学著作同时也成了一部优秀的艺术散文。在中国现代，有"科学"和"文艺"之分；在中国古代，有"理趣"和"情趣"之分。而在法布尔的《昆虫记》中，"科学"也是"文艺"，"文艺"也是"科学"；"理趣"也是"情趣"，"情趣"也是"理趣"，二者达到了完美的同一。

法布尔的《昆虫记》对于我们的社会科学的意义，是很难用言语来表达的，但我们可以用我们的整体感受来触摸它的意义和价值。法布尔所表现的，不仅仅是一个个的昆虫，而是一个昆虫的世界。在这个昆虫的世界中，生活着各色各样的昆虫。它们都有着自己的生命，都靠着自己的本能而生活在这个世界上。它们的本能特征各不相同，它们赖以为生的能力各异，它们的生命有长有短，它们有各自的生活方式和生活道路。它们之间也会发生各种形式的矛盾和斗争，有着各自的利害和冲突。所有这一切，都与人类社会没有什么不同。在这里，有一个如何感受和看待昆虫世界的问题，也有一个如何看待我们人类自己的问题。鲁迅不是一个宗教的信徒，我们也不是一个宗教的信徒，我们不必像有些宗教家那样遵守"不杀生"的宗教戒律，但人类也是一个生命的存在，这里就有一个如何对待生命的问题。爱惜生命也就是爱惜自己，憎恨生命，同时也是憎恨自己。对于生命的态度不仅仅是如何对待外部世界、对待昆虫的问题，也是如何对待人类自己的问题。生命与生命之间是有冲突有矛盾的，为了自我生命的存在有时不能不毁灭别个生命。我们会打死饭桌上的苍蝇，杀死居室之内的蚊虫；杀猪羊以营养自己的身体，挤牛奶而夺别个生命的产品。但所有这一切都应有一个限度，即不是在毁灭一个类群的意义上，不是以毁灭别个生命为乐趣、为享乐，而是在维护自我生存的意义上发生的。它必须维持在一个最低的限度，维持在生命与生命的直接冲突中。除此之外，我们的任何对生命的漠视、对生命的残害，都会同时表现在人类社会中。特别是那些以残害别个生命为乐趣、以欣赏别个生命的痛苦为享受的倾向，同时也必将表现为对人类的残酷。因为人类与人类之间的矛盾更直接、更激烈，而人类在生命受到摧残时的痛苦更具有观赏性。我们人类有了文化，有了科学技术，有了为任何动物类群都无法比拟的智慧和才能，有了实现自己目的的更高超的手段。但所有这一切，都同时发展了人类中心、自我中心的倾向，都发展了对外部世界的漠视，似乎自我可以完全仰赖自己的力量和才能，外部世界除了臣服自己的意志之外是没有任何的意义的。我们在无限地增长着自己的需要的时候，却往往严重地忽略了别个生命的需要，更严重地丧失了对别个生命的热爱和尊重。正是这种人类中心论、自我中心论，使我们在昆虫世界里建立了益虫和害虫的概念。这个益虫和害虫的划分完全是以人类的利害为标准的，并且是对昆虫类群的整体判断。在这种划分的基础上，我们进行的是消灭一个个昆虫类群的活动，我们失去了它们各自与人类的特定的关系的感觉，增长的是对一个类群的集体性恐惧和憎恨。即使对我们认为是益虫的昆虫，为了一己的眼前利益甚至一时的乐趣，也毫无顾惜地加以扑杀。我们漠视它们的生命，在它们的痛苦和死亡面前无动于衷。实际上，这种对动物、对昆虫的态度不也是我们对人类、对他人的态度吗？我们既然在昆虫界划分了益虫和害虫，我们就很自然地在人类中也可以划分出好人群和坏人群。我们既然不必考虑一个昆虫类群中的这个昆虫和那个昆虫以及它们与我们构成的各种不同的关系，我们也就不必考虑被我们判定为坏人群中的这个人和那个人以及他们各自与我们构成的不同关系；我们既然可以对被我们判定为害虫的昆虫类群进行集体性的扑杀，我们也就可以对被我们判定为坏人群的人进行集体性的毁灭；我们既然对我们认为是益虫的昆虫类群也可以为了一己的眼前利益或一时乐趣而进行扑杀，我们也就可以为了一己的眼前利益或一时乐趣而对我们认为是无辜的人进行残害。这里没有什么不可理解的东西，因为生命与生命是没有什么不同的，对于昆虫生命的漠然同时也是对人类生命的漠然。而失去对生命的热爱、尊重和同情，人类就只有一个标准，即自我的眼前的利益和一时的精神乐趣。在昆虫面前，人类是强者，对昆虫的虐杀以及虐杀的乐趣，就是强者对弱者的虐杀以及虐杀的乐趣。这在人类中造成的是强凌弱、大欺小、富压贫，造成的是人类之间的仇恨和残杀。所有这一切，都与我们社会思想发生着直接的联系。法布尔的《昆虫记》散发着对昆虫世界的关切，对昆虫生命的亲切。法布尔不是把昆虫世界作为人类的敌人进行研究的，而是作为一个与人类密切相关的独立世界来认识的。他加强的是这两个世界的沟通，而不是这两个世界的相互仇视。这对于我们社会观念的建立和完善也是有不可忽视影响作用的。

　　我认为，只要从以上几个方面思考鲁迅对法布尔《昆虫记》的态度，我们就会感到，鲁迅对它的重视不是没有根据的。他不仅着眼于它在西方文化中的地位，更着眼于中国现代文化的发展和中国国民性的改造。他特别强调了它对中国青少年的意义。我们更重视我们的青少年将来成为一个什么家，鲁迅则更重视他们在一个什么样的观念的基础上发展自己的个性。法布尔的《昆虫记》不能代替其他的科学技术著作，不能代替其他类型的文学艺术作品，更不能代替其他的社会科学研究，但所有这一切，得有一个生发的基础，得有一个相互连接的层面，而法布尔的《昆虫记》就是在这样一个观念层面上不可多得的优秀作品。

　　　　　　　　　　　2001 年 7 月 30 日于北京师范大学中文系

介绍三本书

编者让我介绍三本书，恐怕那些世界名著别人都介绍过了，下面介绍的是未必多么有名但却给我留下了深刻印象的三本小说书。

《瘸腿魔鬼》

这是法国作家勒萨日的一部小说，我在中学时买过一本。译者是谁已经忘记了，大概是人民文学出版社出版的吧！也记不很清了。勒萨日不是多么著名的法国小说家，但他的这部小说留给我的印象却比一些世界名著还深刻。

小说写的是一个人在无意之间从魔法师的瓶子里放出了一个被囚禁的魔鬼。这个魔鬼为了报答他，就在晚上把全城的屋顶都揭了开来，让这个救命恩人能够看到各家各户的人都在做什么，筹划什么。我挺喜欢这个魔鬼，因为他能让人看到平时看不到的东西，知道了这个城市的人实际是什么样子的。在中国作家中，我喜欢鲁迅，大概也是因为鲁迅揭了中国文化的屋顶，让我看清了屋顶下的中国人。

很长时间，我不懂作者为什么让一个魔鬼做这种揭房顶的工作，而不像中国小说家一样，写一个神通广大的神仙为报答一个善良人的善行而为他施行类似的法术。现在我似乎有些明白了，神灵的任务是让人只看神圣的东西而不看不神圣的东西，他怕人类看到自己神圣背后的不神圣，自己也变得更不神圣起来。只有魔鬼才肯把神圣背后的不神圣揭示给人类看，让人知道自己实际是什么样子的。由此我也明白了中国人不喜欢鲁迅也是理所当然的——因为他是揭了中国文化屋顶的魔鬼。

《傻瓜威尔逊》

这是美国作家马克·吐温的一部小说。人民文学出版社出版，大概是张友松翻译的。马克·吐温是个著名的作家，但人们重视的更是他的《汤姆·索亚历险记》等作品，不是专门研究外国文学的人，恐怕看过这部小说的不是很多。而我是从小就有点傻里傻气的人，惺惺惜惺惺，因此也特别喜欢看写傻瓜的书，于是就从中学图书馆里借着看了。

这部书很为我们傻瓜长了一点志气，它写的是一个傻里傻气的人，专门把人的手印按下来，从小到老，隔些时按一次，并且注册登记，分类保存，谁知后来竟因此破了一个大案。

自从看了这部书，我对自己的人生也产生了一些侥幸心理。我知道我做的都是一些傻事，一些一点用处也没有的事，但同时又想，虽然我做的这些事现在看来一点用处也没有，说不定有一天它又有了用处呢？直到现在，我仍然做着一些连我自己也觉着没有用处的事，但由于有了这点侥幸心理，我还是能够不断地做下去。我想，只此一点，我就得感谢马克·吐温的这部书，否则，像我这样一个不合时宜的傻里傻气的人，就没有活下去的心理基础了。

《二重人格》

它是俄国作家陀思妥耶夫斯基的一部中篇小说，是我在大学上学时读的，谁翻译的、哪里出版的都记不清了。它的情况和马克·吐温的《傻瓜威尔逊》有些相似，是一个著名作家的不太著名的作品。小说写的是主人公高略德金的人格分裂。他被分成了两个高略德金，一个是老高略德金，一个是小高略德金。老高略德金是个老实善良的人，但小高略德金却常常离开老高略德金，到外边干了很多不道德的事，弄得老高略德金非常痛苦。用现在批评家的话说，它写的就是道德与欲望的分裂，意识与潜意识的矛盾。

人都是好生拉硬扯地把不同的东西拿来做比附的，我也是这样。

我觉着，"文化大革命"前的中国社会是老高略德金的时代，现在的中国社会是小高略德金的时代。这两个时代是不一样的，但又是同一个社会的两种不同的表现形式。它们合起来，就是我们所说的中国当代社会。

后记

　　我这个人太好说话，懂得的也说，不懂得的也说。

　　前几年，《北京文学》记者王丽采访了一些在大学里教书的人，让他们谈谈对当前中学语文教学的意见，我也是被采访的一个，我也说了一些话。谁知王丽的采访却引起了一场轩然大波，闹得全国各地都讨论起中学语文教学的问题来了。接着是教育部中学教育司开了一次座谈会，我也是被邀参加的一个，再接着是新的中学语文课程标准的制定，虽然我不是其中的一个正式成员，但也参加了几次会。这一来，我就越陷越深了。关于中学语文教学改革的座谈会我也参加过一些，河北省教科所和河北大学出版社共同申请的一套初中语文教材我也被拉去当了个挂名主编，童庆炳教授为四川人民出版社主编了一套中学语文课外读物，我也是参加编写的人之一，有些中学语文教师的培训班让我去，我也去乱说一通。北京师范大学中文系语文教学法专业，原来是一个很强的专业，张鸿苓教授是一个全国知名的专家，学术上很有造诣的，但她退休得早，后来又因病去世，现在已经名满全国的郑国民教授当时年纪还轻，时值香港教育学院几位青年讲师希望到北京师范大学中文系攻读语文教学法专业的博士学位，北京师范大学中文系就塞给了我一个语文教学法专业的博士生导师的资格，在香港招了7个博士研究生，其实是郑国民教授指导的。……就这样，我就混进了语文教学界，也写一些有关中学语文教学的文章。

以上所有这一切，都是因为我多说了几句话。当时原本是随口说的，根本没有多么长远的考虑，但想不到正碰到一个茬口上，不说也不行了。实际上，我何尝真懂得什么中学语文教学？在大学，我上的不是中文系，语文教学法这门课就从来没有上过。大学毕业后当过几年中学语文教师，但那时正是"文化大革命"期间，莫说那时的学生并没有心思上学，就是学生愿意学，那时的课本也根本无法教。上研究生，读的又是中国现代文学，关于教育学的知识、教学论的知识、课程论的知识、教学法的知识，可以说是一窍不通。也曾想多看几本有关的书，无奈我在现代文学界也是糊里糊涂混进来的，也没有扎实牢固的专业基础知识，再想补教育学，谈何容易？弄到现在这个地步，人不人鬼不鬼的，我自己也觉得可笑。但是既然写了，出版社的朋友们又愿意帮忙将它们印出来，我就把它们搜集到了一起。只是希望读者，特别是在中学语文教学第一线的老师们，一定要把它们当作一个门外汉的话，看看不妨，但不要当真。假若其中有一两句话，能够给大家一点启发，我就心满意足了。

谢谢出版社的朋友们！谢谢大家！谢谢郑国民先生为我所做的一切！

2005年10月10日于汕头大学文学院

增订后记

　　恩师王富仁老师与钱理群老师、吴福辉老师、温儒敏老师、孙绍振老师主要从事中国现当代文学研究，但他们都对中小学语文教育极为关注，热心反思与推动中学语文教学的改革。关于中学语文教育，王老师写过不少文章，大部分都收进了广东教育出版社 2006 年 6 月出版的《语文教学与文学》一书。这是王老师和郑国民老师主编的"文艺学与中小学语文教学研究丛书"之一种。王老师在中学语文教育方面的若干思考，已经成为学术话题，已有一篇博士论文、三篇硕士论文和四篇期刊论文。

　　《语文教学与文学》已经出版了 18 年了，今年是王富仁老师逝世七周年，东方出版中心准备出版《语文教学与文学》的增订本，更名为《语文教育与文学》，以为纪念。《语文教学与文学》共有三个板块，一是"语文教学改革"，一是"读文与教书"，一是"名篇赏析"，共计 28 篇。王老师相关主题的文章，还有不少，但由于篇幅限制，只增加了 9 篇。在第一板块，增加的是《我的语文教学观》、《我们中学教师应当怎样读〈论语〉》。在第二板块，增加的是《自由阅读才能享受读书的趣味》和《文本分析略谈》。在第三板块，增加的是《主题的重建——〈孔雀东南飞〉赏析》、《诗与英雄——对于岳飞〈满江红〉词的一点异议》、《语言的艺术——鲁迅〈青年必读书〉赏析》、《由法布尔的〈昆虫记〉引发的一些思考》。另有一篇《语文教学与文学》置于卷首，作为代序。

除了增收王老师的9篇文章，还请钱理群老师写了新序。钱老师和王老师是好朋友，他们一起参与过新的中学语文课程标准的制定，并且他俩还与孙绍振老师在福建人民出版社合作出版过《解读语文》。钱老师每天有那么多写作计划要完成，但当我邀请他为这本书作序时，他一口答应，由此可见他们的友谊是多么的深厚。在此，我代表王老师的家属和学生，向钱老师表示深深的敬意！

增订本得以出版，感谢东方出版中心和万骏兄，还有责编陈明晓女士的大力支持。

感谢钱理群老师、温儒敏老师、陈子善老师、陈思和老师、倪文尖老师、罗岗老师、张莉老师推荐本书，感谢温儒敏老师、倪文尖老师写推荐语。

宫立

2024 年 2 月 25 日于山东大学文学院